壽福眞美
監修

知の史的探究
―社会思想史の世界―

柳 啓明・千葉直美・奥谷雄一・島田昭仁
編著

石川伊織・伊藤 守・後藤浩子・高橋 良・滝口清榮・田村伊知朗・戸原正法

八千代出版

はしがき

　本書は、1976年以来、法政大学社会学部・大学院の「社会思想史ゼミナール」で一緒に勉強した卒業生たちの論文集である。内容は、社会思想史からヘーゲル哲学、地域学、社会学まで多岐にわたるが、近・現代社会の問題と学問的に格闘し、よりよい未来社会を展望する頼もしい論稿を寄せてくれた。感謝する。そして、41年間、一緒に学び語り合った、おそらく300人以上のゼミ生たちに感謝する。さらに、学部の講義、「社会思想史」と「環境倫理」を聴いてくれた学生たち、大学院のゼミと「社会学特殊研究」に参加し討論してくれた学生たちにも感謝する。
　さて、壽福ゼミのモットーは、3つである。
〈社会の最底辺から撃つ〉
　学問研究は、それぞれ独自の個性的で個人的な生活史、主観的な好奇心と関心、知的探究の情熱を出自とし、そこからしか出発できない。そのためには、社会のヒエラルキーの頂点から世界を俯瞰するのではなく、最底辺を動き回り、最底辺から社会と世界を批判的に捉えることが大事である。東京スカイツリーの展望台からは、たしかに東京中を見渡すことができる。しかし、それでは東京を把握し認識することはできない。路地裏を歩き回り、観察し、路上の人々と顔を見合わせ、言葉を交わし、ともに生活することによってはじめて見えてくる世界があるのだ。社会の最底辺から撃つことによってはじめて、社会と世界の真実（らしきもの）は明らかになるのである。

　　　ゼミ歌「ワルシャワ労働歌」
　　　暴虐の雲　光をおおい
　　　敵の嵐は荒れくるう
　　　ひるまず進め
　　　われらが友よ
　　　敵の鉄鎖をうちくだけ

自由の火柱輝かしく
　　頭上高く燃えたちぬ
　　今や最後の戦いに
　　勝利の旗はひらめかん

　　起て　はらからよ
　　行け戦いに
　　聖なる血にまみれよ
　　砦の上にわれらが世界
　　築き固めよ勇ましく

〈未来とは過去である〉

　現在を生きている我々は、誰もがよりよい未来を志向している。しかし、それを実現するためには、現在を知らなければならないが、現在とは必然であると同時に偶然でもある。必然であるとは、過去において未来に至る可能性は1つではなく、複数存在した。複数の選択肢のなかから他でもないこの現在が誕生するには、それなりの必然的な理由があった。しかし同時に、そこには偶然的な条件もあってこそ、この現在に至った（これを、「もし……たら、……れば」式の俗論と混同してはならない）。だから、我々は社会思想でも史的探究を行わなければならない。

　それと関連した『AURORA』第1巻の「巻頭言」を掲げておこう。

　　　Laetitia per passione というラテン語が実在するのか否か定かではないが、ベートーヴェンの合唱付にはたしかこれと同じような句があった、と思う。苦悩を通して歓喜に至れ！とでも言うのだろうか？　どうも一般的には、（歓喜の歌なるお題目のせいもあってか）、後段のみが強調されて、あるいは後段のみが流布しているようだ。が、ちょっと違う、と言いたくなる。なるほど誰しも自分なりの夢、努力目標、飛躍すればユートピアがないと生きていけない。ジャリン子チエもテツも、然り。かなわぬこととは知りつつも、ホルモン焼のモウモウたるけむりの中にかすむテツの顔を想像する。否できるからこそ、チエのたくましさも健気さも生まれてくるのである。夢想は現在只今の己を断ち切る地点に、現実を捨象する所に立脚している。媒介項が欠落している。

> 　ユートピアは、字義通り ou ＋ topos、実在的な時空間ではない、というのとは少しズレているようだ。大上段にふりかぶって言えば、ユートピアは、特別な時間・空間意識の中にしか成立しえない。まずそれは、己れが生活している現在という時間を決して放棄しない。所謂過去や未来はことごとく"今"と"ここ"という時空構造のなかに位置している。勿論今ここにドップリとつかっているかぎり、つまり現在の己に全体として満足しているかぎり、ユートピアが生ずる筈はない。だから第２に、現在の批判が不可欠となる。批判とは何かについてここで語ることはできないが、社会組織論ではなく存立構造論に立脚することが重要である、と言うにとどめる。要するに、ユートピアは、現在に定位しながら、現在を否定する意識のうちにしか姿を現さない。
> 　そしてそのような意識は、必ずや苦悩という心性をもっているに違いない。否、苦悩せぬ意識は、自己意識などではない。苦界にもがきつつ、しかし冷徹にその有り様を見すえる所に、しかも己れの分身としての苦界を引き受ける所に、自己意識は成立する。
> 　ベートーヴェンは、laetitia per passione でこのように訴えているのではないだろうか？

〈論文を書く〉

　ゼミで勉強したこと、自分で研究したことを論文にまとめるのは、決定的に重要だ。どのような仕事に就こうと、どこの世界で生きようと、「よりよく生きる力」が身につくからである。次の指針（最新版）がその一端を示している。

> 《ゼミ論文の書き方》
> 　　　　　　　　　　　　　　　2009・Ⅳ・10　壽福眞美
> Ⅰ　エッセイ、感想文と論文は似て非なるものなり！
> 　自分の思いや考えたこと、感じたことを思いつくままに書いても論文にはならない。まず、何を課題として設定しているのか、解決したい問題は何かを明確にすることが必要である。そして、選んだ問題の調査・分析を行い、自分なりの「答え」を導き出すことが最低限必要である。次に、自分で納得できるのはもちろん、門外漢である他人に理解してもらうためには、**課題設定⇒調査・分析⇒結論が論理一貫して、矛盾なく、体系的に**展開されていなければならない。その際、とくに主張の論拠を明示することが重要である。と、ここまで読めば、エッセイや感想文との違いについて、何らかのイメージが、どんなに漠然としていても、湧いてきたのではなかろうか。
> Ⅱ　生きるか死ぬか、それが問題だ！
> 　さて、何を課題とするか。実はこれが一番困難な問題だ。自分にとって関心

のある問題、興味のある問題は浜の真砂ほどあるだろう。だから、漠然としてとらえどころがないのが実態だと思う。いくつか示唆しよう。

　①　興味のあること、なぜかと思うことを思いつくままに、できるだけたくさん書き出してみる。それをグループ分けしてみよう。そうすれば、**問題群**がいくつかできるはずだ。

　②　問題群について図書館やインターネットで、どんな研究や調査・資料があるのかを調べてみる。そのためには問題群に関する文献やデータをかなりたくさん読む必要がある。

　その際、必ず対立する見解を主張するものを読まないといけない。というのは、どのような問題であろうと、見解の対立しない問題はまず存在しないのが通例で、しかも、対立する意見を勉強することによって、自分の意見が必ずより明晰に理解できるようになるからだ。……**対立する意見は宝の山なのだ！**

　その過程で自分に興味のある課題に絞り込むことができるかもしれない（できないかもしれない！　できない場合には、①から再挑戦！）。課題はできるだけ狭く小さく設定しなければならない。漠然とした大風呂敷を広げた課題では、他人の書いたものを引き写すのが関の山だ。君という独特の個人にしか書けない論文にはならない。言わば「**針の穴から世界を覗く**」ように、その針の穴が君の課題だ。

　もう一つ考えるべき問題がある。選んだ課題を研究することが、現在の君にとって生きるか死ぬかというほどの重み、価値をもつ問題かどうかを吟味しよう。**それを考えなくとも日常生活を送れるなら**、その課題は課題として不適切なのだ。

　③　**明確かつ適切な課題設定**ができれば、論文はほぼ完成したと言っても過言ではない。というのは、後は設定した課題の解明に必要な文献・データ（対立する見解を含む！）を収集し読み込み分析するという作業を、ひたすら忍耐強く行うことだけだからだ。その過程で論文全体のデザインや結論めいたものが閃いたり、フッと思い浮かぶこともあるだろう。

Ⅲ　デザイナーになる！

　論文全体の構想を練ろう。①はじめにの部分で、設定した課題について、なぜこの課題を選ぶのか、自分の個人的な問題関心、これまでの研究に言及しながら、簡潔にまとめる。とくにこの研究が**社会的にどのような意味**をもっているのかを考える。②課題に沿った分析を行う中心的な部分で、何章にするか、それぞれの部分で何を分析するのかを考えよう。③結論は課題、分析を踏まえて、はじめにの部分と論理的に整合的な「答え」になっていなければならない。このような**頭の体操**は大雑把でよい。脳で考えるのは、考える作業の入り口にすぎない。

Ⅳ　手で考える！

　頭のなかでデザインした通りにスラスラ書ける人には、転進することを勧め

たい。君は作家になるべきだ！

　ほとんどの人は何から書いたらいいのか、何を書けばいいのか途方にくれるだろう。僕を含めて（たぶん？）誰もが同じだから、安心していい。では、どうするのか。

　答えは、「**何でもいいからとにかく書いてみる**」、これに尽きる。書いて書いて書きまくる！　手で考えるのだ！　一段落したら、書いたものを適当に整理してみよう。その過程で論文の全体像がボンヤリと、しかし今度は筋道だって見えてくるだろう。この作業を何回か繰り返すうちに論文らしきものが姿を現すにちがいない（と期待しよう）。

　Ⅴ　盗作・剽窃は手が後ろに廻る！

　核電（＝原発）は水が命、では論文は？　**論拠が命**。自分の主張を裏づける資料・データ・文献等は正確に引用し、典拠を明示しなければならない。同時に、対立する見解にたいする批判も根拠を挙げながら、論理的に行う。具体的な作法を例示しておこう。（以下略）

　壽福ゼミではほぼ毎年、大学の卒業式後卒ゼミ会を行い、4年生は、ゼミ論集『AURORA』を手にして卒業する。その第1巻と第32巻を紹介する。

　　『AURORA』第1巻表紙　　　　　『AURORA』第32巻表紙

『AURORA』第1巻目次

　ここで本書の表紙の説明をしておこう。壽福の用意したオーロラとペンギンの写真をもとに、八千代出版の森口恵美子編集長が探し出してくれた。
- ペンギンは、卒ゼミ生・現役ゼミ生全員を表現している。お腹に注目してほしい。無数のペンギンが入っている（ペンギン・ブックスのホッブズ『リヴァイアサン』の表紙を彷彿とさせる）。
- ペンギンが見上げているオーロラは、ゼミ生の研究成果であるゼミ論文全体を表現している。
- ペンギンとオーロラの間に横たわる山は、これから探究すべき「未知の大陸」（テラ・インコグニタ terra incognita）を表現している。

　最後に、森口編集長をはじめ八千代出版の皆さんに深く感謝する。売れないことがほぼ確実な本書を、きわめて短期間のうちにきれいに品よくつくっていただいた。とてもありがたいことである。

2017年1月

　　　　　　　　　　　　　　　　　　　　　　　　　監修者　壽福眞美

目　次

はしがき　*i*

I編　社会思想史へのアプローチ

1章　人類は生き延びていいか……………………………………（壽福眞美）　3
　　　——社会思想史から RΣ7E の問いかけ
　　　（Reason Σ Ego × Evolution × Eros × Empathy × Emotion × Eco-system × Economy）
　　1　ヒ　　　　ト　　*3*
　　2　集　　　　団　　*16*
　　3　人間は有機体（身体×脳×心）である　*21*
　　4　近い将来、地球も人間も滅びる!?　*29*

2章　エロスの争い…………………………………………………（後藤浩子）　41
　　　——18世紀末ブリテン急進主義と人口論
　　1　ル　ソ　ー　*42*
　　2　バ　ー　ク　*45*
　　3　ウルストンクラフト　*49*
　　4　ゴドウィン　*55*
　　5　マルサス　*60*
　　おわりに　*62*

3章　ホワイトヘッドの抱握（prehension）とはなにか……（伊藤　守）　65
　　　——事態の潜勢態をめぐって
　　はじめに　*65*
　　1　「純粋経験」論　*67*
　　2　ホワイドヘッドの「抱握」について　*77*
　　おわりに—情動のコミュニケーションをメディア理論に節合するために　*89*

vii

Ⅱ編　ヘーゲルを読み直す

4章　ヘーゲル哲学と外化 …………………………………（滝口清榮）　97
　　　──世界をトータルに把握する論理

　はじめに　*97*
　1　外化と『精神現象学』「絶対知」章　*99*
　2　離反あるいは外化──主体が自分を普遍化し、世界をわがものとする　*103*
　3　Entfremdung──世界を形成し、伝統的価値を転倒し、近代的啓蒙を生みだす　*105*
　4　小括　外化と離反──ヘーゲル哲学のコアにあるものとして　*114*
　5　ヘーゲル後の外化概念──奇妙な思想史的交錯、補論として　*117*

5章　若きヘーゲルの承認理論における労働と言語 …………（高橋　良）　121

　はじめに　*121*
　1　『人倫の体系』における労働と言語　*122*
　2　相互承認論の成立過程における労働と言語　*132*

6章　ヘーゲルの1820/21年『美学講義』の絵画論と
　　　歴史的展示 ……………………………………………（石川伊織）　149

　1　問題の所在　芸術終焉論とその虚妄　*149*
　2　筆記録の残存状況および刊行状況　*152*
　3　4点の筆記録についての概観　*153*
　4　ヘーゲルの絵画論　*157*
　5　ヘーゲルはどこで何を観たのか　*169*
　6　19世紀初頭の美術館状況　*171*
　おわりに　*174*

Ⅲ編　地域学に臨む

7章　原発再稼働に関する意識調査 ……………………………（伊藤　守）　181
　　　──柏崎市・刈羽村からの報告

　はじめに　*181*
　1　3.11以降の現実と日本政府の原発政策　*182*
　2　柏崎市、刈羽村における原発誘致の経緯　*186*

3　調査時点の前後における新潟県、柏崎市、刈羽村と東電との関係　*189*
　　4　柏崎市、刈羽村の住民意識〜2014年2月の調査結果　*191*
　　5　原発立地地域における新たな模索　*198*

8章　近代琉球の「境域」と政治文化 ……………………………（柳　啓明）　*201*
　　――与那国郵便局成立史
　　はじめに　*201*
　　1　郵便局請願行動と政治社会　*205*
　　2　郵便局長の社会的地位と文化的素養　*212*
　　3　与那国郵便局の運営と「違法」な機能　*218*
　　おわりに　*224*

9章　ソーシャルワーク論の地平 ……………………………（島田昭仁）　*229*
　　――自己修復の優先性と代弁的発話行為
　　1　ソーシャルワーク論の史的探究　*229*
　　2　まちづくりの原点　*234*
　　3　1980年代のまちづくり　*238*
　　4　まちづくりとソーシャルワーク　*240*
　　5　グループワークとコミュニティ・オーガニゼーションの再評価　*246*
　　6　近年のソーシャルワーク研究――エビデンス・ベースド・プラクティス　*250*
　　7　近年のまちづくり研究　*251*
　　おわりに　*257*

10章　戦後西ドイツにおける自動車中心主義の形成 ……（田村伊知朗）　*263*
　　――その政治的根拠
　　はじめに　*263*
　　1　第二次世界大戦後の自動車中心主義　*264*
　　2　西ドイツにおける交通政策の歴史的位相　*267*
　　3　交通政策と大衆民主主義の連関　*273*
　　おわりに　*276*

IV編　社会学からの視点

11章　他者との通路の回復 …………………………（奥谷雄一）　*283*
　　　——自我をめぐる社会思想
　1　他者との通路の回復はいかにして可能か　*283*
　2　他者との交わりを阻む「死への衝動」　*286*
　3　他者との融合の営み「エロティシズム」　*288*
　4　自己充足的な「快」から相互的な「快」へ　*290*
　5　「社会的な糸」から紡ぎ出される自我　*293*
　6　自我の拡大と境界線の曖昧化　*295*
　おわりに——遠心力への信頼　*298*

12章　「言語法廷」あるいは「言語ゲーム」？ ………………（戸原正法）　*301*
　　　——「世界言語」構築の試み
　はじめに　*301*
　1　言語帝国主義批判の意義と限界　*303*
　2　「Let's open a language court.（さあ言語法廷を開こう）」or「Let's play an English game.（さあ英語の言語ゲームを始めよう）」——オールタナティブな対抗戦略　*311*
　おわりに——現在の悲劇を乗り越えるために　*321*
　補論　英語の入試問題改革と真の読解力養成　*322*

13章　社会学的想像力 ………………………………………（千葉直美）　*333*
　　　——私的体験から見える社会学の世界
　はじめに　*333*
　1　目に見えないものを見る力：社会学的想像力　*334*
　2　アメリカの生活　*341*
　おわりに　*357*

著者紹介　*361*

CONTENTS

Introduction

Part I Approach to the History of Ideas

Chapter 1 May Humankind Survive? - A Social Philosophical Question and the Clue of RΣ7E
(Reason Σ Ego × Evolution × Eros × Empathy × Emotion × Eco-system × Economy)
Masami JUFUKU

Chapter 2 Disputes over Eros: The British Radicals and Population Theory
Hiroko GOTO

Chapter 3 What is the Prehension Defined by Whitehead?:
From Viewpoint of Potentialities for Matter of Fact
Mamoru ITO

Part II A Reinterpretation of Hegel's Social Philosophy

Chapter 4 Hegel's Philosophy and the Concept of "Externalization"; How is it Possible for the Self-consciousness to Grasp the World Entirely?
Kiyoei TAKIGUCHI

Chapter 5 Language and Labour in Hegel's Mutual Recognition Theory
Ryo TAKAHASHI

Chapter 6 Hegel's Theory of Picture in his Lecture on Philosophy of Arts in 1820/21 and the Historical Exhibition in the Art Gallery
Iori ISHIKAWA

Part III Exploring the Regional Sciences

Chapter 7 Social Consciousness for Restart of Nuclear Power Plant: From Social Survey of KASHIWAZAKI and KARIWA

Mamoru ITO

Chapter 8 Political Culture of Modern Ryukyu's "Borderland" — The Developing History of Yonaguni Post Office

Hiroaki YANAGI

Chapter 9 Horizon of Social Work Theory — Preference of Self-repair and Interpretive Speaking Act

Akihito SHIMADA

Chapter 10 The Political Inducement to the Drastic Development of the Cars after the Second World War in West Germany

Ichiro TAMURA

Part IV Viewpoint from Sociology

Chapter 11 The Revival of Entrance to Others - Social Philosophy about the Ego

Yuichi OKUTANI

Chapter 12 "The Language Court" or "the Language Game"? — Toward the Creation of the World Language

Masanori TOHARA

Chapter 13 Sociological Imagination: Reflections of Sociology

Naomi CHIBA

Inhaltsverzeichnis

Einführung

Part I Eintritt in die Geistesgeschichte

Kapitel 1 Darf die Menschheit überleben? - Eine Sozialphilosophische Frage (Vernunft Σ Ego × Evolution × Eros × Empathie × Emotion × Ökosystem × Ökonomie)

Masami JUFUKU

Kapitel 2 Dispute über den Eros: Die Britishe Radikalisten und die Bevölkerungslehre

Hiroko GOTO

Kapitel 3 Was ist die Vorsussetzung von Whitehead Definiert?: Aus Sicht der Moglichkeiten für Sachlichkeit

Mamoru ITO

Part II Wiedererkennung der Hegels Sozialphilosophie

Kapitel 4 Hegelsche Philosophie und die Entäußerung, Wie wird die Totale Auffassung der Welt Durchgeführt?

Kiyoei TAKIGUCHI

Kapitel 5 Sprache und Arbeit in der Anerkennungstheorie von Hegel

Ryo TAKAHASHI

Kapitel 6 Hegels Lehre von Malerei in der Vorlesung über die Philosophie der Kunst (1820/21) und die geschichtliche Ausstellung in der Gemäldegalerie

Iori ISHIKAWA

Part III Herausforderung der Regionalwissenschaft

Kapitel 7 Soziales Bewusstsien für den Neustart des Atomkraftwerks: Aus Sozialforschung von KASHIWAZAKI und KARIWA

Mamoru ITO

Kapitel 8 Politische Kultur des Modernen Ryukyu's "Grenzgebietes"—Die Entstehungsgeschichte der Yonaguni Post

Hiroaki YANAGI

Kapitel 9 Horizont der Sozialarbeit-Theorie—Vorrang der Selbstreparatur und Interpretive Sprech-Akt

Akihito SHIMADA

Kapitel 10 Die Politische Veranlassung zur Drastischen Entwicklung der Automobile nach dem Zweiten Weltkrieg in Westdeutschland

Ichiro TAMURA

Part IV Gesichtspunkt von Soziologie

Kapitel 11 Die Wiederbelebung des Eingangs zu Anderen - Sozialphilosophie über das Ich

Yuichi OKUTANI

Kapitel 12 *Sprachgericht* oder *Sprachspiel?* - Zur Erschaffung der Weltsprache

Masanori TOHARA

Kapitel 13 Soziologische Imagination - Reflexionen über die Soziologie

Naomi CHIBA

Ⅰ編

社会思想史へのアプローチ

1章 人類は生き延びていいか
——社会思想史からR Σ 7E の問いかけ
(Reason Σ Ego × Evolution × Eros × Empathy × Emotion × Eco-system × Economy)

(最終講義　2017/1/13)　　　　　　　　　　　　　　　　　(壽福眞美)

1　ヒト

1）人間は生物である

　我々は、よく「人間と動物」と言ったり「人間と生物」と言ったりする。人間によく似たチンパンジーやオランウータンと違って、人間は大きな脳をもち言語を操る「賢いヒト＝ホモ・サピエンス」だと考えているからだろう。だが、これは大きな間違いである。人間も動物であり、生物だからだ。人間や人類の問題を考える場合には、この根本的事実を出発点にしなければならない。

　では、生物とは何か。私は、生物とは自らの生存と繁殖に命をかける存在だと考える。自己保存（ホッブズ）、自愛心（ルソー）、利己心（スミス）、欲求（カント）、リビドー（フロイト）など表現はさまざまに異なるが、要は生命力、生きる力をもった存在が生物である。ウイルスやバクテリアも、犬や猫も、牛や馬も、そして人間もこの点では同じである（生命とは何かという問いは、はるかにむずかしい。興味のある人は、シュレディンガーや福岡伸一を読むとよい）。

(1) 生きるか死ぬか、それが問題だ

　ある生物の個体は、どの瞬間にも生きるか死ぬかの問題に直面している。与えられた生態的環境に適応して今日の食料を確保し、捕食者から逃れ、血縁集団を守り、他の同種集団と仲良く共存しなければ、明日の命はない。

　さらに、生態的環境が変化すれば、それに適応しなければならない。たとえば地球温暖化を生き延びたとしても、次の氷期を生き残れる保証はない。偶然にある個体の遺伝子に突然変異が発生し、それが偶然適応すれば、その遺伝子

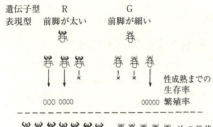

図1-1 架空の「アシブトゴミムシ」という昆虫の2型の間で生存率と繁殖率のそれぞれに違いがある場合
　次世代に残る子の数は、生存率と繁殖率の2つの要因によって決まる。
出典）長谷川・長谷川 2000: 34

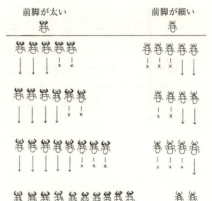

図1-2 「アシブトゴミムシ」の集団における自然淘汰
　集団の中には、前脚が太いタイプと前脚が細いタイプが存在する。太いタイプの方が、餌集めに有利なので、細いタイプよりも生存率が高い。生き残った場合には、どちらのタイプも繁殖して2個体になると仮定する。世代を経るごとに、この集団中には、前脚の太いタイプが増えていく。
出典）長谷川・長谷川 2000: 25

をもった個体は集団内で拡散する。適応できない遺伝子をもった個体は減少する。これが自然淘汰である。
　架空のアシブトゴミムシで図示しよう。えさ集めに有利な太い前脚をもったゴミムシは、細いゴミムシより生存に有利だから繁殖する。生存率と繁殖率が高い、つまり適応度が高いということだ。7世代を経ると、アシブトゴミムシが優勢になる（図1-1、図1-2）。

(2) 利己的な遺伝子？—ドーキンスは正しいか

　では、遺伝子と個体、集団の関係はどうなっているのか。遺伝子は遺伝子だけで存在するのではない。必ず自らの宿る個体を必要とする。そして、遺伝子の変異は、必ず個体を通じてしか表現されない。また、遺伝子の拡散も個体の繁殖を通じてしか生じない。だから、ドーキンスは、「個体とは遺伝子を運ぶ乗り物」と呼んだ。これは正しい、しかし、遺伝子は利己的ではない。遺伝子は突然変異や組み換え（親とは異なる遺伝子配列が子に発生する）、読み違い（遺伝子の転写を間違う）によって発生頻度が高くなるか、低くなるかのいずれかであっ

て、意図や目的、己を利するという動機をもっているわけではない。利己的なのは、あくまで個体である。繰り返すが、「進化とは、集団中の遺伝子頻度が時間とともに変化する」ことを意味するにすぎない（長谷川・長谷川 2000: 22）。だから、進化とはランダムであり、目的はもたない。進歩でもなく「適者生存」でもないことに注意しよう。ただし、単純な構造からより複雑な構造へと、結果として進化してきたのは事実である。最初から複雑な構造の生物が生まれるはずもない。

2）類人猿からヒトへの進化

ヒトはいつどこでどのようにして生まれ、進化してきたのか。ヒトにもっとも近縁な種であるチンパンジーとボノボの共通祖先からヒトが分かれてそれぞれ独自の進化を始めたのは、およそ500万〜700万年前と言われる（図1-3）。そして、現在に至るまでの歩みは、次の系統樹が示している（図1-4）。

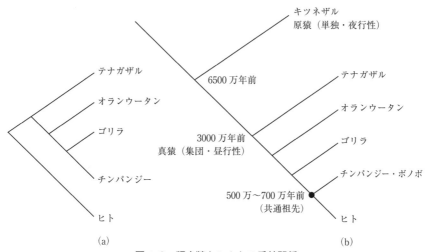

図1-3　類人猿とヒトとの系統関係
(a) 1970年代までの霊長類の系統分類では、ヒトは他の類人猿とは独立の進化の道筋をたどったと考えられていた。ヒトには他の類人猿とは違う特別席が与えられていた。
(b) 文化進化学の知見に基づく1970年代以降の系統分類では、ヒトとチンパンジーは類人猿グループの中で、最後に分岐したことが明らかになった。ヒトはアフリカ類人猿グループの一員にすぎないことがわかった。
出典）長谷川・長谷川 2000: 89, 図5.1をもとに一部加筆して作成

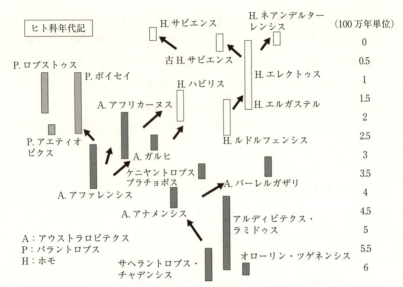

図1-4　生物地理学に基づくヒト科の年代記と近親仮説
出典）シュレンク 2009: 29、図I-10をもとに作成

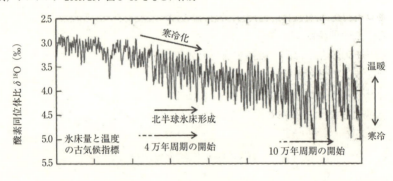

図1-5　過去400万年間の気候変化―氷床量と深海の温度を反映する古気候指標（底生有孔虫の酸素同位体比）
出典）地球環境研究センター 2014: 23

イースト・サイド・ストーリー―人類発祥の仮説

　その最大の原因は、地球規模の気候変動と地殻変動である（図1-5）。アフリカでは類人猿の生活空間は、もともと温暖化の下での熱帯雨林によって制限されていた。だが、中・後期中新世（1000万～500万年前）、ホット・プルーム（マ

ントルの上昇）によって大地溝帯が形成された。その結果、アフリカは東西に分断され、東側では西大西洋からの湿った空気が山脈に遮られ、乾燥化が進行した。その進行に伴い、温暖化の程度が弱まり寒冷化傾向が出現すると、熱帯雨林は後退し、灌木サバンナが出現した。そして、何らかの理由で、樹上生活をしていた類人猿の一部が地上に降り立たざるをえない状態に陥った。だが、捕食者の多い地上生活は危険に満ちているから、彼らは樹上と地上の生活を余儀なくされ、当初は熱帯雨林の周縁で生きざるをえなかった（シュレンク 2009: 19）。すでに果実を主食とする類人猿は、食料を獲得するために視覚を発展させ（目が中央に寄り、対象に焦点を合わせることができる。熟成を見極める色彩感覚が発達する）、樹上の移動によって対向する親指を発展させ（握ることができる）、手が相対的に長くなっていた（チンパンジーの手足比を見ればよい）。

3）ヒトの進化

（1）ルーシーを探せ

しかし、ヒトは決定的な一歩を踏み出した。何よりもまず、直立2足歩行である。チャド盆地では600万〜700万年前のサヘラントロプス・チャデンシスが、ケニアでは600万年前のオローリン・ツゲネンシスが、エチオピアではアルディピテクス・ラミドゥスが樹上と地上で生活していた（歩き回っていたとはまだ証明されていない）。確実に直立2足歩行をしていたのは、エチオピアのハダルで生活していた400万年前のアウストラロピテクス・アファレンシス（いわゆるアファール猿人）である。ルーシーと名づけられたこの女性の体形は、現生人類にかなり似ている（図1-6）。身長120cm、体重30〜50kg、脳容量400 mℓ（チンパンジーと同じ！）と推定され、臼歯が相対的に大きく発達していることから、サバンナの粗雑な食料（根茎！）にも依拠していた。4足歩行に比べてエネルギー代謝が効率化し（4足歩行してみよう！）、体温調節が容

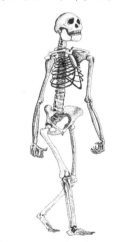

図1-6 ルーシー（アウストラロピテクス・アファレンシス）の復元（身長120 cm）
出典）シュレンク 2009: 24

易になり（ヒトは、太陽光に晒される部分をできるだけ少なくし、熱を適切に発散できるようになった！）、長距離移動が可能になった（マラソンができる！）。

だが、これらの猿人（あるいはいわゆる前人）は、我々ヒト科ホモ属の祖先ではない。パラントロプス系（いわゆる頑丈型アウストラロピテクス）も、サヘラントロプス・チャデンシス、オローリン・ツゲネンシス、アルディピテクス・ラミドゥス系（いわゆる古代型猿人）系も滅びた。生き延びたのは、ルーシーの祖先だけだった（いわゆる華奢型猿人）。

(2) トゥルカナ・ボーイとは誰だ？

そして、ルーシーの子孫から最初のホモ属、ホモ・ハビリスが誕生する。およそ240万年前で、最古のヒトであるサヘラントロプス・チャデンシスの誕生から300万〜400万年も経っている！　寒冷化と乾燥化が進行するなかで、サバンナの動物相は北に向かい、ホモ・ハビリスも北の熱帯地域に移動した。彼らは雑食性のヒトになった。植物採集に肉が加わったのだ（ただし、狩猟が始まっていたかは証明されていない）。そして、最古の石器をつくるほどの能力を獲得し、脳容量も 600 〜 700 mℓ と倍増近くなった（だから、器用なヒトと呼ばれる。図1-7）。

約 200 万〜 250 万年前、氷期の始まるころ、格段に進化したヒトが生まれた。ホモ・エレクトゥス（＝ホモ・ルドルフェンシス）である。彼らの頭蓋は、現生人類に近く（ただし、眼窩上部隆起が形成されている）、脳容量も 800 〜 900 mℓ から、100万年前には 900 〜 1000 mℓ、50万年前には 1100 〜 1200 mℓ を超えた。だが何よりも、腰部と足の骨がきわめて頑丈に形成され、2足歩行の高度な能力と耐久力を進化させた（図1-7）。彼らは火を使用し料理した（肉の消化が格段に容易になり、臼歯が小さくなり、消化器官が縮小し、したがって脳にエネルギーを大量に供給できるようになった）。精巧な石器をつくり、狩猟技術も大きく向上したにちがいない（図1-8）。それでも彼らは、

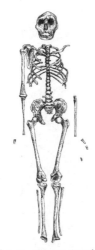

図1-7　アフリカの初期ホモ・エレクトゥス（ホモ・エルガステル）「トゥルカナ・ボーイ」
ケニア、西トゥルカナ、ナリオコトメ出土の骨格 KNM-WT15000（約160万年前）
出典）シュレンク 2009: 40

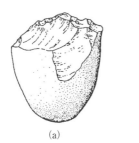

(a) (b)

図1-8 原人の石器
(a) 初期のホモ属の石器──オルドワン型:骨や肉をたたきわったり、こそぎ取ったりするのに利用された。
(b) ホモ・エレクトゥスの石器(握斧)──アシュレアン型:両面を計画的に加工した美しい石器。さまざまな用途に使われた。
出典)長谷川・長谷川 2000: 105

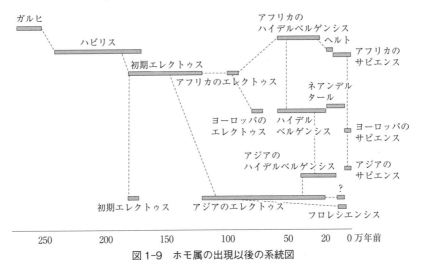

図1-9 ホモ属の出現以後の系統図
アフリカ、ヨーロッパ、アジアの地理的な区別を、縦軸において示している。
出典)諏訪 2006: 47

依然として食料不足に悩んでいた。捕食者もいるし、環境変化、とくに氷期と間氷期(=温暖化)が頻繁に交替する大きな気候変動もある。だから、彼らは決断したのである、アフリカを出よう、と。

有力な異説がある。1つは、ホモ・ハビリス、初期ホモ・エレクトゥス、ホモ・ルドルフェンシスの区別と同時存在、ホモ・エレクトゥスとホモ・サピエンスの過渡期としてのホ

1章 人類は生き延びていいか　9

モ・ハイデルベルゲンシスなどを主張する（図1-9）。

　もう1つは、約118万年前にホモ・エレクトゥスとホモ・エルガステル（仕事をするヒト）が共通祖先から分岐し、ホモ・サピエンスを後者の直系とし、2種が約2万5000年前に出会ったと主張する。2種類のアタマジラミのDNA分析の成果だという。寄生虫は宿主の進化を反映するのだ（ウォルター 2014: 142-143）。

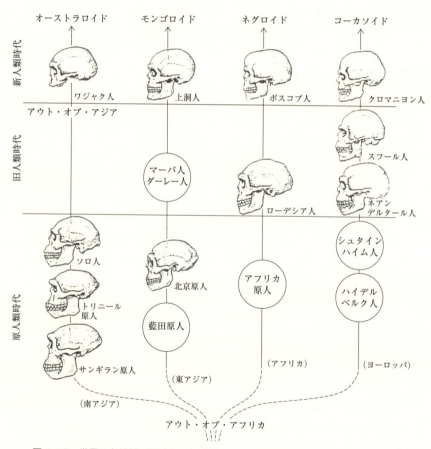

図1-10　世界の各地域で原人類、旧人類、そして新人類へと進化していった様子
注）各時代ともに、多少は地域間の遺伝的交流、とくに中心部から辺縁部への交流はあるものの、基本的には地域ごとに多系的に進化していった様子を示す。
出典）黒田他 1987: 165

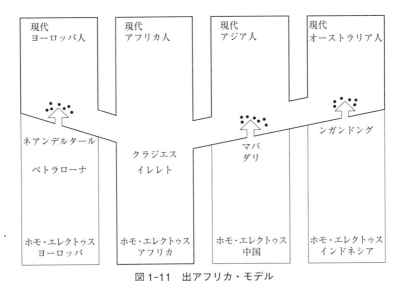

図 1-11　出アフリカ・モデル

出典）ブライヤー 2009: 46

図 1-12　我々の「兄弟」たちの想像復元図

（左から右へ）ホモ・ルドルフェンシス（東アフリカ）、ホモ・エレクトゥス（東アジア）、ホモ・ネアンデルターレンシス（ヨーロッパとアジア西部）。彼らはみな人類だ。
出典）ハラリ 2016: 18

(3) 最初の出アフリカ

およそ 200 万年前、彼らはジャワと中国に渡り、50 万年前までには東南アジア、中部ヨーロッパ、南ヨーロッパにも移動・拡大した（現生人類につながるヒトの進化については、2 つの競合するモデルがある。多極地域進化モデルは、アフリカ、東アジア、オーストラリアで地域的に別々に発展し、その起源は、この初期ホモ・エレクトゥスの最初の拡散にまで遡ることができるとされる〔図 1-10〕。だが、分子生物学の発展に

1章　人類は生き延びていいか　　*11*

基づくミトコンドリア DNA ―― 母親を通じてしか伝わらない ―― の分析によって、現在では間違いが証明されている。これに対して出アフリカ・モデルによれば、ヨーロッパの系譜は、約 3 万年前、ホモ・ネアンデルターレンシスで終わりを迎え、アジアでもオーストラリアでも死滅した。図 1-11、図 1-12）。

他方、アフリカではおよそ 50 万～ 70 万年前に、「解剖学的現代人」ホモ・サピエンス（＝古ホモ・サピエンス）が誕生した。我々の直接の祖先である。したがって、我々は 500 万～ 600 万年の時間をかけなければ生まれることができなかったのである。

(4) 幼形進化＝ネオテニー

さて、ゴリラやチンパンジーのヨタヨタ歩きとは異なり、直立 2 足歩行はヒトに難題を突きつけた。骨盤の構造を根本的につくり変えなければならない。「柳腰」になるのだ。ところが、腰が細くなれば、産道が狭くなる。つまり、新生児が子宮から出て行く経路が窮屈になる。ゴリラの新生児のように、肉体的に成熟し、生まれたらすぐ世の中で生きていける状態で生まれるとしたら、20 ヶ月も子宮のなかで過ごさなければならない。ジレンマだ。2 足歩行をやめるか、それとも大きな脳をあきらめるか。進化の力は、賢い解決方法を生みだした。そうだ、未熟児を産むことだ。つまり、我々は「類人猿の胎児」なのだ（ウォルター 2014: 48）。

同時に、ヒトの胎児でもある。つまり、チンパンジーの胎児と幼体には見られるが、成長して成体になるにつれて消える特徴とは異なり、ヒトはこれが一生涯存続する（「幼形進化＝ネオテニー」。つまり「新しさ＝若さ」が「引き伸ばされる」）。たとえば、我々とチンパンジーの幼体が共有する平らな顔面と広い額、体毛、耳の形、眼窩上部突起の欠如、頭上に前方に位置する頭蓋骨、足の親指の直行、頭部の全身比の大きさがそうである。

ところが、身体は 20 年間成長し続け、現代世界平均で 175 cm になる。脳も 20 歳まで発達し続ける。未熟児で生まれながら成長し続ける体と脳！ いったいいつこんな進化への道を歩んだのか。

(5) 大食漢でグルメの脳！

赤ちゃんは、平均して身長 50 cm、体重 3000 g、脳重量 400 g で生まれる。大人（1400 g）の 4 分の 1 だ。類人猿の幼体の脳は、全体重の 9％を占めるだけ

だが、人間の赤ちゃんは13％で、相対的に1.33倍も大きい。頭でっかちなのだ。そして、類人猿の脳が、850 mℓに達した（初期ホモ・エレクトゥス！）とき、早期の出産が始まったという。「ルビコン川を渡ったのだ」（ウォルター 2014: 56）。

赤ちゃんの脳の成長は急速だ。大きさは3年間で3倍になり、6歳までさらに成長し、青年期に大規模な再編成が行われ、20歳までに大部分の発達が完了する。相当な栄養が必要だ。5歳以下の子供は脳を維持するために、基礎代謝の40〜85％を消費する。大人は16〜25％である。全体重の約2％しかない脳が、全エネルギーの平均20％を消費するのだ（体重比40％の筋肉も同程度）。しかもグルコースしか食べないのだ。

(6) イヴたちはエデンの園ではなく、アフリカで生まれた
　　―2度目の出アフリカ

イヴたちは、15万〜30万年前にアフリカ南部で生まれたとされている。つまり、彼女たちは現代人の「共通の母」である（ウォルター 2014）。彼らの生態

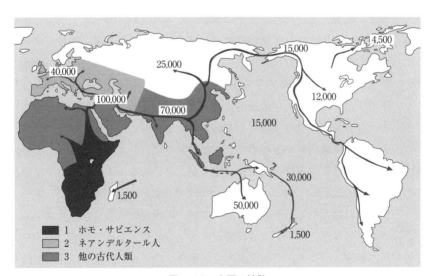

図 1-13　人類の拡散
　アフリカを出た現代人は地球の隅々へと向かった――中東、ヨーロッパ、アジア、極東、南太平洋、オーストラリア、そして南北アメリカへと。最後に到達した大陸は19世紀の南極大陸だった。遠く離れた太平洋の島々は最初のファラオがエジプトを支配した頃におそらく人が居住していた。
オリジナルの挿絵は Altaileopard, Wikimedia commons による。
出典）ウォルター 2014: 口絵をもとに作成

的地位（ニッチ）が依然として厳しい状態であることに変わりはなかった。また脳容量も、現代人の1200～1500 mlと比較して大きな変化はない。

　イヴの末裔は、10万～20万年前、新天地を求めて、2度目の出アフリカを敢行した。アフリカ大陸を北上し、イスラエル・西アジアを経て、ヨーロッパとアジア、オーストラリアだけでなく、瞬く間にいわば全世界に拡散した。7万年前にアジア全体に広がった現代人は、1万5000年前にアメリカ大陸に渡り、おそらく5000年の間に南極大陸近くまでたどり着いた（図1-13）。今度の出アフリカが「大成功」した理由が、おそらく5万年前に始まる氷期の終わりという気候変動にあるのはたしかだが、現代人の進化も大きく寄与している。その際たるものが、文化的進化である。

(7) 文化のビッグバン！

　約4～6万年前に爆発し始めた文化的進化は、現代人の進化を飛躍的に促進した。

　①　ホモ・エレクトゥスもすでに精巧な石器をつくっていたが、ホモ・サピエンスはそれに加えて骨角器、とくに槍をつくった（図1-14）。オーブンや木製容器も作った。これによって植物採集の便ばかりか、とりわけ狩猟技術の進歩によって、文字通り人間は「ハンター」になった（ただし、本当のハンターは捕食者たちである！）。捕食者の危険から身を守り、大型動物を入手できるようになった。摂取するたんぱく質は飛躍的に多くなった（後述）。しかし、彼らのエネルギーの大部分が採集植物に依存していることを忘れてはならない。つまり、女性が主に担う採集活動がきわめて大きな役割を果たしていたということであり、主として男性による狩の獲物は重要だが、決定的なエネルギー源ではなかった（現代の先住民でも、カロリー源の50～80％が植物由来である。サーリンズ 1984）。

　②　各地でおびただしい数の装飾品・壁画・彫像がつくられた。クロマニヨン人によるラスコー、アルタミラ両洞窟のマンモスやアンテロープ、バイソン、雄牛や馬の壁画、シュターデル洞窟の象牙彫り「ライオン人間」は誰もが知っている（図1-15）。だが、現在までに知られている3万～5000年前につくられた人物像の90％以上が女性であったことは知られていない（図1-16）。音楽も誕生したに違いない。

　③　現代人も一人では生きていけない。ヒトも500万～700万年も昔から集

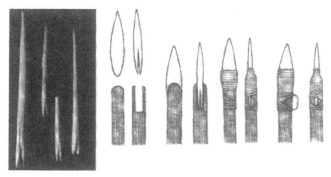

図1-14 初期オーリニャック時代（4万年前〜）の根元を裂いた鹿角尖頭と槍先の固定
出典）ブライヤー 2009: 58

図1-15 ドイツのシュターデル洞窟で発見された、象牙彫りの「ライオン人間」の像（およそ3万2000年前のもの）

体は人間だが、頭部はライオンになっている。これは、文句なく芸術作品と言えるもののうち、最初期の例。おそらく宗教的な意味を持ち、実際には存在しないものを想像する人類の心の能力を裏づける、議論の余地のない例としても、現時点で最古の部類に入る。
出典）ハラリ 2016: 38

図1-16 ヴィレンドルフの偉大な女神（オーストリア、紀元前2万5000年）
出典）イーグルハート 2000: 29

団をつくって生き延びてきた（哺乳類のライオンも、6500万年前に共通祖先から分岐した類人猿もそうである！）。だが、ヒトはどんな集団生活を送っていたのか。

2 集　　団

1)「核家族」の論理的・歴史的必然性

　最大の難問は、赤ちゃんを捕食者から守護し、不可避的な長期にわたる授乳と養育をどのように行うかということである。母親は次々に妊娠・出産したはずだから、赤ちゃんに授乳しながら、複数の兄弟姉妹を守り育て、その合間には植物採集、料理もしなければならない。母親にはたくさんの食料が必要で、赤ちゃんに莫大な栄養を提供しなければならない。母親1人だけでこれらのことをすべてできるだろうか。だから、別の人間の手を借りる必要がある。それが妊娠させた男性、つまり父親である。父親と強い絆を結んでいれば、「敵」から母子を守ってくれると期待できるだろう（「敵」は自然や人間以外の捕食者だけではない。母親を狙う男性、場合によっては「子殺し」を行う男性もいる！）。必要な食料、とくに栄養価の高い動物性たんぱく質を提供してくれるだろう。育児も手伝ってくれるだろう。「核家族」の誕生には一定の論理的必然性があるように思われる。

　だが、これは論拠としては弱い。(1) ヒトに近縁な類人猿では、乱交が普通であり、しかも乱交は雌にとって利益がある（長谷川・長谷川 2000: 225-227、221-222）。雌は多くの雄を誘い、1頭に「囲い込まれる」ことを嫌い、余所者を積極的に追いかける。第1に、多くの雄と交尾することで、多くの雄に自分が父親と思わせて「父性の混乱」を生じさせ、子殺しを防止できる。第2に、特定の長期的な相手を決める前に、多くの潜在的な候補者と交尾し、雄を見比べる。試行錯誤と経験の蓄積は、複雑な社会関係を営む上で有益である（雌雄双方にとっても）。なぜヒトはこの道を進まなかったのか。(2) 守護と食料確保になぜ特定の男女の結びつきが必要なのか。ニホンザルやアカゲザルも雌たちの共同生活・連合関係をつくり、雄の暴力に対抗し、外部の雄の侵入を阻止する。また食料も集団内で分配すれば、入手できるではないか。

　しかしながら、これには反論できる。

　(1)「特定の男女の婚姻共同体、つまり婚姻による持続的パートナー関係なしに生活している人間集団は、これまで知られていない」、「母・子・父〔と祖

父母〕は、人間の家族と社会の結晶核である。このような家族型は類人猿類その他の高等哺乳動物ではまれにしかみられない」（アイブル＝アイベスフェルト 2001: 258)。なぜか。①人間も当初はチンパンジー的な母系的傾向をもっていた可能性が高いが、男の家族化は、第1に、男が他の男の排除による繁殖率の向上、したがって多産・誠実・世話のできる女を求めて審査し、他方、妊娠によってより多くのリスクを負う女が、保護者・扶養者として誠実な男を求めて審査することを基盤としている。②第2に、「長期にわたる子供を保護する必要性に基づく淘汰圧によって生じてきたのであり、したがって両性とも子供を世話する能力を発達させてきた。そして、親の世話の下でのみ可能な、長期にわたる幼年期・青年期によって、人間の文化遺産を子供が引き継ぐことが可能になる。我々は系統発生的適応を通じて生来文化的存在になるようプログラムされている」（アイブル＝アイベスフェルト 2001: 261)。③類人猿の性行動は発情期に制限されており、性行為は生殖に奉仕しているが、人間の解放された性行動は、生殖・繁殖を超えて、性愛（エロス）つまり個人的なパートナー結合という新しい機能を獲得した（アイブル＝アイベスフェルト 2001: 260)。

（2）母系的なチンパンジーと異なり、雌が親元を離れる類人猿ではインセスト〔近親間の性交渉〕の起こる可能性が高い。人間は、それをタブーという規範にして、共存できる親和的な家族と血縁集団をつくった。つまりインセスト・タブーは、生存力の劣る子どもを産むのを回避するというより、性的な競合を弱める仕組みである。性行為を夫婦間に限定し、他の異性間には禁止することによって、親子・兄弟姉妹間の性的葛藤を回避し、家族員は共存し連合できる。だから、家族の一員が他の家族の一員と性的に結ばれても、家族員の絆は切れないし、家族間の性的葛藤も生じない。これは異性間・同性間にも家族を超えて共存を促す働きをもっている（山極 2012)。

このように見てくると、エンゲルスの根本的な誤りが明らかになる。彼は私有財産制度によって母権制から家父長制への転換、「女性の世界史的敗北」が始まった、そして個人的性愛が近代家族に始まると主張したが、これは自民族中心主義の典型である。

フロイトのエディプス・コンプレックス理論〔男児が母親に性的魅力を感じて、父親と葛藤する〕とエレクトラ・コンプレックス理論〔娘が父親に対する愛情をめぐって、母親に敵意を抱く〕の誤りもはっきりしてくる。親子間の対立の原因を異性の親との性的結びつきに

求めることはできない。

　レヴィ＝ストロースの主張する外婚制、異なる親族間の互酬的な女性の交換の重要性と正当性も理解できる。

2）血は水よりも濃いか？

　育児とインセスト・タブーを通じて生成・進化した親和的・協調的「核家族」は、単独で生きることはできない（し、そもそも歴史的にはそれ以外の社会集団を想定しなければならない）。ライオンやヒョウなどの捕食者が棲息するサバンナで食料を確保し、捕食者に殺されないためには、何らかの集団をつくらなければならないが、もっとも考えられるのが親族・血縁集団である。家族内の親和性・協調性、とくに相互扶助行動（自他双方が利益を得る）・利他的行動（自分は不利益をこうむるが、相手は利益を受ける）が外部に拡張するのは容易である。というのは、共通祖先の遺伝子を共有する血縁者は、血縁度に応じて、たとえば祖父母と孫あるいはいとこ間では、利他的行動をした場合には適応度がプラスになるからである（包括適応度）。前者では 0.25、後者では 0.125 となる。血縁度が高ければ高いほど、またコストが小さいほど、利他行動は進化しやすい（血縁淘汰。長谷川・長谷川 2000: 122-124）。やっぱり血は水よりも濃いのだ！（ただし、これは親子間・兄弟姉妹間の葛藤や対立がないということではない。遺産相続の争いや男女の子供への投資の多寡を考えてみればよい）

3）非血縁集団の形成と発展

　ホモ・サピエンスは、血縁集団を核としながらも、異なる非血縁集団との共同生活集団をつくっていた。より安全に生活し、より効率的に食料を確保するためには、共同生活する集団を形成する以外に方法はない。しかも小規模な集団でなければならない。というのは、お互い同士が日常的に接触できる状態、相手がどんな性格、人物であるかをよく知悉し、個体識別が可能な状態でなければならないからである。とくに競争、敵対、闘争が生じた場合でも、最終的に仲裁ができ、仲直りができる協調関係を基本としなければならない。さもないと集団は分裂・崩壊し、生存と繁殖が不可能になる。だから、最大でも 150 人程度が限界なのである（長谷川・長谷川 2000、山極 2012。現代の先住民の規模もそ

うである。サーリンズ 1984、アイブル＝アイベスフェルト 2001。我々も個体識別が可能な範囲は、50～150 人ではないだろうか。たとえばフェイス・ブックの友人数！）。そのなかで彼らは、特別な工夫をし、特別な能力を発展させた。

(1) 平等な分配と共同の食事

植物採集は主として女たちが赤ちゃんを背負い、場所の選定や籠の運搬、採集作業を、おそらく歌を歌いながら共同で行い、狩猟は主として男たちが同じように共同作業として行っていた（性別分業）。獲物を待ち伏せし追跡するにも、囲い込みしとめるにも協力しなければ成功しないだろう。そしてもち帰った植物や獲物は、槍をつくったが参加しなかった構成員にも、病気や怪我で参加できなかった構成員にも、さらには女性だけの家族の構成員にも、比較的平等の原則（完全に平等ではないが、不公平ではない不平等を許容する平等原則）に従って分配された。内部で不平等な関係が進行すれば、お互いの信頼は不信感に、嫉妬や猜疑心に転化し、集団内の争いと敵対が生じるだろう。それを回避するための工夫である。共同の食事もそうである。お互いの親密感・連帯感と信頼を醸成するとともに、何よりも楽しい。「同じ釜の飯を食」いながら談笑することは、とても大事なのである（ドゥ・ヴァール 1998: 225 以下）。（この 2 点だけでも、ルソーに倣って「高貴な野生人、野蛮な文明人」と言えるだろう）

(2) 利他行動の進化

利他行動とは、自分の利益を犠牲にして、他人の利益を優先的に実現する行動だが、集団内の共同作業（たとえば採集や道具の製作）が緻密になればなるほど、自己利益より他人や集団の利益を優先させる機会が多くなるのは当然である。さもないと自分の生存も危うくなる可能性が高くなる。チンパンジーでも頻繁にあるという（ドゥ・ヴァール 1998: 262 以下）。実は、利他的行動は「自分自身も自尊心、社会的認知、公の名誉と注目、名声……といった利益を蓄積する。また利他的行動をとることで、そのように行動しなかった場合の敗北感や恥辱感がもたらすであろう将来の苦痛や苦悩から逃れている。自分の命を危険にさらしても自分の子供を救えば、将来自分の気持ちが楽になるだけではない。もし救わずに死なせてしまったら、目の前の危険が引き起こす気分より将来さらにずっと悪い気分になる。言い換えると、目前の苦しみと将来の報酬、そして目前の苦しみとそれよりさらに悪い将来の苦しみ、この 2 つに対する評価」が根

底にある（ダマーシオ 2000: 274-275）。（トリヴァースの互恵的利他行動の理論、すなわち、ある構成員が血縁関係にないある他の構成員に利他行動をとる場合、一定の適応度上の損失を被るが、その構成員が将来相手から同じような恩恵を受ければ、損失が解消でき、長期的には両者とも適応度が上昇するという理論は、費用便益分析的な功利主義に偏っている。というのは、次のような例示から分かるように〔長谷川・長谷川 2000: 164 以下〕、最終的には自分の利益になるかぎりでしか利他的行動をとらないという理論だからである。肉の分配でAが自分の分の一部をBにあげたら、次回の分配時にBから肉のお返しがある、怪我をした人を助けたら、自分が病気になったときお手伝いに来る……）

(3) 裏切り者には罰を！

それでも、他人より多くの利益を得ながら、コストを負担しない構成員、ごまかしや嘘によって共同の負担を免れようとする構成員等々は必ず生まれる。それに対して、我々は公平さと正義が損なわれたと感じ、何らかの制裁を行う。それによって社会生活は、より公平な協調行動に則った方向へと進み、我々の正義感もより強化されるように進化するだろう。

(4) 目は口ほどにものを言う

ホモ・サピエンスがどの段階で言語コミュニケーションをはじめたのかは分からない。しかし、コミュニケーションは、社会的な信号に対して系統発生的に獲得された生得的解発機構に基づいて応答することだから、いくつかのレベルがある。集団生活で占める重要性に従って列挙すると、匂い（嗅覚：女性は男性ホルモンのアンドロステノンが好きで、男性はアンドロステノールが嫌いだという。ただし、正反対の実験結果もある）：生後2日の乳児は母親を匂いで識別し、母親も同様である（アイブル゠アイベスフェルト 2001: 499 以下）。超肉食恐竜ティラノサウルスは、脳の嗅球が異常に大きく発達している。暗闇のなかでも敵を察知し、獲物をみつけるためだ。接触（触覚）：抱く、なでる、手を置く等々は親密な気分の信号である。一般に順位の高いものが行うから、雄間の順位関係があるチンパンジーも行う。表情と身振り（視覚）：「信号つまり仲間の身体的特徴に反応し、表情の動きや身振りに反応し、態度や服装に注意を払う」（だから、白目が進化した！）。情動の表現運動（表情、身振り・姿勢・歩行様式）、相互作用戦略：儀式、礼儀。これらを基盤にして言語コミュニケーションが成立する。道具の製作は模倣による学習を経ているが、言語は必ずしも必要ではない。しかし、そ

れが緻密になればなるほど、おそらく知識の伝達が前提になるはずだ。これは言語記号による他はない。

(5) マッキャベリ的脳の誕生

　社会的相互作用が複雑化すれば、当然構成員間の行動調整も複雑化する。そのためには脳の発達が不可欠だ。他人が何を考えているかを意識・理解し、それに合わせて自分の行動を選択したり変化させたりしなければならない。また自分が他人にどのように理解されているかを意識・理解することも必要である。さらに自分の目的を実現するためには、他人の同調を得る必要がある。行動調整はマッキャベリ的な「権謀術数」も駆使し、実力も行使しなければならない。

　人間は、概念を自由に操り、命題をつくり、理性的推論を行う精神的存在にもなった。現代的な意味で心（情動、感情、意識、理性）をもった存在になったのである。

3　人間は有機体（身体×脳×心）である

　すべての生物は身体をもっているが、脳ももっている生物は数が少なく、心をもっている生物となると、激減するだろう（哺乳類の大部分は、多分心ももっている。図1-17、図1-18、図1-19）。では、この3つはどのような関係にあるのだろうか。言い換えると、相互作用をしているのだろうか。どんな相互作用なのだろうか。

1）身体的情動

　君は、森の小径を歩いている。と、突然目の前に大きな動物が現れた。今にも飛びかからんばかりだ。君の目はかっと見開かれ、口は渇き、顔面蒼白となり、鳥肌が立つ。動悸は早鐘のようだ。四肢はこわばり、内臓が締めつけられる。つまり、内臓（心臓、肺、腸管、皮膚―最大の内臓器官！）、骨格筋、動脈壁の平滑筋（除心臓筋）の機能が恒常性（ホメオスタシス）から「逸脱」するだけでなく、（自覚はないが）内分泌腺（下垂体や副腎など）や免疫系も急激に変化する。

　君は逃げようとするかもしれない。いやなすすべもなく棒立ちのままかもしれない。あるいはとっさに立ち向かおうとするかもしれない（逃走か、それとも

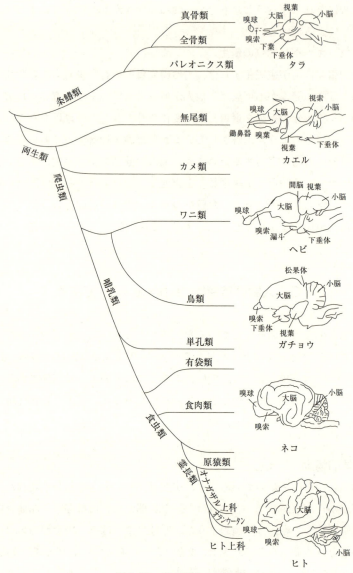

図1-17 脳の進化の系統樹
出典）ルドゥー 2003: 149、図5-3をもとに作成

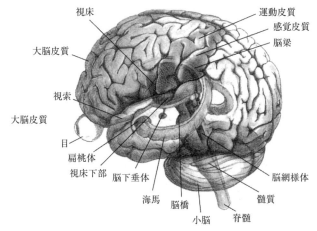

図 1-18　扁桃体、海馬、視床下部などの内部の構造を示した、人間の脳の概略図
出典）ラマチャンドラン 2013: 40

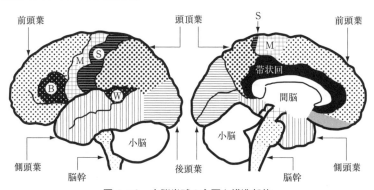

図 1-19　大脳半球の主要な構造部位
　前頭葉、側頭葉、頭頂葉、後頭葉・ブローカ野（B）とウェルニッケ野（W）、運動野（M）と体性感覚野（S）。ブローカ野とウェルニッケ野はもっともよく知られている言語関連部位だが、他のいくつかの領野も言語処理に関わっている。運動野と体性感覚野も同様で、それらは運動、体性感覚という氷山の一角にすぎない。大脳皮質の他の部位ならびにその下には、運動機能を支える多くの皮質部位と核が存在する（帯状回皮質、大脳基底核、視床、脳幹核）。同じことは体性感覚機能についても言える（脳幹核、視床、島、帯状回皮質）。
出典）ダマーシオ 2003: 394 をもとに作成

闘争か！）。このような身体状態のすべては、神経系（信号）と血管（ホルモン）を通して脳の扁桃体に感知され、前帯状回に届く（ダマーシオ 2000: 215-219、図 1-20)。すると、その動物がなんであるかを知らないままに、また意識しないままに情動的反応が起きる。つまり怖くなるのだ。これが「生得的な 1 次のあ

1 章　人類は生き延びていいか　　**23**

るいは前もって構造化されている情動」である。一般的には喜び、悲しみ、恐れ、怒り、嫌悪が挙げられる。生と死の分かれ道は扁桃体が握っているのだ。

次いで、2次の情動が生まれる。決定的な違いは、ある種のイメージが形成され、そこから生じる恐れの情動の自覚であるということだ。扁桃体を経由して前頭前皮質（大脳皮質！）が活性化し、そこから信号が扁桃体と前帯状回に送られ、そこから身体と脳幹の変化をもたらす（ダマーシオ 2000: 222-224、図1-21）。一般的には当惑、嫉妬、罪悪感、優越感が挙げられる（ダマーシオ 2000: 76）。こうしてさまざまな感情（＝自覚された情動）が生まれる。つまり「情動を感じる」。情動の変化の信号が、皮膚、血管、内臓、四肢骨格筋、関節などからのインパルスが脳（脳髄・脳幹⇒網様体・視床⇒視床下部、辺縁構造⇒体性感覚皮質）に送られる。

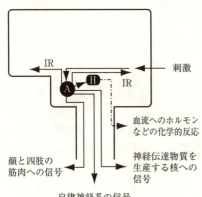

図1-20　1次の情動
外側の境界線は大脳と脳幹を意味している。1つの適切な刺激が扁桃体（A）を活性化すると、つぎのようないくつかの反応がこれにつづく。内的な反応（IR）、筋肉反応、内臓反応（自律神経系の信号）、神経伝達物質を生産する核と視床下部（H）への反応。視床下部はホルモンなどの化学的反応を生み出す。この反応は血流を利用する。上の図では、この大規模な反応が起こるうえで必要な、いくつかの脳構造が省略されている。たとえば、我々が情動を表現するときの姿勢などの筋肉反応は、おそらく基底核内の構造（いわゆる腹側線条体）を使っている。
出典）ダマーシオ 2003: 217

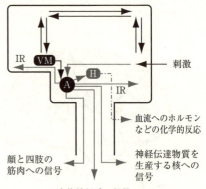

図1-21　2次の情動
刺激はやはり直接扁桃体（A）を経由して処理されているが、この場合は思考のプロセスの中でも分析され、前頭皮質（VM）を活性化すると思われる。つまり、2次の情動は1次の情動の装置を利用していることになる。VM以外の多くの前頭前皮質が活性化しており、この図もひじょうに単純化したものではあるが、メカニズムの本質は示されていると思う。VMはその表現をAに頼っており、いわばAに肩車してもらっている。この先行物への依存関係は、自然のよろず修理屋的手法の好例である。新しいメカニズムをつくり新しい結果を得るために、自然は古い構造やメカニズムを利用している。
出典）ダマーシオ 2003: 221

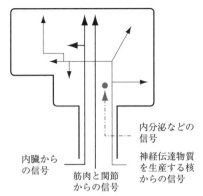

図 1-22　情動を感じる
「情動を感じる」ために、十分ではないが必要なことは、内臓、筋肉と関節、そして神経伝達物質を生産する核（これらはすべて情動のプロセスが起きているとき活性化している）からの神経信号が、いくつかの皮質下核と大脳皮質に届くことである。内分泌などの化学的信号も、血流などを介して中枢神経系に届く。
出典）ダマーシオ 2003: 231

同時に、情動によって生み出されたホルモンやペプチドは、血流を通じて脳に至る（ダマーシオ 2000: 230-233、図 1-22）。ダマーシオは、1 次、2 次の情動に基づく感情とその組み合わせを挙げている。喜び⇒幸福感・エクスタシー、悲しみ⇒憂鬱・沈思、恐れ⇒パニック・臆病等々（ダマーシオ 2000: 228）。

なぜこのような身体・脳連関と情動・感情が重要なのか。

2）身体的理性

それなしには我々の理性が機能しないからだ。情動と感情は皮質の思考つまり理性と同時進行していると同時に、理性は情動・感情を前提してはじめて機能する。

① 扁桃体システムと海馬システムは、作動記憶という協同作業をしている（ルドゥー 2003: 240、図 1-23）。

② 扁桃体と大脳皮質の相互作用は、前者が優位している（ルドゥー 2003: 341、図 1-24、図 1-25）。「情動的覚醒が、思考を支配し制御しているのだ。……もちろん人間以外の哺乳類と比較すれば、大脳皮質から扁桃体への照射は、霊長類の方がずっと強い」（ルドゥー 2003: 360-361）。

③ 社長をしている会社の景気回復を図るために、大幅な給与カットと労働

1 章　人類は生き延びていいか　**25**

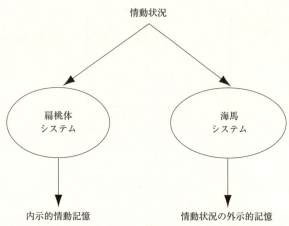

図1-23　情動の記憶と情動体験の記憶の脳機構

　脳にはさまざまな異なる記憶システムが含まれていると考えるのが一般的である。意識上の宣言的あるいは外示的記憶は、海馬と関連する皮質領域によってつくられる。他方、さまざまな意識下のあるいは内示的な記憶は、これとは異なるシステムでつくられる。内示的記憶システムの一形は情動（恐怖）記憶システムであって、扁桃体と関連領野が関与している。心に傷を負うような状況では、内示的記憶システムと外示的記憶システムがともに並行して働いている。後になって、その傷害時に起こった刺激に出会うと、両方のシステムが再び賦活される。海馬システムによって、その時誰といたか、何をやっていたかを思い出すとともに、客観的な事実としてその状況が恐ろしいものであったことを思い出す。扁桃体システムによって、その刺激は筋を緊張させ、血圧や心拍数を変化させ、ホルモンを分泌させて、体や脳の反応を引き起こす。これらのシステムは同じ刺激で賦活され、同時に働くため、この2種類の記憶システムは1つの統合された記憶システムの部分のようにも見られよう。これらのシステムを別々に切り離すことによって、また特に動物実験の研究やヒトの数少ない重要な臨床例の研究によってはじめて、どのようにしてこれらの記憶システムが並行して働き、独立した記憶機能を生み出しているかを知ることができよう。

出典）ダマーシオ 2003: 240

時間の延長を覚悟しなければならないとする。短期的な見込みは不快だが——「人間は、生存のために苦しみを避け、潜在的快楽を求める内的選好システムをもっているが、後天的に獲得された快・不快の情動・感情に基づく『直観』を働かせている（ソマティック・マーカー仮説）」（ダマーシオ 2003: 279、270）——、将来はよくなるというイメージから生み出される直観が決断させる。その上ではじめて複数のオプションとシナリオの検討、メリット・デメリットの比較等々が始まる（理性の働き）。逆だとしたら、いくら時間があっても足りず、決断は不可能だ。それは生存を危険にさらすことであり、回避するようプログラムされている（デカルト的唯理性主義の根本的誤りは明白だ。ただし、彼は情念論で一瞬

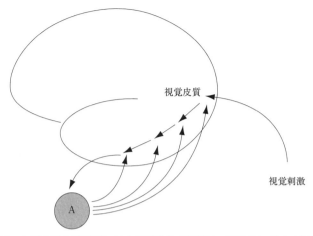

図 1-24　大脳皮質の感覚領に対する扁桃体の影響は、扁桃体に対する同じ領域の影響より大きい

　扁桃体は感覚システムの中で大脳皮質による処理のもっとも後期の段階からの入力をうけとる。しかし、扁桃体は大脳皮質の処理過程のすべての段階へ、特にもっとも早期の段階へさえ投射する。
出典）ルドゥー 2003: 341

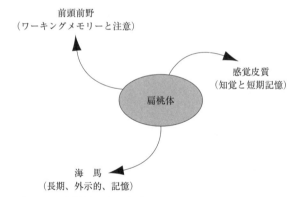

図 1-25　扁桃体の大脳皮質への出力のいくつかとその機能

　扁桃体のいくつかの領域は、大脳皮質の広い領域へ投射する。大脳皮質の感覚処理のすべての段階への投射、前頭前野への投射、海馬とそれに関連した皮質領域への投射が含まれる。これらの投射によって、扁桃体は進行中の知覚、心に描く像、注意、短期記憶、作業記憶、長期記憶とともに、これらが統合されて可能となる種々の高次思考過程に影響を及ぼす。
出典）ルドゥー 2003: 341

その間違いに気づいたが、思想的・理論的体系を考え直すことはなかった)。

3) 社会は共感する心から成り立っている

　誰もが川でおぼれている子どもを見たら、何も考えずに助けようとするだろう。松葉杖をついた若者が電車に乗ってくれば、誰でも席を譲ろうとするだろう。同じゼミの学生が懸賞論文で優秀賞を獲得すれば、君もうれしくなるだろう。この思いやりの心と行動が共感だ。普通「感情移入」と訳されるが、誤解を招く。他人の感情のなかに入り込むことを意味しないからである。むしろルソーの憐憫（相手の苦しみや悲しみを感じて同調する）やスミスの同感（相手の状況と感情を想像して、ともに同調する）に近い。では、共感の基盤となっているものとは、いったい何だろうか。

　(1) 相互の愛着

　イルカやゾウ、犬などほとんどの哺乳類が、仲間の痛みや苦境に反応する。敵や捕食者から力を合わせて身を守り、協力して狩をする。個体の生死が他の仲間にかかっている以上、救助行動や愛情の結びつきが進化するのは当然だ（ドゥ・ヴァール 1998: 141 以下）。

　(2) 感情の伝染

　他人の感情に触発されて、自分の感情も喚起することは、誰でも体験したことがあるだろう。

　(3) 生得的解発因

　赤ちゃんのつぶらな瞳、丸みをおびた顔を見れば誰でも優しい気持ちになり、話しかけたり触ってみたくなる。そして大切にしたい、危険があれば保護したいという感情がおきるだろう。チンパンジーもそうだ。「同じ種のすべての個体が、自動的（＝生得的）に反応する具体的な刺激」があるのだ（ドゥ・ヴァール 1998: 144）。

　(4) 想像力による立場の交換

　「子どもが注射されるとき、針が突き刺さる瞬間に母親は目をつぶり、顔をしかめる。子どものつらい思いを想像して、自分もつらくなるからだ。自分のアイデンティティを失うことなく、他人に自分を重ねあわせ、気を配るのが人間の共感の要点である」（ドゥ・ヴァール 1998: 145）。想像力によって他人の視点

に自分を置き換える能力があるのだ（ただし、スミスの同感理論における立場の交換は、想像力とはいえ、あまりにも理性的過ぎる。公平な観察者を構成する論理になっているからだ。もっと情動や感情に近いものではないのか）。チンパンジーでもボノボでもそうであるという。

このように相手を仲間と捉え、共感と思いやりの感情と行動を抱くことが、ほぼ普遍的に存在するということは、生存する上で根本的な意味を持っているからだろう。ここから利他的行動への歩みは、ほんの一歩だ。私は、共感と利他行動があったからこそ、人類は生きてこれたのだと確信している。が、この確信はもろくも崩れ去る！

4　近い将来、地球も人間も滅びる!?

1）世界を変えた革命家、シアノバクテリア

原始地球は酸性で、硫黄の匂いに満ち、大気には酸素はほとんど含まれていなかった。海底からは硫化物を含む熱水が噴出し、黄鉄鉱の生成反応（$FeS+H_2S=FeS_2+2H+2e$）から最初の細胞膜＝生命が誕生した。約38億年以上前のことだ。そして嫌気性細菌の海底王国は10億年以上続いたが、表層ではついに光合成（葉緑素クロロフィルが光のエネルギーを利用して、二酸化炭素を炭素と酸素に分ける。炭素は自分の成長に使い、酸素は体外に放出する過程）を行う細菌が誕生する。次いで約35億年前に、真の革命家、シアノバクテリア（藍色細菌つまり藍藻、図1-26）が登場した。地上は緑の園となり、大気は酸素に満ち、オゾン層までつくられた（図1-27）。巨大なストロマトライトに覆われ、20億年前にはこれらのバクテリアを餌として真核細胞生物が生まれる。カンブリア紀の「生命の爆発」を経て、地球はいくつもの生態系で覆われている（図1-28）。

2）微生物が世界をつくったし、今もつくっている

もっとも大事なことは、この基底が微生物の生態系でできていることだ。現在でも地衣類は菌類の傘とバクテリアの共生物だ。サンゴも共生藻類をもっている。反芻動物はセルロースを分解する微生物がいなければ、餓死するだろう。我々人間も消化器官、呼吸器、性器に至るまで微生物の巨大集団を詰め込んだ

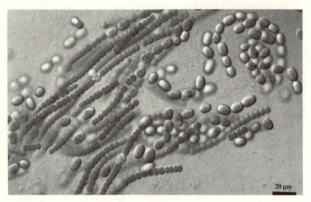

図 1-26　ビーズのネックレスに似たシアノバクテリア、トリコルムス・バリアビリスの糸状体

葉緑素などの光合成にかかわる色素は、緑色の細胞の中に集まっている。糸状体の中にある厚い細胞壁を持った2つの細胞（中央左）はヘテロシストと呼ばれ、タンパクや核酸の合成に必須の窒素をとらえる働きをしている。光合成をする真核生物の葉緑体は、10億年以上前に現在の藻類の遠い祖先に取りこまれたシアノバクテリアの細胞から進化したものである。

出典）マネー 2015: カラー口絵・図 12

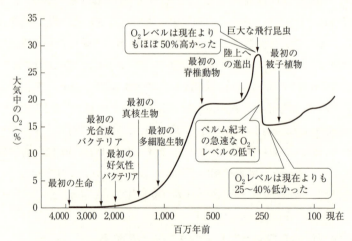

図 1-27　より大型の細胞や生物はより多くの酸素を必要とする

大気中の酸素濃度の変化は、生物進化に影響を与え、また影響を与えられてきた（水平軸が対数目盛りになっていることに注意）。

出典）サダヴァ他 2014: 188

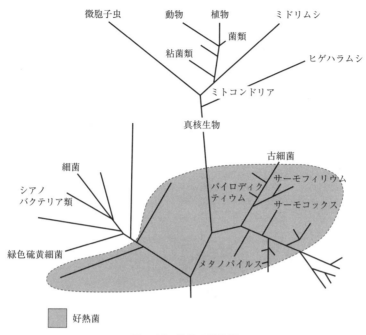

図 1-28　生物の系統樹
その基部にはたくさんの好熱菌が含まれている。
出典）フォーティ 2003: 63

動く生態系だ。人間の体内に（実際は、口・消化管・肛門は身体の外部！）600 兆〜1000 兆個のバクテリアがいなかったら確実に死ぬ。「生物の世界は、微生物によって動かされる 1 つの巨大な共同体なのである」（フォーティ 2003: 87、図 1-29）。

時は流れ、我々人間は、20 万年の採集狩猟生活に別れを告げた。1 万〜1 万 2000 年前だ。

3）農業革命から帝国へ

中東、中国、中央アメリカで野生植物の栽培化が始まり、野生動物の家畜化が始まる。食糧生産は飛躍的に伸び、人口爆発が起こった。紀元前 1 万年には、放浪する採集狩猟民は 500 万〜800 万人だったが、1 世紀には 100 万〜200 万人に減り、農耕民は 1 億 5000 万人になった（ハラリ 2016: 上 134 以下）。紀元前 3100 年、数十万人のエジプト王国が生まれ、紀元前 2250 年には、100 万人の

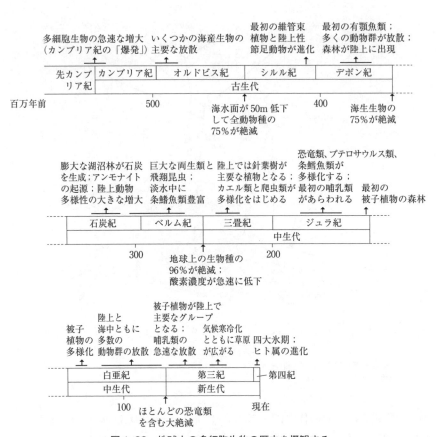

図1-29 地球上の多細胞生物の歴史を概観する
カンブリア紀における地質学的に急速な生命の「爆発」により、今日まで存続しているいくつかの動物群が誕生した。本年表ではカンブリア紀以降の生命史を示している。
出典）サダヴァ他 2014: 198-201, 図21-12 をもとに作成

臣民と5400人の常備軍をもつアッカド帝国が誕生した。紀元前1000〜500年には後期アッシリア帝国、100万人のバビロニア帝国、ペルシャ帝国が生まれ、紀元前221年、秦朝が中国を統一したが、それは4000万人の人口と数十万人の常備軍、10万人の官僚制を抱える大帝国だった。その直後、ローマ帝国が生まれ、その最盛期には人口1億人、25万〜50万人の常備軍、そしてエリート層からなる巨大帝国に成長した。

4）神話と人間の家畜化

　採集狩猟民は、最大150人規模の集団で、20万年近く生きてきた。数十万〜1億人規模の集団で生活することに、基本的に適応できない有機体になっていた。だから特別の方策を生み出さなければならなかった。それが宗教的な神話であり、建国の神話だ。これによって統合しなければ、集団は崩壊する。すでに9500年前に、トルコ南東部のギョベクリ・テペ遺跡には、はっきりと神殿跡が確認できる（ハラリ 2016: 120、図1-30）。同時に、小麦、稲、ジャガイモによる人間の家畜化がますます進展していった。採集狩猟民は、多種多様な野生植物を摂っていた。1ヶ所で果実や根菜が取れなくなれば、別の場所に移動すればよい。また1つの植物が災害で絶滅したとしても、別の種類のたくさんの植物を食べればよい。しかし、農耕民は違う。1ヶ所に定住して土地を耕し続け、侵略されないよう監視し続けなければならない。イナゴの大群が小麦を食い尽くせば、飢えてしまう他ない。羊、牛、豚、鶏、ヤギ、ロバによる人間の家畜化も同時進行した。羊の放牧は膨大な牧草地と水を必要とする。土地と水の管理は、膨大な労力と緻密な作業を必要とする。飼育に適した牧草はどこにでも生えているわけではないのだ。こうして、今や人間は72億人になり、世界中で不平等が蔓延している。

図1-30　（右）ギョベクリ・テペで出土した記念碑的建造物の遺物。
　　　　（左）装飾を施した石柱の1つ（高さ約5m）。
出典）ハラリ 2016: 120

5）生態系の連続殺人犯、ホモ・サピエンス

　この間にたくさんの生態系が汚染され破壊され、何万種もの動植物が絶滅した（ハラリ　2016: 108 以下）。微生物の生態系は見向きもされず、ホモ・サピエンスに踏みにじられている。それでいて、我々は「地球に優しく！」と叫んでいる。なんという傲慢さであろうか。優しくするのは、地位と権威をもった優位の存在が、劣位の存在に対して行う行為だ（チンパンジーを見よ！）。我々がたくさんの生態系に保護され優しくされているのであって、けっして逆ではない。我々にできることは、その生態系を保全することだけであり、これこそが我々の責任であり、義務なのである（図1-31）。そして、未来が現在の延長線上にあるとすれば、それは確実に滅びへの道だ（図1-32、図1-33）。

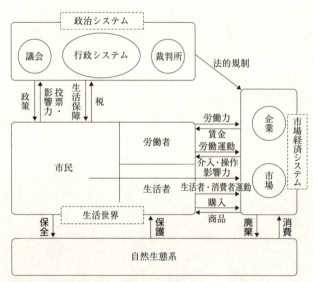

図1-31　生活世界のパースペクティヴからみたシステムと生活世界、自然生態系の相互関係
出典）壽福 2013: 82

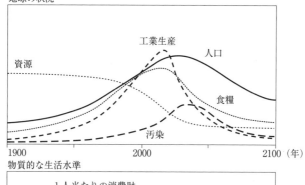

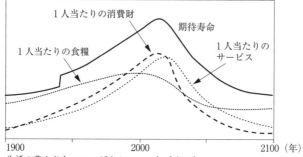

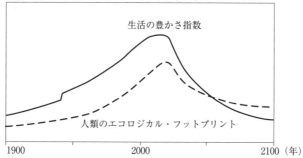

図1-32　シナリオ1——準拠シミュレーション
　世界は、20世紀のほぼ全期間に追求されてきた政策からあまり大きく変更せず、これまでと同じように進んでいる。人口と工業生産は成長を続けるが、再生不可能な資源がしだいにアクセスしにくくなることで、成長が止まる。資源のフローを維持するために必要な投資が加速度的に増え、最終的に経済の他部門への投資資金が欠乏することから、工業製品とサービスの生産が減り始める。それとともに、食糧や保健サービスも減退し、期待寿命が低下し、平均死亡率が上昇する。
出典）メドウズ他 2005: 214 をもとに作成

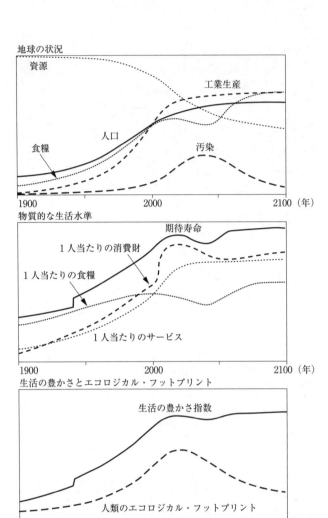

図1-33　シナリオ9——世界が2002年から人口と工業生産を安定させるという目標を採り入れ、かつ、汚染、資源、農業に関する技術を加えた場合

　人口と工業生産を制限し、加えて、汚染を除去し、資源を保全し、土地の収穫率を改善し、土壌浸食軽減の技術を実施する。その結果、社会は持続可能になる。80億人近い人々が、高い生活水準を保ち、継続的にエコロジカル・フットプリントを減らしながら暮らしている。
出典）メドウズ他 2005: 313 をもとに作成

〈人類は生き延びていいか？〉

「新春、人間に」　　　　　　　　　　　　　　　堀口大學

分かち合え
譲り合え
そして武器を捨てよ
人間よ

君は原子炉に
太陽を飼いならした
君は見た　月の裏側
表面には降り立った
石までも持って帰った

君は科学の手で
神を殺すことが出来た
おかげで君が頼れるのは
君以外になくなった

君はいま立っている
二〇〇万年の進化の先端
宇宙の断崖に

君はいま立っている
存亡の岐れ目に

原爆をふところに
滅亡の怖れにわななきながら
信じられない自分自身に
おそれわななきながら…

人間よ
分かち合え
譲り合え
そして武器を捨てよ

いまがその決意の時だ

（1971年1月1日、東京電力福島第1核発電所がはじめて稼働した日に産経新聞に掲載された）

【参考文献】
〈哲学〉
プリンツ，ジェシー（2016）源河亨訳『はらわたが煮えくりかえる―情動の身体知覚説』勁草書房。
テイラー，チャールズ（2010）下川潔・桜井徹・田中智彦訳『自我の源泉―近代

的アイデンティティの形成』名古屋大学出版会．

〈生物学〉
フォーティ，リチャード（2003）渡辺政隆訳『生命 40 億年全史』草思社．
長谷川英祐（2013）『働くアリに幸せを―存続と滅びの組織論』講談社．

〈微生物学〉
マクズラック，アン（2012）西田美緒子訳『細菌が世界を支配する―バクテリアは敵か？味方か？』白揚社．
マネー，ニコラス（2015）小川真訳『生物界をつくった微生物』築地書館．

〈進化生物学〉
長谷川寿一・長谷川眞理子（2000）『進化と人間行動』東京大学出版会．
ダーウィン，チャールズ（1994）渡辺弘之訳『ミミズと土』平凡社．
サダヴァ，デービッド他（2014）石崎泰樹・斎藤成也監訳『進化生物学』（カラー図解　アメリカ版　大学生物学の教科書，第 4 巻）講談社．

〈社会生物学〉
ウィルソン，エドワード・O.（1997）岸由二訳『人間の本性について』筑摩書房．
ウィルソン，エドワード・O.（1999）坂上昭一他訳『社会生物学』新思索社．

〈脳科学〉
ダマーシオ，アントニオ（2000）田中三彦訳『生存する脳―心と脳と身体の神秘』〔原題：デカルトのエラー：情動、理性、人間の脳〕講談社．
ダマーシオ，アントニオ（2003）田中三彦訳『無意識の脳　自己意識の脳―身体の情動と感情の神秘』講談社．
ルドゥー，ジョセフ（2003）松本元他訳『エモーショナル・ブレイン―情動の脳科学』東京大学出版会
ラマチャンドラン，V. S.（2013）山下篤子訳『脳のなかの天使』角川書店．

〈認知科学〉
エトコフ，ナンシー（2000）木村博江訳『なぜ美人ばかりが得をするのか』草思社．
ピンカー，スティーブン（2004）山下篤子訳『人間の本性を考える―心は空白の石版か』上・中・下，日本放送出版協会．

〈進化心理学〉
バス，デヴィッド・M.（2000）狩野秀之訳『女と男のだましあい―ヒトの性行動の進化』草思社．

〈動物行動学〉
ドゥ・ヴァール，フランス（1998）西田利貞・藤井留美訳『利己的なサル、他人を思いやるサル―モラルはなぜ生まれたのか』草思社．
ドゥ・ヴァール，フランス（2006）『共感の時代へ―動物行動学が教えてくれること』紀伊國屋書店．

〈人間行動学〉
アイブル＝アイベスフェルト，イレノイス（2001）桃木暁子他訳『ヒューマン・

エソロジー―人間行動の生物学』ミネルヴァ書房．

〈類人猿学〉

山極寿一（2012）『家族進化論』東京大学出版会．

ブライヤー，ギュンター（2009）「ネアンデルタール人と現代人の起源」ボルツ，ノルベルト・ミュンケル，アンドレアス，壽福眞美訳『人間とは何か』法政大学出版局，所収．

シュレンク，フリードマン（2009）「アフリカ―人類発祥の地？」ボルツ，ノルベルト・ミュンケル，アンドレアス，壽福眞美訳『人間とは何か』法政大学出版局，所収．

〈人類学〉

サーリンズ，マーシャル（1984）山内昶訳『石器時代の経済学』法政大学出版局．

黒田末寿・片山一道・市川光雄著（1987）『人類の起源と進化―自然人類学入門』有斐閣．

諏訪元（2006）「化石からみた人類の進化」斎藤成也他『ヒトの進化』岩波書店，所収．

ウォルター，チップ（2014）長野敬・赤松眞紀訳『人類進化700万年の物語―私たちだけがなぜ生き残れたのか』青土社．

〈歴史学〉

ハラリ，ユヴァル・ノア（2016）柴田裕之訳『サピエンス全史―文明の構造と人類の幸福』上，河出書房新社．

〈考古学〉

アイスラー，リーアン（1991）野島秀勝訳『聖杯と剣―われらの歴史、われらの未来』法政大学出版局．

〈エコロジー〉

リヴィングストン，ジョン・A（1997）大平章訳『狂暴なる霊長類―新時代のエコロジーのために』法政大学出版局．

マインベルク，エックハルト（2001）壽福眞美・後藤浩子訳『エコロジー人間学』新評論．

地球環境研究センター（2014）『地球温暖化の事典』丸善出版．

〈経済学〉

メドウズ，ドネラ・H、メドウズ，デニス・L、ランダース，ヨルゲン（2005）枝廣淳子訳『成長の限界―人類の選択』ダイヤモンド社．

ポラニー，カール（1975）吉沢英成他訳『大転換―市場社会の形成と崩壊』東洋経済新報社．

〈フェミニズム〉

イーグルハート，ハリー・オースティン（2000）矢鋪紀子訳『女神のこころ―聖なる女性をテーマにした芸術と神話』現代思潮社．

メラー，メアリ（1993）壽福眞美・後藤浩子訳『境界線を破る！エコフェミ社会

主義に向かって』新評論。
ブライドッチ，ロッシ他（1999）壽福眞美監訳『グローバル・フェミニズム——女性・環境・持続可能な開発』青木書店。
＊壽福眞美（2013）「規範理論、討議民主主義的政治、アソシエーション」舩橋晴俊・壽福眞美編著『規範理論の探究と公共圏の可能性』法政大学出版局。

2章 エロスの争い
―― 18世紀末ブリテン急進主義と人口論

(後藤浩子)

　18世紀末、E. バークが出版した『フランス革命の省察』によって、ブリテンではフランス革命の評価をめぐる論争が巻き起こった。この論争は、フランス革命を支持し1780年代の議会改革運動から続く「権利の要求」を掲げるW. クラフトやT. ペインなどの急進主義者と、バークのようにフランス革命に反対する保守主義者の対立として従来捉えられてきた。しかし、彼らの論争はたんにブリテンにおける市民の政治的権利拡大の是非をめぐるものではなかった。むしろ、彼らの議論の本質は、18世紀を通してヨーロッパ啓蒙が問い質してきた「社会とは何か」という問題を引き継いで、社会を定義しなおすことにこそあったといってよいであろう。しかも、社会思想史的に彼らの社会観を分析すると、通常ブリテン急進主義のカテゴリーで一括りにされているT. ペインとW. ゴドウィンでさえ、その社会の定義において真っ向から対立しているのである。たとえば、ゴドウィンは、共同という分業の互恵性によって成り立つペイン的な自立的市民社会像を根底から批判し、専ら全体の正義を実現する個々人の意志によって形成される徹頭徹尾自律的な社会像を提示した。M. フィルプは、1780年代末のバークとペインの政治的立場の近さとゴドウィンとペインの「劇的な違い」を指摘し、当時の大衆運動を「特定の言語や言説の含意が展開されたもの」であると考える見方を避けるべきだと指摘している(Philp 2014: Chap. 1)。したがって、この時代を対象とした社会思想史研究では、社会を再定義する当時の論争の中で浮上してした問題は何であったかをまず明らかにすることが必要となる。

　本章では、『人間の権利の擁護』の公刊によって最も初期にフランス革命をめぐる論争に参戦したウルストンクラフトの、バークに対峙した家族批判と人間の再生産の哲学に注目し、ここで浮上した家族と人間の再生産の問題が、ゴ

ドウィンの議論の中でラディカルな帰結を与えられ、これによってマルサスが市場という商業社会の調整機構が人間の再生産に対しては必ずしも機能しないことを自覚するに至った流れを追ってみたい。以下では、まず「起」としてバークの家族と愛の情念、つまりエロスについての議論を彼がコンテクストとしているルソーなどの議論も踏まえて分析し、次に「承」としてウルストンクラフトの家族批判とリプロダクションの哲学としてのフェミニズムの創造に言及する。そして「転」として、ゴドウィンの家族論と結婚論を分析し、それがいかにマルサスの人口論という「結」へと向かうかを明らかにする。

1 ルソー

　18世紀半ばに、家族という制度とそれを支える諸情念が「社会の慣用から生まれた人工的な感情」であることを明確に主張したのはルソーである。
　ルソーは、『人間不平等起源論』（1753）において、社会の中で形成された観念である「家族」を「自然状態」の仮定の中に持ち込むホッブズやロックを批判し、自然状態からいかに母親が登場し、さらには定住から夫婦愛と父性愛、そして男女別様の生活様式が形成されたかを説明した。まず、ルソーは、恋愛感情（le sentiment de l'amour）を肉体的なものと精神的なもの（le moral）に分け、肉体的なものは、未開人がそもそもの魂の働きとしてもつ異性に対する欲望であり、それは食物と休息への欲望と並ぶ根源的なものであるとする。未開人はこのような欲望と、苦痛と空腹への恐れを感じることができるとされる（Rousseau 2012: 112〔小林訳 1974: 49〕）。これに対して、欲望をある一つの対象に決定して固定したり、その対象により多くのエネルギーを傾注させたりする精神的な恋愛感情は「社会の慣用（l'usage）から生まれた人工的な感情（un sentiment factice）」であり、それは「ある種の価値または美の観念」と「比較」、つまり「趣味 le goût」に基づいているので、未開人の自然から受けた気質だけでは抱くことができないとされる（Rousseau 2012: 133〔小林訳 1974: 71〕）。
　もし自然の肉体的な衝動が男性を突き動かして性的行為に至らせるのであれば、女性であれば誰でもよいはずだが、実際の人間は特定の女性を選択しているゆえに、それは自然の衝動ではない、というのがルソーの論理なのだが、こ

れはかなり説得力のある議論だったようで、後にみるようにバークもゴドウィンもある部分ではこれを引き継いでいる。このように、すでに18世紀中庸、人間の再生産の問題は自然ではなく文化の問題として捉えられ、文化が生み出す「人工的な感情」という衣のあり方やその是非が議論の的となっていたことがわかる。

　ルソー自身の議論は、未開と文明の二段階論になっていて、この段階を分けるのが言語使用の開始と理性の登場である。ルソーにおいては、自然の欲望から、母は登場するが父は登場しない。母は「自分自身の必要のため」子に授乳し、この習慣から子供が可愛くなり、その後もその子を養うが、子は自分で食料を探せるようになると、母を見捨てて去っていく。この段階の未開人がもつ唯一の有徳な感情としてルソーが認めるのが哀れみの情であり、母親の子への愛情もこの感情であるとされる。ルソーにおける父親は、定住と家屋という私有財産の発生により、男女が一定期間同居する段階になって登場する。「いっしょに生活するという習慣から、人々の知る限りの最も優しい感情、夫婦愛と父性愛が生まれた」(Rousseau 2012: 145〔小林訳 1974: 86〕)。こうして、自由と愛着によって結ばれた小さな社会ができ、女性は家にこもって、小屋と子供達を守り、男性は外で生活手段を探すという具合に、女性達と男性達の間に分業が生じ、両性の生活様式の違いが確立した。家族内での言葉の使用が確立されるにつれ、「人々はさまざまな事物を考察し、比較することに慣れ、そして無意識のうちに価値と美の観念を獲得し、それが選り好み (préférence) の感情を生み出す」(Rousseau 2012: 148〔小林訳 1974: 88〕)。

　この未開人の家族イメージと美の観念に基づく恋愛感情は、ディドロにおいても語られている。1766年12月1日号の『文芸通信』に掲載された『絵画論』第4章でディドロは、「どの生活状態にも、それぞれ固有の表情がある」ことの例として未開人の夫婦を取り上げているが、そこで女性の性格と表情は次のように描写されている。「彼の連れ合いは、その目鼻立ち、目つき、物腰とも、文明社会の女性とはちがっている。裸だが、そのことを気にもかけない。平原を、山の上を、森の奥を、彼女は夫のあとについて歩いてきた。夫の骨折り仕事を手伝い、子供を両の腕で抱いて運んだ。その乳房を支えるような衣服は何もなかった。長い髪は乱れている。身体は素晴らしく均斉がとれている。

夫の声が雷のように響いたかと思うと、彼女も大きな声を出す。その眼差しには、夫の眼差しほど断固としたところはない。彼女はより怖がりである。彼女はすばしっこい」（佐々木 2005: 60、61）。このように未開人の女性の美を述べた後で、ディドロは美への共感から所有欲と愛が生じると説明する。「そして共感（la sympathie）とは何であろう。わたしの理解するところではそれは、二人のひとを、最初の一瞥、ことの初め、最初の出会いにおいて、寄せ合い結びつける、あの瞬発、突然の、省察をまじえない衝動である。何故なら、共感は、この意味においてさえ、妄想などでは全くないからである。それは、或る美徳に具わる、瞬時に相互に惹きつけあう力である。美しさからは感嘆（l'admiration）の念が生まれる。感嘆の念からは、評価（l'estime）が、所有欲（le désir de posséder）そして愛が生まれる」（佐々木 2005: 62）。

　フランスの文脈では、ルソーに先立って、リプロダクションの問題に言及している人物としてモンテスキューを取り上げなければならない。彼は『ペルシャ人の手紙』（1721）で、婚姻制度の違いとそこで醸成される諸感情と権力関係に注目し、『法の精神』（1748）では、地域によって異なる女性の多産性に言及した。齋藤修は、モンテスキューが、奢侈論の文脈で豊かさを評価する際に、女性の多産性と人口そしてそれを支える土地生産力を関連づけたこと、また、マルサスはモンテスキューの読者であり、マルサスの第二の公準「両性間の情念は必然であり、ほぼ現在のままであり続ける」は、モンテスキューの「二人の人間が快適に暮らすことができる場所が存在するいたるところで結婚がなされる。自然は、食糧難によって阻止されないかぎり、十分それに導く」（第Ⅳ部第23編第10章）という見解から影響を受けていると指摘している（齋藤 2008: 13）。モンテスキューの議論、とりわけ『法の精神』第23編「住民の数との関係における法律について」は、リプロダクションの社会思想の端緒としても、また後に見るウルストンクラフトの異議申し立ての対象としても、きわめて重要であるが、これは本章の紙幅を超えるので、ここで詳細に論じることは控えたい。

　本節の最後に、これは特にゴドウィンとの関係で注目しておきたいのが、ルソーの「選択」論である。彼は、選択という能力の中に相反する2つの側面を見出している。一つは、完成能力と並んで、人間を動物から区別する「自由な動因（l'agent libre）」という特質をもたらす意志する力である（Rousseau 2012: 110

〔小林訳 1974: 47〕)。しかし、まだ選択能力を持たない未開人が不幸かというとそうではない。性的欲望に関して言えば、選り好みがないだけ、欲求はすぐに満たされ、想像力が活動する余地がないゆえ争いもなく、温和であろうとルソーは指摘する。「おのおのはおとなしく自然の衝動を待ち、熱狂 (fureur) よりは快楽 (plaisir) の気持ちを持って、なんの選択も行なわずにそれに身をまかせる。そして欲求 (le besoin) が満たされてしまうと、すべての欲望 (le désir) は消えるのである」(Rousseau 2012: 134〔小林訳 1974: 72〕)。後に見るように、ルソーが描いたこの社会的制約なき性的欲望の自然的調和は、ゴドウィンの婚姻制度なき自然調和状態と重なり合う。

2　バーク

　以上のようなフランスでの言説と並行して、ブリテンではルソーの『人間不平等起源論』の 4 年後、1757 年にバークが『崇高と美の観念の起源』と題した美学論考において女性性の特質に言及した。バークは 1756 年に『自然社会の擁護』においても家族について論じているが、そこでの議論は興味深いことに、『崇高と美の観念の起源』と若干異なっている。そして、この違いは『フランス革命の省察』での議論にも影響することになるので、まずこの違いを明らかにしたい。

　『自然社会の擁護』においては、根源的な社会である「自然社会」は、「肉体と愛情 (affection) を結びつける両性の相互の欲望」とその結果である子供の登場にあるとされる。そこで人々は社会という観念をもち、社会の便利さ (conveniences) を知るようになるが、この家族的紐帯を生み出しているのは「自然の欲望と自然発生的性向 (instinct)」であり、この紐帯が維持されているのは、そうすることに利点 (advantage) があると人々が知っているゆえであるとされる (Burke 1756: 5〔水田訳 1980: 355〕)。こうしてバークは、自然の欲望と利点に家族という自然社会の原因を求め、政治体 (body politick) とはこの家族の集合体であるとみなす。ルソーとは異なり、バークはあくまでも家族を自然的なものと捉えるのである。そして、諸家族を結びつける家族的紐帯を補うために作り出された法によって成立した人為社会とそこにはびこる国家理性に抵抗する基

盤として、「慈悲深い (benevolent) 自然」が予め人間に植え付けた原理として、誠実さと正義と自然的愛情があるとする (Burke 1756: 74〔水田訳 1980: 389〕)。

ところが、『崇高と美の観念の起源』では、両性の紐帯はたんに自然に帰せられるものではないとみなされている。バークは、まず情念 (passion) をその目的に応じて自己保存を目指すものと社交 (society) を目指すものの 2 つに分類する。そして後者の分類の中で「種族の繁殖という目的に応じる両性間の交渉あるいは社交」に関わる情念と、人間や動物など他の存在と関わる一般的な社交の情念を区別している (Burke 2015: 33〔中野訳 1999: 46〕)。そして前者、つまり次世代の産出 (generation) に関わる情念について、ルソーと同様の論理で、バークは、「他の動物と共通にもっている欲求 (appetite) を導き高める社会的な性質をもった観念」が人間の性欲 (lust) には結び付けられていると論じる。「動物がその同属に関して認める唯一の区別は、性のそれである。…種族という壁が彼らに選択の枠をはめたその同種族に属するものの間では明らかに如何なる選択 (choice) もみられない」が、「人間は動物のように自由に生きるようには作られていないので、人間は、選り好み (preference) を生み出し選択を固定化する基準をもつことが適切となる。そしてこの基準は感覚可能な質でなければならない」(Burke 2015: 36〔中野訳 1999: 47〕)。このように、人間は性的欲望を抱く相手を選択するという事実から、彼は、性欲と選択という社会的な性質が混じった情念を「愛」と名づけ、その愛の対象は「性がもつ美」であるとする。「人間は異性一般に対しては、それが異性であるゆえに自然の共通な法則によって導かれるが、彼らが特定の個人に愛着をもつようになるのは個人的な美によってである」(Burke 2015: 36〔中野訳 1999: 47〕) (ただし、バークは欲望や性欲と愛が必ずしも常に結合しないことを認めている)。そして、第 18 節における要約において、ここで言われている人間 (men) は男性であり、性欲の要素を含むその愛の対象は女性の美であるとさらに限定される (Burke 2015: 44〔中野訳 1999: 57〕)。こうして女性と結び付けられた美は、崇高と区別され、その原因が分析されるが、それまでの美学で言われてきた均整 (proportion)、あるいは目的への適合性を美の原因とする考え方は否定され、さらに完全性も否定される。この際にバークは、「美という性質が最高度に発揮される女性の場合」を例に挙げて、むしろ弱さと不完全さが美の原因であると主張する。「女性はこの事実

をよく意識しており、それ故に彼女達は舌足らずに話したり、故意に歩いている途中でよろめいたり、弱さや病を装ったりすることを学ぶのである」(Burke 2015: 88〔中野訳 1999: 120〕)。これは後に見るようにウルストンクラフトが真っ向から批判する有名な一節だが、彼はこのように女性が故意に弱く装うことは、「本性（nature）に導かれて」のことだとみなしている。これは、男性の愛が欲求を導き高める社会的な性質をもった観念を含んでいるのとは異なる。

　ここでのバークの美は、女性が装う衣のようなものであり、それによって愛という情念が引き起こされるのと同様に、作法（manners）という衣と結びついて、愛情（love）、尊敬（veneration）、賞賛（admiration）、愛着（attachment）といった公共的情緒（public affections）が生じる。『フランス革命の省察』でバークは、このような衣、すなわち「欲求を導き高める社会的な性質をもった観念」を内包した作法を「騎士道的精神」と名づけ、「10月6日事件」つまりヴェルサイユ行進をこの精神を破壊したものとして弾劾した。バークにとって、そのような作法は個々人の趣味の洗練によって支えられている。バークはこの趣味を「想像力の作品ないしは優雅な芸術品によって触発される（affected）」能力としての感受性（sensibility）と、「それに関する判断を作り上げる」判断力（judgment）からなるものであり（Burke 2015: 14, 23〔中野訳 1999: 17、29〕）、それぞれは訓練（exercise）を通じ洗練へと向かうものである、と規定している。しかし、1789年10月6日にヴェルサイユ宮殿に押し入った民衆は、王と王妃をたんなる一人の男と女として扱うことによって、作法の衣を引き剥がしたとバークは見た。「生活を覆うすべての上品な布はあらあらしく引き裂かれることになった。道徳的創造力の衣裳箪笥から供給され付加されたあらゆる観念は、我々のむき出しの震えている本性の弱点を補い、我々自身の評価においてそれを気高いものへと高めるために、心が所有し悟性が追認していたものだったが、それらはばかげて・不合理で・時代遅れのものとして、打破されることになった」(Burke 1993: 77〔水田訳 1980: 142-143〕)。この被いが剝がされたことで、王妃は動物に、しかも「最高段階ではない動物」になり、——おそらくは、叛徒に等しい行為をした女性達のせいで——それまでははっきり見ることなく「女性一般にそれなりに払われていたすべての敬意（homage）は作り事と愚行であるとみなされることとなった」(Burke 1993: 77〔水田訳 1980: 143〕)、と彼は記す。

バークは、このような作法の体制の破壊に加え、大衆 (multitude) という羊の群れを導き「宗教の精神」によって教化する教会組織の破壊を、野蛮に帰結する一因として批判する。彼自身は明言していないにせよ、バークの理論では、人間の再生産がなされる領域の中に、愛などの作法の衣をまとった人間関係が成立しているレベルと、そうではない野蛮な、野獣同様の快／不快の原理が支配する群れの繁殖に近いレベルへの二分がある（後に見るように、マルサスにおいてはこの二分が明言されることになる）。そして、大衆という群れに対するその国の制度の良し悪しは、その人口の推移から考察できるとバークはみなす。「人口が多く、絶えず増加している国は、きわめて有害な政府のもとにあるはずがない」(Burke 1993: 128〔水田訳 1980: 202〕)。人口は「大部分が神慮の賜物 (the bounty of Providence)」であるとしつつも、その変化の原因として土地という自然条件と人々の勤勉の習慣の2つを挙げ、それらを政府が助長するか否かを問題にしているのである。「経験によって……人類の増加に適していることがわかった一国の機構を、私はあらゆる政治制度の中で最悪だとは思わない」(Burke 1993: 129〔水田訳 1980: 204〕)。

　ところが、バークは、作法の崩壊を嘆いた直後に、今度は、人々の「自然的感情 (natural feelings)」、「人間に共通な感情 (the common feelings of men)」、「情念 (passions)」、「自然的衝動 (natural impulses)」を基準として、フランスの事件を批判し始める (Burke 1993: 80f.〔水田訳 1980: 147-148〕)。つまり、『自然社会の擁護』での議論とほぼ同様のそれを展開するのである。「我々の外部ではあらゆる尊敬すべきものが破壊され、我々の内部ではあらゆる尊敬の原理の破壊が試みられているのが物事の現状なので、人は、人間に共通の感情を抱くことを弁明するよう強制されているに近い」という言葉から察するに、彼の論理としては、作法を介した社会的感情を基準とせず、未開人と共通にもつ自然の感情に照らし合わせても、フランスの事態は受け入れがたい、ということになるのであろうと思われる (Burke 1993: 80〔水田訳 1980: 147〕)。フランスの光景を見て自然に生じる「我々の情念は理性を指導する」はずであり (Burke 1993: 80〔水田訳 1980: 147〕)、演劇においても現実においても、悲劇を観て生じる「自然的衝動」に人々は従って、その悲劇をもたらした原理を拒否するはずであると、バークは主張する (Burke 1993: 81〔水田訳 1980: 148〕)。そして、人間の諸権利を称

え、10月6日事件を看過するプライス博士らを「正邪についてのすべての自然的感覚を失っている」と批判するのである（Burke 1993: 82〔水田訳 1980: 149〕）。

3　ウルストンクラフト

　以上のようなバークの議論に対して、ウルストンクラフトは彼女にとって初めての政治パンフレット『人間の権利』において、異議申し立てをした。これは、そのタイトルからして参政権要求のように思われるが、『女性の権利の擁護』と異なり、政治的権利の主張にはわずかしか触れていない。なおかつ、そこで述べられている彼女の「人間の権利」の基礎付けは、隣国フランスで確立されようとしている政治的権利とも異なる質のものである。
　そのためか、『人間の権利』は、非常に早期のバークへの反応であり、「ペイン以前では最も力強い」が「構造的に弱く、議論を展開できていないし、バークの議論に正面から組み合っていない。それはフランス革命についてもブリテンのそれについても言及せず、政治理論を展開していない」という E. P. ロックの低い評価を受けてきた（Lock 1985: 155）。
　ウルストンクラフトは権利を人間の進歩の能力、つまり完成可能性に基礎付ける。「人間が生まれたときに、その進歩の可能性ある能力（improvable faculties）によって、畜生の上に位置づけられる理性的な存在として受け継いだ権利があること、そしてこのような能力を祖先からではなく神から受け取る点で、時効は決して自然権を覆せない」（Wollstonecraft 1994: 12〔清水訳 2006: 253〕）。この完成可能性については、バークも人間の特色として言及している。「大部分を自分で作り出す被造物であることが人間の特権（prerogative）」であり、人間は「作られるべきように作られたとき、被造物全体の中で占める位置が些細なものでないよう運命づけられている。だが、より優れた本性が常に主人役を務めるべきだという理由で、ある人間が他の人間達の上に置かれる場合はいつでも、——そのような場合は特に——彼は可能なかぎり自分の完成態に近くなっているべきである」（Burke 1993: 92〔水田訳 1980: 162〕）。ウルストンクラフトは、このような一部の人間の特権化に帰結するバークの完成可能性の捉え方を批判し、権威が服従関係を伴う限り、ある人間の進歩の能力が他をもよりよい方向

へと導くわけではなく、「私達にこの世での自然の権杖を与える進歩の能力 (the capacity of improvement) は、私達を牧草地へ招待するように見せかけて泥炭と掃きだめの中に導くひとつのごまかし、鬼火のように人を惑わすものとなってしまうでしょう」と述べる (Wollstonecraft 1994: 13〔清水訳 2006: 254〕)。ウルストンクラフトの権利の根拠が、すべての人間がもつ進歩の能力にあり、その権利がそのような能力を実現する教育機会を要求するものだとすれば、『女性の権利の擁護』で女子教育論批判を通して彼女が主張している権利が何であるのかも明らかとなる。

では、彼女はバークの何に触発され、どのような異議申し立てをしているのか。彼女の論点は、バークのプライス博士批判の不当性、バークの家族制、そしてその家族制を支える諸感情の問題、貧民の経済的権利、ブリテン国制の生成史など多岐にわたるが、本章では、その主題でもあり、彼女が最も悪戦苦闘しつつ批判を試みている家族論と諸感情の問題に焦点を絞りたい。

バークは『フランス革命の省察』で、名誉革命で確認された原則は、人民による王の選択ではなく、世襲であると主張した。ブリテン国制の解釈としてそこまではかなりオーソドックスな議論であったが、バークはこの世襲制の優位性を正当化するために、家族制に踏み込んだ。人為的制度である政治社会と自然社会との区別を国家と王家に重ね、自然社会の「親愛的な家族的きずな」「家族的愛情」に裏打ちされた国制が王家の世襲によって実現されてきたと彼は主張したのである。「世襲を踏むことにより、我々は……我々の国家と家庭と墓地と祭壇とを不可分に保持し、それらすべての、結合し相互に反映した慈愛のあたたかさをもって、いつくしんできた」(Burke 2015: 49〔中野訳 1999: 91〕)。これに対してウルストンクラフトは、世襲制が長子相続制のもとで行なわれている限り、家族の中にバークのいうような自然の愛情は生み出されることはないと批判し、相続においてはむしろ「友情が血縁関係と同じ重み」を持つべきだと主張する。「自然が認め (authorizes) 理性が是認する (sanction) 唯一の所有の保障は、自分の才能と勤勉によって獲得したものを享受し、その獲得物を自分が選んだ人々に委託する権利です」(Wollstonecraft 1994: 23〔清水訳 2006: 265〕)。

さらに世襲的特権による相続の偏りは、長男以外の男性の晩婚化と、財産確保を動機とする女性の結婚をもたらし、愛によって結びついた婚姻などめった

にないとウルストンクラフトは指摘し、長子相続制が生じて以来、家族はバークが想定する自然社会のようなものではなく、したがって人間の情念がバークのいうように自然発生的性向（instinct）としての慈愛や愛情という形で存在することを前提できないはずであると指摘する。そして、目下の家族制度という人為のもとで自然発生的性向として醸成されるのはむしろ虚栄心と自己利益という情念であり、「見せかけの謙遜」などの作法の衣や宗教的な欲望によって制御できず、自動的には社会の調和に帰結しないものであるゆえ、それらは理性の誤りを是正するどころか、理性によってこそ絶えず制御されるべき情念であると帰結する。「この捉えがたく人をひきつける流体［のような情念］は社会の全範囲を循環していて、どんな既知の規則にも、"物事の永遠の適合"にも支配されていません。醜悪な言い方をすれば、嘲りを覆う見せかけの謙虚さにもかかわらず、あるいは蛇を起こすことになりはしないかと、思想のどんな自由にも怯む一部の善意のキリスト教徒が抱く臆病な恐怖心にもかかわらず、そうなのです」(Wollstonecraft 1994: 29〔清水訳 2006: 272〕。［　］内は引用者)。

　ウルストンクラフトは、ここで社会の中に流通している諸情念には何がしかの傾向性（dispositions）があることを否定はしていない。バークが「自然的」とか「人間に共通な」感受性と名づけてきたそれを、彼女は感覚（sensation）と情念（passion）の集合体と捉え、その傾向性は絶えず揺れ動いているものであり、人間の意志からまったく独立して作動するものではないことを論証しようとする。

　まずは、バークの推論の論破である。バークが言うように、情念が自然発生的性向であり、私達の意志から独立しているものであるならば、善や悪という道徳的判断の対象ではないはずであり、善いものとして賞賛したり奨励したりする性質のものではないはずだ、と彼女は切り込む。「このような善き傾向性がそれらが現在そう呼ばれているように自然発生的性向として描写される場合、善き傾向性を賞賛することでどんな道徳的目的に答えうるというのでしょう。というのは、自然発生的性向はその究極目的への直接的経路を通って作用し、導きも援助も必要としないからです」(Wollstonecraft 1994: 31〔清水訳 2006: 273〕)。これはかなり論理的急所を突く批判である。そして、ウルストンクラフトは、私達の意志と関わる以前の情念の傾向性そのものは道徳的性質を持たないもの

であるが、それは理性によって制御され方向付けられうるものであり、まさにこの理性による制御という点にこそ道徳性が存すると論じる。野獣にも希望や恐れ、愛や憎しみの情念はあるが、情念を善や悪へと方向付ける「向上する能力（a capacity to improve）」はなく、この能力が彼女のいう理性なのである（Wollstonecraft 1994: 30〔清水訳 2006: 272〕）。「もし理性が力さえ獲得できたならば、理性はこうした不完全な状態においても、育むことができる限りの多くの社会的徳を習得することができます。……私達の知性を行使する力が私達を野獣の上に引き上げます。そして、この行使こそあなたが『教えられたのではない感情』と名づけている『原初の道徳性』を生み出すのです」（Wollstonecraft 1994: 32-33〔清水訳 2006: 274-275〕）。

とはいえ、ウルストンクラフトの基本的関心は、理性というよりむしろ情念にある。バークが一部の情念は歴史貫通的普遍性を帯びていると想定するのとは異なり、彼女にとって諸情念は、常に社会制度の影響を受けた傾向性を帯びて現われる。しかし、個々人にとってはそれらは自然に湧き出るものであり、彼女はそれに「野生の」という表現を充て、この野生の情念は理性によって制御可能なものであるとみなす。そして、これら情念は「多くの実を結ばせる熱を生み出す」とされる（Wollstonecraft 1994: 31〔清水訳 2006: 273〕）。

彼女がいかに社会の諸制度の下で生み出される諸情念を分析し描写することに拘ったかは、彼女の遺稿『女性の虐待』に明らかである。彼女は序言でこう述べている。私の目的は、「不公平な法律や社会の習慣から起こる女性特有の苦難や抑圧」を示すことであり、「この小説を書くにあたって私は作法よりも情念を描くよう努めてきた。……私は情操（sentiments）を具体化した」（Wollstonecraft 1989: 83〔川津訳 1997: 5〕）。この「作法よりも」という点に『人間の権利』以来、彼女が負ったバーク批判という課題が垣間見える。

『人間の権利』で、ウルストンクラフトは、バークが破壊されたと嘆く「騎士道的精神」つまり人為的な作法の衣を取り上げ批判する。「ゴシック的礼儀正しさ（gallantry）」（Wollstonecraft 1994: 37〔清水訳 2006: 279〕）として形成された感情は「模造された感情（artificial feelings）」であり、それは詩や散文における言葉を媒体として伝えられ、模倣された情操（sentiment）を作り出す。「時流に乗って愉快な」言語表現は伝播し、レトリックという技法は「心（the heart）

の見せかけのほとばしり」を引き起こし、「模造の花」を撒き散らす (Wollstonecraft 1994: 28〔清水訳 2006: 270〕)。また、習慣について、それがたとえ有徳である場合でもそのまま受容することは、間接的に他人の「受け売りの (at second-hand) 理性」に従うことにすぎないとみなす (Wollstonecraft 1994: 30〔清水訳 2006: 273〕)。ただし、ウルストンクラフトは、言語使用のすべてを模造の産出として切り捨てるわけではなく、「心が語る」時があるとみなしている。心の中の豊かな感受性によって、情念は理性の形式を帯びたものになり、言語の形で現われうると彼女は考え、「空虚な美辞麗句」と区別する (Wollstonecraft 1994: 29〔清水訳 2006: 270〕)。

　以上のような情念論を展開した『人間の権利』における最も注目すべきウルストンクラフトの議論が、愛についての、まさに彼女の「心が語る」議論である。これによって、彼女は愛という概念をルソーやバークの美学的議論の枠の外へと引きずり出したと言えるだろう。彼らの、外在する対象への嗜好性の分析からもたらされた「愛」は、彼女にとって「壮麗なかけ布」にすぎない。愛は見る対象の性質にではなく、我々自身の心のなかにある。こうして、彼女は愛というエロスの構造を真正面から提示するのである。これについては、ウルストンクラフトの主に文学作品をもとに、バーバラ・テイラーが「神の愛」というウルストンクラフトのエロティックな創造力を分析している (テイラー 2002: 21-59)。通常ともすればたんにウルストンクラフトの「信仰」と解釈されてきたものを、テイラーはエロスと読み直した。精神分析のような、愛を語る基本的枠組みと用語がない18世紀末において、その表現手段を提供したのは宗教の用語だったのである。

　ウルストンクラフトは、まず自己愛が生み出される構造について語る。「私は賢明で善なる動機で私を創造したに違いない崇高な威力を恐れます」(Wollstonecraft 1994: 33〔清水訳 2006: 275〕)。この万物の創造主としての神が彼女の世界観の基点である。そして、ここから彼女は神によって創られたものとしての自己認識を導き出し、ここに自分自身に対する崇敬の根拠を置く。そして、神という生命と至福の源泉の分身として自分自身が幸福や高貴な心の糧を受け取る意味で、他の人間に対するどんな敬意にも劣らない敬意を自分自身に対してもつのであり、これこそが「啓蒙された自己愛 self-love」であると彼女は捉

2章　エロスの争い

える (Wollstonecraft 1994: 33〔清水訳 2006: 275〕)。「私達の原型である存在——私達はそれのかすかな写しです——に対する崇敬以外に何が自分自身を崇敬させることができるのでしょう」(Wollstonecraft 1994: 39〔清水訳 2006: 281〕)。

　この創造主との関係の中に自分を置くことこそが、ウルストンクラフトにとっては愛であり、根源的な他者との共存なのである。「他の何が心の中のうずくような隙間を埋めることができるでしょうか。人間の愉楽や友情は決してそれを埋めることができません。他の何が、たとえ無知に追いやられても、私達を甘んじて生きるようにさせることができるでしょうか」。彼女は、創造主との「神秘の絆」以外にないと答える (Wollstonecraft 1994: 39〔清水訳 2006: 281〕)。「死が現在の居場所を寂寥としたものにし、若かりし頃の友人を私達から引き裂いてしまったときに、歩きなれた道にそって私達は歩きながら、自然は死んだと危うく妄想しかかって、問います——これらのよく知られた場所に命を与えたあなたはどこにいるのでしょうか。記憶が私達の現在の眺めと対照させて以前の愉楽を強調するとき、私達の届く所には慰めの唯一の源があるだけです。そしてこの崇高な孤独においては、世界はただ創造者と被造物だけを含んでいるように見えます。創造者は被造物の幸福の源です。これらが人間の感情です」(Wollstonecraft 1994: 39〔清水訳 2006: 282〕)。「命を与えたあなたはどこにいるのでしょうか」——この問いから、ウルストンクラフトは、創造者という根源的他者との絆を手繰り寄せる。この創造者と被造物の関係は、ウルストンクラフトの文学作品の中では母と子の関係にも重ねられる。「殺された子供がふたたび姿を見せ、彼女が赤ん坊の墓になるのを嘆いた (mourning for the babe of which she was the tomb)。——『でも、その子にはそれより立派な墓があるかしら？』」(Wollstonecraft 1989: 183〔川津訳 1997: 219〕)。

　これが、バークの「家族という自然社会での慈愛に満ちた感情」と「女性の美」に対して、ウルストンクラフトが出したリプロダクションのエロスの答えである。彼女のこの答え方を見れば、彼女のフェミニズムの深さがわかるであろう。

　前述のテイラーの論文では、ウルストンクラフトが、男性も同様な創造主との関係を持ち、創造主に向かうことで、創造主を媒介した有徳な関係としての愛が築かれうると考えていたことが分析されている。ウルストンクラフトにと

っての愛は創造者への崇敬であって、「弱さへの同情」という憐憫の情ではなかった。こうして、彼女はそれまで語られてきた生殖を包む人為的な衣、つまり意図的に「柔弱」な存在の衣を纏わなければ主体化できないという、女性が置かれた構造に対して真っ向から異議申し立てし、「ゴシックの門」から脱出したのである。

4 ゴドウィン

ゴドウィンは、1793年の『政治的正義』を1795年に加筆改訂し、翌年第2版を出版する。マルサスの『人口論』初版における引用注頁数から見る限り、彼が最初に批判の的としたのは、『政治的正義』第2版である。第2版で強調されるようになったのは、人間の行為の自発性／非自発性の可変性である[1]。第1篇第5章として「自分の意見(opinions)に起因する人間の自発的行為(voluntary actions)」が加えられ、その前の章「外部の環境に起因する人間の性格」に対する条件付けを補強している。この自発的行為論は第3版附論での性交渉や官能の満足における自発的行為の拡張の議論に適用された。

ゴドウィンの『政治的正義』に対するウルストンクラフトの影響については、以下に述べる2つの理由によって検証は容易ではない。まずは、大規模な改訂のあった第2版をゴドウィンは1795年に準備しており、それは形式的に見ればウルストンクラフトとの結婚前であること、第二には、ゴドウィンの立論の根幹が個人的判断(private judgment)の権利の至高性にあり、その結果、協同性の問題は二次的にならざるをえない論理構造になっていることである。彼の場合、家族の問題は、バークの自然社会／人為社会の区別という観点をも引きついでの権力社会としての家族という観点から取り上げられている。家族が個人的判断の自由を抑圧するという点からのゴドウィンの批判は、ウルストンクラフトの長子相続制と婚姻制への否定的評価という帰結においては重なるとは言え、その根拠は随分異なると言えるだろう。

---

[1] 初版～第3版の異同については白井厚による「『政治的正義』各版目次対照表」を参照(白井訳 1973: 126-134)。

1793年に出された『正義論』初版においてゴドウィンが展開している結婚・家族廃止論の論拠には、仮想された対話者としてのルソーとバークの影響が大いに見て取れる。まず、ゴドウィンは、人間の精神（mind）についての「単純明快で争う余地のない理論」として、「動物的生存と住処を必要とする」こと、その上で、「我々の唯一の真の至福は、知的能力、真理の知識、徳の実践の拡大」にあるという2点を挙げる。そして、感覚の快楽への欲望は、たとえ存在するとしても、精神は経験において、より下等な快楽への欲望を最高の快楽のために差し控えたほうがよいことを知るゆえに、幸福の観念の主たる要素にはならないとみなされる。「官能的快楽をごくわずかでも過剰に持つ罪をおかしている人間は、その分だけこの最高の快楽を獲得する能力を減少させている。……厳格な節制は最高の趣味（relish）をもって官能的快楽を味わう合理的な手段である」（Godwin 1793: 833〔加藤訳 1930: 459〕）。そして、理性と情念が独立して作用すると仮定する道徳評論家の前提を批判し、精神の作用にはそのような二分はありえず、「情念」という「絶えず意味が揺れ動く」用語の使用が、精神の哲学において甚だしい誤りを生み出してきたとゴドウィンは批判する。彼は、情念が「並外れた勢い（energy）をもって我々を行動へと導く」活力ある思想を指すために使われる場合はよいとする。なぜなら、激しい欲望でさえ、それは「想定される成否の見込みの明瞭性と実践的効果の重要性とを結合した比率（joint ratio）」を考える「我々の知性の一作用の結果」だ、と彼は考えるからである。しかし、しばしば、情念という言葉が、理性から独立し「常に誤りを犯すに違いない」永久不変の傾向性を含意するものとしても使われている点を指摘し、それは有害な用法であるとする。こうして、ゴドウィンは、「理知の必然的完成可能性（the necessary perfectibility of intellect）」がある限り、欲望や情念は知性によって媒介されたものとなりうると捉える（Godwin 1793: 834〔加藤訳 1930: 460、461〕）。この結果、性的欲望も、知性がそれを制御するというより、むしろすでに上述のような欲望の実現可能性と予想される結果の重要性の比率計算を経た半知性的なものであるということになる。そして、個々人が人生の経験を積むとともにこの知性の計算は幅を利かせるようになる。ある感覚の満足が快楽を与えるのはたんにそれが当初は新奇さをもつからであって、人間が経験を通して知性を陶冶し、感覚の諸満足を評価できるようになれば、感覚の

満足は激情や情念を引き起こさなくなる、と彼は考えるのである（Godwin 1793: 870〔加藤訳 1930: 485〕）。

　また、精神は、個人的判断の権利が保障されることによって独立した進歩を達成しうる。「あらゆる人間は自分自身の中心に留まり、自分自身の知性に助言を求めるべきである。」しかし、結婚という共同生活は、この独立性を失わせる。結婚は、「一人の人間が自分の存在を他の人間の存在の中で失う」一様式であり、「それは極めて不徳で有害」である（Godwin 1793: 854〔加藤訳 1930: 473〕）。この理由により、ゴドウィンは結婚の廃止を主張するのである[2]。

　さらに、この結婚の廃止によって、それが法的に意味してきた女性という財産の独占権を廃止することができ、さらには、女性に対するこの独占的で排他的な関係が引き起こしてきた、嫉妬という情念が消失する、と彼は予想する。この嫉妬こそ、欲望が生み出される際に知性による適切な計算を妨げる要因なのである。「私が一人の女性を独占し、隣人が彼の秀でた長所を証明してその報いを受けるのを禁じようとする限り、私はすべての独占の中でもっとも忌まわしい独占をしている罪を犯している。この［女性の独占という］想像上の褒賞を人は不断の嫉妬をもって眺めるのである。そして、ある人は、他人が自分の計画を妨害したり希望を挫いたりするよう奮起すると同じ程度に奮起して自身の欲望と能力がその裏をかこうとするのを見出すだろう」（Godwin 1793: 850〔加藤訳 1930: 470〕。［　］内は引用者）。結婚という制度が廃止されれば、このような嫉妬と競争は消失する。こうして、①欲望と知性の二項対立を廃して、欲望には知性による計算が内在していると新たに概念規定し、②占有の廃止に伴う競争心と嫉妬心の解消によって情念の強度が緩和されうると予想したことによって、ゴドウィンは言語を用いてさえ人間はルソー的な未開人の独立状態に帰還しうることを論証したのである。

　では、この高度に文明化された独身者が形成する社会において、リプロダクションはどのように行われるのか。ゴドウィンは、一組のカップルによる排他的な性交渉がなくなることで、それぞれの子供の父親が確定できなくなること

---

[2] M. フィルプは、ゴドウィンにおいては個人的判断の各人の権利は義務でもあり、この正義の原理から彼は結婚の廃止を演繹していると指摘する（Philp 1986: 181）。

を予期するが、「そのような知識は重要ではない」と断言する（Godwin 1793: 852〔加藤訳 1930: 472〕）。この父の廃止はむしろ歓迎すべき帰結であると位置づける。なぜなら、父の名つまり家名の価値は貴族制の産物にすぎないからである。「その人間が父や妻や息子であるからといって彼らを他の人間よりも好むべきではなく、平等に全知性に訴える理由があるゆえにその人間は選好される資格をもつのである」（Godwin 1793: 852〔加藤訳 1930: 472〕）。

　こうして独身者は家族を形成せず、性交渉も友情の一端として行われる。しかし、それは快楽への愛からではない。合理的な独身者は、快楽の享受ではなく、「健康な生存に必要不可欠」だから飲食するのであり、同様に性交渉も、「種が繁殖させられる」ことが正しいという各自の判断ゆえに行われるのである。この判断における「理性と義務の指示」によって、彼らが種を繁殖させる機能がどのように実施されるかは「調整される」（Godwin 1793: 852〔加藤訳 1930: 471〕）。

　誕生した子供の育児について、1793 年のゴドウィンは社会における教育の問題として扱い、非常に楽観的な見解を示している。これは、同時期のウルストンクラフトの、社会の底辺にいる膨大な数のシングルマザーの悲惨さの告発と対照的である。「嬰児の寄る辺のない状態が要求する個人的な世話。これらは、度々の分娩やそれらの世話のまさに本性によって、彼女に不平等に重い負担が割り当てられていることが発見されない限りはおそらく母親に委任されるであろう。重い負担であると分かった場合には、重荷は他の人々によって睦まじくかつ喜んで分け持たれるだろう」（Godwin 1793: 853〔加藤訳 1930: 472〕）。

　ゴドウィンは以上のようなリプロダクション観を 1796 年の第 2 版、そして 1798 年の第 3 版で変えてはいない。唯一初版と第 2 版の間で大きく変化しているのは、ある社会状況での種の繁殖の是非を判断する理性の指示に従い、義務として性交渉を行うべきだ、という一節である。この「種の繁殖」という表現は第 2 版以降なくなり、代わって、ゴドウィンは合理的な状態での両性の性交渉がまったく乱交になるか、あるいは「各人は自分が固着する相手を自分のために選択するか」を問い、可能性は乱交より固着のほうであろうと判断する。この選択した相手への固着は、「自分の諸性向（propensities）の相対的な重要性の順に、自分の体がもつそれら性向を維持することや、たんなる肉欲（sensual appetite) が過剰に注意を奪うのを防ぐことを望む人の心には優先的にひとりで浮かんでくることだろう」、「ある社会状態での性交渉は、その付随物がすべて取り除かれたものになるとか、男性が自分達が不可とする個人的な精神的特性をもっている女性と、それとは違った類の女性に対するときと同じように喜んで性交渉をもつ、などということはほとんど想像できない。しかも、この個人的評価や選択に一定の期間固執するのが人間精神の本性である。それゆえ、両者は選択に基づいて行為したからには、その面会が終わったときに、この選択を忘れることが起こりそうには思えない」(Godwin 1796: 500f.)。このように、ゴドウィンは初版での見解を修正して、人間の性交渉における選択という契機の存在というルソー的な議論を盛り込み、そこから一部の結婚を是認する議論を展開している。ある個人の価値を知ることによって生まれてくる愛情が友情であるとすれば、この友情こそ性交渉の「野卑さ（grossness）を洗練し、その喜びを増す」助けであるが、このような友情は、現在の結婚制度の精神的臆病さという特徴と必ずしも結びつかない、とゴドウィンは断定する。そして、現在の結婚制度の弊害を防ぐには、「性交渉は維持し、同居という有害な習慣は廃止する」ことが必要であるとされる（Godwin 1796: 501）。

　この結婚制度についての彼の判断は、1798年の第3版で再度変化し、この性交渉と同居への言及は削除され、「健全（salutary）で尊敬すべき（respectable）制度としての結婚」が存在する余地がありうることが言明される（Godwin 1798: 509f.〔白井訳 1973: 94〕）。M. フィルプはこの第3版での変更を「愛着の正式な証」としての結婚をゴドウィンが認めたものと解釈している。しかし、それと同時に、ゴドウィンが結婚における貞節の義務の不要を明言したことで、以前よりも個々人のセクシュアリティを認め、ピューリタン的ではなくなったゆえに、かえって多くの同時代人の批判を惹起した、とフィルプは分析している（Philp 1986: 184）。フィルプは言及していないが、ゴドウィンは、第3版で結婚制度の肯定と同時に、「社会」についての新たな加筆を行っている。「我々は他人との相互関係なしでやっていくことができるようになるべきである」と彼は宣言し、「最も完全な人間」にとって社会は生活に必要だから存在するのではなく、「楽しく没頭」できる「無害で羨望に値する贅沢」として存在するのだ、と言明する（Godwin 1798: 505〔白井訳 1973: 91〕）。つまり社会とは個々人が享楽の

2章　エロスの争い　　59

ために自発的に参加する社交の場なのである。ここからわかるのは、ゴドウィンは第3版改訂の時点で、相互扶助の必要から形成される結婚や家族をあくまでも否定しているということである。これはゴドウィンがシングル・ファーザーになる2ヶ月前の1797年7月の見解である。その後、実生活での体験を経て、リプロダクションについての彼の見解がどのようになっていったのか、この点は本章で追うことはできない。しかし、彼の完全に自律した人間＝独身者という人間像と、ウルストンクラフトの被造物としての人間像の間には大きな懸隔がある。そして、この懸隔こそが、後に、娘メアリー・シェリーを『フランケンシュタイン：あるいは現代のプロメテウス』へと導いたのではないかと思われる。しかし、反面、ゴドウィンが描いた――実現不可能と思われる――人間像こそ、市場社会の調整機能の実現のためには不可欠であることもまた真なのである。これに気づいたのがマルサスであった。

5 マルサス

　マルサスは、『人口論』初版において、『正義論』第2版を批判する際に、ルソー以来綿々と受け継がれてきた「選択」と「愛着」に根拠付けられた慣習の衣の議論に新しい帰結を結び付けている。彼は、ゴドウィンの議論が、官能的快楽の欲望を抽象化して慣習の衣と分離し、増大する恐れのない野卑な欲望として処理している点を批判する。マルサスは、ゴドウィンの言葉を引いて、まさに「身体の均整美、快活さ、気質のなまめかしい柔らかさ、愛情ある親切な感情、想像力と機知」こそ、愛という情念を生み出すのであって、だからこそ、理性の制御にもかかわらず「愛の情念に駆り立てられて、男性は社会の一般的利益にとって極めて有害な行為へと突き動かされてきた」のであり、したがって将来的に人間がより高位の完成可能性を実現したとしても、官能的快楽への欲望が減少するわけではないと結論する（Malthus 1798: 215〔永井訳 1980: 491〕）。

　したがって、マルサスは『人口論』第1章でゴドウィンの第二公準を修正して2つの公準を立てる。第一は「人間の生存には食糧が必要であること」、第二は「両性間の情念は必然的であり、ほとんど現在の状態のまま存在するであろうこと」である。この2つに関して、マルサスは「我々の本性の不変の法

(fixed laws)」であり、神は被造物のために「この不変の法に従ってこの世のシステムをさまざまに作用させている」と考える（Malthus 1798: 13f.〔永井訳 1980: 417〕）。そして、男性が早くから一人の女性に対して愛着（attachment）を持つことは、「自然の命令」によるものであると述べている（Malthus 1798: 27〔永井訳 1980: 423〕）。この第二公準は、きっかけとしてはゴドウィンの前提への単純な疑問から生じたものだったが、その理論的影響は、互恵性を実現する市場を内包した商業社会概念に裏打ちされた18世紀のユートピア的市民社会観を根底から覆すに足るものであった。つまり、人間のリプロダクションが両性間の必然的情念によってなされるとすれば、人間の再生産は市場の調整機能の外にあるものであり、その結果帰結するのは、余剰人口の餓死という、市場の調整というよりも失敗というべき事態なのである。「わたくしがアダム・スミス博士と意見の違う唯一の点は、かれが社会の収入あるいは資材のすべての増加を労働の維持のための基金の増大、またしたがって貧民の状態を改善する傾向をつねにもつもの、と考えているように思われることである」（Malthus 1798: 328f.〔永井訳 1980: 532〕）。

　初版でのマルサスの表現は若干揺れ動いていて、時には愛着を持つことは道徳の命令でもあると述べられ（Malthus 1798: 19〔永井訳 1980: 420〕）、時には動物同様の強力な自然発生的性向でもあるとも述べられる（Malthus 1798: 28〔永井訳 1980: 423〕）。この揺れは、上に見たように、マルサスが、両性の性交渉への動因である一人の女性に対する愛着を、自然発生的性向と慣習的衣の混交物として存在しているとみなしていること、そして、彼の議論では、人口の増減にとって、パートナーの選択という行為が性交渉への自然発生的性向を抑制するさほど大きな要因ではないとみなされていることによると思われる。「選択が不幸であった場合の変更の自由を考えても、この自由は、非常な悪徳にまでいたらなければ、人口に影響しないであろう」（Malthus 1798: 19〔永井訳 1980: 420〕）。このように、人口に焦点を合わせたマルサスの議論では、選択や愛着は主たる論点ではなくなり、代わって、結婚と家族の形成が、選択や愛着の具現というよりむしろ人口の予防的抑制装置として位置づけられようになる。

　マルサスは、家族、より正確に言えば家計こそが、人間の生産を市場の調整機能に服させる糸口であると考えた。家族は、扶養の責任の対象を明らかにし、

何人の子供が養えるかという将来をも展望した計算を行わせる装置であり、これこそが人口の抑制にとって重要な、論じるべき対象となったのである。したがって、「自身と罪の無い子供を不幸と欠乏のうちに陥れた個人に対して、このような行為に伴う恥辱と不都合とが降りかかることが、他人への見せしめとしては必要になる」のである (Malthus 1798: 200〔永井訳 1980: 485〕)。さらに、マルサスは、歴史的に、この社会的・道徳的制裁が主に女性に降りかかってきたことを認める。しかし、この制裁の起源は、確かに「自然の正義の蹂躙」であるにせよ、人口過剰という不都合を予防する「最も明白で効果的な方法として」は「自然なもの」と彼はみなす (Malthus 1798: 203〔永井訳 1980: 486〕)。すなわち、女性への制裁は、人口抑制という結果をもたらす意味では合理性があり、それゆえ慣習化したというわけである。

ただ、マルサスは、この女性への負荷が、事後的に制裁するというその原初的な形態から、「女性の繊細さ (female delicacy)」という美学的な選択、つまり「その後習慣が生み出してきた新しい一連の観念」によって事前に出産機会を抑制する形態へと変わってきていて、しかも、このような新たな抑制の形態は、あまり人口抑制を必要としない階層で「強力に作用している」と指摘する (Malthus 1798: 203〔永井訳 1980: 486〕)。つまり、人口抑制を必要とする下層階級に対して、このような新しい抑制の形態が効果をもつかどうかは不確実ということである。

以上のように、『人口論』初版でのマルサスは、両性間の情念の必然性と不変性を公準として提示しつつも、それを「自然の法」と言い切るのを躊躇している。しかし、その後の19世紀の歴史は、このためらいを振り切って、彼の提示した公準を生物学によって裏書することになった。つまり、両性間の情念は私達が現在「本能的行動」という言葉のもとに理解しているような自然の法則として理解されるようになるのである。

おわりに

以上、18世紀末のバーク、ウルストンクラフト、ゴドウィン、マルサスのリプロダクション思想を概観するなかで、①ルソーによる人間の「選択」と

「愛着」という行動への着目から始まった「両性の情念論」と、18世紀の美学的枠組みでの議論、そしてブリテンでのバークの議論の展開、②美学的議論を批判し、創造主／被造物の枠組みの中でリプロダクションの主体としての女性の存在と情念を描いたウルストンクラフトのフェミニズム、③ゴドウィンの完全な自律的独身者としての人間像に基づく情念論と結婚・家族論、④マルサスの「両性の情念論」のなかの18世紀的要素と19世紀的要素、そして、スミス的商業社会観の破綻要素すなわち人口問題への気づき、を明らかにしてきた。

　生殖の情念と食料供給の調整不能性という人口問題に対するマルサスの気づきは、M. フーコーがいう「臣民の集合」から「自然的現象の集合としての人口へ」のまさに転換点となる瞬間であった。「国家によって構成され欲されたものではなく、自発的な（spontané）」個人と個人の結びつきによって生じる自然性としての人口に、社会は直面することになったのである（Foucault 2004a: 359f.〔高梨訳 2007: 435〕）。この問題には、19世紀以降、2つの暫定的解法が与えられることになった。一つは、生殖技術を介してゴドウィン的人間像の実現にできる限り近づく道、そしてもう一つは経済学の解釈格子の中へ人間自体をも完全に入れ込んでリプロダクションを「能力資本（capital-compétence）」（Foucault 2004b: 231〔慎改訳 2008: 277〕）の形成とみなす擬制を作り出すことで、人々に経済的合理性に適った出産・育児行動を選択させる道である。しかし、ウルストンクラフトが表現した根源的他者と結びついた主体が忘却されるならば、これらの方策によっても、上記の論争が商業社会観に開けた穴は完全には塞がれることはないであろう。

【引用・参考文献】

A late Noble Writer〔Burke, E.〕(1756) *A Vindication of Natural Society*, M. Cooper: London.（水田珠枝訳〔1980〕「自然社会の擁護」『世界の名著41』中央公論社）

Burke, E. (1993) *Reflections on the Revolution in France*, Oxford World's Classics.（水田洋訳〔1980〕「フランス革命についての省察」『世界の名著41』中央公論社）

Burke, E. (2015) *A Philosophical Enquiry into the Origin of our Ideas of the Sublime and Beautiful*, Oxford World's Classics.（中野好之訳〔1999〕『崇高と美の観念の起源』みすず書房）

Godwin, W.（1793）*An Enquiry Concerning Political Justice*, Vol. II, G. G. J. and J. Robinson.（加藤一夫訳〔1930〕『政治的正義』春秋社）

Foucault, M.（2004a）*Sécurité, Territoire, Population: Cours au Collège de France, 1977-1978*, Seuil/Gallimard.（高梨和巳訳〔2007〕『安全・領土・人口』筑摩書房）

Foucault, M.（2004b）*Naissance de la Biopolitique: Cours au Collège de France, 1978-1979*, Seuil/Gallimard.（慎改康之訳〔2008〕『生政治の誕生』筑摩書房）

Godwin, W.（1796）*An Enquiry Concerning Political Justice*, Vol. II, G. G. J. and J. Robinson.

Godwin, W.（1798）*An Enquiry Concerning Political Justice*, Vol. II, G. G. J. and J. Robinson.（白井厚訳〔1973〕『政治的正義（財産論）』陽樹社）

Lock, E. P.（1985）*Burke's Reflections on the Revolution in France*, George Allen & Unwin.

Malthus, T. R.（1798）*An Essay on the Principle of Population*, J. Johnson.（永井義雄訳〔1980〕「人口論」『世界の名著41』中央公論社）

Philp, M.（1986）*Godwin's Political Justice*, Cornell U. P.

Philp, M.（2014）*Reforming Ideas in Britain: Politics and language in the Shadow of the French Revolution, 1789-1815*, Cambridge U. P.

Rousseau, J.-J.（2012）«Discours sur l'origine et les fondements de l'inégalité parmi les hommes», *Œuvres complètes V*, Éditions Slatkine.（小林喜彦訳〔1974〕『人間不平等起源論』中公文庫）

齋藤修（2008）『比較経済発展論』岩波書店.

佐々木健一（2005）『絵画について』岩波文庫.

テイラー，バーバラ（2002）「神の愛のために―ウルストンクラフトのフェミニズムにおける宗教と性愛から生じる想像力」アイリーン・J・ヨー編、永井義雄・梅垣千尋訳『フェミニズムの古典と現代：甦るウルストンクラフト』現代思潮新社.

Wollstonecraft, M.（1994）"A Vindication of the Rights of Men", *A Vindication of the Rights of Woman and A Vindication of the Rights of Men*, Oxford World's Classics.（清水和子訳〔2006〕「人間の権利の擁護『フランス革命の省察』を機にエドモンド・バーク閣下へ宛てた書簡」『法政大学多摩論集』第22巻）

Wollstonecraft, M.（1989）"The Wrongs of Woman: or Maria. A Fragment", J. Todd & M. Butler（eds.）, *The Works of Mary Wollstonecraft*, Vol. I, William Pickering, 1989.（川津雅江訳〔1997〕『女性の虐待』アポロン社）

本章では、文脈に合わせるために原文から直接訳出し、邦訳書の文章を反映していない部分があることをお断りしておく。

3章 ホワイトヘッドの抱握 (prehension) とはなにか
——事態の潜勢態をめぐって

(伊藤　守)

はじめに

　日常生活の多くがデジタルメディアを媒介したコミュニケーションを通じて営まれるようになった。テレビやラジオあるいは新聞もすでにデジタルメディアとして再編され、メディアから発信された情報が読者やオーディエンスに向かって一方向に移動するという従来の情報のフロー形式が根本から組み換えられている。ソーシャルメディアの登場はその変化をより一層推し進め、膨大な量の情報があらゆる方向に拡散し、それを中継する地点で情報が編集・改変され、さらにそうした情報が拡散していく情報環境が成立した。

　こうした新しい環境と人間の関係性が成立するなか、メディアとコミュニケーションの研究分野で、情動に対する関心が大きな広がりを見せている。しかも情動に対する関心は、メディア研究にとどまらず、脳科学や認知心理学と結びついたコンピュータサイエンス、生命情報学、生命工学といった分野、現代思想や哲学や心理学の分野、さらに感情の伝搬、感情の感染、群衆行動に関する社会学の研究領域にも及んでいる[1]。このようにいくつかの研究分野に分岐してはいるものの、情動研究の焦点は、人間が「知る (knowing)」という知覚と認知の在り方、言い換えれば、対象との接触を通じて人間が感受し、知覚し、認識するという一連の「経験」を、その根本のところから再考することにある。

　たとえば、「知る」という知覚の経験に関する研究は一方で、人間の経験に

---

1) 国内外の人文社会科学における情動、情動現象に関する注目は、たとえば、Wetherell (2012)、Gregg and Seigworth (2010)、伊藤 (2013)、毛利 (2015) などに示されている。

関する知見を工学的に活用してロボティクスのテクノロジーに活かすことにもつながると考えられている。さらに、対象を知覚する際に「好ましい」として知覚するメカニズムの研究はマーケティング戦略にも有効活用できるとみなされ、実際に様々な知見がこの分野に導入されている。

　本章では、こうしたロボティクスやマーケティング研究の方向性とは一線を画しつつ、上記の感情の伝搬や感染を契機にして生成する社会的な集合行動とデジタルメディアとのかかわりを再考するという狙いのもとに、「知ること (knowing)」という人間のもっとも基本的な営みを検討する。現在生じているネット上の情報流通を触媒とした各種の集合的行動の発生や政治的変動、人々の政治的判断や判断の枠組み自身の変化を考察するためには、日常の経験に立脚しながら、その経験の総体を明晰にとらえ直す視座が求められていると考えるからである。本章の狙いは、一般に感情と結びつけて捉えられることの多い「情動」を、感情ではなく、むしろ知覚という営みに関連づけながら考察することにある。経験のもっとも深い地層における知覚と情動の一体性である。具体的な検討の対象は、W. ジェームズの「純粋経験」、そして A. N. ホワイトヘッドの「抱握」という概念を中心として、彼らの「知ること (knowing)」に関する思索である。

　よく知られるように、ジェームズはパースとともにプラグマティズムの創始者の一人として知られ、『心理学の原理』や『宗教的経験の諸相』などの大著を著した哲学者である。また、彼の「純粋経験」論が、イギリスのヒュームやバークリーに代表される経験論を批判的に乗り越え、一方で新カント学派の合理論とそこに体現された「空虚な意識」概念を徹底的に批判することで、合理論とも従来の経験論とも異なる新たな方向を見出そうとしていたことも、よく知られている通りである。その挑戦的な試みに彼が付けた名称が「根本的経験論 (radical empiricism)」であった。一方でホワイトヘッドも『普遍代数論』やラッセルとの共著『プリンキピア・マテマティカ』を刊行し、後期では「有機体の哲学」と彼自身が呼ぶ壮大な形而上学の書である『過程と実在』や『観念の冒険』を著した20世紀を代表する哲学者の一人である[2]。

---

[2] ホワイトヘッドの哲学については、『普遍代数論』やラッセルとの共著『プリンキピア・マテマティカ』など応用数学や数学基礎論などの分野の研究にみられる初期、次いで『自

ここでは、本章の目的に沿って、この2人の思索のなかの知覚にかんする箇所、とりわけジェームズの「純粋経験」とともにホワイトヘッドの『過程と実在』と『思考の諸様態』に限定して検討を加える。

1　「純粋経験」論

1）知ること（knowing）への問いかけ

　1904年に出版された雑誌に掲載された「意識は存在するか」と題された論文の冒頭で、ジェームズは、シュッペ、ナトルプ、ミュンスターベルグ等の名前を挙げながら、「合理論」の陣営では「精神的原理は、まるで幽霊さながらの状態へと希薄化していって、経験の内容が知られているという事実をあらわす名称でしかない」ことになり、「精神的原理は人称的な形式（personal form）と活動性（activity）を失って、空っぽの意識性ないし意識一般（Bewußtsein）となる」（James 1912: 3-15〔原書頁 - 邦訳頁を示す。以下同〕）と批判を加えている。意識の存在を自明視することでその活動性・はたらき・機能が等閑視されてしまった状況を痛烈に批判するのである。その視点から「いまや公然と、普遍的に、意識概念を捨て去るべき時期が熟した」（James 1912: 4-16）とも述べている。しかしもちろん、この言明は単純に意識を葬り去ることを意味するわけではない。「意識という語が存在（entity）」を表すとする考え方を否定し」て、「この語は機能を表すものだ」ということをジェームズは強く主張するのである。

　では、その機能とはなにか。それは、「知ること（knowing）」である。ジェームズは端的にそう指摘する。

　「知ること」とはいかなる事態か。ジェームズは次のように述べる。「もし私たちが、世界には根本的質料（primal stuff）ないし物質（material）、すなわちあらゆるものを構成する素材がただひとつだけ存在するという仮説から出発するならば、そしてこの素材を『純粋経験（pure experience）』と呼ぶとすれば、そのとき〈知ること〉は、純粋経験の諸部分が結びうる特殊な種類の相互関係で

然認識の諸原理』や『自然という概念』に代表される自然哲学の研究がおこなわれた中期、そして『過程と実在』や『観念の冒険』など形而上学を展開した後期、という3つの時期に分けて一般的に考えられている。森（2015）など参照されたい。

ある、と容易に説明することができる。この関係自体が純粋経験の一部であって、この関係項の一方が知識の主体ないし担い手（bearer of the knowlege）、つまり〈知るもの（knower）〉となり、他方の関係項が〈知られる対象（object known）〉となる」（James 1912: 4-17）のである、と。ここでは、まず「純粋経験」が「あらゆるものを構成する素材」として措定され、この「純粋経験の諸部分が結びうる特殊な相互関係」、すなわち〈知るもの〉と〈知られる対象〉との特殊な相互関係、これが〈知ること〉であると規定される。

　一見するとこの規定は、〈知るもの〉と〈知られる対象〉との２つの項を前提して〈知ること〉を記述しているかにみえる。しかしジェームズが述べたところの真意は明らかにそれとは異なる。「経験にはそんな内的な二元性などありはしない」（James 1912: 6-21）というのがジェームズのもっとも基本的な主張だからである。

　たとえば、私の指がある対象に一瞬ふれたとき、そこにはなにかが、ジェームズの言葉を使えば、単純な「あれ（that）」が感受されるだろう。素朴な直接性にとどまりながらも、確かなものとしてそこにあると感じられる「あれ」が感受される。正確に言えば、指があるものにふれる、と同時に「あれ」が指にふれる、という両義的な感覚に襲われるだろう。この主観にも客観にも分離できない分離以前の「現在の瞬時の野（instant field of the present）」こそが、ジェームズが「純粋」経験と呼ぶところの地平である。

　だからこそ、ジェームズは「経験は、その純粋な状態においては、……意識と、『について（of）』意識されるもの、この２つに自己分裂する、ということはない」（James 1912: 13-31）と断言する。ジェームズ自身が提示した事例で考えよう。人が手を火にかざすとき「火は熱い」と感じるだろう。水に手を入れれば「湿っぽい」と感じるだろう。「熱さ」を与える対象の経験はまた「熱さの経験」でもある。「湿り気」を与える対象の経験はまた「湿り気の経験」でもある。そこでは対象と心的状態がけっして切り離されてはいない。このことを彼は「同一の経験断片が同時に両軍（引用者：「知るもの」と「知られるもの」との双方）において役割を演じるのであるから、それは同時に主観的でも客観的でもある、と言っていっこうにかまわない」（James 1912: 7-22）と述べるのである。

2）感じ（feeling）としての「純粋経験」

 こうした主観と客観の未分化、分離以前の状態と言える「純粋経験」を、いま少し見ておこう。「事物とその諸関係」では次のように述べられている。

> 純粋経験とは、私たちが概念的カテゴリーを用いて後から加える反省に素材を提供する直接の生の流れ（flux of life）に、私が与えた名称である。ただ、生まれたばかりの赤ん坊、あるいは睡眠、麻酔薬、病気とか打撲とかのために半ば昏睡状態にある人だけが、あらゆる種類の「何」になれそうになっているのに、まだどんな「明確な何（what）」にもなっていない「あれ（that）」という、文字通りの意味での純粋な経験をもっているとみなせるのかもしれない。それは、一と多との両方で充満しているが、まだ表面に現れない諸点を孕んでいる、あまねく不断に変化しつつあり、まだ非常に混沌としているので、その変化する相と相とは互いに浸透し合い、相違点も同一点も捉えられることができない。このような状態にある純粋経験は、感じ（feeling）、ないし感覚（sensation）の別名でしかない（James 1912: 46-84）。

 純粋経験とは「生の流れ」、あくまで「感じ」として感覚される。それは上述したように、主観的とも客観的とも区別できない一瞬の感覚である。判明に認識されるものではなく、ただ渾然と認識される。そして不断に変化する過程とともにある感覚と言い換えてもよいだろう。この渾然としたしかたで表象される世界——それはライプニッツの微小表象において与えられる世界でもある——は、明確な意識を伴った判明な認識の背後にとどまっている。しかし、それは、けっして消極的なものとしてとどまるのではない。経験の基底として、知覚や感情を支えるもっとも重要な基盤をなす。この積極的な意味を掬い取ること、そのことこそがなにより重要である。我々はジェームズの純粋経験に関する主張をそのように理解すべきだろう。
 ところで、この「感じ」において看過してならないのは「相対的（relative）」という点である。
 上記の引用のすぐ後に、ジェームズは「経験の純粋性といっても、それは相対的な表現でしかなく、そこになおまだ言葉にならない感覚の相対量を意味す

るにすぎない」と述べる。何かを「感じる」ことは、「なおそこに含まれている」ものの相対でしかないというのである。しかも、いったん、純粋経験が生まれるやいなや、「ここかしこと強調点で満たされて行きがちで、こうして強調されて目立ってきた部分部分が同一化され、固定され、抽象化される」(James 1912: 46-84) ことになる。

　この指摘から読み取るべきは、初発の段階で純粋経験はすでに相対的であることである。ある物体にふれるとき、そこに生じる「感じ」は、物体の硬度や表面のなめらかさが入り混じった「あれ (that)」の感覚であるが、そのどちらも相対的に感じられるのであり、さらに硬さと滑らかさのどちらかが相対的に強くあるいは弱く感覚されるだろう。それらはあくまで相対的な「強度」として「感じ」られるということだ。さらに時間的経過にそって、その流れが同一化と抽象化という過程を経るなかで、この「感じ」は一層相対的なものとして現れる。したがって、純粋経験の生成とその流れは、初発の段階でも、同一化と抽象化の過程でも、いわば二重の意味で、相対的なものといえる。

　これがジェームズのいうところの「純粋経験」である。
　2つの事柄をここで確認しておく。
　第一は、純粋経験とは主観とも客観とも分離しえない未分化の根本的な経験であり、それは明確な「何 (what)」にもなっていない「あれ (that)」というしかないような、「感じ (feeling)」として捉えられる。そうであるがゆえに、従来は、明晰さを欠く、消極的なものとして捉えられがちであった。しかしながら、反対に、この純粋経験こそが経験総体の基底を、感受や知覚といった「知る (knowing)」という過程の基底をなしているがゆえに、けっして看過されてはならないということである。
　第二は、この純粋経験すらも、相対的なものであるという点である。いま少しこの点について考察を加えておこう。
　ある動物が眼の前を物凄いスピードで通りすぎるとき、その物体の形、速度、毛の色、顔の輪郭、体の姿勢や動作など、様々なものを我々は一挙に「感じ」とるだろう。そのとき、我々はいま、目の前を走っていたものを「あれ (that)」としか言いようのない状態に置かれる。つまり、半ば混沌状態に置かれるだろう。しかし、ジェームズが述べるように、「純粋経験の流れは、ここ

かしこと強調点で満たされ……、強調されて目立ってきた部分部分が同一化され、固定され、抽象化される」(James 1912: 46-84) ことになる。動物の毛の色がきわだって強調され、その色からするとあの動物は「Aかもしれない」あるいは「Bかもしれない」といった知覚の動きがはじまり、目の前を走り抜けた「あれ（that）」ははじめて「知られうる」対象たる「何か」となる。

　いまひとつの例で考えよう。目の前に広がる大自然の風景。それを、風の流れ、山並みの輪郭と様々な緑の色の配列と光の反射、空の青さのグラデーション、風と野鳥のさえずりの音、そして冷ややかな空気の感触、それらの無限ともいえる多様要素からなる「いま」「ここ」の自然の営みを人間はどう「感じ（feeling）」、いかに「知る（knowing）」のか。作曲家や文筆家にかぎらず人間は、この対象との接触からの「感じ」をどう知覚し、表現するのだろうか。誰もがおこなうこうした知覚から表現に至る過程でも、何かが強調され、同一化され、抽象化されるのではないだろうか。

　すなわち、純粋経験といえど、それはすべてを汲み上げることなどできない。そこではすでに何かが弱められ、整除され、何かが強調され、同一化される過程が進展している。だからこそ、ジェームズは、この事態を「はじめは混沌状態にある多くの純粋経験が、だんだんと秩序だった内部世界と外部世界とへ分化していくさま」(James 1912: 18-41) と表現するのである。

　この弱さと強さ、整除と強調が純粋経験が帯びる基本的性格をなしている。これを彼は「相対的」「相対的量」と言うのである。このジェームズの認識の基本が、本章の主題的なテーマであるホワイドヘッドの「抱握」という概念と「事態の潜勢態」、そして「強度性」といった概念に結晶化され、引き継がれていることを我々は後に確認することになるだろう。

3）接続関係（disjunctive relation）と分離関係（conjunctive relation）

　純粋経験論は、「意識」と「内容（意識されるもの）」との区別から出発する合理論の立脚点から離脱して、主観的なものと客観的なものがいまだ未分化な分離以前の状態を思考する。それがジェームズの一貫した思索の航路をなしている。

　ただし、彼は、〈知るもの〉と〈知られる対象〉という二項を拒否している

わけではない。それはあくまで、不断に変化し続ける過程を通して、事後的に、生まれる。そのことを明らかにするために、ジェームズは知覚の累進的な過程ないし知覚の階層性とでも言うべきものを射程に入れて考察を加えていく。その試みがどの程度成功したかは別として、その考察の焦点として導入された概念が、接続的関係と分離的関係である。

彼は以下のように指摘する。

　ふつうの経験論は、接続的関係と分離的な関係とが経験部分としてまったく対等であるという事実にもかかわらず、従来とかく事物の連鎖の方を無視して、分離をことのほか強調しようとする傾向を示すのがつねであった。バークリーの唯名論、私たちの識別するものはみな「個々ばらばら」で、まるで「連結しようがない」かのように説くヒュームの言説、類似した事物も「現実には」少しも共通なものをもっているわけではないとするジェームズ・ミルの反論、因果の絆を断ち切って、習慣的に後に続いて生ずるにすぎぬとする説、物的事物も自己もともに非連続的なもろもろの可能性から合成されているとするジョン・ミルの説明、さらに総じて経験全体を連合 (association) によって細切れにしてしまう遣り口や〈心－粉塵説 (mind-dust theory)〉、これらは、私が言おうとしていることの例証になる (James 1912: 23-47)。

経験とはあくまで推移 (transition) である。大都市の街角で、クルマのエンジン音を聞き、街頭の騒めきが耳に入り、多くの人が足早に通りを過ぎるのを眺めるように、経験の一瞬一瞬が「経験の織物」を織り続けていく推移のなかにある。「生は、連結される諸項のなかにあるのと同様に、推移のなかにもあるのであり、実際、しばしば、生はまさに推移にある」(James 1912: 42-79)。

従来の経験論は、最初から経験を「個々ばらばら」にしてしまい、それらの諸経験の関係そのものを具体的な経験として考察できていない。これがジェームズの主張である。それに対して、「根本的経験論は、接続的な関係を公正に扱う」。経験から別の経験への推移、さらにこの別の経験からさらに別の経験への推移の経験が、多様なかたちで経験されることを記述する論理が必要なの

だ。そのための概念が接続的関係である。「接続的関係は、いうならば同一意識内的推移とでも呼ぶべきもので、同一の自己に属する一つの経験が他の経験に移り変わっていくその推移である」(James 1912: 25-49)。そのことを、ジェームズは「同じ自己に属する一つの経験から他の経験への移行という、あらゆる接続的関係のうちでももっとも親密度の高いものには、この断絶の欠如、この連続感のほかいかなる性質も、いかなる〈何〉(whatness) もない」(James 1912: 26-51) とも述べている。

接続的関係には様々な位相がある。たとえば同時性および時間－間隔、空間的近接および距離、さらに多くの推論の可能性を孕む「類似と差異」がある。その次に「活動の関係」がくる。「これは、項と項を結び合わせて続きものにするもので、変化、傾向、抵抗、および一般に因果関係が含まれる」(James 1912: 24-48)。

深夜街の通りを歩いているとき、何かが壊れる音 A がする。その数秒後に人の叫び声 B が聞こえる。その直後にビルとビルの細い隙間を走り通りすぎる 2 つの黒い影 X1, X2 を見たとしよう。そして同時に別のビルの前を走る去る 1 つの影 X3 も見たとしよう。この数秒の間にも、変遷それ自体が直接的に経験される事象が生まれる。何かが壊れる音と叫び声との時間的－間隔の推移、2 つの影の空間的近接性、そして 2 つの影と別の影の空間的距離を同一意識内的推移として感受する。そしてさらに聴覚的経験と視覚的経験を接続的関係のもとに置きながら「あれ」としか指示できない事象を「何か」と知覚する運動がはじまるだろう。そこでは、壊れる音が、ガラスの壊れる音か、金属が道路に落下した音か、どちらかを見極める差異と同一化の二重の知覚のはたらきが生じる。また人の叫び声が、男の声か、女の声か、どちらかを見極める差異と同一化の二重の知覚のはたらきが生じる。さらに壊れる音 A から叫び声 B への推移のなかで「誰かが喧嘩している」との想念が生まれるかもしれない。さらにその後 3 つの黒い影 X1, X2, X3 を目撃することで、A → B から生成した想念は B → X1, X2, X3 に推移することで「犯罪の発生」という想念に変遷していくかもしれない。これらすべての関係の諸項が互いに浸透し合いながら連続的推移として経験されるのである。

またここで、この推移の過程が「記憶、目的、努力、達成ないし失望などの

3章　ホワイトヘッドの抱握 (prehension) とはなにか　73

一体系として自己が組織される」(James 1912: 23-48) 経験と表裏の関係のあることが確認される。

その音は何の音か、その叫び声は誰の声か、走り去った影は男か女か、を同定するはたらきはこれまでの経験を辿り直して記憶を手繰り寄せる想起の力を介してなされる。さらに、これからどう行動するかの目的の設定と努力を引き起こしていく。過去が現在につながれ、未来が現在につながれ、ひとつの一時的結果が自己原因となって次の結果を生み出し、その一時的結果が自己原因となって未来の未知の要因を現在に引き寄せる、現在と過去と未来がそれぞれを内包しながらつねに推移しつづける心の状態が形成される。推移の過程で一つの項が後続する他の項に取ってかわられることをジェームズは「代用」(substitution) という用語で指示しているが、この推移の線は「明らかに過去の継続として訪れてくる限りでは過去『に』属しており、訪れる未来がそれを引き継いでいるであろう限りでは、未来『に』属している」(James 1921: 42-79) のである。

そして結果として、それらの出来事は犯罪か、喧嘩か、あるいはそれ以外の事象であったか、が事後的に明かされるとき、自己の認識が正しかったことで満足するか、誤っていたことに気づき失望する、心の状態が生まれるだろう。ジェームズの述べる客観的照合である。

諸項が互いに浸透し合いながら連続的に推移する過程は「記憶、目的、努力、達成ないし失望などの一体系として自己が組織される」過程であるという上述の指摘は、まさにこうした過程を指示する。それは客観的であることと主観的であることとはけっして分離できない一体的な推移なのである。その上で、ジェームズは次のように総括する。

　　一つの経験が、他の経験と同一の目的へ誘導する（あるいは誘導される）ときには、両者の経験は機能において一致しているのである。しかし、直接に与えられているがままの経験の全体系は、半ば混沌状態を呈しているのであって、人は最初の項から出発してたくさんの方向をとってその混沌を通り抜けることができるが、それにもかかわらず、たいへん多い可能な通路を次から次へと通って行きながらも、結局、同一の目的に行きつくのである

(James 1912: 32-61)。

　引用した上記の文章を読むと、これがプラグマティズムの方法、プラグマティズムの真理観を含意するものだ、と指摘することが可能かもしれない。ある試行錯誤を通じて、最終的に知性が有用であることが証明されれば、それは真理であると考えてよいとするプラグマティズムの基本的な考え方である。たしかに、ジェームズもその文章のあとに客観的照合について指摘し、これが「今こそ、プラグマティズムの方法を適応すべき絶好の場所のように思われる」(James 1912: 36-68) と述べていることからして、そうした指摘は適切といえるかもしれない。

　しかしながら、ここで着目すべきは、知識や知性が使用され検証されるところに真理があるという知性の有用性にかかわる側面やプラグマティズムの方法ではない。むしろ相対的であるがゆえに対象の複数性にもとづくほかない、半ば混沌状態をいくつもの可能な通路を経て、経験から次の経験へと不可逆的に推移する過程として「知る」という行為が把握されているということ、この側面にこそ目を向けることの方が重要である。それは有用性の拡張といったことに収斂することなく、〈物質＝モノ〉と〈物質＝モノ〉との出会いの過程で生ずる「一であり多である」という純粋経験へ無限に遡及する方向性を指示しているということだ[3]。

　だからこそ、ジェームズは、この複数的な、前進的で遡及的なあり方を、「私たちの〈知ること〉すべての膨大な部分は、この潜在的段階をけっして超えることがない。それはけっして完結されたり固定されたりはしない」と表現するのである。この推移の過程でその都度あらたな「何か」を産出させる潜在的段階を「発見」し、重視している点にこそ、ジェームズの議論の核心をみるべきなのだ。

---

3) ベルグソンの「純粋持続」、ジェームズの「純粋経験」そしてホワイトヘッドの哲学を批判的に吸収しながら「一であり多である」という絶対的矛盾を指摘したのが西田幾多郎であるが、その点は指摘するにとどめておく。ここで補足的に言えば、ホワイトヘッドは「創造性 (creativity)」、「多 (many)」、「一 (one)」は、同義語であり、「多」という名辞は「一」を前提し、「一」という名辞は「多」という名辞を前提すると述べている (Whitehead 1929: 31-29)。

4）純粋経験に占める情動（affective facts）の位置 [4]

　純粋経験のいまひとつの重要な側面について述べておく必要がある。ジェームズ自身がつけた節のタイトルを引用するなら、それは「純粋経験の世界における情動的事実（affective facts）の占める位置」ということになる。

　ジェームズが述べた例を引いておこう（James 1912: 72-124）。ある秋晴れの日に、「ほどよく快い暖かさ」と言ったらよいか、それとも、「そのほどよい暖かさのひきおこす『快い感じ』」と言うべきか、そのような「感じ」を感受していると想像してみよう。前者の言明はいわば対象の性質に関する言明、そして後者は主体の感情に関する言明といえそうである。しかし、両者を切り離すことなどけっしてできない。これがジェームズの主張である。対象＝モノ（の属性）と物質＝主体の感情は分かちがたく結びついているのであり、その未分化・未分離の状態こそが純粋経験の相である。

　その意味で、ジェームズによれば、「思想と事物とはその質料にかんしては絶対に同質的であり、両者の対立はただ関係および機能の対立にすぎない」（James 1912: 69-120）という純粋経験論の主張にとって、上記の経験の両義的な性格は、純粋経験論の「優れた確証物」の役を果たしてくれるものとして位置付けられる。換言すれば、けっして感情的経験は「純粋に内部的な事実として直接に与えられている」と考えてはならない。

　経験の両義性のもとで、我々は、ときには「ほどよい快い暖かさ」を対象の属性のように語り、ときには主体の感情として語るように、「感情的経験を両義的なままに、浮動させ、気ままにそのときどきの便宜にしたがって類別しているにすぎない」（James 1912: 72-124）のである。「私たちが、もともと私たち

4）桝田・加藤の翻訳では、Affective Facts に「感情」との訳がつけられているが、文脈から判断すれば、「情動」が適訳と考えられる。伊藤邦武訳でも同様に「感情的事実」と訳されている。なお、本論の後半で議論するホワイドヘッドの『過程と実在』では、affective という用語は使用されず、emotion という概念が一貫して使用されている。平林訳では、この emotion に対して「情動」という訳語が採用されている。現在の情動研究にしたがえば、ホワイトヘッドの emotion は、その意味からしてそのまま「情動」という訳語を使う方がより適切であると判断される。その点から本章でも、平林訳の「情動」という訳語をそのまま採用する。

の感情を含意する語を、この感情を呼び起こす対象のうえに投影するのを禁じられるとしたら、言語はその美的および修辞学的価値の大部分を失ってしまう」だろう。

　快、有用、美、醜悪、親密、危険、面白さ等々、「鑑賞的な形容詞」によって表現されるような事物・対象の属性は、「自然と私たちの交渉においては、……対象に特別の重みを与えるものなのであって、ある対象が特別の重みをもつということは、その対象がどんな精神的事実を意味するかはともかくも、その対象が私たちに対して直接的な身体的影響を、すなわち、調子や緊張の、心臓の鼓動や呼吸の、血管や内臓の活動などの変化を引き起こす」(James 1912: 75-129) ということを意味している。

　この直接的な身体的影響、すなわち「身体の内臓的動揺（visceral perturbations）」(James 1912: 76-131) こそが、情動（emotion）にほかならない。

　そして、この情動によって担保された感情的価値によってこそ、「私たちのめいめいの意識の流れにおける諸経験の連続は、私たちの『思想』として、たいていは統御されている」(James 1912: 75-130) のである。

　強調しておこう。純粋経験は、たしかに渾然したままの、主客未分化の「感じ」という様態といえる。しかし、それは、「身体の内臓的動揺」としての情動とともに経験の基底部分をなしており、知覚の営みが高次の「認識」や「思想」へと至るプロセスにとって不可欠な「基層」として機能しているのである。

2　ホワイトヘッドの「抱握」について

　前節で我々は純粋経験に関するジェームズの思索を検討した。冒頭で述べたように、それは、イギリスのヒュームやバークリーに代表される伝統的な経験論を乗り越え、一方で新カント学派の合理論への徹底的な批判を展開するなかで、合理論とも従来の経験論とも異なる第三の道とでもいうべき新たな方向を見出そうする試みであった。そこから析出されたのは、まさしく純粋経験といわれる経験の相であり、生を推移として捉える視点であり、その推移の経験の特徴とも言える情動が占める位置価であった。しかし、この野心的な試みは、従来にはない試みであるがゆえに、事態を記述するための概念が限定され、さ

らに「知ること」にかかわるプロセスの諸段階ないし階層性を一気に飛び越えて記述する危うさを内包していたようにおもわれる。

以下では、ホワイトヘッドの『過程と実在』に眼を転じて、彼がジェームズの純粋経験の概念をいかに継承し、厳密化したのか、という観点から検討を加えよう。

1) 抱握概念

ホワイトヘッドは「私は、また、ベルグソン、ウィリアム・ジェームズ、ジョン・デューイに大いに負うところがある。私の関心事の一つは、彼らのようなタイプの思考を、当否はともあれ、それと結びつけられてきた反主知主義という告発から救出することであった」(Whitehead 1929: vii‒xv) と指摘し、ジェームズの哲学を高く評価していたと言える[5]。彼の抱握概念は、ジェームズの純粋経験をより一層精緻に整理し直す企てであったと見ることができる。

『過程と実在』の第三部「抱握の理論」、その第一章「感受の理論」で、ジェームズが「自然と私たちの交渉」と述べた事態は、「抱握 (prehension)」として概念化される[6]。

では、抱握とは何か。ホワイトヘッドは次のように述べる。「細胞が、それ自身の生存の基礎として、それがそこから生ずる宇宙の多種多様な要素を占有化するものとして示される。個々の要素を占有する各過程は、抱握と呼ばれる。

---

5) 『過程と実在』のなかでジェームズに関する言及はほとんど行われてはおらず、ロック、ヒューム、デカルトとカントに並んでベルグソンへの言及がきわだっている。しかし、私見ではあるが、この書はジェームズの着想と構想を継承するものであると仮定する。
6) ホワイトヘッドの哲学のもっとも基本をなす「抱握」に関して、別の箇所では「個別的現実性のあらゆる度合に適応しうる最も具体的な分析の様態を表現するための、デカルトの精神の『思惟』からの普遍化、またロックの『観念』からの普遍化なのである」と述べられている (Whitehead 1929: 29-27)。なお、森によれば、ホワイトヘッドによって「抱握」という概念がはじめて用いられたのは『科学と近代世界』(1925) であるという (森 2015: 130)。さらに彼の指摘によれば、「把握 (apprehension) という語がしばしば注釈者たちが述べるように、その接頭語についている ap という語が意識的な意味合いを帯びている」のに対して、「抱握 (prehesion) という語は、把握の ap を取り除いた述語で」あって、「事物を認識するさいに、意識的に事物を理解するのではなく、主観的な意味合いを排除して認識すること」を指示すると述べている (森 2015: 166)。重要な指摘である。

このように占有された宇宙の究極的な諸要素は、すでに構成された現実的存在(actual entities) であり、また永遠的客体 (eternal objects) である」(Whitehead 1929: 335-321)。

ここでは、「細胞」という用語が主語となり、これが宇宙の多種多様な要素を自らのものとする占有という概念で抱握が定位されている。それは明らかにジェームズが「あれ (that)」として「感じ (feeling)」るところからはじまる知覚の動態的過程を指している。そしてホワイトヘッドによれば、「現実の存在 (actual entity) とは、過程なのであって、そこでは、不十分な主体的統一性をもった多くの働きが、働きの完結した統一性――これは満足と呼ばれる――に終結するのである」(Whitehead 1929: 335-322) という。過程こそが「現実の存在」であるという規定がまずここで確認されるべきだろう。

では、「働きの終結的統一性」として規定される満足 (satisfaction) とはどのようなことがらを指しているのか。ホワイトヘッドは、それを「現実的存在がそれ自身を超えて在るもの、を具現している」(Whitehead 1929: 335-322) とも述べる。現実的存在たる過程自身が、過程を超えて在るもの、を具現する事態が「満足」であるというのである。またこのことを「それ自身の過程――それ自身の内的存在 (on internal existence) である――は、蒸発し、使い果たされ、満足してしまっている」(Whitehead 1929: 335-322) 状態である。これらの規定に従えば、ひとまずここでは、この「働きの終結的統一性」としての満足を、刻一刻と変化する過程のなかにあって、いまだ「それ」としか言えない対象を、「それはなめらかだ」「それはやわらかだ」と感受する「物的感受」にはじまり、次に「それは鉛筆で、その鉛筆は〜〜だ」「そのペンは〜〜だ」といった命題にまでに至る知覚の「終結的統一性」、これが満足であると考えることができる[7]。ホワイトヘッドに倣ってベルグソンの用語を使えば、それは「空間化された現実存在」となる、ということである。

ところでいま「それはやわらかだ」「それはなめらかだ」と述べた。つまり

---

[7] 別の箇所では、「満足という名辞は、その過程における完成された相であるところの一つの複合的な完全に決定的な感受を意味」しており、「満足の客体的所与においては、いかなる要素も、満足におけるその要素の機能に関する限り、重なり合うことはない」との指摘がなされている。

抱握の仕方が一様ではないことを示している。このことをホワイトヘッドは、「有限な真理が可能であるということは、現実的存在の満足が、多種多様な働きに分けられる」からであると述べる。そしてこの多種多様な働きが「抱握」なのだという。一様ではない、いくつもの分岐を孕む、占有の過程として抱握が把握されている。

　この分岐の指標としてホワイトヘッドがまず掲げた概念が、否定的抱握、肯定的抱握、という対概念である。否定的抱握とは「合成（concrescence）への貢献からの排除」を意味し、肯定的抱握とはその逆、「合成への貢献」を意味する。そしてこの肯定的抱握が「感受（feeling）」と呼ばれるのである（Whitehead 1929: 337-323）[8]。宇宙の多種多様な要素のなかの、ある要素が排除され、ある要素が合成の過程に組み込まれる。合成の過程とは、「多くの感受の始原的段階」と、「前期のより単純な感受を統合して、感受の一つの複合的統一性である満足に至る一層複合的な感受の継続的な諸相」として捉えられる[9]。上記の例で言えば、モノの形はいったん捨象され（＝否定的抱握）、「やわらかさ」と「なめらかさ」が感受され、それが「やわらかく、なめらかな、なにか」と複合的統一性をなしていく過程を指示している。

　以上が、抱握、感受、という概念が指示することがらである。これをふまえて、ホワイトヘッドは、感受の複合的構造として5つの要因に整理する。第1は、感じる主体、第2は、感じられうる「始原的諸所与（initial data）」、第3は、否定的抱握による除去（elimination）、第4は、感じられる「客体的所与（objective

---

[8] 感受には3つの相があることが指摘される。第1は「順応的（conformal）」感受の相で、これは「過去がそれによって現在と合成されるところの、ベクトル的移行の土台として、機能する」とされる。第2は本文で論述した「観念的（conceptual）」感受の相であり、第3は「命題的（propositional）」感受を含んでいる「比較的（comparative）」感受の相である。

[9] 合成とは「一つの具体的な感受すなわち満足において現れる」（Whitehead 1929: 66-61）と述べられている。なお、山本は合成と移行と呼ばれる2種類の流動性に言及して、「一方の種類は、特殊な存在者の構造に内蔵する流動性である。その種類を合成と呼んできた。もう一方の種類は、それによって特殊な種類の存在者が完結するやいなや、過程の消滅がその存在者を、過程の反復によって誘発される他の特殊な存在者のうちで原生的要素として構成する流動性である。この種類を移行と呼んできた」というホワイトヘッドの一文を引用して、合成と移行の概念的差異について論じている（山本 2011: 64）。

datum)」、第5は、その主体がその客体的所与をいかに感受するかという「主体的形式」である。

　3つのことがらを補足しておこう。第1は、「始原的諸所与」と「客体的所与」との区別である。「始原的諸所与」とはジェームズが「あれ (that)」として表現したところの、渾然としたまま感受されるものとして考えてよい。それに対して「客観的所与」とは、時間の経過にしたがって「始原的諸所与」が固い／柔らかい「何か」として、ある対象として浮かび上がってくるものを指している。第2は、主体という概念が登場していることである。しかしこの概念には注意を払う必要がある。

　ホワイトヘッドは、主体という用語の使用は「感受が感受であるのは、感受の主体が主体であるがためである」と述べている。それは、感受がまずあって主体が成立するのであって、主体が存在して感受があるわけではない、ということだ。だから哲学の一般的概念として主体という概念は「誤解」を招くのだと指摘する。むしろ「自己超越体 (superject)」という用語の方がより適しているという。その理由は、「主体はその感受によって主体であるのだから、超越的に、その主体がみずからを超える超越的な創造性を客観的に条件づけるということは、ただその感受という手段によってだけなのである」(Whitehead 1929: 339-325) からである。この自己言及的な性格をホワイトヘッドは、「感受に含まれている諸要素のこの自己決定は、その感受の主体は自己原因であるという真理の一表現なのである」と言い換えている。感受によって自己が自己を超えていくこと、この自己超越性に創造的前進 (creative advance) の核心を見てとるのである。

　第3は、否定的感受が消極的なことがらであるとは考えられていないという点である。否定的感受はたしかに肯定的感受に従属している。しかし、それは固有の意義を孕んでいる。重要な指摘を引用しておこう。

　　この除去を達成する否定的抱握は、単に無視しうるようなものではない。感受がみずからを構成しつつある過程は、またみずからを統合的感受の主体的形式のうちに記録される。否定的抱握は、その過程に寄与する自分自身の主体形式をもっている。感受というものは、みずからの上に誕生の痕跡をも

っているのである。それは、自分の生存の闘争を主体的情動として想起する。それは、そうであったかもしれないが、現にそうではないものの刻印を持ちつづけるのである。まさに、このゆえに、現実的存在が感受にとっての所与としては遠ざけてきたものが、いつ感受の装備の重要な役目を果たさないとは限らない。現実的なものは、可能的なものと絶縁された単なる事実には還元され得ないのである（Whitehead 1929: 346-333）。

いま一度、具体的な例を思い起こそう。大学の教室のなかで、教員が講義している。ある学生は教員の話を集中して聞いているため、机の上に腕を乗せ、指でペンを握っていることなど気にもしていない。窓が開いていて、さわやかな風が教室を流れていることも気にしていない。彼は教員の声に集中して耳を傾けている。声のみが、肯定的抱握の対象となっているのだ。しかし、教員が沈黙の状態に入ったとき、風の音、風がかすかに流れる感覚、机に触れている感覚が呼び覚まされることもある。そしてその変化が「いつ感受の装備の重要な役目を果たさないとは限らない」というのだ。また、それ以上に、肯定的抱握と否定的抱握との間の闘争、肯定的抱握の内部の様々な感受同士の間の闘争を通じて、ある感受が後続の項へと接続され、新たなプロセスのなかに投げ出される「誕生の痕跡」をももっているというのである。

このことをホワイトヘッドは「現実的なものは、可能的なものと離絶された単なる事実には還元され得ないのである」（Whitehead 1929: 346-333）と述べるのである。客体化されたDという現実、しかしそれは、あくまで「ある抽象の下で感受された」（Whitehead 1929: 353-340）ものなのであり、その背後には除去された様々な要素がうごめく「現実的なもの」が控えているということだ。

後年、ホワイトヘッドが、『思考の諸様態』のなかで述べた、人間が経験する与件には「実現された事態（realized matter of fact）」および事態の潜勢態（potentialities for matter of fact）という2つの種類があり、「こうした潜勢態は、与件もしくは結末に現れる実現との関連を離れて、純粋な抽象的潜勢態へと分析される一方、そのような実現とのある親密な関連があるために受け入れられるような潜勢態へと分析される」（Whitehead 1938: 94-123）という記述の内容は、上記の「現実的なものは、可能的なものと離絶された単なる事実には還元され

得ないのである」という論述と明確に対応している。

感受、そして各現実的存在の満足は、「束縛されていない抽象的可能性（boundless abstract possibility）」を、各合成がそこから生ずる個々の実在的潜勢態（real potentiality）へと制限しつつ、「実現された事態（realized matter of fact）」を構築するのである。こうしたホワイトヘッドによる論理展開に、「私たちの〈知ること〉すべての膨大な部分は、この潜在的段階をけっして超えることがない。それはけっして完結されたり固定されたりはしない」と述べたジェームズの主張を重ね合わせることが十分可能だろう。

2) 発生論的視角

ホワイトヘッドの抱握、感受、そして肯定的感受、否定的感受、さらに合成、満足という概念の基本的理解に努めてきた。さらに、感受する主体、それは感受することを通じてはじめて主体たりえるのであり、かつ感受を通じて自らを超越するがゆえに「自己超越体」とでも呼ぶべきものであること、そしてそこに創造的前進が孕まれていることを見てきた。また、感受を通した合成と満足が、「実現された事態（realized matter of fact）」の背後に個々の実在的潜勢態（real potentiality）を生成するがゆえに、現実的存在たる過程の客観的な創造的前進の契機をつねに内包していることを見てきたのである。以下では、この理解をふまえて、ホワイトヘッドが「発生論的」と指摘した知覚の諸段階ないし発生論的な諸階層を示し、その後に感受の「主体的形式」を検討しよう。

まず、感受のもっともプリミティブな段階は、「原初的感受（primary feeling）」である。そしてこの原初的感受には3つの原初的な感受の型がある。1つは、単純な物的感受という型（simple physical feeling）、2つ目は、観念的感受（conceptual feeling）、第3は、変形された感受の型（transmuted feeling）である。単純な物的感受という型においては、始原的一所与は単純な一現実存在であり、観念的感受においては一客体的所与は一永遠的客体であり、変形された感受の型においては、一客体的所与は現実的諸存在の一結合体であるという。

もはや説明を要しないかもしれないが、単純な物的感受とはある物体を見る、触る、聞くことを通じた感受であり、観念的感受とは、単純な物的感受を通じて獲得された単純な一現実存在を「何か」としてまさにコンセプチュアルに感

受することを指している。そのとき、「あれ」や「それ」としか言えない物的感覚から「イヌ」というイメージが、あるいは「ネコ」というイメージがふっと浮かんでくるかもしれない。様々な対象が、様々なモノが示すことが可能な質や形式——これが永遠的存在である——を現実的存在が感受すること、これが観念的感受にほかならない。これに対して、変形された感受とは、1本1本の樹の集合を「森」として感受する働きを指している。それは、観念的感受を前提し、個々の事物の細部を捨象して、共通する要素をまとめあげる感受といえる。したがって、その客体的所与は、上記のように、「現実的諸存在の一結合体」なのである。

　いま述べてきた、物的感受、観念的感受、変形された感受は、あくまで「感じ」(feeling) として感じ取られた多様な物的対象とのかかわりのなかで生まれる。「それぞれの物的感受からは、純粋に観念的な感受の派生が存在する。この観念的感受の所与は、物的感受された現実的存在ないし結合体の限定性において例証された永遠的客体で」(Whitehead 1929: 379-366) あり、「心的極は、物的極における働きのもつ観念的な対応物 (counterpart) として生成する」のである。

　しかもここで重要なのは、この過程が意識によって主導されるわけではなく、あくまで意識以前的な身体的感じ (feeling) において推移することである。それが満足に向けて移行するときにはじめて主体としての意識が成立する。「これらの感受（筆者：上記の3つの感受）のいずれにおいても、主体形式は、意識を含んでいない」のだ。

　「思惟する我」ないし意識を、経験を構築するにあたってその出発点として措定するデカルトやカントの合理論はこの過程を捨象して抽象物を具体的なものとすり替えている。このデカルトやカントに対するこうした批判が、ホワイトヘッドが指摘する「具体者置き違いの誤謬」であるが、この感受の概念がまっすぐジェームズの議論に接続していることを、あらためて確認しておくことが肝要だろう。

　この「原初的感受」の過程を基盤として、我々が一般に知覚という用語で考える、次の過程が成立する。彼はそれを3つの様態として整理する。「因果的効果の様態における知覚 (perception in the mode of causal efficacy)」と「現示的直

接性の様態における知覚（perception in the mode of presentational immediacy）」そして「象徴的関連付けの様態における知覚（perception in the mode of symbolic reference）」である。

　ここでは詳しく論ずる余裕はないが、「因果的効果の様態における知覚」とは、暗闇の森林のなかを歩くとき、恐怖と共に知覚対象を生み出すような様態を指している。ホワイトヘッドの用語を使うならば、「内臓を通して得られた世界に関する情報」である。そしてその「純粋な様態の明白な事例」は「内臓」と「記憶」にあると指摘する。このことに関しては、後述する主体形式の箇所であらためて考えよう。

　次に、「表象的直接性の様態における知覚」とは、この耳が聞く音・声、この目が見る形、色など、あくまで直接的に表象する知覚の様態であり、「因果的効果の様態における知覚」と比較すれば、「判明で限定的で制御可能で、直接的享受に適しており、過去ないし未来に対して最小限の関連」しか伴っていないという。またこの純粋な様態の事例を見出すためには、「妄想［虚像］（delusive）」に頼らねばならない、とも述べている。

　最後に、「象徴的関連付けの様態における知覚」とは、上述の２つの知覚の様態が象徴的に関連付けられる場合の知覚の様態である。例えば、知覚の対象である暗闇の森林は、「表象的直接性の様態」からみれば、あくまで「森林」として知覚される。一方で、「因果的効果の様態」からみれば、「恐怖」として知覚される。つまり、二種の知覚対象が交錯するとき、そこに象徴作用が成立する。すなわち、「森林」が象徴となり、「恐怖」を意味することになる。これが「象徴的関連付けの様態における知覚」である（これとは逆のケースもある。たとえば、薬物を使用して幻覚ないし妄想をみるとき、「表象的直接性の様態」としての森林が悪魔の姿に直接的に見えてしまい、「悪魔」が象徴となって「森林」を意味する場合である）。

　こうした複雑な知覚の様態を通じて、私たちは「この森林は青々とした緑に覆われている」といった命題や、「この森林は怖い」といった命題を提示するところまで、つまり高次の知覚・認識を獲得する地点にまで至ることになる。

　命題とは、ホワイトヘッドにとって、「それ」あるいは「この森」として端的に示す論理的主語と、「それ」「この森」を限定する述語的パターンとの統合

3章　ホワイトヘッドの抱握（prehension）とはなにか　　*85*

からなるものであり、「ある現実態（生の与件）に関する見方、現実態についての表現、可能的な表示なのである。

ところで、いったんこの命題が成立すると、ホワイトヘッドによれば、この命題もまた「感じ」の誘因となるという。命題の感受（propositional feeling）の水準である。しかも命題の感受もまた必ずしも意識的ではない。「クルマが時速20キロのスピードで壁に追突すれば、壁は壊れる」という命題を前にして、人はこの命題を興味深く感じて、実験してみようと無意識に思い立つかもしれないし、衝突の瞬間をイメージして漠然とした不安を感じるかもしれない。あるいはどの程度のスピードであれば壁が壊れるか、頭のなかでイメージするかもしれない。「命題の感受は観念的感受と物的感受との統合の所産である」(Whitehead 1929: 393-379)とホワイドヘッドが指摘するとおりである。さらに、実験を試みた人は、たしかに壁が壊れることを確認するだろう。彼によれば、それは命題が命題としてではなく、「判断」（judgment）となることを意味する。そして実験を繰り返し、時速40キロで壁が壊れることを発見したとき、「この壁は時速40キロで壊れる」という「知識」が生まれるというのである。

すでに本章が対象にする考察範囲を超えてしまったようである。以上のように、『過程と実在』は原初的感受から命題の感受へ、さらに「知性的感受（intellectual feeling）」といった経験の高次の諸相まで包括する形而上学である。ここではこの点を確認するにとどめ、原初的感受ならびに命題の感受における「主体的形式」に関するホワイトヘッドの考察に立ち戻ることにしよう。

3）主体的形式

観念的感受の主体形式は、まずなによりも「価値づけ（valuation）」という性格をもつ。これが考察の前提である。少し長くなるが引用しておこう。

　　観念的感受は、その主体の或る未完の相において生起し、それが他の諸感覚との統合を見出している続発的な相に変わる。この続発的な相においては、永遠的客体は、その観念的感受の所与なのであるが、或る種の所与の成分（ingredient）」となっている。その所与にあっては他の構成要素は、より初期の相における他の諸感受の客体的所与なのである。この新しい所与は、統合

された所与である。それは、或る種の対比（contrast）」になるであろう（Whitehead 1929: 367-354）。

「あれ（that）」という物的感受が他の諸感覚との統合を見出して続発的な相に変わり、「何か」を問いかける過程で、「机」あるいは「テーブル」という永遠的客体が観念的感受の所与の成分となる。この所与にあっては、他の構成要素は、より初期の相における諸感受の客体的所与——この物体の周囲に角がある、周囲は円形の様だ等々——なのであり、この観念的感受の所与の成分である永遠的客体とより初期の相における諸感受の客体的所与との統合された所与は対比という性格をもつ。上記の引用はそう解釈できる。
　その上で、ホワイトヘッドは、この統合的感受は、自分の「強度性（intensiveness）のパタンをもった主体形式」もち、感受において感受されたものとしての所与の各要素の独特の相対的な重要性を調整するのだという。これに応じて、高く価値づける（valuation up）か低く価値づける（valuation down）かがなされ、永遠的客体の重要性が高められたり、弱められたりする。それは、永遠的客体がいかに利用されるべきか、その利用がどんな重要性をもつものか、を規定するという点で、質的、かつ強度的に、重要な意味をもっている。
　観念的感受の主体形式を考えるための第2の重要な点は、すでにその位置づけをめぐって言及した「意識」に関するものである。
　上述のように、ホワイトヘッドによれば、意識はあくまで「物的な働きと心的な働きの綜合に或る過程において出現するもの」なのであり、「純粋な観念的感受は、その発生の最初の様態にあっては、決して意識を含んでいない」（Whitehead 1929: 369-357）ことが理解されねばならない。繰り返し強調すれば、「明晰な意識の単純性というのは、完全な経験の複合性の尺度などではないのである。また、我々の経験のこの性格は、意識とは偶然にしか到達されない経験の頂点であって、経験の土台なのではない」（Whitehead 1929: 408-394）のだ。ただし、「永遠的客体が或る感受に『形相付与する（inform）』とき、それがそのように働き得るのは、共にその感受の限定性を構成している他の構成要素にそれが順応することによってだけ」（Whitehead 1929: 369-356）であり、このとき意識は「その主体形式に属している感受における一要素」として機能するので

ある。

　主体形式に関する第3のポイントについて述べる。それは、すでに述べた価値づけ、意識と共に、情動（emotion）、目的（purpose）、好み（adversion）という主体形式である。ここでは情動に特化して考えておこう[10]。

　ホワイトヘッドの指摘によれば、抱握とは、「それ自体現実存在の普遍的特徴を再生する、すなわちそれは外界を指示しており、その意味で『ベクトル性格』（vector character）をもつ」（Whitehead 1929: 28-27）一方で、それは当初から情動という主体形式を内在しているという。では、ホワイトヘッドにとっての情動とはなにか。

　それは、「身体経験の原初的形態」であるところの、「情動的（emotional）」というしかない、「どこか他の機会に感じたように受けとられ、また主観的な情念（passion）として順応的に自分のものとされる盲目的な情動」である。しかし、盲目的という用語の否定的なニュアンスから情動を捉えることは控えるべきだろう。

　原初的経験は「彼方の世界（a world beyond）との関連において感ぜられる情動的感受」という独自の性格を孕んでいる。ホワイトヘッドの言葉を使うならば、それは「決定されている彼方から感じ、決定されるべき彼方を指示しているところの、感受」なのであって、「まさに存在しようとしている世界に対する決定的な関連の感受」（Whitehead 1929: 247-242）なのである。したがって「この感受は、主体的には、現在の生起の直接性に根差し」、「この生起が過去から派生し未来へ没入してゆくものとして、みずからのために感じとる」ものであるのだ。その意味で、この身体経験、原初的経験は、文字通り、対象世界をみずからのものとして占有する積極的な営みにほかならない。

　「世界に対する決定的な関連の感受」である原初的経験をホワイトヘッドは物理学の用語である「ベクトル感受」（vector feeling）という用語で言い換えながら、この原初的感受のベクトル伝達では、情動は、対比のための幅の原初的規定としては、「律動」（puls）として、諸生起の同位的区分においては、波長ならびに「振動」（vibration）として現れるというのである（Whitehead 1929: 247-

---

10）冒頭部分の「説明の範疇」という項のxiiiで述べられている（Whitehead 1929: 35-34）。

242)。

　あらためて確認しておくべきは、emotion という概念がここで一貫して使用されているとは言え、それは従来日本語の訳語して採用されてきた「感情」を意味するものとして使われているわけではなく、「律動」（puls）や「振動」（vibration）という、ジェームズの用語を使えならば「内臓的動揺」と表現された、感受されたエネルギーの身体的な痕跡を指しているということだ。emotion という用語が活用されているとはいえ、それは現在の文脈からみれば、あきらかに affection、affect を指示している。

　いまひとつ確認しておこう。それは、情動が、苦や快、美や嫌悪といったかたちで現出するとはいえ、それはあくまで知覚それ自身が、苦や快、美や嫌悪を帯びることで、知覚自身が昂揚する事態を指していること、つまり知覚とダイレクトに結びついているということである。たとえば、青色が単独で光っている場合と、緑色との対比がなされて青色が一層強められた場合に、後者の青色の、その姿がより高貴に感じられるような、抑止と強化の、知覚の相を構成しているのである。だから、ホワイトヘッドは、この事態を、「外来のものとして受けとられたものが、私的なものとして造り直されて」いく過程、それは「『知覚性』（perceptivity）への情動的反作用を含む知覚性の相である」（Whitehead 1929: 325-315）と述べるのである。

　直接的知覚は、抽象的にとれば、感覚与件によって提供される特殊な形式を装っている情動的エネルギーの伝達と考えうる（Whitehead 1929: 178-174）。

おわりに―情動のコミュニケーションをメディア理論に節合するために

　グレッグとサイワースの2人による編書 *Affect Theory Reader*（2010）のなかで彼らは、情動に関する研究が人文社会科学のみならず情報工学や認知科学さらにロボティックスや人工知能の研究など、広範な分野で行われていると述べている。すでに冒頭で論じたとおりである。彼らはその広がりを8つの領域に整理したが、その8番目に挙げられたのが、唯物論に対する多元的なアプローチを包含する研究であり、その中心的位置にホワイトヘッドの研究があると

彼らは指摘している（Gregg & Seigworth, 2010: 8）。

　この指摘は抱握や感受といった概念に照準した本章の考察からも十分に理解できるのではないだろうか。ホワイトヘッドは、繰り返し述べたように、経験を構築するにあたってなによりも意識をその出発点におく議論を批判し、あくまで対象との「物的感受」を考察の主軸として、「細胞が宇宙の多種多様な要素を占有化する過程」、つまり現実的存在（actual entity）の自己言及的な働きに着目しているからである。今日のニューマテリアリズムの議論とも交錯しながら、ホワイトヘッドの哲学は、「生成」（becoming）という過程、「創造的前進」という主題を考えるための尽きることのない知的源泉をなしているといえよう[11]。

　抱握や感受の過程で「存在しようとしている世界に対する決定的な関連の感受」として生成する「律動」（puls）や「振動」（vibration）を、生命の、ホワイドヘッドの用語を使えば「細胞」の、「力」として、我々は肯定的に把握する必要がある。そして人間存在の理解と人間の感覚、知覚、判断、感情といったすべての行為の営みの理解を、社会科学の領域では十分に探究されずにきた、「純粋経験」なり「原初的感受」といわれる相から捉え直していく必要がある。

　また、情動は、感情と一般的に結びつけられるとはいえ、その側面からのみ把握されてはならず、知覚、知覚の昂揚、知覚そのものであることが明記されねばならない。それは、「微細知覚（micro-perception）」なのである。

[11) ホワイトヘッドは「生成（becoming）」について、以下のように述べる。まず第1に、説明の範疇の第1の項として「現実世界（actual world）は、過程であるということ。そして過程は、現実的存在の生成（becoming）であるということ。したがって現実存在は被造物であり、『現実的生起』とも称せられる」（Whitehead 1929: 33-31）。次に「現実的存在のためには、二つの記述が要求されるということ、(a) 一つは、他の現実的存在の生成において『客体化（objectification）』する可能性についての分析的な記述である。(b) 他は、自分自身の生成を構成する過程についての分析的な記述である」（Whitehead 1929: 34-33）と。さらに、「現実的存在は自分自身に関して機能することによって、それ自身の自己－同一性を失わずに、自己－形成（self-formation）において多様な役割を演ずるということ。それは、自己－創造的（self-creative）である。そしてその創造の過程においてその役割の多様性を一つの整合的な役割に変形する。こうして生成（becoming）は不整合を整合へと変形することであり、それぞれの特殊な事例においてこの達成とともに終わるのである」（Whitehead 1929: 38-37）と。これをふまえて、「生成は新しさへの創造的前進である」（Whitehead 1929: 42-41）と指摘される。

あらためてホワイトヘッドの指摘に耳を傾けよう。「意識は、明滅する。最も輝いている時でさえ、鮮やかに照明された小さな焦点的領域と、ぼんやりと分かる程度の経験を物語っている経験の大きな半陰影の領域が、存在する。明晰な意識の単純性というものは、完全な経験の複合性の尺度などではないのである。また我々の経験のこの性格は、意識とは偶然にしか到達されない経験の頂点であって、経験の土台なのではない」のだ（Whitehead 1929: 408-394）。

大海に浮かぶ島のように、海上に見える島影は「経験の頂点」にすぎず、海中には海底まで末広がりにつづく「経験の土台」が隠されている。この相まで深く潜水したときにみえる知覚の「力」を肯定的に把握する必要がある。ブライアン・マッスミは、この「微細知覚」の「力」「能力」を〈ontopower〉と呼ぶ[12]。

しかし問題はその先にある。グローバル資本主義の拡張、それと連動したデジタルメディア環境の造形とそのなかでのより複雑化した情報現象の生成、さらにこれら様々な複数の要素や条件が関連し合いながら作用する権力が、この「経験の土台」に向けられているからである。その力は、記号やテキストやイデオロギーの読解や批評といった意識が向き合う水準に照準しているのではなく、そうした知覚や認識の相よりもずっと奥深い「経験の相」で作用している。その分析は別稿で行うことにしよう。

本章はこの次のステップに踏み出すための、「経験」に関するささやかな検討にすぎない。とはいえ、本章の考察をふまえて、示唆できることがもある。希望なき陰鬱な時代のように思えても、希望の在りかはつねに潜在している、ということだ。我々の前には「実現された事態（realized matter of fact）」だけが存在するわけではなく、事態の潜勢態（potentialities for matter of fact）が、つねに、すでに、存在しているからである。希望ははるかな未来に求められるべきではない。生成変化する〈いま〉にこそ見出されるのだ。創造的前進は可能だ、ホワイトヘッドと共にそのことを語りながら、本章を閉じよう。

---

[12] ブライアン・マッスミ（Massumi 2016）による「微細知覚」の力と能力に対してつけられた概念である。ここでは「存在の力」あるいは「存在の権力」と訳出しておこう。

【参照文献】

安藤陽祐（2016）「A. N. ホワイトヘッドの哲学における『命題』概念の研究──知覚論への『命題』概念の適用について」中央大学博士論文（中央大学学術リポジトリ）。

Gregg, M and Seigworth, G. J.（2010）*The Affect Thoery Reader*, Duke University Press.

伊藤守（2013）『情動の権力──メディアと共振する身体』せりか書房。

伊藤守（2016）「デジタルメディア時代における言論空間──理論的探求の対象としての制御、情動、時間」『マス・コミュニケーション研究』89号。

James, W.（1912）*Essays in Radical Empiricism, Longmans*, Green and Co. New York.（桝田啓三郎・加藤茂訳〔1998〕『根本的経験論』白水社）　なお、Frederick H. Burkhardt の Foreword が記された HARVARD UNIVERSITY PRESS, 1976 版を参照し、引用頁の表記もこの版にしたがっている。＊併せて伊藤邦武訳（2004）『純粋経験の哲学』岩波文庫も参照した。

Massumi, B.（2012）*Parables for the Virtual: Movement, Affect, Sensation*, Duke University Press.

Massumi, B.（2015a）*Politics of Affect*, Polity.

Massumi, B.（2015b）*The Power at the End of Economy*, Duke University Press.

Massumi, B.（2016）*Ontopower: War, Power and the State of Perception*, Duke University Press.

森元斎（2015）『具体性の哲学──ホワイトヘッドの知恵・生命・社会への思考』以文社。

毛利嘉孝（2015）「ポストメディア時代における文化政治学へ向けて」石田英敬・吉見俊哉・マイク・フェーザーストーン編『デジタル・スタディーズ第3巻 メディア都市』東京大学出版会。

清水高志（2015）「鍵束と宇宙──W. ジェームズのオントロジー」『現代思想』Vol. 43-11（2015年11月号）。

Wetherell, M.（2012）*Affect and Emotion: A New Social Science Understanding*, Sage.

Whitehead, A. N.（1929）*Process and Reality: An Essay in Cosmology*, The Social Science Book Score, New York.（平林康之訳〔2012〕『過程と実在──コスモロジーへの試論（1）』1987年校訂版、みすず書房）

Whitehead, A. N.（1929）*Process and Reality: An Essay in Cosmology*, The Social Science Book Score, New York.（平林康之訳〔2012〕『過程と実在──コスモロジーへの試論（2）』1987年校訂版、みすず書房）

Whitehead, A. N.（1938, 1966）*Mode of Thought*, Macmillan Publishing.（藤川吉美・伊藤重行訳〔1980〕『ホワイドヘッド著作集第13巻　思考の諸様態』松籟社）

山本誠作（2011）『ホワイトヘッド「過程と実在」——生命の躍動的前進を描く「有機体の哲学」』晃洋書房。
吉田幸司（2015）「非分析哲学としてのホワイトヘッド『有機体の哲学』」東京大学哲学研究室『論集』34号。

II編

ヘーゲルを読み直す

部Ⅱ

日本列島と自然

4章 ヘーゲル哲学と外化
―― 世界をトータルに把握する論理

(滝口清榮)

はじめに

　ヘーゲル哲学は体系的哲学をめざして、その扱う領域は実に広範囲に及ぶ。それは哲学史のなかでひときわ目立っている。ヘーゲル哲学に向けられる関心はこの幅広さに対応して、多様性に富んでいる。ヘーゲルが没してからすでに180年以上経つなかで、2度の世界大戦そして冷戦の時代もあった。そのなかで文化的状況も変化してきたが、ヘーゲル哲学は、そこから現代的な意味を汲み取ろうとする人たちにも、あるいはそれを厳しく批判しようとする人たちへも、豊かな話題を提供してきた。現代に生きる者にとって、今日なお思想的対話の相手となりうる哲学の一つと言ってよいであろう。

　ヘーゲル哲学に対して、近いところでは、フランスのポスト・モダンの思潮が、ヘーゲル哲学はあたかも神のような「精神」によって、「小さなものがたり」を「大きな物語」に回収してしまうロゴス中心主義であると批判し、少し古くはなるが、ハーバーマスは、イェナ時代のヘーゲルが相互承認論にもとづいて精神の哲学を構想しながら、結局、相互承認はモノローグ的な〈精神〉の自己展開の一要素になりさがってしまったと論じたことがある(「労働と相互行為」1967年)。そこには、普遍的なものと個別的なもの、実体的なものと主体的なものの関係のなかで、前者に優位をおく非対称的な関係をヘーゲル哲学の基調とする見方が流れている。そして、この見方はこれまでの解釈史のなかでくりかえし立ち現れてきたものであった。

　本章は、このような批判も念頭において、ヘーゲル哲学のグランドコンセプトのありようを、とくに『精神現象学』(1807年)[1]のEntäußerung (外化) 概

97

念を通して描きだしてみよう。ヘーゲルの外化ならびに Entfremdung（離反）概念は、ヘーゲル以降に、とくにヘーゲル左派に現れる Selbst-Entäußerung（自己外化）や Selbst-Entfremdung（自己疎外）概念と概念史的な連続性をもっていない。しかし、十分な学問的検討を抜きにして、今日でもなお後者の源流がヘーゲル『精神現象学』にあるとする見方が残っているように見受けられる。

『精神現象学』の末尾「絶対知」章は、それまでの意識とその対象、自己意識と世界、主体と実体などが区別のなかで現れるさまざまな段階をへて、それらが自覚的な統一を形づくる境地の成立を告げている。そこでは、この一体性をはっきりした自覚にもたらすはたらきは、自己意識のもっとも研ぎ澄まされた形態としての「良心 Gewissen」にあり、それに先立って、外なる対象や世界の外在性を克服していくのは「自己意識の外化 Entäußerung」[2]（GW, IX, 422）による。それは、近代に生まれた主体性を通して、意識の対象、自己意識がかかわる自然的世界から人間的世界全般にわたって、主体的なものと実体的なもの、個別的なものと普遍的なものを媒介する働きを指している。ヘーゲルは『精神現象学』の到達点で「自己意識の外化 Entäußerung」という視点から、精神の生成ならびにそれについての知の生成を総括している。「自己意識の外化」はヘーゲル哲学のコアにあるものと見る必要がある。行為し知る自己意識を核として、主体的なものと実体的なものが知という舞台で相互に媒介されて人倫的共同体が存立するという『イェナ体系構想Ⅲ』（1805・06年）の構想も外化にもとづいている。このグランドコンセプトは後の『法（権利）の哲

---

1) ヘーゲルの著作からの引用は Hegel, G. W. F.（1968-2014）*G. W. F. Hegel Gesammelte Werke*, in Verbindung mit der Deutschen Forschungsgemeinschaft, hrsg. von der Reinisch-Westfälischen Akademie der Wissenschaften, Hamburg. からおこない、GW の略号を用いて、その後に巻数、ページ数を示す。（　）内は筆者の補足であり、〈　〉は意味のひとまとまりを示す。
2) ルカーチが「外化」概念の重要性を指摘した点は評価できる（Lukács 1973〔生松他訳 1972〕）。しかしルカーチは K・マルクスの視点で「外化」概念を取り上げていて、『精神現象学』の展開に即していない。ルカーチは「外化」概念が「人間のあらゆる労働、つまり人間のあらゆる経済的、社会的活動と結びついた、複雑な主観＝客観関係」（Lukács 1973: 830〔生松他訳 1972: 503〕）にかかわっていることを指摘して、「ヘーゲルは『外化』と『物性』ないし対象性とを誤って同一化する」（Lukács 1973: 834〔生松他訳 1972: 508〕）と批評する。

学』(1820 年) に生きていくであろう。

外化概念は『精神現象学』「精神」章 B から術語として現れる。ただし、「精神」章 B では、外化概念よりも Entfremdung（離反）概念がメインの役割をつとめている。しかし『精神現象学』「絶対知」章はこの外化概念をキーワードとしてそれまでの精神の生成を回顧している。第 1 節では、その事情に触れて、宗教章を視野に入れて、外化概念の意味を探っておこう。次に「精神」章 B の展開と意味を、外化概念ならびにそのヴァリエーション・分身である離反概念を軸として明らかにし（第 2 節）、あらためて外化概念の小括をおこなう（第 3 節）。最後に補足として、そして思想史的再検討の素材として、こうしたヘーゲルにオリジナルな概念とは異なる概念として、自己外化や自己疎外概念が登場するさまをヘーゲル左派に見ておこう（第 4 節）。

1　外化と『精神現象学』「絶対知」章

1）精神の生成のキー・コンセプト―〈自己意識の外化〉

「精神」は、意識とその対象、自己意識とそれがかかわる世界――それは対象としての世界から、自己と普遍的本質の一体性を内面化した道徳的世界を含む――など、さまざまな契機をそなえた統一体であって、それを、自己意識の知るはたらきが貫いて、その成果として精神の全体が知の舞台にのったときに、〈精神の自己知〉が成立する。精神が現象するなかで、意識の経験が進むなかで、それに見合うさまざまな主体の側面ならびに対象の側面が立ち現れたのであった。こうして精神を形づくる契機が十分に展開された末に、ここ「絶対知」が引き受けるテーマは、表象性を帯びた「絶対精神」という意味をもつ宗教、とくに啓示宗教につきまとう「表象性」を克服する点にある。このテーマを、ヘーゲルは、外化を引き合いにだして次のように述べる。

「対象そのものが、意識に対して消えてゆくというかたちで自分を表現するだけでなく、物性を立てるものこそ[3]〈自己意識の外化〉であるというふう

[3)]「物性を立てる（措定する）die Dingheit setzen」は、『精神現象学』のコンテクストに即するならば、自己意識が物にしっかりと向き合い、自分の前に据えて、物にかかわるという意味になるであろう。意識が物そのものを生みだすという含意はない。

に考えられなければならない。……（そうして）自己意識はこの外化と対象性を廃棄して、自分のうちへと立ち返り、自分の他在そのもののもとにありながら自分のもとにある」(GW, IX, 422)。

「物性を立てる」という作用そのものに思いをいたすことで、自己意識の前に立てた物から自分へと返る方向が生まれる。ヘーゲルは、「自分の他在そのもののもとにありながら自分のもとにある」というあり方を、この「絶対知」のあり方に重ね合わせている。そして、〈自己意識の外化〉をベースにして、精神のそのさまざまな契機が、これまでの意識の経験の歩みのなかで立ち現れてきたことをふりかえって、ヘーゲルは次のように述べる。

「このことが意識の運動というものであり、意識はこのなかで自分（がかかわる）契機の全体性である（となる）。……意識は対象のもつ諸規定の全体性にわたって対象にかかわらなければならない、そしてその一つ一つにわたって、そのように掌握してきたのである。……（そうして、こうしたことが）対象をそれ自体として〈（自己意識のはたらきが浸透した）精神的実在〉とするのである」(GW, IX, 422)。

ヘーゲルはこの視点から、さらに意識章から精神章までのそれぞれの場面を、対象そして世界が〈自己にとっての存在〉となっていくさまを描きだす。その最後にくる「良心」、とくに行動にでる良心と批評をこととする良心の間に、告白と赦しを通して、本質的実在がそれぞれに共通の純粋な知となり、それぞれが個としての自己でありつつ、普遍的な知を共有し、普遍的な自己となる、そうした場面が生まれる。〈自己意識の外化〉は、このようにして対象意識と自己意識との「和解」をもたらした。

それに対して、潜在的に絶対精神である宗教、とくに啓示宗教にいたって、神の人間化（受肉）を通して、またイエスの死と蘇り、教団のなかでのさまざまな営みを通して、普遍的実在が自己意識の知となっていく。これも対象意識と自己意識の和解を示している。ただし、前者は、「（個としての）対自存在」の形式のもとで、後者は「（普遍的実体的）自体存在」の形式のもとでという違いがある。この２つの和解をひとつに統合する役割は、すでに和解を経験した良心がになうことになる。

「真理は（宗教におけるように）潜在的に確信と完全に同等というだけでなく、

(今や)真理が自己による確信という形態ももつようになっている」(GW, IX, 427)。

さまざまな内容に概念にもとづく統一がもたらされて、この概念にとどまる精神つまり絶対知の成立が告げられ、さらに体系的学に言及が及んでいく。この点はおくとして、〈自己意識の外化〉の基本的な構図とのつながりで次の点を確認しておこう。主体の側に、自己意識が個としての存在でありつつ普遍的な個であり、「自我が自分の他在のうちにありつつ自分のもとにある」(GW, IX, 428)ことが成立することに対応して、個々の契機の全体性としての精神も、「真理は知る精神（自己意識）に向かい合いつつ、自己知という形式のうちにある」(GW, IX, 427)。絶対知は、〈自己意識の外化〉の論理を軸にして、主体的な面ならびに実体的な面に、〈自分の他在のうちにありつつ自分のもとにある〉ありようを見届けている。

2)〈自己意識の外化〉と『イェナ体系構想Ⅲ』

さて、この〈自分の他在のうちにありつつ自分のもとにある〉、この原型はどこにあるのだろうか。このあり方の特徴は再帰性にある。『精神現象学』の執筆時期と重なるものに、『イェナ体系構想Ⅲ』がある。その精神哲学は、自己意識の知るはたらきを軸として、人倫的共同体がどのように存立できるかを描きだしている。そのなかにはじめて、再帰性にもとづく〈自分を物となすこと〉としての労働が姿を現して、それが、言語における命名行為の場面から、労働生産物の交換、権利の承認関係、法の社会的妥当性をめぐる場面全体にわたる考察のベースとなっている[4]。

「労働は、此岸的な〈自分を物となすこと〉である。衝動である自我の二分化は、まさしくこの〈自分を対象とすること〉である。……自我はなされた所産 Werk において自分を行為として知り、内容そのものがすなわち自我によって存在するということを知る」(GW, Ⅷ, 205)。

そしてこの労働論とともに、外化概念が交換における権利の主体としての承

---

[4] イェナ期ヘーゲルの人倫をめぐる思索の展開ならびに『イェナ体系構想Ⅲ』の人倫の構想については、滝口 2007: 第一部で詳しく取り扱っている。

認を説くキーワードになっている。

「私は共通意志のうちに否定的な形で〈自己〉を——普遍的なものの必然性を直観することによって、もしくは（私の特殊性を）外化（放棄 Entäußerung）することによって、——私の威力として、〈私にとって否定的なものである普遍的なもの〉としてもつのである」(GW, Ⅷ, 255)。

　外化を通して、私は私の特殊性を放棄し、そのことによって自分を普遍的なものとし、同時に普遍的なものを「私の威力」として知り、そして実体的な面では、法が個としての自己意識という担い手を得て、社会的妥当性をもつようになる。「普遍的なものの外化 Entäußerung」(GW, Ⅷ, 161) は、このあり方を表現している。ともあれ、『イェナ体系構想Ⅲ』の「精神哲学」では、外化概念が、人倫的共同体の存立を説くにあたり、〈個別者が普遍的なものとなり、普遍的なものが個別者という担い手を得て生成する〉という基本的なフレームワークを説くキーワードになっている。そして外化概念の核心に、〈自分の他在のうちにありつつ自分のもとにある〉という再帰性をもつ〈自分を物となすこと〉としての労働論がある。また、『イェナ体系構想Ⅲ』の外化概念は、今言及した2つの方向をもつ点でも、『精神現象学』の外化概念に通じている。

　ところで、『精神現象学』で外化概念は「自己意識」章の「不幸な意識」の末尾で (GW, Ⅸ, 130)、自分を徹底的に断念して、自分を普遍化して、神たる不変者とつながったという確信を手にするという文脈に、術語としてはじめて登場するが、その舞台全体にわたって舞台をつき動かす概念としては、「精神」章のBに登場する。そして、この「精神」章の外化概念は、前節で言及しておいた2つの和解のうちの、〈自己意識の外化〉にからむものであった。この場面に目を移す前に、『精神現象学』で2つの和解がでてくる個所に触れておこう。

　「（これまでのもろもろの形態を自分の契機としてふくむ）純粋概念は、2つの側面をそなえている。その一つは、実体が自分を自分自身から外化（放棄）し、そして自己意識となるという側面である。他の側面は、これとは逆に、自分を自分自身から外化（放棄）し、自分を物つまり普遍的自己とするという側面である。2つの側面はこうして向かい合っている。そうして真の合一が生まれる」（「啓示宗教」冒頭　GW, Ⅸ, 403）。

ヘーゲルが『精神現象学』を執筆するどの段階で、このようなプランをもったのか、定かではない。自己意識の外化と実体の外化が、前者を土台として、相補的な関係をもちつつ一体性を形づくっていくという着想が『イェナ体系構想III』のものであることは明らかであろう。本章では、外化概念がもっとも精彩を放ちつつ、躍動する「精神」章Bに目を向けて、その特質をとらえておこう。

2　離反あるいは外化—主体が自分を普遍化し、世界をわがものとする

1）離反 Entfremdung—外化のヴァリエーションとして

　「精神」章Bのサブタイトルは、「Der sich entfremdete Geist. Die Bildung」[5]とある。舞台装置になっている概念は sich entfremden にある。そこに、主体が自分の本質的諸力を喪失して、それが対象的な力に転じて逆に主体をたんなる物としてしまうという意味はない。しかしマルクスないしヘーゲル左派的な疎外論のルーツが、『精神現象学』に求められることが多かった。Endfremdung（疎外）概念は、ヘーゲル左派の思想圏で、時代批判のキー・コンセプトとして登場したものの、その後ながらく思想史の表舞台に登場することはなかった。K・マルクス『経済学・哲学草稿』（1844年執筆）が公表（1932年）されて、あらためて思想界に「疎外」概念が登場する。マルクスが『精神現象学』に「疎外」論を読みとり批判していたこともあって、ヘーゲルのEntfremdung（離反）概念が、ヘーゲル左派的ないしマルクス的疎外論から理解される傾向が長らく続いたのである。そのためか、「ここでのヘーゲルの叙述は紆余曲折してまことに理解困難である」（フィッシャー 1991: 217、訳者の注）というため息もでてくる。あるいは「教養は自分に自分を対立させることによって自己疎外となるが、云々」（同前）と、ヘーゲルにはまったく存在しない「自己疎外 Selbstentfremdung」が、マルクス的な含みで持ち込まれたりした。

---

[5] 表題の訳には、次のようなものがある。「自分から疎遠になる精神」（金子武蔵訳『精神の現象学』下巻、岩波書店、1979年）、「自己疎外的精神」（樫山欽四郎訳『世界の大思想12　精神現象学』河出書房新社、1969年）、「疎外された精神」（長谷川宏訳『精神現象学』作品社、1998年）。

しかし、ヘーゲル左派的な疎外概念とヘーゲルの Entfremdung 概念はその内容が大きく異なる。

マルクスやヘーゲル左派というプリズムをはずしてヘーゲルに即して読む必要がある。sich entfremden はヘーゲル固有の意味で理解しなければならない(sich entfremden にはおおよそ3つの意味がある。後述)。Entfremdung を通して、個としての自己意識はその自然なあり方を脱ぎ捨てて社会的な存在となる。そして世界を形成し、自分の主体性を発揮し、自分を変え、世界を変えていく。Entfremdung 概念は〈個としての自己意識が普遍的なものとなる〉舞台装置としての Entäußerung 概念をベースとして、さらに「教養形成 Bildung」の意味を背負って登場している。「精神」章Bの文脈では、Entfremdung は、個としての意識が自分の粗野で自然なあり方から（ドイツ語3格）身を引き離して(sich entfremden)、そのような自分を離れて自分を普遍化するという意味を基本とする。それに対して Entäußerung は、そういう自分を自分から放棄して（ドイツ語4格）、自分を普遍化するという意味を基本としている。2つの概念の成り立ちからすると、Entäußerung が基本であり、Entfremdung を、「教養形成 Bildung」という役割を背負った、そのヴァリエーションと見ることができるであろう。Entfremdung 概念を Entäußerung 概念の分身とみて、「精神」章Bを検討しよう。なお、本章では、以上の意味をくんで、Entfremdung に「離反」の訳語をあてておく。

2）「精神」章──近代的人倫の基礎となる知をめざす

「精神」章の大きな流れに触れておこう。その背景には、古代ギリシア・ローマ、ついでアンシャン・レジームからフランス革命へいたるフランス、そしてドイツという世界があり、「精神」章Bは、とくにアンシャン・レジームからフランス革命を背景においている。これらに先立つローマ的「法状態」は、〈自己〉が自分の形式的な権利の主体というあり方から身を引き離すことを通して、流動化していく。「精神」章Bで、この〈自己からの離反〉は、形式的で抽象的な普遍に生気を吹き込み、自己と世界を独特の仕方で結びつけ、さらに〈自己からの離反〉による形成と転倒を通して、〈自己〉が現実世界のいたるところに刻み込まれていく（「自分から離反する精神の世界」）。そのなかで、公

共のために献身することを善として、私益の追求を悪とする伝統的価値秩序が崩れ去り、すべてに理性の光をあてようとする近代啓蒙が姿を現すことになる。それは、天上つまり信仰の批判へと向かい、絶対的なものを地上へと引きずりおろし、すべてを自己のもとに秩序づけようとする(「啓蒙」)。ここに、個別と普遍のまったき統一を地上に実現しようとする「絶対自由」の立場が登場する。
　世界は自己の意志のなかでとらえられて、個別的意志がみずからの普遍性を確信し、それがそのまま普遍的意志となり、主権を打ち立てる(「絶対自由と恐怖」)。しかし、自己の実現となるはずのものが、一転してその徹底した否定を生みだす。ここに近代啓蒙の光と影があますところなく描きだされて、舞台は「道徳性」に移る。
　さて、『精神現象学』には生成の意識が働いている。序文の「現代は誕生のとき」であり、「精神は新たに自分を形成し直す仕事にとりかかっている」(GW, IX, 14)は、それを伝えている。「精神」章Bもこのコンテクストのなかにある。〈自己(自己意識)〉は、「A　真の精神、人倫」(ギリシア的人倫)を出発点として世界経験を重ねて、「C　自己自身を確信する精神、道徳性」、その完成としての「良心」にいたる。「精神」章の冒頭に、

　「精神は、直接無媒介のありかた(ギリシア的人倫)を越えてその何たるかの意識にまで進んでいかなければならない」(GW, IX, 240)

とある。ヘーゲルは、「理性」章B冒頭で述べていた、積極的な意味での「人倫的実体とは何かの意識」(GW, IX, 196)の成立を、つまり近代的人倫についての知の成立を「良心」においている。「良心」は、〈自己意識の外化〉の成果として、精神の純粋知の成立を告げるとともに、近代的人倫についての本質的な知の成立を告げている。

3　Entfremdung
　　　——世界を形成し、伝統的価値を転倒し、近代的啓蒙を生みだす

1) 共同性の空洞化に形式的権利の主体が対応する
　　　——離反、外化概念のはたらく舞台

　古代ギリシアの人倫的世界が崩壊して登場したローマ的「法的状態」は、個

人を法的に平等に承認するという近代に通じるものをもちながら、この世界は、一方に砂粒のようにばらばらになった群衆、他方に個人の生活から遊離した抽象的普遍（法－権利）に引き裂かれている。そこには「世界の主（皇帝）」の「巨大な放埒」(GW, IX, 263)という「よそよそしい現実」(GW, IX, 264)が生まれて、それに群集は翻弄される。しかし、この現実は、何よりもまず、個人を自然のままにしながら、その個人が〈法的人格〉として承認されることと引き替えに成立している。ヘーゲルは個人と世界のまったく無縁と思える場面のなかに、かえってこの個人のあり方と世界のあり方が表裏の関係にあることを指摘する。

「この世界は即自的には（潜在的には、世界という対象的な）存在と個体性との浸透である。世界のこのような定在は、自己意識のふるまいの帰結 Werk である」(GW, IX, 264)。

個体のありようと、それによそよそしい現実とが、分かちがたく結びついているとするならば、個体が変わることのなかに、世界が変わる可能性がある。この現実の「否定的本質は、まさに自己にある。自己がその主体であり行為であり、生成である」(GW, IX, 264)。

個体が本当に己れを託せるようなよりどころ、つまり実体が現実のものとなるためには、「人格（から）の離反 Entfremdung」(GW, IX, 264)、形式的な権利の主体である人格からの離反が必要になる。

「したがって、自己の実体は、自己の外化（放棄）そのもの（から現実化するもの）であり、そうして外化が実体である（実体にリアリティを与える）。つまり一つの世界にまで秩序づけて、自分を維持する精神的威力である」(GW, IX, 265)。

2つの術語は、個としての自己意識がその現にあるあり方から距離をとることを出発点としている。

2) 主体は世界に自由にかかわる―離反、外化の前提

自己と本質存在（実在、Wesen）、対自と即自（自体）、あるいは個別的なものと普遍的なものが殺伐として分離している。それはけっしてマイナスではない。そこには「それだけで遊離した対象的現実」(GW, IX, 265)と、それについての意識が別個に存在することになる。ここに存在する自己は、形式的な権利の主

体でありつつ、その分、伝統的なきずなや価値観の拘束を受けることがない。

さらに、「この外面的な現実は、自己の労働によるものである」(GW, IX, 264) という意識がここに生じている。分離があるからこそ、自己は対象に自由に働きかける。分離・分裂に、積極的な意味を見いだす点に、ヘーゲルらしさがある。この自己のありようは、すべてを懐疑にかけるデカルト的コギトにも通じるであろう。

さて、伝統的社会には、それに見合う秩序意識や価値観がある。それに対して、Entfremdung、外化の独特のはたらきは、これらの固定した秩序を流動化し、反対のものへと転じて、さらに反転させていく点にある。いくつかの働きをもつ「離反（疎外）」を通して、あらゆる価値が転倒され、意味を失っていく。このめまぐるしい価値の転倒を通して、ヘーゲルは近代的啓蒙（「純粋明察」）を登場させる。次のくだりは、そのありようを物語っている。

「この精神は、二重の世界を、分離し対立する世界を、自ら形成する。……（現実世界の）実在としての各契機は、その意識を、したがって現実性をある他方の契機から受け取る。この契機が現実的になると、その実在は、その現実性と違うものになってしまう。何一つとして、自己自身の内に根拠をもった精神をそなえていない。かえって自己の外にでて、よそよそしい（自分とは異なる）精神の内に存在する。……」(GW, IX, 265)

Entfremdung、外化概念がはたらく世界は、いわゆる「疎外された世界」ではない。公と私、国家と経済、前者を善とみ、後者を悪とみる伝統的な価値観、前者に献身する高貴なる意識、後者にかかわる下賤なる意識、この枠組みが流動化されて、転倒する世界である。そこで Entfremdung は、おもに3つの役割を担っている。この経緯をたどっておこう。

3）離反 Entfremdung—3つの用法
(1) 離反は個人を社会的存在にする（用法1）

「自己意識は、自己自身から離反（疎外）するかぎりで、ひとかどのもの Etwas になり、実在性をもつ。自己意識は、こうして普遍的なもの（社会で認められたもの）として自分の（身を）立て、そしてこの普遍性が、その自己意識を通用させ現実的なもの sein Gelten und Wirklichkeit とする」(GW, IX,

267)。

　人は成長する途上で、じつにさまざまなかたちで社会性を身につけて、社会的に通用する存在となる。しかし、それなりの振る舞いが身についていなければ、その人は変り者扱いを受ける。ヘーゲルはここで、〈自己〉が自分の自然性から身を引き離し、表の社会に通用する存在となる経緯を語っている。そのなかで自然的存在からの離反 Entfremdung には、自己を洗練する働きがある。社会の表舞台では、教養形成 Bildung がものをいう。ヘーゲルがここで想定するサロンでは、「個人は教養をもてば、それだけ現実性と威力をもつ」(GW, IX, 267)。教養は、自己からの離反（疎外）を通して生まれ、このような離反（疎外）を通して、自己は、あるがままの自己を否定し、普遍性をそなえた自己になる。

　(2) 離反は観念に生気を吹き込み、現実性を与える（用法2）
　この「精神」章Bの舞台では、タテマエ・観念にすぎないイデアールなもの、あるいは本分としての「本質（実在）」が、自己から離れて自己のそとに存在している。「法状態」がそうであったように、その間に必然的つながりはない。「離反」、「外化」には、自己の自然性からの離反もしくは放棄を通して、イデアールなものに自己を適合させ、それに生気を吹きこむ働きがあり、イデアールなものとレアールなものが結びつき融合する。
　「この世界では、自分自身を外化するもののみが、したがって普遍的なもののみが現実性を手にする。……個々人とのつながりで教養形成として現れるものは、実体における思想上の普遍性が現実性にそのまま移行することである。それは言いかえると、実体の単純な魂であり、ここから即自（抽象的普遍）が承認されたものになり、現に存在するものとなる」(GW, IX, 268)。
　離反 Entfremdung は、自己を自分の自然性から離反させ、普遍的なものの担い手とし、そのとき形式的なものである実体が、現実化して諸個人に担われる。ヘーゲルはこのような回路を描きだしている。ここには世界は変わるという意識がはたらいている。
　「自己意識は、動かしがたい現実が自分の実体であると確信して、この現実を我がものとしようとする」(GW, IX, 268-26)。
　さて、離反の3番目の用法は、あるものを反対のものへと転じていくはたら

きにある。これは、伝統的価値秩序を流動化し、転倒していくという場面にかかわる。用法３については、次節のなかで触れよう。

4）国権と富、高貴と下賤あるいは善と悪──伝統的価値のフレームワーク

　「精神」章Ｂの舞台は、２つの本質から成立している。あくまで個別的なものの根拠となり、普遍（それ自体）を本分とする本質（実在、Wesen）と、普遍的なものを個別的なものに差しだし、個別（対自）を本分とする本質（実在）である。それぞれ、思想の上では「善」と「悪」とみなされて、現実の上で、善は「国権（国家権力）」と、悪は「富」にむすびついている。ここには公共的普遍を善に、私益を悪に結びつける前近代の観念が想定されている。伝統的社会としてのアンシャン・レジームである。

　ところで、ローマ的「法状態」に登場した「自己」には、伝統的な価値観から自由な意識の萌芽があった。

　「自己意識は、これらの対象（かたまり）から自分が自由であることを知っている。それらのうちのいずれかを選べると思っているし、何も選ばないこともできるとさえ思っている」（GW, IX, 271）。

　国権と富、それぞれが〈それ自体（普遍、公共）〉の面と〈対自（個別、私益）〉の面をそなえていて、しかも「自己意識は、それ自体（普遍的）であるとともに対自的（個別的）でもある」（GW, IX, 271）。自己意識は、２つの面をもつ国権と富に、うちなる〈それ自体〉を尺度にするか、それとも〈対自〉を尺度にするかによって、かかわりを持とうとする。そこから２つの典型的な意識が姿を現してくる。一方は、２つの本質に柔軟な心でのぞみ、国権におのれの本分を見、富の恩恵に感謝を見る。もうひとつは、国権に束縛と抑圧を見、富に執着しながら、その恩恵に軽蔑の念をいだく。「高貴な意識」と「下賤な意識」である。人格豊かな騎士・封建貴族と、利にさとい商人を思い浮かべることもできよう。国権と富、高貴と下賤、これらに善と悪という評価が張りついている。この場面が、離反 Entfremdung の３つの用法を通して、形成され、流動化し、反転していくのである。

5）貴族の奉公と絶対君主の誕生—Entfremdung 用法 1 と 2

　高貴な意識は、正義に身命をかけ、自己犠牲をいとうことがない。天下国家という大義におのれの本分を見る意識にとって、国権は「絶対的な根底」(GW, IX, 270) であり、善なるものである。貴族は自発的で熱烈な「奉公のヒロイズム」(GW, IX, 274) を通して、身すぎ世すぎへの埋没から離反し（疎外）、私事を捨てて（放棄 - 外化）、大義にふさわしい人物であろうとする（教養形成）。高貴な意識が国権の献身的な担い手となることで、「思想の上での普遍」にすぎなかった国権が、「存在する普遍的なもの、つまり現実的な権力」(GW, IX, 274) に転じていく。離反は「奉公のヒロイズム」のかたちをとって、イデアールな思想上の本質に生気を吹き込み、観念上のものを現実的なものに変えていく。しかし、さまざまな意見があっても、それを裁き「決断する主体」が国家に欠けている。

　「対自存在（私心）は、諸身分（三部会や民会）の腹にかくされた本心であり、それは、公共の利益を口にしながら自分のために自分の特殊な利益を確保しておく」(GW, IX, 275)。

　これは、「誇り高き封臣」(GW, IX, 275) にもあてはまる。人々の称賛を意識するところ、私心がある。しかし、公共的普遍への献身と下心という分裂は、封臣の本意ではない。もし私心をいだき献身するならば、その意識は、つねに下心ひいては謀反の意志をもつ下賤な意識と少しも変わらない。対自存在（私的個別存在）の外化（放棄）、この〈自分からの離反（疎外）〉は、「奉公」から「追従（へつらい）のヒロイズム」(GW, IX, 278) に進む。このことが、とりもなおさず君主を担ぎ上げ、絶対君主とする。

　「追従の言葉は、君主に固有の名前を与えることによって、……その個別性を純粋な存在にまで高める。……個別者（君主）は、自分の意識においてのみならず万人の意識のうちで、純然たる（絶対的な）個別者として通用する」(GW, IX, 278)。

　精神の「言葉」は、それを外に発することで、心の内を表にさらけだす。そして、そこで発せられる君主の名は、万人に聴き取られるに値する名前として天下に広まる。

　「高貴なもの（貴族）たちは、装飾品のように玉座のまわりに群がり、玉座に

座るものに向かって、彼が何であるかをいつも口にだして言う」(GW, IX, 278)。

君主は担ぎ上げられて、貴族は宮廷貴族になりさがる。「朕は国家なり」(ルイ14世)である。

6) 国権は富に転倒する―反対へと転じる (Entfremdung 用法3)

こうして、高貴な意識の徹底した献身から、国権は絶対君主において堅固な姿を持つようになった。ところが、このことは献身という担ぎ上げがあってはじめて、成立する。国権はいともたやすく、〈他に依存する〉自立性に反転する。

「国権は、(一転して)自己から離反した自立性となる。そもそも国権固有の精神(君主)は、高貴な意識の行為と思いの犠牲に、自分の現実と栄養を得ているからである」(GW, IX, 278)。

国権は、もはや彼岸性をもつ崇高な大義ではなくなり、それどころか、高貴な意識は、誇りと引き換えに物質的な手当てや恩賞を「取りもどしている」。「権力の外化(放棄)」(GW, IX, 279)、つまり国権の空洞化が進み、実権は貴族の側に移っていく。国権のタテマエは残るものの、今や「自己意識の契機」に、つまり高貴な意識が自分の身を肥やすものに反転してしまう。

「それゆえ国権は今や、(個人の享受するものとして)犠牲に差しだされることを、その本領とする実在となっている。すなわち国権は富として実存する。国権は、富に対立しつつ一個の現実として存立してはいるものの、概念(核心)から言えばいつでも富になる」(GW, IX, 279)

反転するのは、これだけではない。「名誉(体面)をたもちながら我執をにぎりつづける」(GW, IX, 279)高貴な意識と、下賤な意識との間に、さしたる違いがなくなっている。高貴は下賤である。伝統的な価値秩序は大きく揺らぐ。離反 Entfremdung は、ここで、あるものをその反対へと転じるはたらきをしている。この先には、あらゆるものの価値を疑い、それを空とする透徹した意識が登場するであろう(「純粋な明察」としての啓蒙)。

4章 ヘーゲル哲学と外化

7）高貴は下賤、下賤は高貴——固定から流動化そして転倒へ

　これらうわべの背後で新たな世界が動き始めている。富にとっては、個々人のために用いられること、つまり個人の享受（対自）が本領であった。しかし富はこれまでの世界を飲みこむように、独自の威力となって、日陰から日なたへと躍りでてくる。ヘーゲルは、富の運動を私的利益を追求する場としてだけでなく、分業を通して、私のための労働が他者のための労働となり、社会的な富を生みだす運動としても見ている。

　「富は、（個人の享受のために）自分を犠牲にするという使命を果たした。そのことによって、……富は、（自立的な）普遍性あるいは実在となる」（GW, IX, 281)。

　富は普遍化の運動であり、それ自体（普遍、公共）の顔を表にだすにいたった。それに対して悪という価値評価は、もはやふさわしいものではない。

　この富を舞台にして、これまでにはなかった新しい意識形態、富める者とそれに寄食する者が登場する。かれらは賤しい点では変わりない。しかし、前者は「おごりたかぶり」、ものごとのうわべしか見ない。「富める者は、他の自我の内面的な反抗を見落としてしまう」（GW, IX, 181)。後者（寄食する者）の〈自己〉は、この他者（富める者）にすっかりにぎられて、「たまたまの偶然やきまぐれ」に晒される。「この意識は、自分の自己が自分とは異質な意志に支配されているのを見いだす」（GW, IX, 280)。内面は深く引き裂かれて、感謝のうちには憎悪がこもり、「心の奥底から反抗の感情」が立ち上がる。

　「この人格は、すっかり引き裂かれている」（GW, IX, 282)。

　自己は自己でありながら、他者の自己となって、もはや自己でない。この自己における反転ないし転倒は、じつはこの世界のありようをよく映しだしている。

　「（現実世界の）精神は、現実（国権と富）と思想（善と悪）における絶対的な余すところなき転倒であり離反である。……これらの契機は、いずれも互いに他方のものに転倒し、自己自身の反対になる」（GW, IX, 282)。

　屈辱と分裂のまっただなかで反抗に立つ意識こそ、現実世界のこれらの転倒を、だれよりもよく知っている。そうであるからこそ、「類いまれなしなやかさ Elasticität」（GW, IX, 281)をもって、引き裂かれては抗いつつ自分を回復す

る。「下劣さは、自己意識がもつもっとも教養ある自由の高貴さへと転換する」(GW, IX, 283)。ヘーゲルは、こうして離反 Entfremdung 概念を駆使して、伝統的社会の価値秩序を解体してみせる。さらに、ここから、あらゆるものに理性の光をあてて、世界に向かう啓蒙の意識を登場させるのである。

8) ラモーの甥の分裂した言葉――あらゆる価値が転倒する

　ヘーゲルは、ゲーテが訳したばかり (1805年) のディドロ『ラモーの甥』の主人公のうちに、この意識を見た。身をもちくずし寄食するこの道化者は、自分にかぶせられる規定をするりと抜けだしてしまう。

　「その語り口は、『慧眼と狂気ごちゃまぜのたわごとであり、あれほどの老練と下劣、正しい観念と虚偽の観念、感情の完全な倒錯、まったくの恥知らず、底抜けの率直さと真実、それらが入り混じったもの』(引用) として現れる」(GW, IX, 284)。

　ここにヘーゲルは、「精神 (エスプリ) 豊かな言葉」(GW, IX, 286) を見いだす。かえってこの道化者の話し相手になる「誠実な」哲学者の方が、善や高貴の固定観念にとりつかれ、価値の転倒にたじろぐ。「没精神的」なのは、じつは「精神豊か」に見える哲学者であった。

　あらゆるものが価値の転倒におそわれるときに、本当に自立的であり、よりどころたりうるものは、もはや「純粋な自己」(GW, IX, 286) 以外にはない。この自覚が生まれる。

　「あらゆる事物が空であることは、(とりもなおさず) 自分自身の空である」(GW, IX, 285)

9) 近代的啓蒙の意識の登場――離反を通した教養形成の成果

　さて、「Ⅰ　自分から離反する精神の世界」の成果は、「Ⅱ　啓蒙」、「Ⅲ　絶対自由と恐怖」へと引きつがれていく。「Ⅰ」の成果を確認しておこう。自己と普遍的本質 (実在) との一体性を生みだす。これは、〈自己〉の根底にある確信であった。もはや何ものにもとらわれない純粋意識は、この混沌とした現実を逃れて、「純粋意識の非現実的な世界」(GW, IX, 286) を立て、この確信をはたそうとする。「絶対実在についての純粋意識」(GW, IX, 288)、つまり信仰であ

る。しかし「意識は、現実から純粋な意識に歩みでたが、いまだ概して現実の領域と限定のうちにいる」（GW, Ⅸ, 286）。この意識は〈逃避〉というかたちで、現実と対立しながら、現実をそのままにしている。せっかく思惟の境地に入りながら、無意識のうちに五感の働く現実を信仰のうちに受けいれてしまう。純粋意識は、すかさず自分自身の反対にとりつかれる。

「純粋意識は、本質的に自分自身において自分から離反している。信仰は純粋意識の一方の側面にすぎない」（GW, Ⅸ, 288）。

教養の世界の成果として、「純粋自己意識」がここに姿を現す。この「普遍的な自己」（GW, Ⅸ, 288）は、自己の普遍性を確信し、自己にとってよそよそしい対象から対象性を剥奪して、あらゆるものに自己の刻印をしるそうとする（「純粋な明察 reine Einsicht」）。

「ここには２つの側面がある。（1）対象的なものはすべて、ほかならぬ自己意識という意義をもつ、そして、（2）自己意識は、普遍的なものであり、純粋な明察がすべての自己意識自身のものになる（共有される）べきだという……純粋な明察はすべての自己意識にこう呼びかける。……理性的であれ」（GW, Ⅸ, 291f.）。

ここに近代的「啓蒙」の積極的要求が掲げられて、啓蒙は、信仰に戦いを挑み、信仰との戦いをへて、天上のものをことごとく地上へと引きずりおろし、地上の批判へと進むであろう。それはフランス革命を背景におく「絶対自由と恐怖」となる。

4 小括 外化と離反──ヘーゲル哲学のコアにあるものとして

このように『精神現象学』「精神」章Ｂの展開をたどったところで、もう一度「絶対知」章の一文を読み直して、『精神現象学』の外化概念の意義について整理しておこう。

「このことが意識の運動というものであり、意識はこのなかで自分（がかかわる）契機の全体性である（となる）。……意識は対象のもつ諸規定の全体性にわたって対象にかかわらなければならない、そしてその一つ一つにわたって、そのように掌握してきたのである。……（そうして、こうしたことが）対象

をそれ自体として〈((自己意識のはたらきが浸透した) 精神的実在〉とするのである」(GW, IX, 422)。

　ヘーゲルは、「精神」章Bで、外化のヴァリエーションとしての離反 Entfremdung に3つの働きを与えて、自己意識のはたらきが対象的世界に浸透して(「精神的実在」)、自己意識が自己と対象的実在との統一をめざす主体として登場するさまを描きだした。自己意識の離反 Entfremdung がもたらす、世界とそれを支える価値観の形成 − 流動化 − 転倒を通して、あらゆるものの〈それ自体 an sich〉性が〈自己にとっての存在 für sich sein〉に変えられて、あらゆるものが〈有用性〉にもとづいてとらえられる (GW, IX, 226)。〈有用性〉概念の登場は、世界をくまなく見透して、そこに〈自己〉を見る意識形態の登場を告げるものであった。これまでたどってきた「精神」章Bの展開は、この「絶対知」章の回顧にそのまま重なってくるであろう。そして別の一文も思い起こしておこう。

　「対象そのものが、意識に対して消えてゆくというかたちで自分を表現するだけでなく、物性を立てるものこそ〈自己意識の外化〉であるというふうに考えられなければならない。……(そして) 自己意識はこの外化と対象性を廃棄して、自分のうちへと立ち返り、自分の他在そのもののもとにありながら自分のもとにある」(GW, IX, 422)。

　自由な主体として対象的世界にかかわるということが「精神」章Bの前提であった。その展開を通して、世界を自己としてとらえる絶対自由の意識は、その内なる確信をストレートに共同体全体の意志として立てようとする。ヘーゲルが背景におくのは、ルソーの一般意志論とフランス革命である。ここで、絶対自由はテロリズムと死の恐怖にいきつく。近代の主観性の極致を経験した末に、自己意識は対象的世界とかかわる舞台からさらに進んで、自己と普遍意志の統一を現実のなかにではなく、「純粋知」の舞台で探っていくことになる。「精神」章「C　自己を確信する精神、道徳性」である。この点で、「精神」章Bに「自己意識はこの外化と対象性を廃棄して、自分のうちへと立ち返り」はあるものの、「自分の他在そのもののもとにありながら自分のもとにある」はなお不在である。

　すでに、意識にとっての対象、そして自己意識にとっての (人間もふくむ) 自

然的世界で、「対象性を廃棄する」場面は、「意識」章の——カント的二世界論を背景におく——「悟性」や、「自己意識」章の「不幸な意識」あるいは「理性」章の「観察する理性」に現れていた。そこでは、「説明」、「自分自身の意志の放棄外化」、「観察」に、対象性を取り外す役割が与えられていた。そうして外化概念が前面に登場して、信仰の世界を含む世界全体にわたって「対象性を廃棄する」場面が「精神」章Bになる。

　もちろん、〈対象性の廃棄〉は、物性を立て、対象性を止揚して、自己にかえる、そうして〈自分の他在そのもののもとにありながら自分のもとにある〉という回路の一面であって（この原型は『イェナ体系構想Ⅲ』の労働論にあることは第1節で述べておいた）、〈自己にかえる〉場面は、このBの先の「精神」章Cの舞台にある。そこで、自己と普遍的実在との統一が、「道徳性」という純粋知の場面で扱われることになる。Cの末尾「良心」で、批評型−行動型という2つの良心のうち、行動する良心が自分の一面的な頑なさを「告白」すること、つまり「自己意識の外化」(GW, Ⅸ, 361) を通してようやく、2つの良心の和解、相互的承認が生じて、精神的実体が現在するにいたる。〈精神〉をかたちづくる3つの契機、つまり〈それ自体 Ansich〉、〈対他 für Anderes〉、〈自己に対して Fürsich〉が一体のものとなって、「自分の他在そのもののもとにありながら自分のもとにある」あり方が、ここに成立する。

　本章では「実体の外化」を扱う余裕はないが、さまざまな契機を統合する〈精神〉が、「自己意識の外化」と「実体の外化」、これら2つがあって初めて成立することを確認しておこう。そして「実体の外化」はそもそも「自己意識の外化」があって初めて成立するものである。ヘーゲルの——主観的精神から国家や宗教まで含む——〈精神の哲学〉の通奏低音として、〈自己意識の外化〉のライトモチーフがあることはまちがいない。それは、近代の主体性にもとづいて、主体的なものと対象的なもの、対象的世界を媒介するヘーゲル固有の概念であり、そしてその媒介を、自己意識の〈知〉の広がりと深まりのなかにおく点できわめて知的刺激に富むものである。

　このスタンスは、場面をかえて、『法（権利）の哲学』(1820年) にも生きるであろう。自己意識は知るはたらきそのものであり、「自己意識は、権利ないし法、道徳性、そしてすべての人倫の原理」(第21節) とされて、「第二の自然と

しての、精神の世界」（第4節）に、〈公開性 Öffentlichkeit〉を導きの糸として、自己意識の知るはたらきが浸透するコンセプトとなっている。そうしてあらためて『法（権利）の哲学』を読み解くならば、国家主義者という古めかしい相貌を脱ぎ捨てたヘーゲルが登場するであろう。

かつて K・マルクスは、『精神現象学』にコメントをほどこして、ヘーゲルが労働の本質をとらえて、現実の人間を、人間自身の労働の成果として「概念的に把握している」と評価し、その上でその労働を「抽象的に精神的である」と批判したことがあった（『経哲草稿』1844 年）。そのコメントは『精神現象学』に正面から向かい合ったものとは言えず、『精神現象学』批判としてはあまりにバイアスがかかりすぎている[6]。しかし、ヘーゲルに即してヘーゲルを読み解くとき、マルクスとは別の角度から、外化論の原型をなす〈自己を物となす〉こととしての労働論がヘーゲル〈精神の哲学〉のコアをかたちづくっていると言ってよいであろう。

5　ヘーゲル後の外化概念——奇妙な思想史的交錯、補論として

最後に Entfremdung（離反、疎外）をめぐる思想史的検討材料として、L・フォイエルバッハ、B・バウアー、K・マルクスに簡単に目を向けて、ヘーゲルとは異なる文脈で Entfremdung（疎外）が登場している場面を見ておこう。

1）フォイエルバッハ——神と人間の本性の同一性にもとづく自己対象化論

ヘーゲル左派の形成に大きな役割を果たしたフォイエルバッハは、『キリスト教の本質』（1841 年）で、神の本性と人間の本性を同一のものと見るヘーゲル宗教哲学を評価し、その上で宗教を「人間が自分の本質についてもっている知」として示そうとした。宗教の秘密は「人間が自己の本質を対象化し、それからふたたび自己を、このように対象化されて主体に転化した本質の客体とする」（Feuerbach 1973: 71.〔舩山訳 1975: 86〕）点にあると言う。フォイエルバッハは

---

[6] この問題については、滝口 2009: 第7章「『経哲草稿』と『精神現象学』——ヘーゲル批判を問い返す、あるいは疎外論の交錯」の参照を乞う。

この解明にあたって「自己対象化」、「自己外化」をキーワードとして使う。そこには神の本性＝人間の本性という前提がある。なお、『キリスト教の本質』初版の「疎外」の用例は、「感性から分離され自然から疎遠になった有神論的悟性」(舩山訳 1975: 100)、「人間は自然から疎遠になればなるだけ、自然を前にしていっそう大きな恐れをいだくことになる」(舩山訳 1975: 249) にほぼ尽きている。

さて、「自己対象化」、「自己外化」はフォイエルバッハの「類的存在（本質）」としての人間概念に結びついている。この人間概念には、本質という理念的性格と我と汝という経験的な場面があり、2つの概念はとくにこの前者と結びつく術語であった。そのため感性の立場を強く打ちだす『将来の哲学の根本命題』(1843年) や「哲学改革のための暫定的提言」(1843年) では、さらに後期には、これらの概念は影をひそめることになる。

2) バウアー──実体的なものはすべて自己意識の疎外にもとづく

ところで、マルクスはベルリン大学の学生時代に講義の出席についてさほど熱心ではなかったといわれる。しかし講師バウアーの講義には熱心に出席していた。2人の関係は、のちに共著を考えるほどであった。バウアーはヘーゲル宗教哲学方面で将来を期待されていながら、しだいに宗教批判に転じていき、キリスト教批判を手がけるときのキーワードが「自己意識の疎外 Entfremdung」となる。「疎外」は『共観福音書批判』(全3巻、1841-42年) の後半、『無神論者・反キリスト者ヘーゲルを裁く最後の審判ラッパ』(1841年) 第六章「宗教の解体」以降でキーワードとして登場するようになる。後者のなかに次のような叙述がある。歴史の発展のなかで「宗教的意識は、自己意識自身の普遍的本質が自己意識にとっては彼岸的な力・その実体として現れてしまう、そういう自己意識の形態なのである」(Bauer 1841: 159 〔廣松・良知 1987: 188〕)。その極限がキリスト教である。自己意識は普遍性をそなえているが、この普遍性は歴史のなかで自己意識の外部に絶対的なものとして固定されてしまう。『共観福音書』第3巻でバウアーは次のように述べる。「疎外は、人間的なものをすべて包括する全面的なものとならざるをえなかった」。

自己意識の本質的諸力が自分から失われて、疎遠な力に転化し、それを前に

して自己意識が身震いするようなあり方がここに生じると言う。この倒錯したありかたをバウアーは暴露しようとする。バウアーは「自己疎外 Selbstentfremdung」を用いていないが、この思考様式を「自己疎外」としてよいであろう。マルクスは、バウアーの近くにいて「自己疎外」論による宗教批判に精通していたであろう。

3) バウアー、フォイエルバッハそしてマルクス

　さて、マルクスの背景には、ヘーゲル、フォイエルバッハ、バウアーなどの個性的な立論があった。『経済学・哲学草稿』のマルクスは、「自己疎外」、「自己外化」、「自己対象化」などを基本的な術語と縦横に使用している。これらはほぼ同じ意味で用いられている場合が多く、マルクスがそれらにどの程度の含意の違いをおいているかは定かでない。用語の形式面で「自己疎外」はバウアーに通じていて、あとの2つはフォイエルバッハに通じている。これらには主体の本質的諸力の自己喪失と、そうして外在化したものが主体に転じて逆に本来の主体が客体と化してしまうという共通の枠組みがある。

　ただし、この用法は、すでに本章で詳しく見たようにヘーゲルのものではない。そうではなく、フォイエルバッハやバウアーに固有のものである。またフォイエルバッハの立論が人間の本性と神の本性の同一性を前提にしていたことを思い起こすならば、主体とその疎外態との異質性を強調するバウアーがマルクスに影を落としていると見ることもできるであろう。もちろんマルクスは、疎外とその止揚の過程を担う主体をヘーゲル的なそしてバウアー的な「自己意識」ではなく、フォイエルバッハをふまえた自然を非有機的な身体とする現実的な人間に見ようとする。またそれを自己活動つまり労働の主体として、マルクス独自の視界から捉え直して、「人間の自己疎外としての私有財産」や「疎外された労働」にメスを入れようとしている。

　このように瞥見してみるだけでも、ヘーゲル『精神現象学』のEntfremdung（離反）論とヘーゲル左派ならびにマルクスのEntfremdung（疎外）論は、基本のところで明白な違いのあることが判明するであろう。この奇妙な交錯が入りこむ思想史の現場をあらためて検討し直す必要があろう。

【引用・参考文献】

Bauer, B.（1841）*Die Posaune des jungsten Gerichts über Hegel den Atheisten und Antichristen*, Leibzig.（廣松渉・良知力編〔1987〕『ヘーゲル左派論叢』第4巻、御茶の水書房）

Feuerbach, L.（1973）*L. Feuerbach Gesammelte Werke*, hrsg. von W. Schuffenhauer, Bd. 5.（舩山信一訳〔1975〕『フォイエルバッハ全集』第9巻、福村出版）

フィッシャー，クーノ、玉井茂・宮本十蔵訳（1991）『ヘーゲルの精神現象学』勁草書房．

Hegel, G. W. F.（1968-2014）*G. W. F. Hegel Gesammelte Werke*, in Verbindung mit der Deutschen Forschungsgemeinschaft, hrsg. von der Reinisch-Westfälischen Akademie der Wissenschaftten, Hamburg.

Lukács, G.（1973）*Der junge Hegel*, Bd. 2, Suhrkamp Taschenbuch Wissenschaft 33, Ebner, Ulm.（生松敬三・元浜清海・木田元訳〔1972〕『ルカーチ著作集11 若きヘーゲル』（下）白水社）

滝口清栄（2007）『ヘーゲル『法（権利）の哲学』―形成と展開』御茶の水書房．

滝口清栄（2009）『マックス・シュティルナーとヘーゲル左派』理想社．

5章 若きヘーゲルの承認理論における労働と言語

(高橋 良)

はじめに

1801年から1806年にかけてのイェナ滞在期のヘーゲルの思想は、「相互承認論」の成立過程として特徴づけられると言っても過言ではない。『人倫の体系』および『精神哲学Ⅰ・Ⅱ』と呼び慣わされている三草稿[1]について、後年の『法哲学』においては要約されるか暗示されるにとどまっている問題が詳細に論じられていると指摘したのはS・アヴィネリである（Avineri 1972: 81〔高柳訳 1978: 136〕）。産業革命と市民革命によって世界史の舞台に登場した市民社会と、その構成要素の分析にヘーゲルが本格的に着手したのは、この時期であり、そこで実現されている共同性原理として提示されたのが「相互承認」であった。

『精神現象学』も含めたこの時期にヘーゲルの思索の展開から「外化」としての人間の活動を取り上げ、ドイツ観念論哲学と古典派経済学の研究との統一から結晶した、労働概念の重要性を指摘したのは、G・ルカーチである[2]。その後のマルクス主義におけるヘーゲル評価の基本線となるこの見解に対して、J・ハーバーマスは、労働と相互行為を区別することによって、表現を本来の機能とする言語の固有の役割を強調する（Habermas 1981a〔長谷川訳 1979〕）。こ

---

1) *System der Sittlichkeit*, Felix Meiner, 1967（以下 SS と略記し、その後にページ数を記す）．*G. W. F. Hegel Gesammelte Werke*, Bd. 6, 8, Felix Meiner, 1975, 1976（以下 GW と略し巻数、ページ数を記す）．なおこれらの草稿の執筆時期に関しては、H・キンマーレの考証に従っている（Kimmerle 1967）．

2) Lukács (1973)（生松訳〔1974〕）、とりわけ第3章を参照されたい。

れはヘーゲルが、言語、労働、相互承認を区別していることに基づいており、その限りで彼はルカーチの一面性を正していると言える。

しかし、相互承認が意思疎通の問題に関わる領域として措定されることによって、ハーバーマスの強調点は言語へと大きく移動する。もちろん彼も、労働が現実には社会的労働として存在し、そこに意思疎通との結びつきを認めているが（Vgl. Habermas 1981a: 32-33〔長谷川訳 1979: 27-28〕）、技術的な生産力によってなされる解放と自発的な協調を基盤にした支配なき相互行為による解放との相違が説かれるに及んで、対象支配としての労働と自己表現としての言語との異質性が際立たせられる。

しかしヘーゲルは、労働と相互行為を区別するのみならず、言語と相互行為をも区別しており、相互承認は言語的コミュニケーションのみによって生ずるのではない。また、市民社会が特殊的人格と相互依存という2つの原理を持つ商品交換関係であることを考慮するなら、労働は自然を支配する行為に還元し得るだろうか。労働の産物が商品として諸個人を媒介し、人格としての市民の成立を可能にしているという事態を理解するためには、労働と言語が、相互に還元不可能ではあっても、共に通底する構造を有していると考えねばならないのではないか[3]。

それゆえ本章では、一般にはあまり重視されてこなかった「相互承認論」成立以前の、ヘーゲルの労働論と言語論の特異性および市民社会把握の水準を検討し、それが「相互承認論」の成立によって如何に変化したかを明らかにする。これは同時に、近代における市民的解放の実相を問うことにもなろう。

1 『人倫の体系』における労働と言語

哲学体系の一部として書かれている「精神哲学」草稿とは異なり、市民社会はここではいまだ「精神」の領域としては確立されてはいない。全体は「相対的人倫」あるいは「自然的人倫」と呼ばれる市民社会と、これを止揚した民族

---

[3] 長尾（1984）も、ルカーチとハーバーマスを念頭において、ヘーゲルにおける労働と言語の関連を論じている。

としての人倫の叙述によって構成されており、後に「主観的精神」として位置づけられる言語の分析も含んでいるが、「自然的」という表現に表されているように、市民社会から人倫的共同体への発展は、自然から精神への人間の発展として語られている。

1)
　この草稿における市民社会の出発点は、自己保存を目的として活動する人間であり、労働は直接的な欲求充足を基盤として展開される。これを表すのが「欲求－労働－享受」というトリアーデである (Vgl. SS, 10-11)。主体と客体との分離の感情である欲求は、労働によって克服され、享受はその結果生ずる満足を意味する。したがってヘーゲルは、生物体としての人間による、自然の同化吸収過程を論理展開の端初に据えるのである。そしてこれは「対象の絶対的破棄 (Vernichtung)」を目指すものとされる。つまり、欲求充足が実現されるためには、常に対象となる存在が必要であり、それが満たされてもまた新たな欲求が生じ、人間は常にこれに駆り立てられざるを得ないのである。対象を自己の内に取り込むこの過程は、人間の自然への従属を表すものに他ならない。
　このように、自然存在としての人間が営む消費活動を労働という概念に包摂したヘーゲルは、次に、この破棄がモメントとしての破棄になり、対象の存在そのものを否定することなく、その結果直接享受には至らない労働を取り上げる。これは、「占取 (Beisitzergreifung)－労働－占有 (Besitz)」というトリアーデによって表されている (Vgl. SS, 13)。一般に生産的行為として理解される労働は、ここで初めて登場する。この労働は一方では、直接対象の享受へ至ろうとする欲求が自制されることによって、人間が自然への全面的な依存から解放されるという意義が与えられる。第一のトリアーデは生物全てに共通する自然への関わりを表していると言えるが、この基礎の上に人間の欲求充足の固有性が、自然への従属から自然への支配への発展として論じられていると言えよう。他方では、この労働は対象に対しては「形式付与」という意義を持っている。労働は、それ自体としては対象的性格を持っていないが、対象の内に固定されることによって、その新たな形式となっている。
　しかしヘーゲルは、形式的付与を労働の本質的契機として理解してはいない。

この表現を使用したすぐ後で、彼は次のように述べている。「本質的なものは同一性、活動そのもの、したがって内的なものとしての活動であった。これは現れ出ていない」(SS, 13)。『人倫の体系』は欲求充足の延長線上で労働を問題にしているという点に注意しなければならない[4]。享受が対象の破棄であったのと同様に、労働もまた破棄という側面を基軸にして理解されている。最初のトリアーデにおいては、労働イコール対象の破棄であったのに対し、労働が直接享受に至らない第二のトリアーデにおいては、対象の全面的な破棄に至る過程を構成する一契機として労働が把握される。労働はもはや対象の全面的否定ではなく、言うなれば部分的破棄の行為となり、その限りでは形式的付与という性格を持つのである。

主体と客体との間のこの過程は、さらに道具によって媒介される。「道具は一面では主体的であり、労働主体の権力の内にあり、完全に主体によって規定され加工されるが、他面では客体的に労働対象に向けられている。この媒体 (Mitte) によって主体は、破棄の直接性を止揚する」(SS, 20)。労働が享受の直接性を止揚するように、道具は労働の直接性を止揚する。しかしこれは、欲求充足という対象破棄の過程そのものが破棄されることを意味しない。「媒体」という概念は後に重要な役割を演ずるようになるが、この草稿では「純粋に空虚な量」(SS, 20) と定義され、生産的行為の産物という側面に力点を置いて考察されてはおらず、様々な契機に分節化された、対象破棄の過程の一構成要素にすぎない。ただし道具は、対象との直接的な接触から人間を解放し、誰もが同じように労働し得るようにする、規則性を持つがゆえに、労働を個別的なものから普遍的なものへと高めるという役割を果たす。それゆえに理性的なものと評価され、労働それ自体よりも優位に置かれている。

このように『人倫の体系』の労働論は、欲求充足に起因する自然への従属から人間が解放され、逆に自然を支配し獲得するようになる過程を取り扱っており、その意味で市民社会の前提をなすものである。享受は労働によって媒介され、労働はさらに道具によって媒介される。我々はこの分節化の中に生産力の

---

[4] 例えば S. アヴィネリのように、『人倫の体系』とそれ以後の労働概念とを区別せず、連続性を前提とするヘーゲル研究が多いが、筆者はこの立場をとらない。

上昇と分業の発展を読み取ることができるし、労働の結果としての占有は交換を予想させる。だが労働は、依然として欲求充足によって規定されており、労働の破棄へ向かう行為であり続ける。ここには、人間相互間を媒介する行為の成立する余地はない。しかし、商品交換によってのみ自己の欲求を満たし得る市民社会の諸個人にとって、他者と関係を取り結び相互に了解し合うこともまた、自己保存の欠くべからざる条件である。

　欲求充足という、自然対象への否定的な関係から出発したヘーゲルは、人間の相互行為を導出するために、後には見られない特殊な手続きをふんでいる。すでに述べたように、これまで論じてきた労働においては、それが対象物に形式を付与するものであるにもかかわらず、その活動それ自体は、対象に現れ出ないとされていた。しかし、労働対象が労働主体と同じ生物となることによって、その活動の成果が対象に現出するような労働が可能となるのである。ヘーゲルはこれを「生きた労働（Lebendige Arbeit）」（Vgl. SS, 14-16）と呼び、植物と動物を経て、最終的には知性として存在する生物、すなわち人間がその対象となる。

　まず植物の場合には、それば大地というエレメントと結びついて生存しているために、労働は直接生物へ働きかけるのではなく、土地を耕し水をまくという間接的な形をとる。しかしまさに、その労働によって対象の成長を促進するという特徴を持っている。次に動物の場合には、「生きた労働」は植物におけるような非有機的自然への働きかけではなく、動物それ自体への直接的な働きかけとなる。使役のために飼い慣らしたり、食用として飼育することがこれに含まれる。享受、あるいは加工としての労働もまた生物を対象とし得るが、これが対象の存在の破棄を目的としているのに対し、「生きた労働」は、逆に対象の生育を目的としており、対象物のこの成長が、労働の対象における現れに他ならない。

　ヘーゲルのこの特異な思想を理解するためには、労働の対象となっている生物の特質を理解しなければならない。M・リーデルは、イェナ期から『エンチクロペディ』に至るまでのヘーゲルの「自然哲学」と「精神哲学」をふまえながら、生物に固有な自然への関わりを、「理論的関係」と「実践的関係」とに区別する（Vgl. Riedel 1965: 14）。前者は、非有機的自然と直接結びついて存在し

ている植物と異なり、個体として独立した身体を有する動物の感覚器官に由来し、存在するものをそれが現象するままに受容することを特徴としている（Vgl. Riedel 1965: 22）。これに対して後者は欲望に由来し、対象物を破棄して自己の内に取り入れる活動である（Vgl. Riedel 1965: 18）。自然に対するこの2つの関係によって、生物は自己の存在を維持しており、生命過程あるいは同化過程（Assimilationsprozeß）と呼ばれている（Vgl. Riedel 1965: 36）。しかし動物の場合には、「実践的関係」は、欲望の直接的充足と結びついているために自然への従属から脱しておらず、「理論的関係」もまた同様に、現前する対象に限定されたものである。人間において初めて、欲望による拘束から自由な対象への関係が成立し、その具体的なあり方としての思惟や労働は、それぞれが「理論的関係」と「実践的関係」との統一として成り立っていると主張されているが（Vgl. Riedel 1965: 145）、これについては後述する。

　以上のような生物の自然に対する関係は、対象の破棄としての、能動的かつ否定的な関係および、対象の感受としての受動的かつ肯定的な関係と言い換えることができる。後者のような対象認識につながる問題は、『人倫の体系』においては特に論じられていないが、労働論は明らかに前者の問題圏に属するものである。そしてこの生物の特質を考慮に入れるなら、ヘーゲルは、主体の対象に対する能動的な働きかけでありながら、同時に対象もまたこの働きかけに対して、能動的かつ否定的な関係を取り結ぶことによって、対象の破棄に至らない労働を模索したのだと言えよう。すなわち、主体が自己の生命を維持するための労働に対して、「生きた労働」では逆に、対象が主体の働きかけに対して実践的関係を取り結び、この活動を自己の内に取り込んで、生命を維持するのである。ここに、ヘーゲルは相互行為の端初を見ている。
　さらに彼は、前述のような様々な生物への働きかけを列挙しておきながら、それらの多くを「生きた労働」固有の問題圏に属さぬものとして否定してしまう。確かにこの労働においては、生物はその生命を失うことはない。しかしそれが動植物を食用として肥え太らせるためのものであるなら、その最終目的はやはり対象の破棄である。動物を家畜として飼育することも「生きた労働」から除外される。それは、対象の消費を目指してはいないが、生物をある何らか

の目的を実現するための手段として取り扱っているからである。「動物を馴らすことは、主観的にみれば非常に多様な欲求であるが、動物が手段である限りでは、ここではまだ考慮されない」(SS, 16)。

その結果、観賞のための植物の栽培と動物の飼育が「生きた労働」の構成要素として残される。これは対象の破棄ではなく、その存在そのものを目的とする労働だからである。「生きた労働の顧慮すべきことは、運動と強さのために動物を結びつけることであり、そしてこの増加の喜びがさしあたりここに属する顧慮すべき事柄なのである」(SS, 16)。ここに至って労働は、対象の破棄とは対照的に、対象たる生物の繁殖となる。

それゆえ「生きた労働」は、第一に労働が対象を破棄し手段化するという支配の行為としての性格を喪失し、第二にこれと対応して、労働の主体の側でも自己保存をその目的としなくなるというところで成立する。このことからヘーゲルは、性愛という人間の最も基本的な関係を導出する。男と女の性的関係においては、動植物の場合と同様に相手は欲求充足の対象でありながら、その行為は破棄を目指してはおらず、類の再生産という機能を果たしている。そして性欲が「各々が他方の内に自己を同時に他者として直観する」(SS, 17) 愛 (Liebe) となることによって、両者の関係は継続的なものとなり、家族を形成する。植物や動物に対する働きかけにおいてはいまだ相互性が欠けていたが、知性としての人間が対象となるに及んで、そこに相互性が確立される。また、婚姻関係における両性の行為は、その場限りの欲求充足を超えたものとなり、さらに親の子に対する関係においては、愛は性的欲求との結びつきを失い、精神的なものとなる。その働きかけは教育に他ならない。このような過程を経て初めて、労働の対極をなす「人間の普遍的相互作用」(SS, 18) としての行為が現れる。

労働において道具という媒体が存在したように、人間の普遍的な相互行為を可能にするのは言語という媒体である。これは自己表現の発展段階の叙述を意図して、3段階に区分される (Vgl. SS, 22-24)。第一に、主体の最も原始的な感情表現として「身体の無意識的なしぐさ」が挙げられ、これは主観的言語と規定される。次に、身体が担っていた媒介の役割が物に移されると、それは物体的記号 (Körperliches Zeichen) となり、客観的言語と規定される。しかし、記号

の具体例としては占有が指摘されており、労働の産物が、一方では欲求充足のために対象を破棄する過程の一契機として位置づけられながら、他方では人間の相互行為を可能にする一種のシンボルとして位置づけられるという交錯が生じている。だがヘーゲルは、これについては何も語っていない[5]。最後に、しぐさの主観性と記号の客観性を統一したものとして、言語によるコミュニケーションすなわち発話（Tönende Rede）が挙げられる。しぐさは当事者のその時々の感情を表すものであり、それが表出される場の特殊性から分離することのできないものであるが、発話においては、人間の声が様々に分節されることによって、表現行為に無限の可能性を与えている。その意味で言語は「知性の理性的な紐帯」なのである。

　さて、以上の考察から明らかになったことは、『人倫の体系』における労働と言語が、自然の同化吸収と類的相補性という生物の生命活動をモデルにして把握されているということである。労働は、欲求に基づく対象支配の行為であり、この欲求という動因と、これに起因する対象への否定的関係が克服されたところに、人間の相互行為と言語の成立が展望されている。この草稿の特殊性はここにある。労働は、対象への形式付与という側面を持ち、欲求の抑制や道具の使用といった事態も視野に収められているが、欲求充足に固有な「破棄」という概念のもとに一括して論じられており、『精神現象学』におけるようにBildungという意義を与えられてはいない。この意義が与えられているのは、むしろ家族関係における親と子の相互行為である。相互行為もまた、その端初においては、欲求に基づく関係として説明されはするが、愛においてこの水準を脱却することによって、他者を自己の欲求充足の手段とはみなさない相互主体性の成立基盤が据えられる。そして両者を媒介するのが「生きた労働」である。

　それゆえ我々はここに、ハーバーマスの主張とは必ずしも同一ではないが、対象支配と自己表現とが区別されているという点で、《労働と相互行為》の図式を見てとることができる。ヘーゲルは労働という概念を多用することによっ

---

[5] ヘーゲルは人間の自己表現を言語に限定せず、より広範な視野から捉えようとしているが、この段階ではいまだ正確に理論化されていない。それがなされるのは「精神哲学」草稿においてである。

て、展開の連続性を保とうとしているが、両者は論理を異にしている。これはすでに明らかにしたとおりである。しかしハーバーマスは主として「精神哲学」草稿に依拠しており、『人倫の体系』への言及はきわめて少ない。なぜなら、この草稿においてはいまだ「相互承認論」が成立しておらず、言語による相互行為の論理が具体的な社会共同体性の成立原理と成り得ていないからである。次に、この段階での市民社会把握の水準を検討し、その限界を明らかにしなければならない。

2)

さて、労働と道具に媒介された自己保存の活動は、労働それ自体が細分化されて分業をもたらし、道具が機械装置へと発展することによって、当事者が必要とする以上の生産物を生み出す。そこで諸個人は、相互に交換関係を取り結び、さらには、生産それ自体が交換のため行われるようになる。本節では、市民社会の経済的側面には立ち入らない[6]。むしろ人倫論全体におけるその位置づけを検討することによって、その性格を明らかにする。

まず問題となるのは、ここでは愛に基づく家族関係を超えた領域で相互行為が展開されるということである。言語は、相互行為一般の可能性を与えるものではあっても、愛に代わる紐帯の役割を果たしはしない。それゆえ、商品交換関係の成立こそ説明されねばならないのだが、ヘーゲルはむしろこの承認関係の存在を前提して議論を進めている。他者によって承認された占有は、所有に転化しており、その主体は人格として、そして交換によって他者の欲求を満たすべき生産物は、価値として規定される。この人格間の交換を媒介する役割を果たすのが「普遍的交換可能性」(SS. 32) としての貨幣である。ヘーゲルは、以上のような過程を叙述する中で幾度か、「承認」という表現を用いているが、その論理自体は明らかにされていない。これは「相互承認」の論理が未熟であったというよりは、市民社会そのものが、いまだ市民の共同体[7]としては把握されていなかったからであると考えられる。つまり、市民社会内部の諸関係

---

[6] 『人倫の体系』における市民社会の経済的側面については壽福(1983)を参照されたい。ただし労働把握に関しては筆者と見解を異にしている。
[7] 市民社会のゲマインヴェーゼンとしての把握については壽福(1977)を参照している。

は、諸個人の自己保存が他者を欠いては不可能であるという前提から、各自が自己保存の行為を貫いた結果として成立するに至ったと考えられるのである。

なぜなら、自己保存のための欲求充足の追及が貨幣に媒介されるようになった結果、一方では諸個人は生産物相互の交換という狭い枠を超えて一層全面的な相互依存の関係に入るが、他方では、この関係の成立が同時に全面的な対立と闘争の原因となるからである。貨幣を駆使して所有の拡大を追求する人格は、その普遍的交換可能性のゆえに、ある特定の生産物の支配者ではなく、全ての生産物の支配者となる可能性を持っている。人格のこの特性は「諸規定の無差別」(SS, 32) と表現される。さらには、この支配の拡大は生産物を超えて他の人格にまで及び、自己以外の全てが支配と獲得の対象となり、「承認しないことの可能性」(SS, 33) が生じる。自己保存のために必要な限り、当初は他者と対等な関係を形成した諸個人は、今や自己保存の命ずるままに他者に対する支配者として立ち現れる。市民的人格相互の形式的平等は、貨幣の力の実質的不平等によって破壊され、主体と奴隷を含む前近代的な家族関係へと解体してしまう[8]。以上のようなヘーゲルの立論は、一面では貧富の差から生じる市民社会の階級性の暴露とみなすことも可能であろう。しかし重要なことは、この支配が他者の人格の否定ではあっても、支配する側における人格としてのあり方からの逸脱ではなく、その必然的な帰結とされている点にある。愛に基づく家族関係とは異なり、交換の相手は、労働における自然対象のごとく、欲求充足の手段として現れる。しかしそこに力関係の拮抗が存在しているなら、両者の間には相互手段性の関係が形成され、外見上は平等が保たれるであろう。しかしこの均衡が崩れるやいなや、それは一方のみが他方を手段化する不平等な関係に変質してしまう。それゆえ市民社会の平等は偶然の産物にすぎず、きわめて不安定なものであり、その内部では支配と手段化の論理が貫徹している。これは、市民社会が分業に基づく一定の労働編成とその産物である商品の交換によって成り立つ「欲望の体系」であり、自己保存の為の対象支配の活動である労働の論理に従って組織されているからに他ならない。したがって『人倫の体

---

[8] L. ズィープや H. ハリスもまた同様の結論を下している。しかし筆者はこれをヘーゲルの労働と言語の把握にまでさかのぼって明らかにすることを目指している。Vgl. Siep 1979: 162; Haris 1980: 234.

系』における人格概念は、相互主体性の構成の産物ではなく、いまだ個別性原理に立脚している。人倫的共同体の創設のためには、この個別性がまず克服されなければならない。市民社会の解体から生じた様々な対立関係はまさにこの人格を否定する行為である。それゆえヘーゲルは、これらの中に個別性を止揚して相互の共同へと至る要素を見出そうとして、窃盗や殺人等の具体的な否定行為を比較検討しているが、最終的には家族集団による報復の応酬に行きつくにすぎない。彼は、家族関係を越えた共同性の実質的基盤を見出し得なかったのである (Vgl. SS. 57-61)。自然から精神への上昇のこの挫折は、人倫論の内部構成にも反映している。民族共同体として存在する人倫は、統治を担う普遍的身分、商工業を営む身分、農業を営む身分の三者によって構成される。第一の身分は軍事と政治によって共同体の統一を維持し、他の身分は共同体の成員の生活の維持に携わっている。両者は支配と服従の関係にあるのではないとされているが、古代ポリスにおける市民と奴隷の関係が、近代というフィルターを通した上で再現されている。つまり、民族が存在し続けるためには、非有機的自然たる市民社会の存在が認められ、その活動が保障されると共に、一身分がこれから独立し、司法行政と教育によって私利の追求から生じる害毒から民族を浄化しなければならないのである[9]。加えて下からの共同体の構成に失敗したヘーゲルにとって、第一身分が体現している普遍性は他の身分による根拠づけを必要とせず、むしろこれらから引き離されることによって、つまり私利の追求から遮断されることによって可能となる。より積極的には、これは戦争における勇敢さという個別性としての自己の放棄によって基礎づけられるのであろう。それゆえ彼は、統治の基礎づけとしての選挙を否定せざるを得ない (Vgl. SS. 76)。しかし政治に参与し得ない身分もまた、民族の構成員として、その統一性を意識の内に持っていなければならない。これを保障するのが宗教である。宗教は、直観という形式を通じて、諸個人に普遍性を意識させるものである。しかしこの普遍性を有しているのはまたもや第一身分であり、ヘーゲルは祭政一致を主張する (Vgl. SS. 70-71)。政治家としてのこの身分が、市民の代表とし

---

[9] 『自然法論文』において［人倫的なものにおける悲劇の上演］と表現されたこの関係は『人倫の体系』においても引き継がれている。Vgl. Hegel 1970; SS. 70.

て普遍性を持つのではないのと同様に、祭司が司る宗教においても、他の身分が直観するのは己の普遍性ではない。彼らは宗教を通じて、第一身分の普遍性を確認するにすぎない。J・H・トレーデが指摘するように (Vgl. Trede 1973: 203)、宗教が人倫を世俗化する機能を果たす限りにおいて、ある種の統一が実現されていると解釈することもできよう。しかし人倫共同体の統一が、その構成員全体によって基礎づけられていないという点を看過すべきではない。市民と奴隷の区別はもはや存在しないが、経済活動を営む身分の政治的無権利状態はいまだ解消されていない。ヘーゲルの実践哲学は、古典的政治学と近代自然法思想とを統一しようとするものであると言われ (Vgl. Siep 1979: 159)、『人倫の体系』はその努力の最初の成果とみなし得るが、この試みは成功していない。しかしその理由は、市民社会が言語的な相互行為に基づいて制度化されていないからであろうか。それはむしろ、《労働と相互行為》という図式に端を発しているのではなかろうか。労働という自己保存を目指す対象支配の行為と言語によって媒介された自己表現としての相互行為の論理の対立は、人倫的共同体の内部構成において、経済的・私的領域と政治的・公共的領域との分裂として再現されているのだから。

2 相互承認論の成立過程における労働と言語

　前節では、自然存在としての人間を土台として共同存在としての人間を構築しようとしたヘーゲル最初期の草稿を検討した。そこでは欲求としての人間が出発点であったが、その後の2つの「精神哲学」草稿では事情が異なっている。ここでは意識 (Bewußtsein) が出発点である。この2つの草稿は哲学体系の一部として「自然哲学」の展開を受けて書かれており、それゆえ精神の実践的形態のみならず、理論的形態も含んでいる。「精神哲学」に直接結びつく「自然哲学」の到達点は「生物有機体 (Organismus)」であり、これは自然に対する2つの関係によって特徴づけられる。すなわち生物有機体は、動物の段階において「感覚 (Empfindung)」と「欲望 (Begierde)」を持つようになる。「欲望」は対象を実践的に食らい尽くすことであり (Vgl. GW, 6, 216)、「感覚」は「感受性 (Sensibilität)」とも言い換えられている (Vgl. GW, 8, 150)。したがってここでは、

リーデルが明らかにしたような区別が、すでに達成されているとみなしてよかろう。そしてこのような有機体が人類へと進化することによって、それは意識を持つ存在となる。

1)
　『人倫の体系』においては欲求が出発点であり、これは主体と客体との対立を前提するものであった。そしてこの対立は、前者が後者を同化吸収することによって克服された。これに対して精神とは、意識するものと意識されるものという対立物の統一であり、この統一はある第三項において実現される。「意識において区別された2つのものは分離しており、それ等は区別されている。それ等の統一はそれゆえ両者の媒体として、両者の作品（Werk）として、両者がそれに関係し、その中では両者が一つであるような第三のものとして、しかしながら全く同様に、両者がそこで区別されるものとして現象する」(GW, 6, 275)。この媒体こそ道具と言語である。以前にもこの両者は媒体として論じられていたが、対立物の統一という視点はきわめて弱かった。なぜなら、労働は対象破棄の行為として欲求充足という生命活動の枠内で展開され、主体と客体との統一は享受において達成されると考えられていたし、言語もまた、相互行為における媒介的役割は認められているが、それ自体は対象的世界と主体との統一として把握されてはいなかったからである。

　さてヘーゲルは、言語の問題をまず感覚から開始する。これは「感覚するもの」と「感覚されるもの」との無媒介的統一であり、精神の最も自然な形態と規定される (Vgl. GW, 6, 283)。言語がもっぱら自己表現として相互行為のコンテクストから考察されていた『人倫の体系』とは異なり、意識としての主体は対象的世界との関わりという側面から考察されている。すなわち類的相補性に代わって、生物が自然との間で行う2つの同化過程の一方である理論的関係が、言語論の基礎に据えられるのである。次に、時間と空間の形式に従って対象の感受がなされると、それは「直観（Anschauung）」となり、さらに「直観」において総体として認識されていたものから、それを構成している個別的なものに注意が向けられると、それは「経験的想像力（Empirische Einbildungskraft）」(Vgl. GW, 6, 284)と呼ばれる。

以上の段階においては、主体と対象とはいまだ無媒介的に統一されており、媒体は形成されていない。だがこの段階は、「記号」という意味作用によって克服され、対象は主体にとって五感を越えたものとなる。対象は記号によって、労働におけるように破棄されるのではないが、「それが現にあるのとは別の意味を持つ」（GW, 6, 286-287）ものとなる。ただしヘーゲルは、「記号」を「無言の印づけ」と呼んでおり、この意味作用は主体が現に知覚しているものに限定されている。この限界を超えるのが、記憶の働きを経て形成される「名前（Nahmen）」である。ここでは、「記号」の場合に存在した意味作用の時間的制約が取り払われて、それぞれの対象に一つの名前が固定的に対応している。対象へのこの命名をヘーゲルは「全自然の最初の占取あるいは精神からの全自然の創造」（GW, 8, 190）と規定し、あるいは次のようにも言っている。「アダムが動物に対する自己の支配を確立した最初の行為は、動物に名前を与えたということ、すなわち動物を存在するものとしては破棄し、対自的に観念的なものにしたということである」（GW, 6, 288）。それゆえ対象への命名は、主体による対象支配の行為に他ならない。直観はいまだ対象との受動的な関わりであったが、いまや対象の能動的な作り変えが行われている。そしてこの名前が発声されると「言語（Sprache）」になり、伝達可能なものとなる（Vgl. GW, 6, 288）。これはさらに、複数の対象を包括する抽象的な悟性概念に発展するとされている。ハーバーマスもまた、ヘーゲルの言語論が対象との関連において展開されていることを認め、そこに外化あるいは客体化の契機を見ているが（Vgl. Habermas 1981a: 24-25〔長谷川訳 1979: 20-21〕）、すぐに表現機能へ重点が移され、言語における対象支配と自己表現の相関性は明らかにされていない。だが言語の表現機能は、対象との関連を考慮に入れて初めて理解し得る。しかもその際問題になるのは、相互行為のコンテクストにおけるような対話ではなく、主体による対象的世界の支配と獲得の過程に他ならない。それは対象の現存在の破棄として自然の観念化＝精神化である。もちろんこれは、労働におけるようなレアールな作り変えではなく、意識において対象的世界から受容されたものの作り変えであるという点で、イデアールな性格を持っている。したがって人間の意識活動あるいは認識とは、リーデルに言及した際にすでにふれたように、対象の存在の感覚的受容という理論的契機と、対象の所与の形式を否定し、新たな形式

へと作り変えるという実践的契機との統一という構造を持っているのである[10]。このことを裏づけるように、ヘーゲルは記憶という意識作用を「精神としての最初の労働」(GW, 8, 193) とすら表現している。対象の現前性から解放されることによって認識は、意識が自己の外に出て実在となる対象化の活動となる。「労働は同時に、自我が命名の内にあるもの、すなわち物、存在するものになることであり、名前は自我であり、そして物である。自我は自己の内に名前の秩序を固定することによって、自己を物にする」(GW, 8, 194)。意識が言語によって対象を獲得する過程は、同時に意識が自ら対象となる過程であり、まさに人間が自己自身を物として産出する活動に他ならない。ここには、人間の行為における支配と表現をめぐる重要な問題が存在する。認識が人間による対象支配の過程の一環であるのは、それが単なる受動的な模写でなく対象構成的な自己物化の活動だからである。この過程から生み出される言語という媒体は単なる物でなく、第二の自我、物となった自我であるがゆえに、対象的世界の支配としての言語は同時に「自己を表出すること (sich hervorzubringen)」(GW, 8, 195) でもあるのだ。以前には労働と言語に振り分けられていた2つの役割は、こうしてまず言語論において統一されるに至っている[11]。以上のような言語論の転換に対応して、労働論もまた大きな変化を被っている。すでに述べたように、ヘーゲルの社会認識が「精神哲学」として体系化されたことにより、『精神哲学Ⅰ』においては、まず動物的欲求と人間的欲求との相違が明らかにされている。

　動物は己の欲望を満たすのに、労働という人間に固有な活動を介在させることなく、眼前にあるものを直接消費する。したがって欲望は、動物にとって常に繰り返し克服されねばならないものとして存在している (Vgl. GW, 6, 299)。これは『人倫の体系』における「欲求-労働-享受」のトリアーデと同一である。ただし、以前には労働論の端初に置かれていたものが、ここでは動物的次元に属するものとみなされ、労働とは明確に区別されている。これに対して、

---

10) M. リーデルはこれを「精神」の行う Herstellen の活動と呼んでいる。Vgl. Riedel 1965: 52.
11) 人間は対象的世界を支配する度合いに応じて自己表現の能力を持つ。『人倫の体系』で取り上げられていた「身ぶり」のような自己表現も、それが自覚的に行われているなら、自己の身体という自然を支配したことになろう。

人間的欲求は以下のように説明される。「人間的欲望は止揚それ自体において観念的なものであり、止揚されていなければならない。対象もまた同様に、止揚されつつ存続しなければならない。そして存続するものとしての、両者の止揚されていることとしての媒体は、両者に対立して実存しなければならない」(GW, 6, 299)。対象が止揚されつつ存続するとは、それが労働によって加工され、新たな形式を付与されることに他ならず、人間が止揚されるとは、直接的な欲求充足が抑制されることを意味している。感覚が対象の現前性から解放されることによって人間的意識へと発展したように、欲望もまた、享受との直接的な結びつきから解放されることによって、人間的なものになると考えられている。その結果、以前には対象の破棄という観点から、直接的な対象の消費の延長線上で把握されていた労働概念は、欲求の自制という観点から対象を作り変える活動に限定されるに至っている。欲求充足との直接的な連関を離れた労働の構造は、『精神哲学Ⅱ』においては、主観的意識としての言語論の展開をふまえて、認識によって媒介された対象への働きかけとして特徴づけられている。ヘーゲルはこれを「意志（Willen）」の活動と規定し、次のように説明する。

　「意志するものは、α）普遍的なもの、目的であり、β）個別的なもの、自己、活動、現実性であり、γ）この両者の媒体、衝動である。衝動は内容を持ち、かつ普遍的なもので目的であるような二面性なものであり、そして意志するものの活動的自己である」(GW, 8, 202)。したがって意志は、「目的－衝動－活動」というトリアーデを構成している。しかしこれを理解する場合、用語の混乱に惑わされないよう注意せねばならない。主体が何かを意欲する場合、その内容をなすのはこの図式では衝動であり、これが通常目的意識的活動において目的内容とみなされているものなのである。それゆえここで目的と言われているのは、具体的な目的内容を自ら内に措定し、これに基づいて対象へと向かう主体の自己意識とみなすべきであろう。

　意志の構造において示されているのは、人間が労働する場合、常にそれに先立って意識の内で目的措定がなされるということである。労働はもはや対象破棄へ至る過程の一モメントではなく、主体が自己の内に認識しているある目的内容の対象における現実という意義を持たされている。それゆえ意識は、目的を措定するものと措定された目的に分離しており、この分離を媒介するのが労

働である。ヘーゲルはこれを衝動の満足と呼び、次のように述べる。「満足とは衝動の満足であって欲望の満足ではない。欲望は動物的である。すなわち対象はそれ固有の存在、外在性という抽象的形式を持っており、それゆえにのみ対象は自己にとって存在する。合一はそれゆえ全く純粋な消失である。しかしここでは存在は形式にすぎず、あるいは自我であるのは、全体として衝動である。自我はこれを分離し、対象にする。対象はそれゆえ空虚な満足、欲望において失われ、欲望の満足において再び回復される純粋な自己感情ではない。そうではなく、消失するのは衝動の両極の無関心性という純粋な形式である」(GW, 8, 203-204)。感覚や直観という対象に対する理論的関係が、記憶の作用により、対象のイデアールな破棄＝加工という実践的契機を合わせ持つ活動に転化するように、欲求という実践的活動もまた、労働という目的意識的活動においては、対象へのレアールな関係行為であり続けながらも、対象の存在そのものを破棄するのではなく、自ら措定した目的内容を対象の内に実現する活動であるという点で、理論的契機を合わせ持つものとなっている。このように理論と実践との統一として把握されることによって初めて、労働もまた単なる欲求充足のような自然への従属ではなく、対象支配の活動となるのである。

同時に労働は、それが主体に内在する意志内容の外化であるため、言語が自己物化であったのと同様に、自己の対象化という側面を持っている。労働の対象における現れを可能にするのはもはや生物としての対象ではなく、その目的意識性である。「自我から分離された衝動は、自己から解放されている。あるいは単なる充足が存在によって制約されているのに対して、自我の作品となる。自我はその中に自己の行為を知る。すなわち自己を、以前には内面において存在であった自我として知る。しかし記憶の場合とは異なり、内容そのものが自我を通して存在する。というのも区別それ自体は自我の区別であったからである」(GW, 8, 204)。このように労働は「自我－行為－作品」というトリアーデにおいて把握される。労働の成果としての生産物は、対立物の統一として自我の作品であり、第二の自我に他ならない[12]。名前が意識の実存であったように、

---

12) 『人倫の体系』では労働の産物が同時に占有の根拠づけのために「印づけ」という言語活動の一形態として論じられるという不手際が存在したが、その理由はここにある。

労働生産物は自我の実存である。それゆえヘーゲルは、「労働は比岸的な自己物化（sich zum Dinge machen）である」（GW, 8, 205）と言っている。自己表現の機能を有する言語が意識の自己物化であるのと同じ構造を、労働もまた持っているのである。さらにヘーゲルは生産物を、労働を受容（aufnehmen）するものと伝達（mitteilen）するものとに区別する。前者が労働対象であり、後者が道具である。道具もまた生産物である限り、労働という自己物化の活動の産物であるが、これは再び労働過程に投入されることにより、労働主体と労働対象とを媒介する役割を果たし、人間の自然支配を拡大する要因となるのである。

　言語と労働に関する以上の論点を整理すると、次のようになる。第一に、人間の対象認識と労働は、それぞれが理論と実践との統一をなしており、これは「自己物化」と表現されている。それゆえこの両者は、動物の活動のように自然に従属したものではなく、対象支配でありかつ自己表現の行為である。両者はその所産として言語と労働生産物を持っている。第二に、人間はさらにこの自己の活動の産物を媒介して自然と関係する。人間はもはやむき出しの自然それ自体と相対しているのではない。言語を通じて意味の世界として対象的世界に関わり、認識の深化あるいは様々な文化的意味の形成という形で、それをより深く支配するようになる。労働においても、生産物が道具として使用されることによって、生産力が発達する。こうして人間は、イデアールにもレアールにも自然支配を拡大する。

　そして第三に、言語と労働生産物は人間相互間を取り結ぶものである。両者とも、対自然関係においては支配の拡大の方向に作用するが、伝達されあるいは商品として交換されることによって、自己表現の媒体となるであろう。人間による自己物化の活動の産物は精神の実存形態として人間社会の基盤となり、そこに表されている対象支配と自己実現の相即性は、人間の自立と共同の相即性をも表現している。一方で人間は、これらの活動によって自然に埋没した状態を克服し、他方でこの活動の結果としての自然の新たな対象性が、経済的、政治的、文化的諸領域における諸個人の共同関係の媒体となるのである（Vgl. Rothe 1976: 63）。市民社会の最も基本的な構成要素である労働は、もはや自然存在としての人間のあり方を表すものでなく、むしろ意識存在としてのあり方を表すものとして理解されている。ここに初めて、市民社会を「精神」の一段階とし

て、すなわち相互主体性の実現として理論化する道が切り開かれたのである。

2)
　『人倫の体系』においては、市民的権利関係の成立それ自体は明らかにされず、むしろその克服のために闘争関係が設定されていた。だが「精神哲学」では、法的関係それ自体の創出のために「承認をめぐる闘争」が繰り広げられる。L・ズィープは次のように言う。
　「『自然法論文』と『人倫の体系』にとっては、プラトンとそしてまたたぶんルソーに従って、経済的 - 法的領域は個別性の原理に基づく人倫に加えられており、したがってその止揚と共に否定されねばならなかったが、今やこの領域は、イギリスの国民経済学の影響下で——ヘーゲルははっきりとアダム・スミスに言及している。——それ自体個別性の民族という普遍者への止揚の一形態を表しており、承認をめぐる闘争における個別性の自己止揚を前提している」(Siep 1974: 175)。市民的関係こそ人間の共同の一形態として説明されるべきものであって、その逆ではない。ここに相互承認論が成立する。では相互承認とは一体何か。これについてヘーゲルは、簡潔に以下のように述べている。「各人は他者の意識の内に自己を措定し、他者の個別性を止揚する。あるいは各人は、自己の意識の内に意識の絶対的個別性としての他者を措定する」(GW, 6, 307)。これは明らかに、『人倫の体系』においてヘーゲルが愛の中に見出したものに他ならない。しかし市民社会の内にはこのような関係は存在しなかったし、民族においても、宗教による上からの注入によってかろうじて実現されていたにすぎない。だが今や、対等平等な権利の主体としての市民の関係こそが、他者の内での自己の直観および自己の内での他者の直観として基礎づけられるのである。
　市民社会における相互承認の実現とは端的に言って占有の所有への転化に他ならないが、ヘーゲルはまず、労働に基づく占有が一面では他者の排除であると主張する。労働は自己物化の活動であるがゆえに、その産物は自我の作品であった。つまり、労働生産物とはある一者の意志が刻印された物であり、他の者の意志はそこから排除されている。占有とは対象的世界に対する排他的な関係であらざるをえない。これが「承認をめぐる闘争」の出発点である。「それ

ゆえ運動はここでは、他者の内に自己を知り、そしてそれによって他者の自己否定を直観する肯定的なものから始まるのではなく、反対に他者の内に自己を知らず、そしてむしろ他者の内に他者の対自存在を見ることから始まる」(GW, 8, 218)。占有を実現している者はその占有物の内に自己を認識しているが、排除された者はそこに他者の意志を見出すのみである。次の段階では、占有から排除された者もまた、自己保存のために自己の意志を物の内に置きいれなければならない。これは他者の占有の侵害という形をとり、両者は対立関係に入る。「それゆえ双方は興奮して対立している。ところが第二の者は侮辱する者であり、第一の者は侮辱される者である。なぜなら、後者は自己の占有において前者を念頭におかなかったからである。しかし前者は侮辱した。彼は後者を念頭においていた。彼が破棄したものは物本来の形式ではなく、労働の形式あるいは他者の行為である」(GW, 8, 219)。

自己表現としての労働が言うなれば無主の自然への自己の意志の刻印であるのに対して、他者の占有物を奪い取る侵害行為はこの意志の否定とならざるを得ない。そしてこの行為によって、双方においては対自存在としての他者が意識されるに至っている。しかし奪われた者も、逆に奪い返すことによって自己の占有を回復しなければならない。その結果両者は、自己保存を貫徹するためには他者そのものを否定しなければならないことに気づき、その関係は生死をかけた闘いに発展する。以上のような対立関係は、『人倫の体系』においても市民社会の帰結として論じられていた。しかし相互に他者を自己保存の手段にしようとするこの争いから両者の和解へと至る道は見出されなかったが、今やヘーゲルは、この過程の中に闘争を止揚して承認関係に至る契機を見出している。ここで注目されるのは、侵害が一方的にではなく相互に行われ、両者は同時に否定しつつ否定される関係にあるということである。「他者は自己の現存在を再び獲得したが、しかしこの回復は他者の犠牲の上で生じたのであり、それによって制約されている。それは直接的で自由な獲得ではない。両者の役割は交換されている」(GW, 8, 220)。それゆえ諸個人は、直接自己の労働の結果としてではなく、他者からの略奪の結果として占有を実現している。言い換えるなら、両者は自己の意志の実存としての生産物を自己の外に、つまり他者の内に見出している。そしてこの関係においては、相互承認関係の中で生ずべき事

柄が、当事者の自覚なしに生じている。なぜなら、生産物に体現されている各人の意志は、侵害されることによって否定されると同時に受け入れられてもいるからである。

　この事態を理解するためには、市民社会における労働と欲求の関連を考慮しなければならない。「自然欲求の範囲は、存在一般のエレメントにおいては多数の欲求である。欲求の満足に奉仕する者は加工されている。……この加工はそれ自体多種のものである。それは意識の自己物化である。しかし普遍性のエレメントにおいては、この自己物化は結果的には、抽象的労働になっている」(GW, 8, 224)。したがって労働は、欲求の総体に対しては部分的なものにすぎない。自己の労働のみによっては全ての欲求を満たし得ないのが市民社会であり、それゆえにこそ、自己保存のための侵害行為と「承認をめぐる闘争」が論理的に設定されているのである。

　分業によって一面化された労働を営む人間にとって、他者の労働の産物は自己保存の必要条件である。しかしこれは、当初は物に対する自己の支配の拡大という他者の手段化の形をとる。だが労働はもはや単なる対象破棄の活動ではなく、自己表現であり、物に一定の有用性を与える形式的な性格を持っている。それゆえ奪われた生産物が欲求充足に役立てられることによって、物に付与されている労働主体の意志は、有用性として他者に認められたことになる。商品が売りによってその価値を実現するように。そして自己保存のために開始された闘争が逆に自己の生存を脅かすものになっているという反省を通じて、諸個人は全ての物に対する支配者たることを断念し、むしろ積極的に譲渡によって獲得するように促されるのである。ここにヘーゲルは、物を媒介にした自己否定と他者の承認を看取している。

　商品交換に即して今少し詳しく論じてみよう。言語においても労働においても、人間の意識は純粋に内面的なものとしてではなく、対象化された形で、すなわち主体の作品として存在している。例えば労働の場合には、それは諸個人各々が作り上げた生産物の集積として、人間の意識は一定の対象世界を形成するに至っている。そしてこれらは、社会的に規定された有用性を基準として、一定の価値を有する商品へと通分されている。言い換えるなら、自己物化としての労働を行う人間は、単に自然存在として、相互に相異なるものとして併存

しているのではなく、自己の形成した対象世界を媒介して相互に関係することによって、各々の個人的な特殊性を越えて同一なるものとして認識し合っているのである。それゆえ商品交換とは、もはや単に利害の相補性を表すものではなく、自己の活動と他者の活動とが等置される過程を通じて、相互に他者を「人格」という普遍的存在として承認し合うメカニズムに他ならない。交換や価値という経済学的用語は『人倫の体系』においても使用されている。しかしそれ等を相互承認という社会性原理へと構成するためには、それを可能にする労働概念の意識哲学的転換を待たねばならなかったのだ。自己物化としての労働は、商品世界という万人の作品によって形成される共同性への参与によって、あるいはそのような参与が可能なものへと陶冶形成されることによって、自己の自然的な特殊性を乗り越えて普遍的なものへ高まるという「自己超越」の意義をもつものとなる (Vgl. Rothe 1976: 64-66)。一定の社会生活における諸個人の共同性を実現するのは、古代ポリスにおけるように戦闘における自己放棄の行為ではなく、逆に本来自己保存のための活動領域である労働世界に内在するものへと変化している。その結果、『人倫の体系』では終わりなき闘争に帰結した市民社会は、「承認をめぐる闘争」を経て、利己性を公共性へと不断に止揚する近代固有の共同性原理の実現として把握されるのである[13]。

　市民社会認識の転換と同時に、国家と宗教の役割もまた変化している。以前は、市民社会の外部に存在した普遍性に市民社会を包摂することが普遍的身分の役割であったが、ここでは商品交換という承認関係において形成される普遍的意志が法の実体とみなされ、政治的国家の役割は人格と所有に体現されるこの法の維持以外のものでもない。宗教もまた、一身分が他の身分に自己の普遍性を植えこむものではなく、国家の構成員自身の行為として理解される。「絶対的宗教は、神が自己自身を確証する精神の深みであるという知である。これによって神は万人の自己となっている。……神の本性は、人間の本性と異なるものではない」(GW, 8, 249-250)。同時に宗教は、教会という形態をとり、政治と分離される。政治を司る身分のみが普遍者ではないがゆえに、この身分が宗

---

[13] ただし『精神哲学Ⅰ』においては、労働論の未発展のため相互承認の実質的基盤は見出されず、「死の恐怖」という消極的契機のみによるホッブズの契約理論に接近した解決がはかられている。

教をも司る根拠はもはや存在しない。自らが普遍的意志の形成者である国家市民は、教会という媒介者の助けを借りて、自己の普遍性の自覚にたどり着くのである。したがって宗教も、『人倫の体系』の場合とは逆方向の役割を与えられている。

　イェナ期ヘーゲルの相互承認論の成立過程が、当初は「対象支配と自己表現」という対立図式において把握されていた労働論と言語論の変化、とりわけ労働論の転換に導かれていることは、もはや明白であろう。翻って、『人倫の体系』の場合とは論理を異にしているが、市民的相互承認関係を内部から掘り崩す危機の存在を、ヘーゲルは看過しているわけではない。例えば、ルカーチも、ヘーゲルの市民社会の同質性を批判しつつ、同時に貧困の発生とその必然性への言及を取り上げ、そこに階級対立への洞察を確認している（Lukács 1973）。確かに『人倫の体系』以来、貧富の差について由々しき問題として論じられてきている。しかし『精神哲学Ⅱ』においては、貧富の差という量的差異の質的差別への転化は、自己表現としての労働の変質に起因するものとして理解されるに至っている。ヘーゲルは道具の機械への移行に関して、以下のように述べる。「道具はいまだ自己の下に活動を有してはいない。道具は不活発な物であり、自己自身の内に還帰していない。私はいまだ道具によって労働せねばならない。私は自分を保護し、道具によって私の規定性を隠し、道具を消耗させるために、自己と外的な物との間に狡智を立てた。しかしその際私は、量に関してのみ節約するのであって、やはり不快さを感じるのである。自己物化はいまだ必然的な契機である。衝動に固有な活動はいまだ物には存在しない。道具にはそれ固有の活動を組み入れて、それを自己活動的なものにしなければならない」（GW, 8, 206）。道具から機械への移行は、自然力を利用することによって、労働の媒体が自己運動するものとなることを意味している。だが、「自己物化はいまだ必然的」という表現は何を意味しているのか。この用語は、すでに明らかにしたように、労働を対象支配でありかつ自己表現でもあるものにする、目的実現の契機を表すものに他ならない。道具においてはそれが必然的であるのに対して、機械が導入された場合は如何なる変化が生ずるのか。この問いに対する回答は次のような叙述に見出される。「ここでは衝動は労働から完全に退く。衝動は自然自体を働かせ、静かに停観し、ほんの少しの手間で全体を規

制する」(GW, 8, 207)。これを理解するためには、先に論じた意志論に立ち返る必要がある。ヘーゲルは目的措定としての意志の構造を、「目的－衝動－活動」という図式で把握していた。それゆえ、機械の導入によって労働から退くとされている衝動は、人間の目的意識的活動における目的内容に他ならない。これは一面では、労働という労苦を伴う不快な活動から人間が解放されて、純粋に理論的な知の成立を可能ならしめるものである。しかしこれは労働の廃棄を意味してはいない。道具においては、目的を立てそれを実現するという「自己物化」の契機がいまだ労働主体に属していたのに対して、機械労働においては、直接労働に携わる者は目的措定を行っていないのである。自己運動するという機械の特質が、目的措定としての衝動を労働過程から分離することを可能にする。したがって機械による生産においては、労働過程全体を統御するが自らは労働しない者と、自らは目的措定に参与することなく、他者の立てた目的に従って労働する者との区別が生じている。今や労働過程の主体は、そこで労働する者ではなく、彼らから自立し他者の意志を反映している媒体すなわち機械であり、これが逆に労働者を手段化し、支配している[14]。以上の考察から明らかなように労働の変質にとって本質的な問題は、機械の導入によって労働から目的意識が奪われ、人間相互間に事実上の支配と被支配の関係が持ち込まれるということである。「意志は分裂し、二重化したものとなった。意志は規定されている。それは性格である。一方の性格は、この緊張、存在するものの威力であるが、しかしこの威力は盲目的で意識を持たない。……他方は悪であり、自己の内にあるもの、地下のもの、日の光の下にあるものについて知るものである。そしてこれは、日の光の下にあるものが自分自身で没落していくのを傍観する」(GW, 8, 208)。前者が目的措定を行うことなく労働する者であり、後者が労働過程の外で目的措定を行い、これが実現されるのを見守っている者である。両者は物を媒介して関係している。つまり、目的措定者が自己の目的

---

14) M. リーデルや長尾伸一は機械の導入を人間の労働からの解放と解釈し、それが労働に及ぼす否定的影響は把握されていない。またG. ロールモーザー、谷喬夫は機械の否定的作用を認めているが、それが自己物化としての労働をどのように変質させるかは明らかにされていない。Vgl. Riedel 1965: 110; Rohrmoser 1961: 109; 谷 1983: 117; 長尾 1984: 121.

を労働過程に投与するのは、機械という媒体を通じてであり、労働者はその動きに従うことによって、他者の措定した目的を実現するのである[15]。もちろんこの支配の論理は、ヘーゲルにおいて「資本」概念が成立していることを意味するものではない。彼の論拠はあくまで労働過程における媒体の自立にあり、機械の導入以後に限定されている[16]。しかし労働と目的措定が分離した結果、市民社会はもはや同質的な市民の対等な関係ではなくなっている。人倫的共同体の基盤を形成するはずの市民社会は、生産力の発展と共に階級社会へと変貌していく運命にある。人間が市民であり得るのは、彼が自己の生産物を商品として交換する限りにおいてである。しかしここでは、生産物は労働する者の意志を体現しておらず、彼の背後に潜む他の人間の意志を表している。それゆえ商品交換によって形成される普遍的意志もまた、彼の意志を含んでいない。ヘーゲルのこの問題への対処の仕方はきわめて欺瞞的なものである。すでに引用したように、彼はこの分裂を性格の問題として取り扱い、両者を男と女の性格に振り分けることによって愛による宥和へと議論を進めている。彼は市民的相互承認関係が不可能となるところで、愛を再導入して分裂を回避せざるを得ない。これが問題の解決にならないことはいうまでもない。しかしそれでもなお、ヘーゲルが市民社会の矛盾を自覚していたということは確認できよう。貧富の差という量的問題の背後に、承認関係それ自体を危うくする実質的な不平等の出現が明瞭に認識されていたのである。

　ヘーゲルが直面したこのような現実を前にして、技術的生産力によってなされる解放と人間の社会的解放は同一ではないというハーバーマスの主張に、我々もまた同意せねばならない。しかしヘーゲルにおいて重視されているのは、労働から区別される相互行為ではない。そもそも彼の提示するパラダイムは《労働と相互行為》ではない。言い換えるなら、対象支配に力点を置いた労働

[15] この過程は歴史的にはテイラーの「科学的管理法」による労働の機械化によって一層押し進められ、『ホーソン実験』に基づく労働の人間化の試み、あるいは事務労働に従事するホワイトカラー層の増大によっても基本的に克服されていないと考えられる。筆者にはこの問題に立ち入る準備ができていないが、さしあたり H. ブレイヴァーマンや C. W. ミルズの著作を参照されたい。
[16] ヘーゲルの機械労働論は、あえて言えば、資本の下への労働の形式定包摂ぬきの実質的包摂の論理である。

と自己表現に力点を置いた相互行為との区別ではない。労働も言語も同時に対象支配でありかつ自己表現の行為であり、それぞれに固有な対象連関と他者連関を有している。そして繰り返し強調するなら、市民社会の解放的性格は自己表現としての労働にある。それゆえ技術的生産力の抑圧的性格は、労働の了解志向的行為連関からの分離として理解することができる。労働が自己表現であるのは、それが生産目的の認識という理論的契機に媒介されてのことである。したがって労働からの目的指定の脱落は、労働当事者の意識から生産目的に関する了解が失われることを意味している。さらに、機械制生産が生産過程総体を個々の労働者には見渡し得ないものにし、彼等に代わって全体を管理する者が現れるという事態を考慮するなら、労働者相互間においても技術的調整を越えた了解関係が成立しなくなっていると言えよう。これもまた労働の変質をもたらす原因となる。ヘーゲルの意識哲学的労働概念は、ハーバーマスが批判するような狭義の目的合理性に基礎を置くものではなく[17]、相互了解の契機を含んでいるのである。これに対してハーバーマスの場合には、労働世界はどのように位置づけられているのか。まず近代社会は、政治と経済とがコミュニケーション行為を原理として成立している「生活世界」から貨幣や権力という操作媒体によって組織された「システム」として自立することによって特徴づけられる (Vgl. Habermas 1981b: 471-478)。一方でこれは、人間生活の物質的再生産の過程がより合理的に組織されることを意味するが、他方では「生活世界」を貨幣化し、官僚制化するという否定的作用を及ぼす。私的生活領域に商品が広範囲に浸透し、また行政システムに対して政治的決定を与えるべき公共圏が、あらかじめ作製された限られた枠内での選択肢の選挙による受動的追認へと矮小化されることによって、諸個人の生の意味および政治的権利と義務に対する関心の喪失を引き起こす。ここに彼は、近代社会における「疎外された労働」と「疎外された共同決定」という病理の原因を見出すのである。だが「疎外された共同決定」の克服が、国家市民による能動的な政治的意思決定過程の組織化を通じての行政システムへの積極的関与によって実現されると考えられてい

---

[17] デカルトに端を発する意識哲学一般の批判としては、以下の箇所を参照されたい。Habermas 1981b: 518-523.

るのに対して、「疎外された労働」は、近代的な職業倫理を可能にする合理的生活態度の崩壊として把握される。それゆえ労働疎外の問題は、家族を基礎単位として構成され私的生活圏への商品関係の侵入によって消費主義的で功利的な生活態度が生み出され、労働への道徳的動機づけという社会化の役割を家族がはたせなくなることに起因するものと見なされるのである。だがハーバーマスは、近代における合理的でザッハリヒな労働規律の発展過程において、機械制大工業の成立によって労働そのものが変質していることを看過している。おそらく彼にとっては、政治は人間の意志表明に基づくものでなければならず、権力や貨幣の働きによって過度に合理化されてはならないのに対して、対象への働きかけである労働の社会性は、言語的な了解によらぬ調整が可能であり、システム化された生産組織への同調は「生活世界」における動機づけによって担保しうるものと考えられているのであろう[18]。しかし人間の政治的意志が公共圏において世論として形成されるように、経済的意志が商品という対象世界において実現され、普遍性を獲得するとするなら、重要なことは生産組織外部での労働への動機づけではなく、むしろ生産組織内部でのその目的意識性にある。労働へのエートスを生み出すべき「生活世界」の機能障害も、生産組織内部での意志決定過程への参与による労働の目的意識性の回復を伴って、初めて克服可能になるのではなかろうか。労働という「主体−客体」モデルに基づく「道具的理性批判」に対して、より包括的な「機能主義的理性批判」が対置されるべきならば、労働の道具主義的理解こそ乗り越えられねばならない。言い換えるならコミュニケーション行為の問題は、政治的意志決定過程の問題に収斂されるべきではなく、労働世界に内在するものとしても理論化されなければならないだろう。

---

18) ただし労働における目的意識の喪失は、最終的には、市場での等価交換のメカニズムを通じてベトリープという権力関係を内包するシステムが形成されるということに起因し、これは私的所有関係として法的に制度化されている。したがってハーバーマスに好意的に解釈するなら、労働世界における了解志向的行為の問題は制度に関わるものとなり、政治的決定事項の一つとして留保されているとも考えられる。

【参考文献】

Avineri, S.（1972）*Hegel's theory of the modern state*, Cambridge.（高柳良治訳〔1978〕『ヘーゲルの近代国家論』未来社）

Habermas, J.（1981）*Technik und Wissenschaft als Ideologie*, Suhrkamp.（長谷川宏訳〔1979〕『イデオロギーとしての技術と科学』紀伊國屋書店）

Habermas, J.（1981）*Theorie des kommunikativen Handelns*, Bd. 1, 2, Suhrkamp.

Haris, H. S.（1980）The concept of recognition in Hegels Jena manuscripts, in: *Hegel-Studien, Beiheft* 20, Bonn.

Hegel, G. W. F.（1967）*System der Sittlichkeit*, Felix Meiner, 1967.

Hegel, G. W. F.（1970）*Werke in zwanig Bänden*, Bd. 2, Suhrkamp.

Hegel, G. W. F.（1975-76）*G. W. F. Hegel Gesammelte Werke*, Bd. 6, 8, Felix Meiner.

壽福眞美（1977）「ヘーゲルにおける市民的ゲマインヴェーゼンの論理」、『思想』2月号、岩波書店。

壽福眞美（1983）「相互承認と物象化―初期ヘーゲルの社会理論（三）」、『社会労働研究』法政大学、第30巻、1・2号。

Kimmerle, H.（1967）Zur Chronologie von Hegels Jenaer Schriften, in: *Hegel-Studien*, Bd. 4, Bonn.

Lukács, G.（1973）*Der junge Hegel*, 2 Bde., Suhrkamp.（生松敬三訳〔1974〕『ルカーチ著作集 10・11』白水社）

長尾伸一（1984）「ヘーゲルにおける労働と言語」、『社会思想史研究』北樹出版、第8号。

Riedel, M.（1965）*Theorie und Praxis im Denken Hegels*, Kohlhammer.

Rohrmoser, G.（1961）*Subjektivität und Verdinglichung*, Leipzig.

Rothe, K.（1976）*Selbstsein und bürgerliche Gesellschaft*, Bouvier, 1976.

Siep, L.（1974）*Der Kampf um Anerkennung*, in: Hegel-Studien, 9.

Siep, L.（1979）*Anerkennung als Prinzip der praktischen Philosophie*, Kerl Alber.

谷喬夫（1983）『ヘーゲルとフランクフルト学派』お茶の水書房。

Trede, J. H.（1973）Mythologin und Idee, in: *Hegel-Studien*, Beiheft 9, 1973.

6章 ヘーゲルの 1820/21 年『美学講義』の絵画論と歴史的展示

(石川伊織)

1　問題の所在　芸術終焉論とその虚妄

　ヘーゲルの歴史認識は良くも悪しくも発展史観であった、とはしばしば言われる。『論理学』は、無規定な存在から精神が自己展開する、その叙述であるし、『精神現象学』もまた、単純な意識が絶対知へと展開発展する過程の叙述である。だが、精神の自己展開の論理的な叙述を、時系列に沿った現象世界の歴史的叙述と同一視することはできない。もちろん、『精神現象学』の場合は、いわゆる世界史の展開とも見ることのできる様々な形象の継起をも交えつつ叙述するものではあったが、歴史叙述それ自体ではない。そういう意味では、この両著作の観点を発展史観と総括することは不当ではあろう。

　ヘーゲルの立場を発展史観であるとみなす見解の根拠は、むしろ、ヘーゲルの死後に弟子たちによって編纂された全集版[1]にある。『歴史哲学講義』では、「精神の本質は自由である」（SK, 12, 30）とされる。「世界史が表現するのは、自由の精神という意識の発展であり、こうした意識によっても実現される現実化である。この発展はある種の段階的前進として、自由という事柄の概念を通し

---

1) Hegel 1832-45. 本章では、これを『旧全集版』と表記する。旧全集版に収められたホトー編の『美学講義』は 1835 年から 38 年にかけて出版されるが、これにわずかな修正を施した第 2 版が 1842 年から 43 年にかけて刊行される。本章では、『美学講義』に関しては、ホトー編の初版と第 2 版を『旧全集版』から引用し、適宜 Suhrkamp 社の 20 巻本著作集の該当箇所を示す。『精神現象学』に関しては 1807 年の初版から引用し、適宜新全集版の頁数をも示すこととする。それ以外の『旧全集版』に準拠したテキストについては便宜的に Suhrkamp 社の 20 巻本著作集から引用する。Suhrkamp 社版からの引用には、SK と略記の上、巻次と頁数を付す。

て徐々に明らかになっていく自由の様々な規定の継起として、展開する」(SK, 12, 86)。それは、例えば、「オリエントにおいては一人のみが自由であり、……ギリシア・ローマにおいては幾人かが自由であり、……キリスト教世界であるゲルマンの諸国においては、人間が人間として自由である」(SK, 12, 31) といった表現で語られることになる。ここでは明らかに、オリエントが低い段階であり、ギリシア・ローマ、そしてゲルマン的キリスト教世界へと、自由の段階が高まっていくことになる。ここに発展史観が表れていることは明白であるように思われる。

　ところが、同じく全集版に収められたホトー (Heinrich Gustav Hotho, 1802-73) の編集による『美学講義』(Hegel 1835-38 und Hegel 1842-43) には、これとは対照的な観点が展開されている、とされてきた。いわゆる「芸術終焉論」である。これによれば、古典古代で芸術は完成に達しており、それ以後、近代へと向かって芸術は退化していく、というのである。

　旧全集版に収録された『講義録』群は、様々な年度の異なった講義を、多くの学生の筆記録をもとに再構成したものであって、特定の年度の一学生による一貫した講義筆記ではない。そこには、編集にあたった弟子個人の読み込みや錯誤が入り込んでいる。近年、ヘーゲルの講義を聴講した学生の筆記した多くの筆記録が刊行されるようになった。これらは、後になってから編集・再構成されたものではない。その点で、特定年度の講義の概略を伝えているものと見ることができる。もちろん、当時の学生がどれだけ正確にヘーゲルの講義を採録しえたかは、疑ってかかる必要がある。誤記や錯誤が大量に含まれていることも想像に難くない。しかし、それにもかかわらず、これらの美学講義の筆記録は、ホトーによる編集を加えられた旧全集版のテキストよりも信憑性において勝ると考えられる。なぜなら、ホトーの編集した『美学講義』は、これらの講義録のどれとも似ていないからである。

　芸術終焉論において問題となっているのは、ヘーゲルの哲学体系上における芸術の位置づけである。芸術は精神の展開の最初の段階に位置する。精神は次に宗教の段階へと進み、さらには哲学において絶対精神ないしは世界精神となる。芸術が精神の現象の主要な役割を果たす段階というものがあり、その段階は歴史的には過去に属し、これが、宗教が主要な役割を果たす段階に取って代

わられる、というのである。こうした見解は、『精神現象学』の「宗教」章では、自然宗教から芸術宗教へ、そして啓示宗教へ、という展開において見られ、しかもこれら三様の形態を持つ宗教の全体が、絶対値へと収斂する。『哲学的諸学のエンツィクロペディー』の「精神哲学」においては、同様の展開が、芸術から宗教を経て哲学へ、というかたちで示されることになる。このことが、『美学講義』では、芸術が過去のもの (das Vergangene) となった (Hegel 1842-43: Bd. 1., 15f. = SK, 13, 25) と表現される、というのである。

だが、そうだとすれば、宗教もまた哲学に取って代わられるのであるから、宗教の「終焉」なる事態が語られなくてはならないだろう。ことさら芸術についてのみ「終焉」が強調されなくてはならない道理はない。精神の現象形態にはそれぞれの持ち場があると言えば、それですむことである。ところが、宗教論ではついぞ「終焉」といった議論は聞かれないのである。

それどころか、ホトー編の『美学講義』には、1835-38 年の初版にも 1842-43 年の第 2 版にも、「芸術の終焉」= das Ende der Kunst という表現は登場していない。世に「芸術終焉論」と言われてきたのは、das Ende der Kunst ではなくて、せいぜいが「芸術の過去性」という議論である。しかも、過去性 Vergangenheit について論じられているというよりは、実際には、芸術が過去のもの (das Vergangene) となった、という議論に過ぎない。概念としての「過去性」は論題にはなっていない。「過去のものとなった」という表現でさえ、全 3 巻の大部の書物の中でたった一度用いられているだけである (Hegel 1842-43: Bd. 1., 15f.)。議論の虚妄性はもはや明白だろう。

むしろ重要なのは、かろうじて残された講義の筆記録から、ヘーゲルが何を論じたのかを可能な限り再構成することである。もとより、筆記録自体が不完全であるだけでなく、失われてしまったものも多いのであるから、困難な作業であることは確かである。しかし、幸い、論じている対象は具体的な芸術作品であり、現在でも多くが保存されている。資料から講義の具体像に迫ることは可能である。そもそも、作品に当たらずに芸術論の議論をしてきたこと自体が間違っていたのである。本章は、画家と作品名を挙げて論じることのとりわけ多いベルリンでの最初の講義である 1820/21 年の筆記録をもとに、ヘーゲルが絵画に関して何をどう論じたのかを明らかにし、ヘーゲルの芸術体験を掘り起

こす手がかりを探ろうという試みである。

2 筆記録の残存状況および刊行状況

　ヘーゲルは、1818 年にハイデルベルク大学で初めて美学を講義する[2]。このときにヘーゲルが作成した講義ノートは現存していない。学生による講義録も発見されていない。

　ベルリン大学では、1820/21 年の冬学期、1823 年の夏学期、1826 年の夏学期、1828/29 年の冬学期と、4 回の講義を行っている。このうち、1820/21 年冬学期の講義録は、アッシェベルク（Wilhelm von Ascheberg）の筆記（Hegel 1995）が唯一の現存資料である。1823 年の講義は、のちに旧全集版の『ヘーゲル美学講義』を編纂することになるホトー（Heinrich Gustav Hotho）の手になる筆記録（Hegel 1998）が唯一の資料である。1826 年の講義には、口述筆記としては、①プロイセン文化財団ベルリン州立図書館所蔵の筆記者不明の筆記録（Hegel 2004b）、②ケーラー（Friedrich Carl Hermann Victor von Kehler）（Hegel 2004a）の筆記したもの、③最近になってアーヘン市立図書館の蔵書の中から発見された筆記者不明の筆記録、④同じく近年発見されたポーランドの詩人ガルツィンスキー（Stefan von Garczynski）の記したものと推定される筆記録があり、講義後に仕上げが加えられたものとしては、①グリースハイム（Karl Gustav Julius von Griesheim）と、②レーベ（I. C. Löwe）のものが存在している。1828/29 年冬学期の講義については、①ハイマン（Heimann）と、②リベルト（Karol Libelt）と、③ロラン（Rolin）の 3 点の筆記録が知られている（Gethmann-Siefert 1991: 95-102）。このうち、活字に起こされて現在刊行されているのは、1820/21 年のアッシェベルクの筆記録と、1823 年のホトーの筆記録、1826 年のベルリン州立図書館所蔵の筆記録およびケーラーによる筆記録の 4 点である[3]。

---

2) 講義とその筆記録については、旧全集版に収められたホトー版『美学講義』初版の編者前書き（Hegel 1835-38: Bd. 1, V-XVI）、および、Gethmann-Siefert 1991: 92-110 参照のこと。なお、後者については、この論文を含む Hegel-Studien 第 26 巻の全体が『ヘーゲル講義録研究』（ペゲラー 2016）として刊行されている。

3) なお、2015 年に新全集版第 28 巻『美学講義』の刊行が開始された。現在刊行されている

3　4点の筆記録についての概観

　1826年までの各講義では、全体が普遍部門と特殊部門とに区別され、普遍部門がさらに、芸術美の理念を扱う普遍的な部分と、芸術美の歴史的展開である象徴的・古典的・ロマン的の各芸術について論ずる特殊な部分とに分かれている。ホトーの報告では、1828/29年講義において、普遍部門－特殊部門－個別部門の3部構成に変更される[4]。1826年講義までの普遍部門が普遍部門と特殊部門に分けられ、特殊部門が個別部門とされているだけで、論述の内容にそれほどの相違はない。体系構成上の要請に基づいてか、普遍・特殊・個別の3部構成を律儀に適用させてみただけ、と言ってもよい。しかし、ゲートマン＝ズィーフェルトは、ここには1827年の『エンツィクロペディー』第2版の改訂に合わせた体系構成における芸術の位置づけの変化が表れていて、1828/29年講義の複数の筆記録には「芸術の過去性」の強調が明確に読み取れる、とする。この結果、実際の作品を例に挙げての説明が、大幅に第3部の個別部門に移されることで、第3部の比重が全体の半分を占めるまでに至っている、というのである（Gethmann-Siefert 1991: 100）。

　現在1828/29年の筆記録が刊行されていないので、確認のしようがないが、1832年のホトーによる旧全集版の初版でも、第3部が全体の半分を占めていることから、これがホトーの全くの恣意でないとすれば、1828/29年講義を何らかの形で再現していると考えることができるであろう。しかし、それでも、それ以前の講義では1828/29年以降の講義の第3部にあたる「第2部　特殊部門」がどのような比重を占めていたのかも、考察されなくてはなるまい。現行の刊本での比較になるので、分量に関しては相対的な比較にしかならないことを考慮に入れつつ、刊行されている4種の筆記録と、ホトーによる両版、およ

のはその第一分冊のみで、これにはAscheberg（1820/21, Hegel 1995と同じ）とHotho（1823, Hegel 1998と同じ）が収録されている。編集者注は続刊に収録される予定のため、現在刊行されている4点の講義録に関する詳しい情報については、新全集版ではなく上記の4冊の刊本を参照されたい。
4）旧全集版ヘーゲル『美学講義』初版（Hegel 1832）のホトーによる序文参照。

びホトー第2版に基づく現行の複数の刊本の内容を比較すれば、表6-1の通りである。

　一目瞭然であるのは、旧全集版以下のホトーによる『美学講義』の刊本の総頁数が、尋常でなく膨大である点である。それ以後の刊本は、すべてホトーの第2版に基づいている以上、ホトーの両版の構造をそのまま受け継いでいるのであるから、問題となるのはホトー第2版である。初版との相違は、組版と目次の整理にとどまっており、第2巻以降（第1部の後半から後ろのすべて）は頁付けも全く同一であるから、第2版を問題にすれば充分である。

　しかし、1820/21年講義でも、第2部（1828/29年講義以降の第3部）は全体の半分近くを占めている。しかも、具体的に作家名・作品名を挙げて言及されている作品数は、1820/21年の筆記録が最も多い。特に絵画論にこれは顕著である。1820/21年筆記録では、20人を超える画家について40回以上言及されているが（名前のみ伝わって作品が現存していない古代の作家への言及を含めると、さらに多くなる）、1823年の筆記録ではたった4人。1826年の筆記録ではともに6人（2つの筆記録で異同があるので都合7人）である。ホトーの第2版では、全体が膨大な分量に膨らんでいるにもかかわらず、取り上げられている画家の総数は1820/21年講義をいくらも越えていない。さらに、1820/21年の筆記録には言及があるにもかかわらず、ホトー第2版には現れない画家も、ホトー第2版には言及があるが1820/21年の筆記には現れない画家も複数存在する（表6-2参照）。この異同は何を意味するのだろうか。

　前述のとおり、1828/29年講義では、残された3点の筆記録のどれからも、

表6-1

版および総頁数	序論	第1部第1篇／第1部	第1部第2篇／第2部	第2部／第3部
1820/21 Ascheberg, 310S.	26S.　8.39%	63S. 20.32%	74S. 23.87%	147S. 47.42%
1823 Hotho, 312S.	46S. 14.74%	72S. 23.08%	86S. 27.56%	108S. 34.62%
1826 筆記者不明, 202S.	20S.　9.90%	40S. 19.80%	63S. 31.19%	79S. 39.11%
1826 Kehler, 235S.	31S. 13.19%	36S. 15.32%	86S. 36.60%	82S. 34.89%
Hotho 1. Aufl., 1593S.	116S.　7.28%	268S. 16.82%	403S. 25.30%	806S. 50.60%
Hotho 2. Aufl., 1578S.	114S.　7.22%	260S. 16.48%	398S. 25.22%	806S. 51.08%
Suhrkamp Bd. 13-15, 1514S.	114S.　7.53%	262S. 17.31%	390S. 25.76%	748S. 49.41%
Bassenge 1955, 1057S.	78S.　7.38%	180S. 17.03%	268S. 25.35%	531S. 50.24%

表 6-2

	1820/21	1823	1826	1826 Kehler	Hotho	その他
Albani/Albano	252					
Battoni	267					
Carraci	252, 257				III-39	
Cellini	266					
Correggioi	259, 262, 267, 272	256	212	185	III-31, III-63, III-74, III-100, III-116	SK11-563, Br. II-356, Br. III-187
Balthasar Denner	249, 265f.				I-207, III-56	
Dürer	235, 65f.	261	215	189	I-369, III-62, III-98, III-120	SK11-563, Br. II-43, Br. II-110, Br. II-356, Br. IVa-169
van Dyck	246f.		209f.		I-213, III-79	
Hubert und Jan van Eyck	180, 262, 265, 270			184f.	II-225, III-38, III-39, III-39, III-42, III-48, III-48, III-68, III-91, III-118, III-120	Br. I-355f., Br. II-359, Br. III-177, Br. III-200
Angelico da Fiesole					III-112, III-112	
Francesconi (Franceschini の誤記)	269					
Hemmling/Memmling	180, 257, 265, 272				II-225, III-39	Br. II-355, Br. III-177, Br. III-200
Holbein						SK11-563, Br. II-292
von Kügelgen	246, 268				III-79, III-79, III-100	SK11-562f.
Leonardo da Vinci	264				III-74, III-96, III-115	Br. II-353, Br. III-187
Mantegna						Br. III-59
Mengs	276				I-26, I-369, III-69	
Michelangelo/Michael Angelo	191, 237, 264		205	185	II-250, II-464, II-464, III-95, III-96	SK12-494, Br. II-356, Br. II-358, Br. II-360, Br. III-59, III-200
Bartolomé Esteban Murillo					I-214, I-214	
Ostade					II-224	
Perugino					III-116, III-116	
Polygnot / Polignot	252				III-31	
Raffael / Raphael/ Raffaello Santi	64, 214, 219, 259, 264f., 271	155, 251f., 261	78, 106, 209, 212	62, 183, 186	I-196, I-214, I-352, I-374, II-18, II-301, III-14, III-28, III-28, III-28, III-31, III-40, III-42, III-42, III-48,	SK11-563, SK12-489, Br. II-356, Br. III-72, Br. III-187

					III-62, III-89, III-95, III-96, III-115, III-116, III-116, III-116, III-120, III-206	
Rembrandt van Rijn/ van Ryn					I-213	Br. II-362
Guido Reni	263				III-43, III-50	
Rubens					III-31	Br. II-359
Schonauer/ Schön						Br. III-59
van Scorel/Schorel/ Schoreel	180				II-225, III-46	SK12-175, Br. II-354
Jan Steen					II-224	
Teniers/Tennier	272					
Terborg	273				II-225	
Titian/Tizian	265f.		215	189	III-116	Br. III-187
Vasari					III-112	
Roger van der Weyden		258				Br. II-355f.

注）2016年12月のヘーゲル学会におけるシンポジウムで柴田隆行氏によって報告される予定の研究に基づく。頁番号はすでに言及している各版の頁を示す。Hotho版については第2版の巻次をローマ数字で示しハイフンの後に頁を示す。［その他］に掲載したのはShurkampの20巻本著作集に収録の『ベルリン時代の著作集』(SK, 11) および『歴史哲学講義』(SK, 12) および書簡集（*Briefe von und an HEGEL*. Hrsg. von Johannes Hoffmeister, 3. Aufl., Hamburg 1969）に言及がある画家の名前を示す。前者についてはSK11、SK12で巻次を示し、頁番号を付す。後者についてはBr. で書簡集であることを示し、巻次と頁数を添える。第4巻は2分冊になっているので、第一分冊をa、第二分冊をbで示した。表中に同一頁の表記が複数あるところは、同一頁で複数回画家名が繰りかえされていることを示す。人称代名詞による言及はカウントに含めない。

第3部の肥大化が読み取れる、とゲートマン＝ズィーフェルトは言うが、当該論文では具体的に言及されている画家の名前までは挙げられていない。1828/29年の筆記録が未だ刊行されていない現在、果たしてこの講義で、具体的な画家の名前や作品名を多数挙げてヘーゲルが講義したものかどうか、論証する根拠はない。しかし、ゲートマン＝ズィーフェルトの証言をすべて信じるとしても、ホトー版に登場する画家についての言及が何を資料源泉としてなされたものなのかは、なお不明である。1823年の筆記録がホトー自身によるものであり、そこにはわずかの画家名しか挙げられていないことを考えれば、この疑問はさらに深まる。ホトーによる作品への具体的な言及が、どこまでヘーゲルに基づくのかは、疑問である。とはいえ、明らかなのは、ゲートマン＝

ズィーフェルトの言う「1827年のエンツィクロペディーにおける体系変化」、すなわち、1828/29年講義での「芸術終焉論」の強調では、1820/21年講義に現れる作品の豊潤なまでの具体例は説明できない、という点であろう。すなわち、個々の作品への具体的な言及の豊かさは「芸術終焉論」の証左であるわけではない。では、1823年と1826年講義での具体的な作品への言及の極端なまでの少なさは、どう説明したらよいのだろうか？　この疑問に答えるには、1820/21年講義の内容に踏み込んで絵画論を検討する必要がある。

4　ヘーゲルの絵画論

1）自然模倣説の否定

　ヘーゲル美学の第一の特徴は、芸術が自然の模倣である、とする説の否定にある。芸術が表現するのは美の理念である。「芸術は、絶対的概念を感性的直観に対して表現する。それも、感性的な素材を用いて表現する」（Ascheberg 35 = Hegel 1995: 35。以下、同書への言及は Ascheberg +頁番号で表記する）。ヘーゲルは、「概念」は「理念」と区別される場合もあれば、同じ意味でつかわれる場合もある、と断りつつ、概念と実在の一致が理念である、とも語る（Ascheberg 48）。芸術作品においては、いかなる概念であれ、感性的な素材を用いて表現されざるを得ないのだから、表現においては概念が実在の形態をまとって登場することになる。これが概念にふさわしい統一として現れるなら、「美の理念が表現されている」ということになる。しかるに、自然の生命体には死は避けられない。したがって、自然美は理念の表現とはみなせないし、自然を模倣したところで美の理念が表現できるわけではない。したがって、自然美は美学の対象とはならない。「この講義では美学を扱う。その分野は美であり、主として芸術である。この名称は感覚の学の意味である。つまり、以前はこの学で感覚の印象が考察されていた。しかしこの言い方は適切でない。なぜなら、この講義ではもっぱら芸術の美が論じられ、自然に起因する感覚は論じられないからである」（Ascheberg 21）。

　だが、その記述は回りくどい。このように述べておきながら、直後には、「芸術の本質は自然の模倣である」（Ascheberg 22）と反対のことを言う。だが、

それは「激情の惹起とその浄化である」(Ascheberg 22) ような芸術に過ぎない。だから、自然の模倣というのは単なる形式的な関心に過ぎない (Ascheberg 23)。要するに、このレベルの芸術は、本物そっくりならそれでよいのである。これでは、自然模倣説の積極的な肯定とはならない。肯定しているようでいて、実は人口に膾炙した通説を遠回しに否定している。アッシェベルクの筆記録におけるヘーゲルの口調は、ほとんどがこうである。ヘーゲル自身は、最初の命題などは接続法で口述していたのかもしれない。だが、聴講者にはそれが聞き取れていないのである。

2）絵画の抽象性：平面性

　彫刻は神々を表現するものであった。神々はそれ自体で神的な本質であるから、静止したままでの神である。しかし、ここに表現されているのは客観的なものだけであり、それはいまだ抽象的である。客観的なものは完全に個体化されなくてはならない。すなわち、静止ではなく、活動する生命が描かれなくてはならない。古典的芸術においては締め出されていた主観性が、「今や主観的で精神的な個体のうちで統一され」(Ascheberg 241) なくてはならない。これが絵画である。絵画が表現するのは主観的な情感、とりわけ愛、それも母の愛である (Ascheberg 242)。だが、主観は情感の持つ直接性を否定して、活動的なものとなる必要がある (Ascheberg 243)。絵画は、これを平面上に描写しなくてはならない。

　「絵画は抽象的な芸術である。それというのも、絵画の描写は平面上でなされるからである」(Ascheberg 243)。三次元の現象世界を二次元平面に変換するのは「抽象」である。この変換は三次元を三次元で表現するよりもより進んだ段階である、とヘーゲルは言う。したがって、「疑いの余地なく、彫刻のほうが（絵画よりも）古い」(Ascheberg 243)。その証拠として、絵を描く際に子どもは輪郭線を描かないという例まで持ち出される (Ascheberg 243)。輪郭線は三次元空間には存在しない。だから、子どもは鼻や目を輪郭線なしで直接表現する。輪郭線を要求しているのはむしろ絵画の抽象性であり、この抽象性のゆえに、絵画は彫刻よりも発展した芸術なのだ、というのである。この主張は、ギリシアの彫刻芸術に美の理想を見るヴィンケルマンの思想とは真っ向から対立する

ものであった[5]。

　ところで、平面の描写である絵画には、必然的に背景が付きまとう。彫刻はそれ自体で自立した個体であった。それゆえ、彫刻は空間にそれだけで自立する。逆にまた、背景を有するレリーフは完全な彫刻とはみなされなかった。これに対して、絵画は背景に依存する。描かれている人物等々はそれ自体では自立しない。これを裏返せば、彫刻の題材はそれだけで内実を有する古典的な完成形態を持つもの、つまり神々であったが、絵画では、彫刻の題材とはなりえないような日常的なものも取り上げることができる、ということになる。神や使徒はそれだけでも何ものであるかは判別できるから、これらが描かれた絵画作品はそれだけで礼拝の対象にもなる。しかし、こういった題材は彫刻にすることもできるものだ。肖像画は、見ず知らずの市井の人を描くこともできる。また、そのような場合にこそ、対象の人物が背景から生き生きと浮かび上がってくるように描かれる必要がある。これが画家の技量である。ファン・ダイクの肖像画が、この最適な例として引用されるのである（Ascheberg 246）。

3）光　と　色

　「複数の対象に光が当たる。すると光は自分自身を色彩へと分解する。したがって、平面と色彩とが絵画の2つの根本規定である」（Ascheberg 243）。色彩に関しては、ヘーゲルの立場は微妙である。講義の中では、ゲーテの『色彩論』に準拠していると思われる用語や考え方が散見されるのであるが、他方では、ヘーゲルはゲーテに批判的で、これに腹を立てたゲーテを、ヘーゲルとも親交のあったボアスレ兄弟がとりなしたりもしている[6]。

　ヘーゲルによれば、絵画を完成させるのは色彩である（Ascheberg, 272）。ヘーゲルは、色の扱いに優れていたものとしてヴェネツィア絵画とオランダ絵画を高く評価する。

　さて、色彩には3つの在り方がある。第一が、一色のうちに明と暗とを対比

[5) この主張は、輪郭を認めないゲーテの『色彩論』の主張に対する批判でもある。Goethe 1810: Bd. 1, 43 を参照のこと。
6) Hoffmeister 1969 およびズルピッツ・ボアスレの日記（Weiz 1987-95）を参照のこと。ボアスレのコレクションについては後述する。

させることである。これが基本で、人物の立体感はこの技法で表される。しかし、きわめて暗い色ときわめて明るい色を並べたのでは対比がきつすぎる。暗さにも適度なグラデーションが必要である（Ascheberg 273）。第二は固有色（Localtinten ある部分を実際の色よりも濃く彩色すること）の技法である。部分は位置関係によって一定の明暗を得るが、この明暗を超えた色彩を各部分に与える技法をいう。例えば、唇は自然にあるのよりもさらに赤く塗ることができる（Ascheberg 273）。第三が隣接する色との関係である。すなわち、色の明るさと暗さは隣り合う色によって決まる。繻子の画家として有名であったテルボルフ[7]の参照を指示しつつ、ヘーゲルは混色によってではなく、異なった色の並置によって明暗を表現する技法を称賛する。混色は絵具を濁らせてしまうけれども、単純な色を隣り合わせで配置していく方法を採れば、絵具を濁らせることなしにくすみを表現できる。この手法で作品全体の調和を作り出した者として、ここでもオランダ派の画家たちが称賛される（Ascheberg 273f.）。この技法の極端な例はモザイク画である。もちろん、空気遠近法は、くすませることによって遠近感を生み出す技法であるから、単純な色の隣り合わせの配置という方法は、風景画の場合には有効ではない。固有色の技法も空気遠近法には一歩譲らざるを得ないだろう。しかし、人物を描く場合はそうではない。「人間の肉体の色調（Colorit）は表現するのがもっとも難しいもので、またそれゆえに、さまざまな仕方で把握されるのであるが、ここでは、画家は幾何学的遠近法などのような、特定の規則に従ってこれを扱うことはできない。画家は自分の固有の独創力、すなわち創造的な構想力に頼らざるをえない。色の調子（Farbeston）については、画家は誰しも、いわば自分本来のやり方を持っている。世界はこのやり方で彼に現象し、彼の模写の構想力もこのやり方で再現を行うのである。したがって、色調を芸術家の手法とみなしてはならない。むしろそれは色の調子についての固有の見方であって、現に存在している。画家は色の調子をそのように見て、そしてこの調子はまた現に自然のなかに現前している。しかし、色の調子は一つの消えゆく調子として現前していて、それはその一時

---

[7] ヘラルド・テルボルフ（Gerard Terborch、または Gerard ter Borch、1617-81）はオランダの画家。繻子の表現に定評があったという。

的な存在のなかで把握されなくてはならない」(Ascheberg 274f.)。色の調子＝Farbeston は、それぞれの画家に固有の仕方で現象してきている。現象してきている以上、それなりの実在的な根拠を持ってはいる。しかし、この現象は画家に固有である。これをとらえる仕方が色調＝ Colorit であるというのである。だから、色調が画家それぞれで異なっているとしても、それは手法＝ Manier ではない。つまり、単純な色を隣り合わせていく仕方は画家の Colorit に従って様々だとしても、そのように色は現象してきているのである。しかもこれは時々刻々消え去っていく。色は時々刻々変化し、きらめき、生じては消滅するのである。だから、人の肌を描くのは難しい。

「頬の赤は純粋な赤で、青みがかってはいない。しかし、かすかな赤なので身体の他の色の中へと溶け出してしまう。これ以外の部位の色はあらゆる色の混色である」(Ascheberg 275)。これに続けてディドロの『絵画論』からの一文が引用される。「肉体の感触に到達した画家は、遠くまで到達している。その他のすべては些末なことだ」(Ascheberg 275)。この文章は、ゲーテによるディドロの『絵画論』の翻訳（Goethe 1830: 257）に出てくる。この訳書は、ディドロの『絵画論』の最初の刊本であるビュイッソン版（1795）全8章の、最初の2章からの抜粋である（佐々木 2013: 739 以下参照）。それも、最初の章はほぼ完全な翻訳であるが、第2章はゲーテによる抜粋・翻訳とそれに対するコメントからなる。ヘーゲルの引用はこの第2章からのものである。

ディドロも、そしてまたこれを翻訳したゲーテも、「肉体の感触」という「自然」を模倣することに成功した画家を称賛している。だが、そこまでである。確かにヘーゲルも、「生き生きとした様（Lebendigkeit）」を表現することの重要性は認めている。しかし、ヘーゲルによれば、「自然の模倣」によっては「生き生きとした様」の表現には到底達しえない。なぜなら、自然の生命体はいずれ死を迎えるからである。しかるに、美の理念である「生き生きとした様」は、個体の死を越えて生き続ける普遍的なものでなくてはならない。ゆえに、自然を模倣したところで理念は表現しえない、ということになる。

さらに注意すべきは、ヘーゲルが引用していない直前の個所で、ディドロは、人間の頬の色には赤と青とが混在している、としている点である。ディドロによれば、人間の頬の色には赤と青が混在しているので、「肉体の感触に到達」

するのが難しいのであるが、ヘーゲルによれば、頬には純粋な赤があって、これは青を交えてなどいないから、だから「肉体の感触に到達」するのがむずかしいのである。ヘーゲルは巧妙にディドロの主張とは異なった論述をしていることになる。ディドロを正面から批判していないからといって、ディドロに賛成しているわけではない、ということになるだろう。

　ヘーゲルによれば、「青と赤が原色の調和した対照の基盤をなす」(Ascheberg, 276)。緑を作る場合には青と黄を合わせるが、そもそも青は暗く、黄は明るい。これを合わせると黄が勝ってしまう。青を目立たせるには、黄をくすませなくてはならないが、くすんだ黄、つまり明るさの低い黄は赤である。だから、青と赤が調和しつつも対照をなすのである (Ascheberg, 275f.)。この対照はオランダ派の描くマリア像に明らかに見て取れると、ヘーゲルは言う。聖母マリアのガウンは「深い情感のこもった青」であり、ヨセフとキリストの着衣には「赤が配される」(Ascheberg, 276)。これに対して、イタリア絵画は主要人物にも混色による副次的な色を配した。一般に、「古い画家は総じて色の純粋さに依拠していた。こうしたことは近代人のもとではもはや見られない」(Ascheberg 276)。ここで言う「古い」は「古代」の意味ではない。古代ギリシアの絵画作品で19世紀まで残存していたものはないからである。古代ギリシアの絵画としてヘーゲルはゼウクシス (Ζεῦξις, Ascheberg 23) やポリュグノートス (Πολύγνωτος, Ascheberg 252) の名前を挙げるが、名前は有名でも彼らの作品は現存しない。現存しているとしても、ポリュグノートス作とされるのは陶器に描かれた壺絵ばかりである。これでは色調について論じるわけにはいかない。古代ローマの絵画であっても、ヴェスヴィオス火山の噴火でポンペイとともに滅びたヘルクラネウム出土の壁画 (Ascheberg 252) や1605年にローマで発掘されたフレスコ画『アルドブランディーニの婚礼』(Ascheberg 271) 以外にはほとんど残っていない。それに、ヘーゲルが知っていたかどうかはともかく、ヘルクラネウムの壁画は噴火の熱で変色している[8]。ヘーゲルは、中世からルネサンスのはじめにかけての教会の壁画を想定していたのではないだろうか[9]。問

---

8) 2016年森アートギャラリーにおけるポンペイ壁画展の図録参照。
9) こうした「古い」の用例は Ascheberg 189 などに見ることができる。

題は、これらの古い絵画は色の純粋さを重要視していた（Ascheberg 276）、というヘーゲルの指摘である。近代の画家は曖昧な色を使うというのである。

例えば風景画なら、「風景はこうした明白な色をつねに許すわけではない。たとえ許されたとしても、それは、ある一色しか使えないような、たとえば石とか草などといった中立的な自然の対象にだけである」。これに反して、「人物を描写する場合には原色が入り込む余地がある。何らかの精神的な世界を描写するなら、色を抽象態のかたちで、すなわちその純粋さのまま用いることこそがふさわしい」（Ascheberg 276）。人物の明確さ、内容の豊かさは、描かれる色の明確さ、純粋さによって表現されるべきだ、というのである。オランダ派の絵画は、皮膚の上に現れる純粋な赤や青を、人物の着衣や皮膚以外の部位にも配することで、絵画全体の調和を達成している。これをヘーゲルは高く評価するのである。それに引き換え、近代の、特にフランス絵画やアントン・ラファエル・メングス[10]の蒐集した絵画は、混色によるグラデーションで、色褪せた、甘美な、愛らしいものを表現する。いわばふわっとしたパステルカラーのような曖昧な色を使う。ここでは立体感を作り出しているのは単色の濃淡でしかない。これでは、白一色の大理石の石像と選ぶところはない。だから、ヘーゲルはこれを「特性が背後に退き、彫刻の理念が全面に出ているような絵画」と呼ぶ。しかし、「混色はたしかに調和の役には立つが、そういう調和は低次の調和であり、大した価値のない調和である」（Ascheberg 277）。

アニク・ピーチュによる大部の著作『画材、技法、美学と色彩の学 1750-1850』（Pietsch 2014: 211ff.）によれば、ドイツでは1800年代初頭から色彩復権の動きが起こっている。この運動は、ニュートンの光学理論を拒否し、ニュートンの光学理論に沿って展開されたアカデミーの色の調和に関する理論を否定する。運動の中心はゲーテであり、それを取り巻くフンボルト、シュレーゲル兄弟、シェリング、ヘーゲルらがこれに与した。ピーチュは彼らを「ヴァイマール・イェナ・グループ」と名付け、ヘーゲルを初期ロマン派の一員に数えている。彼らの主張は、明暗の対比とグラデーション（Grad der Farben）によって

---

[10] メングス（Anton Raphael Mengs, 1728-79）は、新古典主義の先駆者とされるドイツの画家で、スペイン王カルロス3世の宮廷画家。ただし、メングスの蒐集したのは古代彫刻の石膏によるレプリカである。筆記者の錯誤。

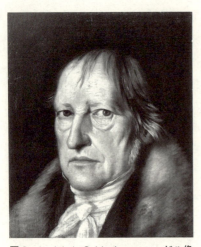

図6-1 Jakob Schlesinger ヘーゲル像 (1831) 36 × 28.8cm SMB Nationalgalerie 蔵 (https://commons.wikimedia.org/wiki/File:Hegel_portrait_by_Schlesinger_1831.jpg) カラーの図版は上記 URL 等で確認されたい。

色の調和をもたらそうとするニュートン理論に基づく技法を廃して、色の並置（Farbenzusammenstellung）によって調和をもたらそうとする。ディドロの言う「光と空気（Licht und Luft）」による色の調和をニュートン光学批判と読むA. W. シュレーゲルも、ヘーゲルの絵画論も、ともにゲーテの『色彩論』（Goethe 1810）から出発していた（Pietsch 2014: 211）。この派の理論の典型としてピーチュが取り上げているのが、ほかならぬヘーゲルの理論であり（Pietsch 2014: 218ff.）、その実践例として紹介するのが、1831年秋に、年来の友人であった画家にして絵画修復家のヤーコプ・シュレジンガー（Jakob Schlesinger, 1792-1855）にヘーゲルが描かせた、自身の肖像画である（Pietsch 2014: 219）。ここには、ヘーゲルがオランダ派の絵画で指摘したように、肌の色に加えられているのと同じ色がヘーゲルの着用しているガウンやネクタイ、頭髪の中にも散見する。ヘーゲルの理論を実作で示した例たる所以である（図6-1参照）。

　もう一点、注意しておくべきは、ピーチュの記述では、ヴァイマール・イェナ・グループのメンバーには、ヘーゲル理解の通説ではヘーゲルの論敵とされるドイツ・ロマン派の面々もいれば、ゲーテのような古典派の重鎮もいるということである。これら各派の間での論争関係とは別に、反ニュートンという点ではこれらの論者には同盟関係が成り立っているとも考えられるのである。

　芸術終焉論のもう一つの基調には、ヘーゲルを、ロマン派を批判する古典主義者、ヴィンケルマン＝ゲーテ流の古典主義者と見る観方が存在していた。実際には、ロマン主義芸術の代表である絵画を、それも宗教画のみならず、オランダの風俗画を高く評価しているヘーゲルである。にもかかわらず、これらの事実を無視して、ヘーゲルを、ヴィンケルマンに倣ってギリシアを最高の段階

とみなす古典主義者に仕立て上げるには[11]、ヘーゲルをアンチ・ロマン派にしなくてはならない。この立場からは、ピーチュが指摘するような、当時の絵画と絵画アカデミーをめぐる思潮は、頭の痛い問題ではある。たしかに、『精神現象学』でシェリングをはじめとするロマン派の哲学を批判しているヘーゲルである。だが、ヘーゲルが批判したロマン派は18世紀末から19世紀にかけてのドイツのロマン派である。ヘーゲルが「ロマン的芸術」として念頭に置いているものとは一致していない。この点もまた、芸術終焉論の虚妄性を立証する傍証となるであろう。

4）画題と特性

　「絵画の絶対的に本質的な描写とは、まさに深く愛情のこもった魂の描写であり、魂の内深くに刻み込まれて魂と一体化しているような特殊態の描写である」(Ascheberg 252f.)。したがって、たとえ神話的な人物が題材となったとしても、またそれが、祭りの際などに拝むための対象であったとしても、彫刻のように、これを神的なものとして静止の内に造形するのではなく、人物の魂が情景の中に表現されるのでなくてはならない。たとえヘラクレスを描いたとしても、表現されるべきは神的なヘラクレスではなく、ヘラクレスの「地上を超え、利害を超えた神聖な愛」(Ascheberg 253)である。愛は、「その最初の現実態を母の愛において持つ」(Ascheberg 253)。したがって、聖母マリアを描いても、描かれるべきは信仰の対象としてのマリアではなく、母としてのマリアである。古代においては性愛としてあった愛が、兄弟・姉妹の愛へと展開し、それが母の愛となる。つまり、愛から性欲が消去される。しかし、聖母マリアは子であるイエスを抱いている。したがって、愛の真理は愛しあう当人たちにおいてではなく、その結実としての子において現れ出る。これがヘーゲルの言う、絵画に描かれるべき愛の「ひたむきさ（Innigkeit）」である（Ascheberg 254)。

　ボアスレのコレクションの含まれるカラッチやヘムリング[12]の描くキリス

---

11) 例えば、弘文堂『ヘーゲル事典』における「美学」の項目の執筆者である長谷川宏はヘーゲルを全くの古典主義者にしてヴィンケルマンの徒とみなしている。
12) ヘムリング（Hemmling）は、現在ではメムリング（Memmling）と表記される。ただし、ここで言っている作品は、現在ではディルク・ボウツ（Dieric Bouts, ca. 1410/20-75）の作品とされる『復活のイエス』（ミュンヘン、アルテ・ピナコテク蔵）である。

ト頭部の像を引き合いに出してヘーゲルが論じるのは、キリスト像を肖像として描く際の問題点である (Ascheberg 257f.)。キリストをギリシア的に描いてしまえば、キリストは神々の一人になってしまう。人間として描けば、普通の人間にしかならない。それゆえ、成人のキリストを描くには困難が伴う。最も好ましい画題は「嬰児イエス」である。ヘーゲルは、ドレスデンの絵画館所蔵のラファエロの『サン・シストの聖母』をその典型例として賞賛する。あるいは、蔑まれたイエスもよい画題である。こちらの例として挙げられるのは、多くの画家によって取り上げられた「この人を見よ (Ecce Homo)」である。イエスは神としてではなく、ひ弱な男として描かれるからである (Ascheberg 258)。

　こうした愛には、受苦が伴う。「悲しみの聖母 (マーテル・ドロローサ Mater Dolorosa)」や「聖母の死」という画題には、愛が受苦とともにある様が描かれる。あるいはまた、愛からは献身が導かれ、あるいは崇拝や祈りが導かれる。ここでも、ヘーゲルは『サン・シストの聖母』を例にして、この絵に描きこまれた教皇シクストゥス2世や聖バルバラ、使徒や聖人たちの像が示しているのは、この崇拝だと説明する。同じくドレスデンの絵画館が所蔵するコレッジョの『聖フランチェスコの聖母』[13] が示しているのは、祈りである (Ascheberg 262)。ファン・エイクの『三王礼拝』[14] もまた、画題としては祈りや敬虔を表しているはずであるが、ヘーゲルは彼らが王であるというところに着目している。王の肖像画としての側面が勝っていて、祈る人以上の何かになってしまっている、というのである (Ascheberg 262)。ここにはドナテッロの名前も出てくるが、ドナテッロは彫刻家であったから、ヘーゲルが何を指してこう述べているのかはわからない。死後、聖母マリアが魂だけではなくその肉体までもが天上へと召された、というマリア信仰を母体とする「マリアの変容」「マリア被

---

13) アッシェベルクは、この作品を『聖フランチェスコ』と筆記している。中央の一段高い玉座の上に聖母子がおり、聖母の足元にパドゥヴァの聖アントニウス、聖フランシスコ、聖女カタリナ、洗礼者ヨハネを配する。
14) この作品は、ボアスレのコレクションに含まれていたもので、ボアスレもヘーゲルも、これを購入したミュンヘンのギャラリーも、ファン・エイクの作と信じていたが、現在ではロヒール・ファン・デル・ウェイデン (Rogier van der Weyden, 1399/1400-64) の作とされる。『コロンバの祭壇画』とも呼ばれる。中央のパネルの左右に翼が付いた三面の祭壇画の中央が「三王礼拝」図である。左翼は「受胎告知」、右翼は「イエスの神殿奉献」。

昇天」等と称される画題については、ヘーゲルは、この当時からミュンヘンの絵画館の所蔵であったグイド・レーニの『マリア被昇天』を取り上げ、天上へと向かうマリアのまなざしに注目している。レーニの作品では、マリアは宙に漂っていて、天上へ向けたまなざしがマリアを天へ溶解していくかのように見せている。しかし、聖母は宗教的な題材であるにもかかわらず、聖人としてではなく母として表現されることの方が重要だ、というのがヘーゲルの主張である。「天へのこうした憧れは近代の感傷と紙一重である」(Ascheberg 263)。

　ヘーゲルにとって重要だったのは、彫刻のように、神的な本質を固定された像として提示するのではなくて、絵画はあくまで個体の特性を描き出すべきものである、ということである。それゆえ、マリアや聖人が問題なのではなく、マリアや聖人がいかなる特性を代表しているかが問題であり、この特性が適切に表現されているかどうかが重要である。したがって、ソクラテスがシレノスの姿で描かれるのは、それによってソクラテスが持つ道徳的なものを示すためであり (Ascheberg 264)、ラファエロの描いた使徒たちや、ダ・ヴィンチが『最後の晩餐』で描いた十二使徒、あるいは、ラファエロの『アテナイの学堂』を歩く哲学者たちがひげを蓄えているのも、魂の偉大さという特性を表現するためであった、と言うのである (Ascheberg 264)。

　絵画は、こうして人物の特性を表現することになる。そのために、様々な背景や持ち物、衣装の色などが工夫される。こうした工夫の中から背景が独立してくることで風景画が成立し、衣装や室内の様子を描写することから、動物画であるとか静物画が発達してくるのである (Ascheberg 246)。こうした流れを推し進めたのはオランダ絵画であったが、「通俗的な画題に夢中になって芸術を貶めた」と非難されもした。しかし、ヘーゲルは、スペインの圧政と戦って自らを解放した市民の精神を、オランダ絵画の中に見る (Ascheberg 247)。市民の精神が、描かれた人物の特性として、生き生きと表現されることこそが、絵画の見どころとなる。

5) 情　　景

　絵画は彫刻のように本質を固定させてしまったりはしない。生き生きとした様を描き出すことこそが重要である。しかし、生きているものは運動する。絵

画といえども、動く様は描写できない。動画という観念もその技術も、いまだ存在しなかったのである。絵画は、生き生きとした様を展開する一連の動きの中から一つの情景を選び取って、これを表現しなくてはならない。ヘーゲルは、「マグダラのマリア」という画題を例に、これを論じている（Ascheberg 267f.）。マグダラのマリアは、（おそらくは聖書の伝承の中で生じた誤解なのであろうが）「罪の女」とされる。彼女を描くとすれば、罪を改悛する様が表されなくてはならない。「罪の女」であることは髪形や衣装に表すことができる。聖母マリアのように純潔ではなく、性的なニュアンスを込めることでこれが表現されるだろう。しかし、同時にマグダラのマリアは改悛していなくてはならない。これが、一連の情景として絵の中に描き出されなくてはならない。その好例として、ヘーゲルはコレッジョの『マグダラのマリア』と、ドレスデンの絵画館に所蔵されていたバットーニのそれ（Ascheberg 267f.）、またフランチェスキーニ[15]のそれ（Ascheberg 279）を例に引いている。ただし、コレッジョをどこで見たのかは判然としない。バットーニの作品は、第二次世界大戦中に失われてしまった。フランチェスキーニの作品は特定しがたい。彼の『我に触れるな（Noli Me Tangere）』（1676-77）には、イエスに触れようと近づくマグダラのマリアにイエスが「私に触れるな。私はまだ父の許しを得ていない」と答える場面が描かれるが、ヘーゲルが描写しているマリアの仕草や持ち物は、この絵とは一致しない。

　肝心なのは、情景に辻褄が合っていることである（Ascheberg 269）。ただし、絵画館の中で他の作品と並べられた場合には、一つの作品が単体として持っている辻褄も分かりにくくなりかねない。聖書の物語も、聖人の物語も、辻褄があったものだとすでに認知されているから、困難は少ない。あるいは大きな事件を描いた場合でも、それが事件の起こった場所に展示されたり、公共の施設などに単体として展示されるならば、これの事情を知るのはむつかしくない。しかし、絵画館に他の作品と並べて展示される場合、画家は様々な手段で作品の辻褄を合わせる必要がある。場合によっては寓意的な表現を使う必要も出て

---

15) Marcantonio Franceschini (1648-1729)。アッシェベルクは Francesconi と誤記している（Ascheberg 269）。

くる。先にも例に挙げた、ファン・エイク（実はロヒール・ファン・デル・ウェイデン）の『三王礼拝』にここでも再度言及して（ただし、今度は『秣桶の中のキリスト』とされているが）、ヘーゲルは、古い礼拝堂と新しい礼拝堂が一枚の画面の中に描かれていることを指摘している。これは古い教会の衰退と新しい教会の成立を示しているのだ、というのである。もちろん、古い教会はカトリック教会であり、新しい教会はオランダのプロテスタント教会である（Ascheberg 269）。もっとも、これはヘーゲル流の深読みかもしれないのであるが。

5　ヘーゲルはどこで何を観たのか

　ところで、ヘーゲルはこれらの絵画をどこで観たのか？　言及されている作品はある程度は特定できるのであるが、中にはヘーゲルの記述が現在そう呼びならわされている作品の内容と一致しないこともある。ヘーゲルが「ファン・エイクの作品である」としている作品に関しても、後に別の画家のものと判明したわけだが、こうした例はほかにもあるかもしれない。

　しかし、明らかに「観てきたような話」でしかないものもある。ヘーゲルはイタリアへは行っていないのだから、ローマやギリシアの建築物を実見していないのは言うまでもない。絵画の場合では、ダ・ヴィンチの『最後の晩餐』も、ラファエロの『アテナイの学堂』も、実物を見てはいないはずである。しかし、これらは当時精密な銅版画を通して概要が知られてもいた。『アテナイの学堂』についていえば、ガスパル・オセロ（Gaspare Osello, 1530-90）によって作成されて1572年に最初の刷りが作られた銅版画の、1648年に刷られた版の一枚が、ゲーテのコレクションの中に含まれている[16]。レンブラントは、1656年7月に破産し、その際、財産の売り立て目録が作られているが、この中には、多数の銅版画集が含まれている（貴田 2005: 88-93）。当時、著名な画家、著名な作品については、銅版画が流通していたであろうことは充分に考えられる。ヘ

---

[16] Die Schule von Athen. Raffaelo Santi (1483-1520), Nach einem Stich von Gaspare Osello (um 1530-1590), später Abdruck 1648, erstmals 1572 gedruckt, in der Goetheschen Sammlung. Mit freundlicher Genehmigung der Klassik Stiftung Weimar, Herzogin Anna Amalia Bibliothek. in Rommel et al. 2016: 2.

ーゲル個人がこれらを所有してはいなかったとしても、ベルリンの絵画アカデミーでは所蔵していたろう。あるいは絵画の複製を所有しているかもしれない。事実、1786年から1850年にわたるベルリンの美術アカデミーにおける展覧会を記録したカタログ（Börsch-Supan 1971）によれば、多くの展覧会で大半の出品作品がレプリカであるといった例には事欠かない。教育目的としては、レプリカの需要は相当に存在したものであろう。デッサンの練習に使うトルソーなどは、ギリシア・ローマの石像の石膏によるレプリカであったと考えられる。

実際に見た作品としては、ボアスレ兄弟のコレクションとベルリンの美術館群に収蔵されている作品が考えられる。ハイデルベルク時代に、ヘーゲルはその地でボアスレ兄弟と親しく交際し、ボアスレ兄弟の美術コレクションを堪能した。これは、ヘーゲルの書簡集からも、ズルピッツ・ボアスレの日記からも明白である。ベルリン赴任後はベルリンの絵画館その他の美術館所蔵の作品は当然見ているであろう。

芸術鑑賞を目的にした旅行としては、1820年8月から9月にかけて、ヘーゲルはドレスデンへ旅行している。そこで彼はベッティガーとティークの両人と知り合いになり、ラファエロの『サン・シストの聖母』を見ている（Jaeschke 2003: 52）。その後も、ヘーゲルは何度かドレスデンを訪れることになる。そのほかに、1820/21年講義に影響を与えている体験があるとすれば、1815年秋にミュンヘンに滞在したこと（Jaeschke 2003: 33f.）が考えられるが、このときに美術館をまわったという証拠となる文献は残っていない。当時からミュンヘンにあったグイド・レーニの『マリア被昇天』に関する記述についてはすでに言及したが、このときに見たということは充分に考えられる。だが、記録は残っていない。

1822年9月・10月にはネーデルラントに旅行している。途中、ケルンではヴァルラフのコレクションなどを見、アーヘンではベッテンドルフのコレクションを見、ブリュッセル、ヘント、アントヴェルペンと回って、ハーグで現在のマウリッツハイス美術館を見学し、アムステルダムの王立美術館を見学している（Jaeschke 2003: 52f.）。この当時の王立美術館は、現在オランダ学士院となっているトリッペンハウスにあった。この成果が影響を与えているとする講義があるとすれば、1823年講義であるが、すでに述べた通り、1823年講義の筆

記録には具体的な画家や作品名がほとんど出てこない。

　1824年9月から10月にかけては、ドレスデンからウィーンをめぐる旅に出ている（Jaeschke 2003: 53）。目的は夜のオペラ鑑賞にあったが、昼は精力的にベルヴェデーレの絵画館やアルベルティーナ美術館、またエスターハージやリヒテンシュタイン公等の貴族の個人コレクションを見学している（石川2008参照）。

　さらに、1827年には、8月から10月にかけての旅行では、カッセル、コブレンツ、トリーア、ルクセンブルクを経てパリに向かった。ルーヴルは見ているが、パリの印象自体はウィーンほど強烈ではなかったという（Jaeschke 2003: 53f.）。帰途は、ブリュッセル、ヘント、リエージュ、アーヘンを経て、ケルン、ボンとたどった。ヘントでは『ヘントの祭壇画』の一部を見学している。ヘントは、その地の支配者がブルボン王家の末裔をかくまったという理由で、フランス革命軍の攻撃を受けている。『ヘントの祭壇画』はその際に散逸した。その一部は当時ベルリンにもあった（Posse 1911: 87-97）。祭壇画の全体がヘントへ返還されるのは、第二次世界大戦の終了を待たなくてはならない。

　たびたび芸術鑑賞のための旅行を敢行していながら、講義筆記録で見る限り、ヘーゲルが美学講義で言及している具体的な画家名・作品名は、1820/21年の筆記録を越えない。旅行の影響を明確にするには、1823年講義以降の筆記録で具体的に作家名・作品名を明示せずに言及されている抽象論の内容を比較しなくてはなるまい。

6　19世紀初頭の美術館状況

　1820/21年講義で最も多く言及されてもいれば、ヘーゲル自身ももっとも親しく観ていたのは、ボアスレ兄弟のコレクションであった。ケルンの裕福な商人の子弟であったボアスレ兄弟は、1803年の帝国議会で教会の世俗化が決定され、教会財産が接収されたのを機に、その財力をもとに宗教画を中心とする絵画コレクションを始める。ヘーゲルは兄弟と個人的にも親しく、しばしばこのコレクションを見学していた。

　一方、1806年のナポレオンによる占領下で多くの芸術品を奪われたプロイセンは、新たな美術館の建設を計画する。1815年のウィーン会議後、第二次

パリ条約に基づいて、奪われた美術品の大半は返還されたが、美術館建設の機運はさらに高まった。ベルリンの都市計画も担当した建築家のシンケル（Karl Friedrich Schinkel, 1781-1841）の手になる美術館の建設が始まる。さらに、プロイセン政府は当のシンケルを派遣して、ボアスレ・コレクションの購入交渉に当たらせる。しかし、交渉は失敗し、コレクションは1818年にシュトゥットガルトで公開されることになる。のちに、コレクションはバイエルン王ルートヴィヒ1世の購入するところとなり、その大部分がミュンヘンのシュライスハイム宮殿で公開されるようになったのは1827年である。現在のアルテ・ピナコテクが完成し、ここに移されたのは1836年以降になる（Schawe 2014: 34ff.）。

　ボアスレ・コレクションの購入に失敗したプロイセンは、イギリス人ソリーのコレクションを購入して、これを土台に新しい美術館を完成させる。1823年5月6日付のクロイツァー宛ての書簡で、ヘーゲルはこの美術館を「私たちの大きな美術館」と呼んでいる（Br. Nr. 450a）。美術館は1830年8月に開館する。

　ヘーゲルは、1820/21年講義でもすでに、「芸術は、純粋に精神的なものを感性的なものと結合させる、いわば接着剤である」（Ascheberg 21）と述べている。感性的なものには精神によって秩序が与えられなくてはならない。ヘーゲルが、自然美を考察の対象からはずすのも、感性的なものそれ自体の中に理念が含まれていることも、あるいはまた、美を感受する精神が単に受動的であることをも拒否するからに他ならない。こうした観点からは、芸術作品の陳列にもまた、何らかの秩序がなくてはならない。ホトー版の『美学講義』では、ヘーゲルは、開館予定の王立美術館の展示方法に関して、ギャラリーでは作品は歴史的に展示されるべきだと主張している（Hegel 1842-43: Bd. 3., 102 = SK, 15, 108）。ホトーはここにわざわざ注を付けており、これが1829年2月17日の講義で語られたとしている。これは、美術館の展示方法についてのベルリン大学教授からの提言という意味を持つだろう。だが、これにとどまらず、すでに1820/21年講義においても、ヘーゲルの論述は絵画に歴史的な秩序を与えるものとなっていたことに注意すべきであろう。

　とはいえ、美術館における作品の歴史的展示は、ヘーゲルの独創ではない。すでに1780年に、ウィーンのベルヴェデーレ宮の絵画館で歴史的展示が始まっている[17]。ベルヴェデーレ宮の絵画館は1776年に女帝マリア・テレジアの

命で改装が始まり、1780年に完成している。最初に任命された責任者はドレスデンの美術アカデミーの教授で宮廷画家であったヨゼフ・ローザ（Joseph Rosa）であったが、6年後に解任され、運営はクリスティアン・フォン・メヘル（Chiristian von Mechel）に引き継がれた。ヴィンケルマンの影響を受けたメヘルには明確な方針があり、それは、絵画を画派と時代によって分類・配列するというものであった。この方針に従って、全1259点の作品は4つのグループ（イタリアの諸派、フランドル絵画、オランダ絵画、ドイツ絵画）に分けられ、宮殿の2つのフロアに配置された。1階の7室にはイタリア絵画の各派、1階の残りの7室には17世紀のフランドル絵画（ファン・ダイク、ルーベンスを含む）、2階の4室には15〜16世紀のフランドル絵画とオランダ絵画、2階の他の4室にはドイツ絵画が並べられた。

　ところが、メヘルが就任した1782年には、『ドイツの美術館』誌（Deutsche Museum）は匿名のメヘル批判を掲載し、翌年にはドレスデンのヴェーツェル（J. K. Wezel）による批判を掲載する。1784年には、フリードリヒ・ニコライ（Friedrich Nicolai）が『ウィーン旅行記』の中でベルヴェデーレの絵画館を評して、「美術館殺し」とまで批判するに至った。

　一方、パリでは、1788年のルイ16世の命令で、ダンジュヴィルの総監督のもと、ルーヴル宮の美術館への改装が始まる。しかし、ルーヴルの展示方針は画派も時代もごちゃ混ぜにすることであった。「美術館は色とりどりの花壇であるべきだ」というのである。この方針は革命後も貫かれた。1893年に、内相のロランはこの方針を再確認している。結果、革命のパリの美術館が展示においては反動的で、反動的なオーストリア帝国の美術館が革命的だ、という事態が生ずる。

　のちにドレスデンのアカデミーの監督になるハーゲドルン（Christian L. von Hagedorn）は、ディドロに影響を与えたことでも知られる人物だが、彼は、ル

17）Swoboda 2013および、Savoy 2015: 96-116参照のこと。前者は、ベルヴェデーレ宮のギャラリー設立の責任者だったChristian von Mechelの1783年のメモに基づいて当時の展示状況をCGで再現した図版と、論文とからなる。後者は18世紀初頭からナポレオン戦争の混乱が収束するまでのドイツの美術館の歴史を、通史と館ごとの紹介とから構成した研究。以下の論述は両書の記述にもとづく。

6章　ヘーゲルの1820/21年『美学講義』の絵画論と歴史的展示　　*173*

ーヴルの美術館委員会の方針を支持して、歴史的展示を批判する。一方、画商のジャン＝バプティスト・ピエール・ラ・ブリュン（Jean-Baptiste Pierre La Brun）は、1783年に出版した著作の中で委員会方針に反対するが、美術館委員会の考えは変わらなかった。だが、翌年には委員会のこの方針は撤回されることになる。

　ここには、ディドロに代表される啓蒙主義のルーヴルと、ヴィンケルマンに代表される歴史主義のベルヴェデーレという対立が存在している。ディドロは、展示においても「自然の模倣」を主張したのである。だが、啓蒙主義者の言う「自然」には、神の与えた秩序、あるいは道徳さえもが含まれている。だからこそ、「自然」は、ゆがんだ人為の極みであるところの絶対王政を攻撃する論拠となりうる。一方、ヴィンケルマン流の歴史主義の考えでは、自然はあくまでも自然であり、例えば、ニュートン力学に代表されるような機械的な自然である。機械的な自然の中に、たとえ美が現れようと、それは人間の人為による芸術美とは比べ物にならない低次元のものである、ということになる。ヘーゲルの主張する自然美の排除は、啓蒙主義的な自然概念、いわば、神の世界創造とそれが生み出した秩序を背後に持っているような、一種理神論的な世界観が、実は自然科学万能のニュートン的世界観と紙一重だ、という批判でもある。ヘーゲルをはじめとする「ヴァイマール・イェナ・グループ」はニュートンに反発し、啓蒙主義が想定した宇宙の秩序とは別の意味を、人間の精神によって付与する、という主張を展開した、ということになる。

おわりに

　ヘーゲルの芸術終焉論なるものは、体系上の芸術の位置づけにかかわる議論であって、それ以上ではないのはもはや明らかであろう。実際には、ヘーゲルは理論上も実践上も、当時の芸術運動や美術館建設と深くかかわっていたのである。それにもかかわらず、いまだに、本当に芸術は終焉するかなどといった議論が繰り返されているのは[18]、ヘーゲルの字面を読むだけで、ヘーゲルが

18）Gethmann-Siefert et al. 2013 に収められたゲートマン＝ズィーフェルトの論文など。

論じている具体的な作品を鑑賞することなしに議論をするからに他ならない。まず確認したいのは、芸術を論じるのに作品を観ないで云々するのは、「見てきたような嘘」というものだ、ということである。

さらに、ヘーゲルをヴィンケルマンを支持する古典主義者に仕立て上げ、『精神現象学』においてシェリングを批判した反ロマン主義者、と位置づけることが、芸術終焉論をそれらしいものにしてきた、ということを指摘しておきたい。すでに観たように、ヘーゲルは確かにシェリングを批判してはいるが、大きく括れば「ヴァイマール・イェナ・グループ」という、反ニュートンの思想グループの中に位置づけることもできるのである。

ヘーゲルをヴィンケルマンに追従する者と見るのは、別の角度からも不当であろう。なるほど、美学講義の彫刻論は、ホトー版のテキストでも、アッシェベルクの筆記録でも、ヴィンケルマンの論述に沿って展開されている。だが、もしヘーゲルがヴィンケルマンに忠実なら、絵画は彫刻が堕落したものだ、と言わなくてはならないはずである。しかし、ヘーゲルは彫刻では表現できないものを絵画が表現しているのだ、絵画の方が彫刻より優れているのだ、と主張している。これはすなわち、ヴィンケルマンの論理に準拠しながら、しかし、論述の全体構造はヴィンケルマンを否定するものであった、ということだ（石川 2016: 1-11）。

1820/21年講義の章分けに見え隠れするのは、第1部後半に現れる〈象徴的→古典的→ロマン的〉という歴史的発展のほかに、第2部特殊部門を通底する〈造形芸術→響きの芸術→語りの芸術〉という理論展開も並列して存在している、ということである。この構想は、ホトー版の『ヘーゲル美学講義』からは消えているが、1823年のホトー自身の筆記録では、第2部特殊部門の章分けがまさに〈造形芸術→響きの芸術→語りの芸術〉となっている。確実に1823年までは、この章分けは生きていたのである。作品が物理的なモノの形態をとる造形芸術から、物理的なモノではなく響きであるような音楽を通って、語られる言葉が作品となる文学へ、という流れである。

19世紀後半には、黙読の普及によって、語りではない散文の「小説」という形式が文学ジャンルの主流となるのだが、ヘーゲルはそこまでは生きられなかった。だが、この流れを目の当たりにしたならば、〈造形芸術→響きの芸術

→語りの芸術〉を〈造形芸術→響きの芸術→語りの芸術→読む芸術〉へと組み替えたかもしれない。いずれにしても、この２つの展開軸は具体的な作品論において絡み合い、精神的なものと感性的なものとを結合させる一個の芸術作品に結実するのである。豊かな展開の可能性を秘めたこの２つの展開軸は、しかし、ホトーによる『ヘーゲル美学講義』では抹殺されてしまったのである。

【参考文献】

Börsch-Supan, H. (Bearbeiter) (1971) *Die Katalog der Berliner Akademie-Ausstellungen 1786-1850,* in 3 Bdn., Berlin.

Hegel, G. W. F. (1832-45) *Georg Wilhelm Friedrich Hegel's Werke. Vollständige Ausgabe durch einen Verein von Freunden des Verewigten,* Berlin.

Hegel, G. W. F. (1835-38) *Georg Wilhelm Friedrich Hegel's Werke.* Zehnter Band. 1.-3. Abtheilung. *Georg Wilhelm Friedrich Hegel's Vorlesungen über die Aesthetik,* hrsg. von D (oktor). H (einrich). G (ustav). Hotho, Berlin.

Hegel, G. W. F. (1842-43) *Georg Wilhelm Friedrich Hegel's Vorlesungen über die Aesthetik,* hrsg. von D. H. G. Hotho, Zweite Aufl., Berlin.

Hegel, G. W. F. (1995) *G. W. F. Hegel. Vorlesung über Ästhetik, Berlin 1820/21. Eine Nachschrift,* I. Textband, hrsg. von H. Schneider, Frankfurt am Main.

Hegel, G. W. F. (1998) *Georg Wilhelm Friedrich Hegel. Vorlesungen über die Philosophie der Kunst, Berlin 1823. Nachgeschrieben von Heinrich Gustav Hotho,* hrsg. von A. Gethmann-Siefert, in *Georg Wilhelm Friedrich Hegel Vorlesungen, Ausgewählte Nachschriften und Manuskripte,* Bd. 2, Hamburg.

Hegel, G. W. F. (2004a) *Georg Wilhelm Friedrich Hegel. Philosophie der Kunst oder Ästhetik, Nach Hegel. Im Sommer 1826, Mitschrift Friedrich Carl Hermann Victor von Kehler,* hrsg. von A. Gethmann-Siefert und B. Collenberg-Plotnikov unter Mitarbeit von F. Iannelli und K. Berr, München.

Hegel, G. W. F. (2004b) *Georg Wilhelm Friedrich Hegel. Philosophie der Kunst, Vorlesung von 1826,* hrsg. von A. Gethmann-Siefert, J.-I. Kwon und K. Berr, Frankfurt am Main.

Hoffmeister, J. (Hrsg.) (1969) *Briefe von und an HEGEL,* 3. Aufl., Hamburg.

Gethmann-Siefert, A. (1991) *Ästhetik oder Philosophie der Kunst. Die Nachschriften und Zeugnisse zu Hegels Berliner Vorlesungen,* in *Hegel-Studien,* Bd. 26.

Gethmann-Siefert, A., Nagel-Docekal, H., Rózsa, E., Weisser-Lohmann, E. (Hrsg.) (2013) *Hegels Ästhetik als Theorie der Moderne,* Berlin.

Goethe, W. von (1810) *Zur Farbenlehre,* Bd. 1, Tuebingen, Bd. 2, Tuebingen.

Goethe, W. von（1830）*Diderots Versuch über die Malerei. Uebersetzt und mit Anmerkungen begleitet*, in *Goethe's Werke*. Vollständige Ausgabe letzter Hand, Bd. 36, Stuttgart und Tübingen.

石川伊織（2008）「旅の日のヘーゲル――美学体系と音楽体験：1824年9月ヴィーン――」『県立新潟女子短期大学研究紀要』第45集。

石川伊織（2016）「ヘーゲルの『美学講義（1820/21）』における人相学と頭蓋論をめぐる諸問題」『国際地域研究論集』第7号（国際地域研究学会）。

Jaeschke, W.（2003）*Hegel-Handbuch, Leben-Werk-Schule*, 1. Aufl., Stuttgart.

加藤尚武ほか編（2014）『ヘーゲル事典』弘文堂。

貴田庄（2005）『レンブラントと和紙』八坂書房。

Posse, H.（Bearbeiter）（1911）*Königliche Museen zu Berlin. Die Gemäldegalerie des Kaiser-Friedrich-Museums. Vollständiger beschreibender Katalog mit Abbildungen sämtlicher Geälde*, Zweite Abtheilung, Berlin.

ペゲラー，オットー編（2016）寄川条路監訳『ヘーゲル講義録研究』法政大学出版局。

Pietsch, A.（2014）*Matelial, Technik, Ästhetik und WISSENSCHAFT DER FARBE 1750-1850, Eine produktionsästhetische Studien zur »Blüte« und zum »Verfall« der Malerei in Deutschland am Beispiel Berlin*, Berlin.

Rommel, G. gemeinsam mit Grieshaber, A. und Mahoney, D. F.（Hrsg.）（2016）*Die Europa, Idee von Novalis um 1800, Antike Rezeption zwischen Mythos und Utopie, Eine Ausstellung von Forschungsstätte für Frühromantik und Novalis-Museum, Schloss Oberwiederstedt 2015-2017*, Wiederstedt.

佐々木健一（2013）『ディドロ『絵画論』の研究』中央公論美術出版、第2部付録「ゲーテとディドロ――『ディドロの絵画論』の分析――」。

Savoy, B.（Hrsg.）（2015）*Tempel der Kunst, Die Geburt des öffentlichen Museums in Deutschland 1701-1815*, Köln.

Schawe, M.（2014）*Alte Pinakothek, Altdeutsche und altniederländische Malerei. Alte Pinakothek. Katalog der ausgestellten Gemälde*, Band 2, 2. Aufl., München.

Swoboda, G.（Hrsg.）（2013）*Die kaiserliche Gemäldegalerie in Wien und die Anfänge des öffentlichen Kunstmuseums*, Band 1. *Die kaiserliche Galerie im Wiener Belvedere（1776-1837）*, Band 2. *Europäische Museumskulturen um 1800*, Wien.

Weiz, H.-J.（Hrsg.）（1987-95）*Sulpitz Boisserée Tagebücher*, Bd. 1-5, Darmstadt.

付記　本研究は、科学研究費補助金・基盤研究（B）課題番号26284020、平成26～29年度「ヘーゲル美学講義に結実した芸術体験の実証的研究」（研究代表者：石川伊織）の成果である。

Ⅲ編

地域学に臨む

7章 原発再稼働に関する意識調査
――柏崎市・刈羽村からの報告

(伊藤　守)

はじめに

「3.11 東日本大震災・福島第一原子力発電所事故」から約5年6カ月が経過した2016年9月の時点で、自宅を離れ、仮設住宅や復興住宅で生活する避難者の総数は14万988人であるという（復興庁、2016年9月30日）。発表時期は異なるが、福島県の避難者は9万9991人で、その内訳は県内が5万6463人（2015年12月31日時点）、県外が4万3497人（2015年12月10日時点）に上る（毎日新聞2016年1月8日）。2012年5月の段階で、避難生活を強いられていた人は16万4865人であった。これと比較すれば、たしかにその数は減少している。とはいえ、いまだに東北各県で約14万の人たちが、福島県だけでも10万人に及ぶ人たちが仮設住宅や復興住宅や借り上げ住宅での生活を余儀なくされている。経済的困窮、家族・地域社会の分断、原発の過酷事故が引き起こした放射線による生命と健康に対する不安、さらに心の健康への影響など、深刻な問題がいまなお続く。

さらにこれらのデータに、原発事故による関連死の数が1921人、自殺者は63人、避難先の仮設住宅における孤独死が34人という数字を加えるならば、いま抱える問題の深刻さがより明確に認識できる[1]。

---

1) 朝日新聞東京版2016年10月13日付の紙面で、福島県立医大病院の前田正治は、福島県内で避難指示が出た市町村に住んでいた21万人の健康調査から、「うつ病の可能性がある人の割合は、2012年から4年間で14.6%から7.8%に下がりました。全国平均は約3%ですからまだまだ高いですが、減る傾向はあります。ただ、岩手、宮城では急増した震災関連自殺は、福島では依然として多く、累計で80人を超えました」と指摘している。さらにこの調査で「事故後1年で22%、最近でも8%の心的外傷後ストレス障害（PTSD）

これほどの被害をもたらした原子力発電所の事故に対して、この間政府はどのように対応してきたか。

1　3.11以降の現実と日本政府の原発政策

1）民主党から自民党への政権交代に伴う原発政策の変化

　国際原子力事象評価尺度（INES）でチェルノブイリ原発事故と同じ最悪の「レベル7」の「過酷事故」を引き起こした福島第一原子力発電所事故は、「原発から近距離できわめて線量が高いところでは避難住民が住めるようになるには100年近くかかる」（木村 2011）と指摘されるほどの過酷事故であり、これまで政府が選択してきた原子力政策の根本的な見直しを迫るものであった。また、これに呼応するように、原発事故が起これば、甚大な被害が生ずることを理解した多くの市民が、全国各地で「反原発」「脱原発」の声を上げた。「官邸前デモ」は全国で展開した抗議行動の代表的な事例といえる。

　2011年8月に菅内閣から政権を引き継いだ野田内閣は、こうしたなか、新しいエネルギー政策の策定に取り掛かるべく、政策決定の判断材料として意見聴取（2012年7月から8月）を実施した。そこでは、2030年の総発電量に占める原子力の割合について「0%」「15%」「20～15%」という3つの選択肢を設けて意見聴取を行った。そこで最多を占めたのは「0%」であった。これを受けて、野田内閣は2012年9月に「2030年代原発ゼロを目指す」とする「革新的エネルギー・環境戦略」を打ち出した[2]。

　しかし、同年の12月に自民党が政権に返り咲き、安倍内閣は前政権が打ち出した戦略を「ゼロベースから見直す」と宣言した。さらにアベノミクスの成長戦略のひとつに原子力輸出を据えて積極的なトップセールスを展開し、電力の安定供給を目指すとして原発再稼働の方向も明確に打ち出す。民主党政権が

　　のリスクが高いと判断されました」とも述べている。
2）東京新聞（2012年9月22日）によると、この新戦略は閣議決定にかけられる前に、野田内閣から米国政府に事前説明がなされたが、それに対して米国政府は、「法律にしたり、閣議決定して政策をしばり、見直せなくなることを懸念する」と述べたという。原発輸出に関しては、鈴木（2014）を参照されたい。

出した「原発ゼロ」とする戦略を「原発立地自治体、国際社会、産業界ひいては国民に対して不安と不信感を与えた」と否定的に評価する 2012 年度の「エネルギー白書」の記述は、安倍政権の政策転換を明瞭に示すものとして位置づけうるだろう。

　安倍政権下の原子力発電所に関する政策は、原子力規制委員会によって新規制基準に適合すると認められた場合、立地自治体等の理解と協力を得つつ、再稼働を進めるとの基本的立場から進められている。すでに鹿児島県の九州電力川内原発 1 号機、2 号機、愛媛県の四国電力伊方原発 3 号機、関西電力高浜 3 号機、4 号機（司法判断で現在運転中止）が再稼働した（2016 年 11 月現在、上記のように、運転中止中の高浜 3 号機、4 号機を除き、3 機が稼働中である）。また、福島原発事故では、プルトニウム（主にプルトニウム 239）とウランを混合した MOX 燃料が入った 3 号機が炉心溶融と水素爆発を起こし、これを契機に、ウラン燃料に比べて毒性が強く、原子炉を止める制御棒の効果が悪くなるという MOX 燃料の危険性が再認識されたにもかかわらず、エネルギー政策の根幹として核燃料サイクル政策を堅持し、使用済み核燃料を再利用するプルサーマル発電高速炉開発の今後を検討する「高速炉開発会議」（2016 年 10 月 7 日に初会合）を発足させている[3]。

2）原発再稼働に対する新潟県の対応

　ドイツ政府は 2010 年 9 月に、2050 年までに再生エネルギーを主要なエネルギーとする体制へ移行する戦略を発表した。そこでは、再生エネルギーを主体とするまでの過渡的な措置として、順次停止することを予定していた原発の稼働期間を延長することとしていた。しかし、福島第一原発事故後、ドイツ政府はこの延長を撤回し、原子力発電所を 2022 年までにすべて廃止する一連の法案を決定した。2022 年までに原発を全廃するという〈ポスト・フクシマ〉政策を打ち出したのである。この対応とは対照的に、上記のように、日本政府は事故以前の状態に立ち戻るための諸施策を強力に推し進めていると考えてよい

---

[3] 2016 年 10 月 8 日付の朝日新聞東京版は、「高速炉開発会議」の議長（世耕弘成経済産業省大臣）が「高速炉開発は必要不可欠だ」と述べ、「これまでの核燃料サイクル政策を変えるつもりはないことを強調した」と伝えている。

だろう。こうしたなか、新潟県の泉田裕彦知事（2013年時点）は、この間、全国の都道府県のなかで、行政のトップとして、原発再稼働に対してもっとも慎重な姿勢を堅持してきた。再稼働は、福島第一原発事故の原因の究明や健康・生活への影響、安全な避難計画の検証が終わらないかぎり始められないと一貫して主張したこと、福島原発事故の検証を独自に続ける有識者の「県技術委員会」を設置したこと、これらに県の姿勢が明確に現れている。

　県側・知事のこうした姿勢は、第３節で説明を加えるが、事故後約２年が経過した2013年７月、東京電力（以下、東電と表記）が柏崎刈羽原発６号機、７号機の再稼働に向けて安全審査の申請を行うと表明した際の対応にもはっきり示されたといえる。県への事前の打診もなく、この申請決定が行われたことに対して県側が強く反発し、その結果東京電力の申請は９月までずれ込む事態になった。再稼働に向けた動きに対して、県との事前の協議なしで進めることは許されないという強い姿勢を政府や電力会社に伝えたのである[4]。

　その後も慎重姿勢を貫いた泉田知事は、2016年８月、突然、知事選不出馬を表明した。これによって、事実上、前長岡市長の新人森民夫と新人の医師の米山隆一の間で戦われた県知事選挙（2016年10月16日投票）は、再稼働に慎重な泉田知事の路線を継承することを公約した米山陣営の勝利となった[5]。この結果、再稼働に向けた動きにあくまで慎重に対応するというこれまでの県の政策が当面継承されることとなろう。

　投票日に朝日新聞社が10月16日に行った県内90投票所で実施した出口調査では、県内の柏崎刈羽原発の賛否に関して、賛成28％、反対64％であった、と同紙は伝えている。また原発再稼働に対する県民の慎重意見、反対意見が強

---

4) 原子力安全協定は、原子力発電所が立地する都道府県と市町村が周辺環境や住民の安全を確保するために電力事業者と結ぶもので、国内のすべての原発で協定書が交わされている。緊急時の連絡義務や風評被害などへの損害賠償、自治体の立ち入り検査、原子炉や関連施設を増設、変更する場合に自治体に事前了解を求めることなどが取り決められている。この協定には、法的拘束力はない。したがって、原子力規制委員会は、自治体の了解を得なくとも、申請があれば審査を進め結論を出すことができる。しかし、協定書の存在は、事業者は自治体の意向を無視することが道義上できないことを意味すると言える。

5) 2016年県知事選挙の投票率は53.05％（前回43.95％）で、米山隆一52万8455票、森民夫46万5044票。

いことについて、新潟県内で福島からの避難者が数多く居住していることもあり、県民が事故の記憶をいまだに強く抱いていること、事故が起きた場合の不安や避難計画が進まないことへの不満があることを指摘した（朝日新聞東京版、2016年10月17日付）。

　知事選の結果、そして原発再稼働に対する県民の世論調査から、世論と政府との乖離、脱原発を支持する人々の意見と原発再稼働を推進する政府との間の大きな乖離を指摘することはもちろん可能だし、必要なことだろう。しかしながら、他方で、原発立地自治体の住民のなかには、原発再稼働を支持し、原発の存続・維持を求める声も少なくない。しかも、その再稼働を求める声のなかには、政府の広報やマスメディアを通じて報道されるような、「原発は地場産業」で「地元は再稼働を望んでいる」といったステレオタイプ化された言説には解消できない、原発立地地域であるがゆえの、多様で、複雑な意見や主張が存在する。そのことを看過してはならないように思う。

　本章では、世界でも最大の総出力を誇る7基の原子力発電所を抱える新潟県柏崎市と刈羽村で実施した住民意識調査（2014年実施）にもとづきながら、〈3.11以降の原発立地地域における社会意識〉の諸相を明らかにすることを試みる[6]。

　以下、柏崎市と刈羽村に原発が誘致された経緯、柏崎市と刈羽村の特徴を概括した上で、実施した調査ならびに地域住民に対する聞き取り調査から得られた知見を手がかりにして、原子力発電所がすでに立地している地域に暮らす住民の意識の〈いま〉を検討することにしよう[7]。

---

[6] 東電は、6号機、7号機の再稼働に向けて2013年9月、新規制基準への適合審査を原子力規制委員会に申請し、審査は現時点（2016年10月）で終盤を迎えていると言われている。

[7] 本調査は、トヨタ財団研究助成「柏崎・刈羽の住民意調査」に基づくもので、研究代表者・渡邊登（新潟大学）を中心に、松井克浩（新潟大学）、杉原名穂子（新潟大学）、伊藤守（早稲田大学）で組織された研究チームが2014年2月に実施した。柏崎市の有権者数7万3889、アンケート回収数1万1039票（回収率51.9％）、刈羽村の有権者数3984、アンケート回収数506票（回収率54.4％）である。なお、同調査チームは、2014年6月に隣接する長岡市でもアンケート調査を実施している。長岡市の有権者数22万5224、アンケート回収数600票（回収率40.0％）である。

2 柏崎市、刈羽村における原発誘致の経緯

1）原発誘致への動き

　柏崎市は新潟県の日本側、そのほぼ中央に位置し、敗戦から1960年代までは日本でも数少ない原油の産地として発展し、それに関連する機械工業も集積して新潟県の中核的産業都市であった。しかし、海外からの安価な原油の輸入が増大する中、原油の生産量は低下の一途を辿り、市は産業規模の縮小という事態に直面する。この状況を打開するために、柏崎市は原子力発電所の誘致に動き出すことになる。1969年のことである。1969年3月柏崎市議会が原子力発電所誘致決議を、同年6月には隣接する刈羽村議会も原子力発電所誘致決議を行う。これが、原子力と柏崎市、刈羽村との関係の始まりであった[8]。

　誘致決議が行われるとすぐに、地元住民そして支援労組を主体とした原発建設反対の団体が結成され、運動は一気に盛り上がり、1980年12月の2号機、5号機の第一次公開ヒアリングの際には7000人近い反対運動の支援者がヒアリング会場を取り巻くなど、70年代、80年代を通して継続的に運動が展開された。現在でも、団体に所属する支援者の数は少なくなっているとはいえ、複数の反対運動の団体がいまも活動している。日本の原発立地地域の多くが人口の少ない市町村であるのに対して、柏崎市がかなりの人口を抱えていることがこうした運動が継続したひとつの理由として挙げられるかもしれない。

　こうした粘りづよい反対運動が行われる一方で、着々と原発の建設がなされ、1985年には1号機が営業運転を開始、90年には5号機と2号機、93年には3号機、94年には4号機、96年には6号機、そして97年には7号機がそれぞれ営業運転を開始し、カナダのブルース原子力発電所を抜いて世界一の発電量を有する発電所となった。

2）柏崎市、刈羽村の特徴

　まず柏崎市は2010年時点で人口が9万1000人、2005年では9万5000人で、

---

8) 誘致の経緯に関しては、鎌田（2001、2011）などを参照した。

若干減少はしているものの9万人台を維持し、1980年では8万3000人であったことと比較すると、この30年の間に増加している（2000年から2005年の間に西山町ならびに高柳町と合併している）。原子力発電所の建設時期から7号機が営業開始した97年まで、一貫して人口が増加していることは注目に値する[9]。

産業別人口で見ると、1965年に構成比で40.7％を占めていた第一次産業は、一貫して減少し、2010年時点では3.8％である。それに対して第二次産業は、1965年に25.1％であったものが、75年に37.2％となり、80から90年代は42〜44％台に上昇、2000年代はやや減少して2010年では35.6％となる。第三次産業は80から90年代にかけて40％前半から後半へと上昇し、2000年代に入ると50％台で上昇している。

ここでも注目されるのは、原子力発電所の建設時期からすべての原子炉が完成した90年まで、第二次産業が40％台という高い比率を占めていることである。

次に市の財政状況を見ておこう。図7-1に示したように、わずかな減少に転

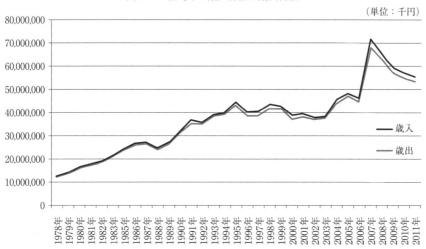

図7-1　柏崎市の歳入総額と歳出総額

（単位：千円）

出典）各年の『市町村財政の状況』より作成した

---

9) 柏崎市、ならびに刈羽村の人口動向、財政状況の推移等のデータに関しては、『2013年度社会調査実習報告書』新潟大学人文学部を参照した。

じる年があるものの、1978年から1995年まで歳入歳出とも増加していることがわかる。その後2003年まで減少、2007年では急激な増加となっている（図7-1参照）。

　この変化の主な要因は、「電源三法」による交付金の増減によるものと判断される。2010年の歳入歳出の額がほぼ550億円であるのに対して、国と県からの交付金の合計は約42億に上る。さらに、市税の税収に占める固定資産税の割合は58.0％であり、県全体の48.9％よりもかなり高い割合を示している。これも原発に依るところが大きいと言わねばならない。

　刈羽村の人口は、2014年1月現在で4794人で、男女とも減少傾向にあり、少子高齢化が進行している。産業別で見ると、第一次産業の就業者は構成比率で5.8％を占め、県平均の6.3％を下回っている。第二次産業は1995年のピーク時では49％を占め、その後減少に転じて2005年には35％となり、95年の6割程度まで落ち込んでいる。ただ、2010年の39％という比率は県の平均の29.4％を上回っており、他の市町村と比較して、第二次産業の比率が高いということができる。第三次産業は1985年以降着実に増加し、2010年で54.9％に上る。

図7-2　刈羽村の歳入総額と歳出総額

出典）各年の『市町村財政の状況』より作成した

表7-1　刈羽村原子力立地給付金年度別交付金

(単位：千円)

地域	1998〜2004年	2005年	2006年	2007年	2008年	2009年	合計
刈羽村 所在	2,305,911	153,636	153,708	148,117	146,560	144,799	3,052,802

新潟県核燃料税（原子炉発電施設立地市町村新興交付金）

　町の財政に目を向けよう。図7-2に示したように、1969年から1993年まで、ほぼ一貫して財政規模が増大していることが理解できる。1998年に突出した急上昇が見られ、その後不安定な状況が続いているものの、60億円台を維持している。1980年代が20億円強であったことと比較して、約3倍から4倍の水準である（図7-2参照）。

　こうした財政規模の拡大・増加も、原発誘致以降の「電源三法」による交付金に基づくものと言える。ここでは「原子力立地給付金交付額」の年度別推移を示しておく（表7-1参照）。

3　調査時点の前後における新潟県、柏崎市、刈羽村と東電との関係

1）2014年7月の東電による再稼働申請決定と県の反発

　調査の結果を述べる前に、新潟県、柏崎市、刈羽村の原発再稼働に対する基本的な考え方を指摘しておこう。とりわけ、前述したように、新潟県の前泉田知事は、全国の原発が立地されている都道府県市町村の中でももっとも慎重な姿勢を示しており、県民の原発に関する意識に対しても少なからず影響を与えていると考えられるからである。

　福島第一原発事故以来、新潟県の知事は原発の「安全」と住民避難体制が整わないかぎり「原発再稼働はできない」との姿勢を崩さなかった。その姿勢が顕著に表れた2013年夏の東電との交渉を簡潔に見ておこう[10]。

　2013年7月2日、東電の広瀬社長が記者会見で、「柏崎刈羽原子力発電所6

---

[10] 本文で記述した東電と新潟県との交渉過程は、新潟日報の記事ならびにNHK新潟と新潟の民放各社のニュース番組を検証するなかで確認したものである。

号機7号機の安全の対応が整った」として「原子力委員会に安全審査の申請を行う」との発表を行った。そして5日に県庁を訪れることを表明した。これに対して泉田知事は、「これほどの地元軽視はない」「再稼働の話はしない」「きわめて遺憾」と発言、不快感を顕にした。こうした対応の背景には、長期にわたる東電の対応に対する不信感があった。そのもっとも大きな背景をなしたのが、フィルターベント工事の問題であった。県として、この問題を見過ごすことはできなかったのである。

　東電は、2013年7月から施行される新しい安全規制基準に合わせ、設置が義務づけられたフィルターベントの基礎工事を2012年暮れから開始していた。これに対して、知事側は、「原発施設の工事は事前に県の了解を得ることになっているにもかかわらず、了解なしで東京電力が工事に着工した」ことに反発を強めていた。6月12日の会見で知事は、「信頼を得るための手続きがとられずにここまできているのは残念」と語り、新しい規制基準が発表された6月19日にはこの基準が「福島（の事故）を踏まえているとは言えません」「安全を確保したことにはならない」とも語っていた。

　こうした東電と知事側との厳しい関係のなか、上記の「申請を行う」旨の発表が行われ、7月5日に両者の会談が行われた。会談は30分で知事によって打ち切られる。東電の社長があくまで申請を優先させて、「申請と県への説明を『並行』して行いたい」としたことに対して、知事が反発したからであった。東電が申請を見送ることを発表したのは7月8日である。

　膠着状態に陥った事態が動いたのは9月20日のことである。東電側が「安全協定は遵守する」との文書を県側に提出、21日には東電のホームページで「県の了解前に申請することはありません」との文をアップし、県もこれを「安全協定を守るという表明なので歓迎する」として、9月25日に再度の会談が設定された。

　この会談で、東電の広瀬社長は、「安全協定を遵守したい」と冒頭で述べ、あらたに第2のベント設置という追加措置を取ること、県との協議後に再申請することもありうること、さらに「申請書」に「避難計画との整合性がないかぎり、また地元の了解がないかぎり、ベントは使用しない」ことを明記することを表明し、申請への理解を求めた。知事は「回答は保留」したものの、翌日

の26日に県側は、「条件付きで申請を承認する」との態度を示すこととなった。県側の説明によれば、申請によって安全審査が通ったとしても、それで安全が確保されたことにはならず、東電側が県との協議を経て、県が了解しないかぎり「再稼働」には進めない、という県の主張が受け入れられたことによる。

　以上のような、県と東電との交渉過程に対して、会田柏崎市長、品田刈羽村長は、どうコメントしたのだろうか。

2）柏崎市、刈羽村の対応

　柏崎市の会田市長は東電が申請したいと述べた翌日の7日の会見では、「フィルターベントなど事前の説明なしでの申請は、きわめて遺憾」と指摘し、ほぼ知事と同じ認識であることを表明しつつも、その後の東電社長との会談で、「申請を承認する」との意向を表明した。一転して県が「申請を条件付きで承認」した9月26日には、「展開が早く、県に確認したい、懸念することがらがあれば確認したい」とコメントしている。これに対して、品田刈羽村長は、県が「申請を条件付きで承認」したことについて「ようやく正常な状態になった」と評価、県が早く東電側との協議について申請の承認を行うように求めていた。原子力行政ならびに東電の姿勢に「不信感」を抱く県知事、東電との信頼関係を維持し、安全性を確認した上での再稼働は止むなしと考える柏崎市長、再稼働に対してより積極的な姿勢を見せる刈羽村長の対応の違いは、後述するように、原発立地地域に住む住民の意見分布とぴったり対応しているかのようである。

4　柏崎市、刈羽村の住民意識～2014年2月の調査結果

1）柏崎市と刈羽村との間の住民意識の違い

　まず、「原発についての考え」に関して、柏崎市と刈羽村との間で大きな意識の違いがあることが分かる。「原発についての考え」として6つの質問を用意し、回答を求めた。結果は表7-2の通りである。柏崎市と刈羽村の回答を比較すると、すべての質問で一貫しているのは、原発に肯定的な意見が刈羽村で高く、原発にネガティブな意見が柏崎市で高い、ということである。「原発は

表7-2 (単位：％)

		そう思う		どちらかといえばそう思う		どちらかといえばそう思わない		そう思わない	
		柏崎	刈羽	柏崎	刈羽	柏崎	刈羽	柏崎	刈羽
ア	原発は危険であり、環境を汚染する可能性が高い	45.40	37.00	38.80	39.90	8.30	13.40	6.50	8.70
イ	原発は雇用を増やし、市民を豊かにする	27.50	34.60	43.00	43.90	13.30	10.70	14.90	9.50
ウ	原発について事業者（東電）から地域住民への情報提供、説明等は十分でない	35.30	27.10	35.20	37.20	20.20	22.10	8.00	11.50
エ	原発は安全に関する技術や廃棄物の処理・管理の技術など、技術的に問題が多い	57.40	49.80	30.20	32.20	7.60	10.70	3.70	5.30
オ	万一の事故が起きても、事業者と行政は安全に対処する態勢ができている	3.20	7.10	13.60	21.10	34.60	31.80	47.40	38.50
カ	友人や知人との間で、原発について批判的な意見は話題にしにくい	11.80	14.20	29.50	34.80	21.00	19.40	36.60	29.40

危険であり、環境を汚染する可能性が高い」という質問に対しては、「そう思う」が刈羽村で37.0％、柏崎市で45.4％である。

　第2に注目されるのは、「原発は安全に関する技術や廃棄物の処理・管理の技術など、技術的に問題が多い」という質問に対する「そう思う」という回答の割合が、6つの質問に対しての回答と比較して、刈羽村と柏崎市のどちらも、もっとも高い割合を示していることである。刈羽村では49.8％、柏崎市では57.4％を占めており、ほぼ住民の半数が「原発は技術的な問題が多い」という「不安」や「懸念」を抱いていることが分かる。またそのことに加えて、「万一の事故が起きても、事業者と行政は安全に対処できる態勢ができている」という質問に対しては、「そう思う」が刈羽村で7.1％、柏崎市で3.2％と答え、「どちらかといえばそうは思わない」と「そう思わない」を合わせると、刈羽村では70.3％、柏崎市では82.0％を占めている。つまり、原発の技術に対して約半数の住民が「問題がある」と考え、かつ事故が起きた場合に事業者や行政の社会的な対応にも「不安」を感じている人が7割から8割を占めているということだ。

しかしながら、第3に注目すべきは、こうした「問題」や「不安」を抱きながらも、「原発は雇用を増やし、市民を豊かにする」との選択肢に、「そう思う」「どちらかといえばそう思う」と回答する割合が、刈羽村では78.5％、柏崎市では70.5％を占めるという事実である。約7割から8割を占める市民や町民が、3.11以降でも、原発は雇用を維持する上で、市民の経済的豊かさを維持する上で、必要なものであると考えているのである。ここに、原発立地地域の、引き裂かれた、過酷な、現実がある。

2) 市民町民の半数は「安全を確保した上での再稼働、将来は脱原発をめざす」

「柏崎刈羽原発の今後について」の考えを聞いたところ、表7-3に示すような結果が得られた。私たちはこの数値をどう見ればよいのだろうか。全体的に、刈羽村の方が再稼働に対して肯定的な意見が強いことが分かるが、このデータに示された意味を、次のように読み取ることができないだろうか。つまり、「再稼働して、維持したい」という選択肢の回答率は、刈羽村の場合に27.7％、柏崎の場合に18.5％である。それを「多い」と見るか、「少ない」と見るか、評価は分かれるだろうが、いずれにしても「原発を維持したい」と回答する人はほぼ20％～30％にとどまるということだろう。

それに対して、「再稼働せず、廃炉にする」という回答も20％台にとどまる一方で、柏崎（53.4％）でも刈羽（48.2％）でも約半数の人々が「安全を確保した上での再稼働を認めるが、将来的には脱原発をめざす」と回答している。「再稼働は認めるが、将来は脱原発」という質問の「将来は脱原発」に着目すれば、約50％の住民が近い将来の時点で「脱原発」を望んでいるとみなすことも可能ではないだろうか。

このような単純集計結果から言えば、7割から8割の住民が〈現状として〉は「原発が雇用を確保する上で有益」とみなしつつ、〈将来的には〉5割の住

表7-3　　　　　　　　　　　　　　　　　　　　　（単位：％）

	柏崎	刈羽
1. 安全を確保して再稼働し、維持する	18.50	27.70
2. 安全を確保した上での再稼働を認めるが、将来的には脱原発をめざす	53.40	48.20
3. 再稼働せずに、廃炉にする	27.10	22.30

民が「脱原発」を求めているということだろう。「廃炉」を求める人が2割を占めることを考え合わせれば、今後のエネルギー源として原発を維持したい（維持すべきだ）と考える人は圧倒的に少数派となっている。3.11以前であれば、多くの人たちが今後も原発が続くことを自明のことと考えていただろう。しかし、その自明性は崩れ、現状では「原発は経済的な有益性がある」と認識している人たちの間でも、〈ポスト原発〉が意識化されつつある。今回の調査結果をこのように読み込みたいと思う。言い換えれば、先ほど、原発に対する不安と原発の経済的利益との乖離を指摘したが、〈ポスト原発〉の意識化は、「現在」と「未来」との乖離・断絶をも意味するということだろう。「現在」から「未来」に続く時間軸上で大きな「捻じれ」が存在するのである。

3）世代間の差異〜若者層は「現状維持」を求めている

今回の調査で明らかとなった、看過できない点は、50代を境にして、それ以下の年齢層と上の年齢層で、原発に対する意識や考え方に大きな差異が存在するということである。

先ほどの「柏崎刈羽原発の今後について」の考えに関する質問を、年齢層別の回答結果から見ておこう。表7-4を参照されたい。

この表から理解できるのは、質問に対する「安全を確保して再稼働し、維持する」という回答の全体の割合が刈羽村で28.2％、柏崎市で18.7％であるが、20代では刈羽村で48.5％、柏崎市で30.6％、30代では刈羽村で44.4％、柏崎市で29.6％、40代では刈羽村で41.2％、柏崎市で25.4％、という結果を示しており、若い世代ほど「再稼働し、維持する」という意見が割合として高いということだ。

同様に、「原発についての考え」に関しての質問に対する年齢層別の回答結果を見てみると、ここでも上記と同じく、原発に肯定的な意見が若い世代では割合として「高く」、原発にネガティブな意見が若い世代では割合として「低い」という結果がはっきりと表れている。たとえば、「原発は雇用を増やし、市民を豊かにする」との選択肢に対する「そう思う」の回答は、全体の割合が刈羽村で35.1％、柏崎市で27.9％であるのに対して、20代では刈羽村で59.4％、柏崎市で35.5％、30代では刈羽村で53.2％、柏崎市で38.8％、40代では刈羽

表7-4　　　　　　　　　　　　　　　　　　　　（単位：%）

		柏崎		刈羽	
1.	安全を確保して再稼働し、維持する	20代	30.60	20代	48.50
		30代	29.60	30代	44.40
		40代	25.40	40代	41.20
		50代	19.40	50代	24.30
		60代	10.80	60代	20.30
		70代	16.70	70代	20.70
		80代以上	12.20	80代以上	27.50
		合計	18.70	合計	28.20
2.	安全を確保した上での再稼働を認めるが、将来的には脱原発をめざす	20代	54.80	20代	39.40
		30代	57.10	30代	35.60
		40代	56.50	40代	49.00
		50代	55.90	50代	50.50
		60代	52.40	60代	50.80
		70代	50.00	70代	51.10
		80代以上	55.10	80代以上	56.90
		合計	53.90	合計	49.10
3.	再稼働せずに、廃炉にする	20代	14.50	20代	12.10
		30代	13.30	30代	20.00
		40代	18.10	40代	9.80
		50代	24.70	50代	25.20
		60代	36.80	60代	28.80
		70代	33.30	70代	28.30
		80代以上	32.70	80代以上	15.70
		合計	27.40	合計	22.70

村で40.0％、柏崎市で41.0％、ときわめて「高い」割合を示している（表7-5参照）。

「電力供給の安定化のために再稼働した方がよい」という選択肢に対する「そう思う」の回答で見ても、全体の割合が刈羽村で29.5％、柏崎市で20.6％であるのに対して、20代では刈羽村で51.6％、柏崎市で29.0％、30代では刈羽村で38.3％、柏崎市で23.7％、40代では刈羽村で33.3％、柏崎市で26.3％、を占めており、明らかに他の年代と比較して「高い」割合を示しているのである（表7-6参照）。

この結果をどう評価すべきだろうか。

第1に考えられるのは、言うまでもなく、20代から40代が現役の「働き手」の世代であり、雇用状況の変化によって生活の影響を直接受ける世代であるということだ。3.11以降、原発の稼働が停止し、そのために原発関連の仕事

表7-5 (単位:%)

		そう思う				どちらかといえばそう思う			
		柏崎		刈羽		柏崎		刈羽	
原発は雇用を増やし、市民を豊かにする		20代	35.50	20代	59.40	20代	38.70	20代	25.00
		30代	38.80	30代	53.20	30代	45.90	30代	31.90
		40代	41.10	40代	40.00	40代	42.40	40代	52.00
		50代	26.90	50代	31.80	50代	49.50	50代	43.90
		60代	22.90	60代	29.70	60代	37.70	60代	44.90
		70代	23.40	70代	26.10	70代	43.90	70代	54.30
		80代以上	16.70	80代以上	34.00	80代以上	47.90	80代以上	43.40
		合計	27.90	合計	35.10	合計	43.60	合計	44.50
		どちらかといえばそう思わない				そう思わない			
		柏崎		刈羽		柏崎		刈羽	
		20代	16.10	20代	12.50	20代	9.70	20代	3.10
		30代	9.20	30代	6.40	30代	6.10	30代	8.50
		40代	10.10	40代	8.00	40代	6.50	40代	0.00
		50代	12.40	50代	11.20	50代	11.30	50代	13.10
		60代	16.90	60代	13.60	60代	22.50	60代	11.90
		70代	14.00	70代	8.70	70代	18.70	70代	10.90
		80代以上	13.50	80代以上	13.20	80代以上	21.90	80代以上	9.40
		合計	13.50	合計	10.80	合計	15.10	合計	9.60

表7-6 (単位:%)

		そう思う				どちらかといえばそう思う			
		柏崎		刈羽		柏崎		刈羽	
電力供給の安定化のために再稼働した方がよい		20代	29.00	20代	51.60	20代	45.20	20代	25.80
		30代	23.70	30代	38.30	30代	42.30	30代	23.40
		40代	26.30	40代	33.30	40代	34.30	40代	37.30
		50代	25.40	50代	26.70	50代	31.90	50代	31.40
		60代	12.20	60代	24.80	60代	29.90	60代	24.80
		70代	18.90	70代	20.70	70代	28.40	70代	32.20
		80代以上	17.60	80代以上	36.20	80代以上	34.10	80代以上	34.00
		合計	20.60	合計	29.50	合計	33.10	合計	29.70
		どちらかといえばそう思わない				そう思わない			
		柏崎		刈羽		柏崎		刈羽	
		20代	14.50	20代	12.90	20代	11.30	20代	9.70
		30代	20.60	30代	21.30	30代	13.40	30代	17.00
		40代	19.00	40代	19.60	40代	20.40	40代	9.80
		50代	17.30	50代	17.10	50代	25.40	50代	24.80
		60代	19.90	60代	17.10	60代	38.00	60代	33.30
		70代	18.90	70代	17.20	70代	33.80	70代	29.90
		80代以上	23.50	80代以上	12.80	80代以上	24.70	80代以上	17.00
		合計	19.10	合計	17.10	合計	27.10	合計	23.70

も大幅に縮小して、雇用の悪化もある。こうした経済状況に対する「リアル」な認識が、上記のような結果を生み出していることは十分に考えられる。

　しかし、「再稼働し、維持する」という回答の「高さ」、「原発は雇用を増やし、市民を豊かにする」という回答の「高さ」は、この世代にとって、原発が経済生活に直結しているという理由にのみ帰せられるのだろうか。

　ここで考えうる理由のひとつは、20代、30代の彼ら、彼女らにとって、原発はすでに生まれた時から存在した所与の施設であり、すでに「ある」、そこから離脱しようにも離脱などできない「存在」として受け止められている、ということではないだろうか。30代の人たちにとって、次々と原発が稼働した90年代は小学生の時期であり、20代にとってはすでに生まれた時にはすでに原発が当たり前のものとしてあった。そうした世代である。しかも、1970年代から80年代の初頭にかけて、地域の利害対立や場合によっては感情的な激しい対立すら生んだ原発推進派と反対派の運動も知らない世代といえる。その彼ら、彼女らにとって、原発はたんに雇用先を提供する施設というだけにとどまらず、大都市に電力を供給する地域であるという「隠れたプライド」や地域のアイデンティティの一部を形成するものであったと想定することも可能だろう。そうした意識が、彼ら自身の直接的な利害には関係しないような、「電力供給の安定化のために再稼働した方がよい」といった選択肢に対する回答でもきわめて「高い」割合を示すことに繋がっているのではないだろうか。

4）2012年の市長選、村長選で重視した政策は「再稼働による地域経済の活性化」

　最後に、2012年の柏崎市長選、刈羽村長選で、重視した政策はなにか、という質問に対する回答結果を示しておこう。

　このデータからも、柏崎市、刈羽村ともに、20代、30代、40代では、各年代の平均よりもずっと「高い」割合で、「原発再稼働による地域経済の活性化」が選択されていることが分かる。刈羽村の20代では63.2％、30代では53.8％に達しており、柏崎市の20代では33.3％を占めている。

　それに対して、50代、60代、70代では、逆に、「原発に依存しない産業構造への転換」を支持する割合が50％から60％を占め、「原発再稼働による地域経済の活性化」の割合を大幅に上回っている。

原発に関する世代間の意識の差は、政策選択にも大きな影響を及ぼしているのである。

5　原発立地地域における新たな模索

1）原発立地地域住民の複雑な現状認識

　単純集計結果から見えてくる住民意識の諸相を指摘した。要約すれば、第1は柏崎市と刈羽村との間で大きな意識の違いが存在すること、刈羽村の方が原発の「再稼働と、原発維持」の意向が強いという点である。

　第2は、原発の技術に対して「問題がある」と考える人が約5割を占め、また事故が起きた場合に事業者や行政の社会的な対応にも「不安」を感じている人が7割から8割を占める一方で、3.11以降でも、原発は雇用を維持する上で、市民の経済的豊かさを維持する上で、必要なものであると考えている人が約7割から8割を占めるという点である。「不安」の感情の存在と「問題がある」という認識との間のズレ、「問題がある」とはいえそれでも「有益」であるという認識の並存が見られるのである。いわば、構造的に強いられた「相反する意識の並存状態」である。

　第3は、時間軸上で見れば、現状では「原発は経済的な有益性がある」と認識がある一方で、将来的には〈ポスト原発〉という意識が顕在化、共有されはじめているということだ。

　そして第4は、20代、30代、40代の年齢層が、50代以上の年齢層と比較して、「再稼働し、維持する」という回答の「高さ」でも、「原発は雇用を増やし、市民を豊かにする」という回答の「高さ」でもきわめて「高い」割合を示しているということである。

　このような多角的な意識にあり方に、私たちはあらためて注目すべきだろう。それは、一方で『エネルギー白書』で指摘されたような、「原発ゼロ」とする戦略が「原発立地自治体……ひいては国民に対して不安と不信感を与えた」と述べて、あたかも原発立地地域が再稼働を待ち望んでいるかのように一面化して把握できるようなものではないこと、しかしまた他方では、一面的に多くの国民が「原発ゼロ」を支持しているかのように語る言説からは見えてこない現

実の一断面を示しているからである。しかしながら、そのことを踏まえつつも、今回の調査から強く感じられた印象は、3.11を経験したいま、原発立地地域でも、原発に依存する社会がこれまで通り続くとは言えない、次の何かを考えなければならない、という「潮目の変化」が生まれていることである。それを本章では〈ポスト原発の意識〉と規定しよう。以下では、最後に、この変化について、聞き取り調査の知見から指摘してみたい[11]。

2）地元住民の〈ポスト原発〉を志向する意識の芽生え

　石塚修氏は柏崎出身で、現在、株式会社創風システムの代表取締役を務めている。東京の大学を卒業し、地元の柏崎に戻って建設業関係の仕事に就き、27年前の1983年に「情報サービス業」を主な業務とする現在の会社を立ち上げた。柏崎の商工会議所でも活躍し、柏崎の経済人との交流も盛んな人物である。
　彼によれば、「柏崎刈羽原発も、中越、中越沖地震と続く震災で大きな被害を受けたけれど、大事には至らず、安全神話は生き続けていた」という。しかし、「フクシマ」の後、「想定外」という言葉から現実に引き戻された。いま安倍政権の下、「原発再稼働」が現実味を帯びてきている。だが、「本音を言えば、フクシマの現場を見た身には、柏崎刈羽原発は再稼働して欲しくはない」と思う。
　しかし、いまの柏崎のことを思えば、再稼働なしで行けるのか。その自問自答のなかから彼の脳裏に浮かび上がるのは、「廃炉」と「再稼働」の間に何かないのか、という想いだ。「原発を再稼働させてもやがて耐用年数が過ぎ廃炉の季節が来る。ならば再稼働の先に『新しい発電所』を再構築できないか」と。
　柏崎は、原油、そして原発、とエネルギー資源の供給地であり続けてきた。そうであれば、原発の後の、エネルギー資源の供給地として「新しい発電所」を柏崎自身が構想し、既存の産業を成長させ、この土地でしかできない産業を育成していくことができるのではないか、と彼は考えているのである。原発立地地域でも、あるいは原発立地地域だからこそ、次を見据えた、〈ポスト原発

11）石塚修氏へのインタビュー調査は、2013年9月9日、2014年8月4日に、石塚氏の会社で行った。

の意識〉とでも言うべき変化が、こうしたかたちで芽生え始めているのではないだろうか。

【引用・参照文献】
日野行介（2013）『福島原発事故　県民健康調査の闇』岩波新書。
鎌田慧（2001）『原発列島を行く』集英社。
鎌田慧（2011）『日本の原発危険地域』青志社。
木村真三（2011）「専門家として良心をもってデータを公開しなければならない」『世界』9月号、岩波書店。
七沢潔（2016）『テレビと原発報道の60年』彩流社。
ラートカウ，ヨアヒム（2012＝2012）海老根剛・森田直子訳『ドイツ反原発運動小史：原子力産業・核エネルギー・公共性』みすず書房。
鈴木真奈美（2014）『日本はなぜ原発を輸出するのか』平凡社新書。
『2013年度社会調査実習報告書』新潟大学人文学部。

8章 近代琉球の「境域」と政治文化
——与那国郵便局成立史

(柳　啓明)

はじめに

　今も私たちの世界を国家単位に区分する国境は自明なものではなく、近・現代を通じて変動を繰り返してきた。しかし、国境は国家のなかで生きる人々にとって、動かしてはならないものとして認識される傾向が強い。では、国境地域で生活する人々は国境の変動のなかで、自らをいかに位置付けてきたのだろうか。近年、日本では領土問題などで国境がクローズアップされているが、国境の変動に生活がさらされる人々の歴史に学ぶことで、まず「国境とは何か」という素朴な問いへの足がかりを築きたい。

　台湾に隣接し、琉球／沖縄の八重山群島に帰属する与那国島は、長年「異なる国家や法域の境界」(以下、「境界」)に位置付けられているという意味で「境域」に位置付けられてきた。近世期、八重山には琉球王府から人頭税が課され、琉球の周辺地域として沖縄本島とは異なる地方制度が施行されていた。この独自の徴税の過程が、当該地域に暮らす士族と農民との間に独特の支配／被支配関係を形成した。このような関係を捉えるうえで、「政治社会」の視点が有効である。近藤和彦によれば「『政治社会』をあつかう歴史は、かつての狭義の政治史のように対象を国家や権力闘争にかぎることなく、ローカルな／集団内の／集団間の、また国をこえた広域の諸力がはたらく磁場・アリーナを問題にする (歴史学研究会 2003: 252)。与那国島の生活のなかに根ざす政治と「境界」の変動の関係を考察するうえで、政治社会に着目することは重要である。

　近代以降、与那国島の政治社会は、琉球／沖縄の国家としての自立性が不安定化し、支配層の交代による地方制度の変容に加え、「境界」の変動にともな

う葛藤を経験した。日本による「琉球処分」を経ても、帰属先をめぐり王府内は対立をしていたが、沖縄県が設置されたことにより日本の地方制度の導入が進み、台湾と与那国島の「境界」は、日本と清国の国境としての意味を持つようになった。さらに、日清戦争を終えた1895年に日本帝国が台湾を植民地としたことで、この「境界」は日本帝国の内地と外地（外地＝植民地）を区分するものへと変化し、台湾への中継地として多くの寄留者を迎え入れることとなった。また、与那国島では台湾紙幣の流通や、寄留者による独自の紙幣発行、それにともなう政治勢力の変遷など、八重山群島の他の地域には見られないような政治・経済的変化が起こっている。このように、琉球が日本帝国「内地」の一地方へ編入され、日本が植民地を獲得するなかで、与那国島の政治社会は新たな「境界」における「境域」として再編を迫られることになったのである。

筆者の関心は、日本帝国が植民地を獲得する過程で生じる「境界」の変動や緊張に与那国島の住人たちが直面するなかで、その政治社会がいかにして再編されたのかを、伝統的な地方制度から近代的な地方制度へと移行する歴史的な過程のなかに見出そうとすることにある。与那国島における既存の政治社会が、新たに導入された日本の地方制度とのあいだでどのような葛藤にさいなまれたのかを明らかにしたいのである。これにより、琉球／沖縄の政治社会を周辺地域の視点から日本帝国の植民地主義と関連付けて考察することが可能となり、「境域」を生きる人々の意識や社会のありようへと接近できると思われる。

本章における課題は、沖縄県与那国村における三等郵便局の設置請願と設置後の運営状況について、請願と運営の引き受け手となった有力者と住民の関係に着目し、彼らが日本の制度である郵便局をどのようなものとして位置付け、また郵便局が実際どのような役割を与えられていったのかを明らかにすることである。対象とする期間は、三等郵便局の設置を請願する行動が起こった1914年から、郵便局で無線電信が開始され主要な機能が備わる1936年ごろまでである。三等郵便局は、逓信省が管轄する小規模型の郵便局で、地方へ郵便制度を普及させる目的で設けられた。請願はその地域に生じた要求を前提として行われ、設置後の郵便局は国の方針だけでなく地域の人々の要求に答える必要が生まれるために、請願・運営の過程は地方制度をめぐる与那国島の政治社会のありようを映し出すと思われる。

ここでいう政治社会とは、近代にも形を変えながら継続した、琉球における士族と農民の関係性のことである。この関係性が「琉球処分」以降も形を変えながら継続し、与那国島の地方統治に重要な役割を果たしていた。すなわち、郵便局の請願や運営の先頭にたつ与那国島の有力者は、この関係性が近代以降も有効であったがゆえに、有力者となりえたのではないかという仮説を設定している。ここでは、与那国島の有力者たちの系譜や行動に着目することで、その政治社会の近代におけるあり様を分析する。

　以上のように筆者の大きな関心と本章の射程を述べたが、この時代における与那国島の政治社会、沖縄県の郵便局に関する研究はどれも蓄積の進んでいない領域であり、これらを関連付けて論じた研究は存在しない。したがって、それぞれの研究状況を確認しながら、関連付けて研究することの意義と課題について論じたうえで、方法論について検討する。

　まず、「境域」はこれまでどのように論じられているのだろうか。「境域」は歴史学において、近代国家の成立期にあたり「領土」という枠組みでは捉え切れない領域を示すために使われる用語である（歴史学研究会 2013）。また、国際関係論では「境界地域」を提唱し、現代の国境地域を領域として捉え、行政的実践につなげる国際的な研究が試みられている（岩下 2012）。これらは、国境概念を相対化することで、近年の領土問題を批判的に検討することを意図した研究である。

　そもそも、近代における琉球／沖縄は歴史研究において境域的に位置付けられる傾向にある。琉球処分を「琉球併合」として朝鮮と比較して論ずる波平（2014）は、東アジアの近代移行期を中華帝国から天皇を中心とした植民地帝国日本への覇権交代という図式で捉え、そのなかで近代の琉球王国が独自の政治社会を持ちつつも、日本にフィットする存在であったことを指摘した。それが可能になったのは、琉球が日本や朝鮮と異なり、小中華主義を持たず、東アジアにおける中心性を主張しない政治社会を形成していたためであるとしている。これに対して本論は、沖縄の周辺地域における政治社会への内在的な接近を通じて、琉球王朝の小中華主義を近代的な制度の運用のなかに見出す方向性を持っている。1510 年に琉球王国に編入された与那国島が、近代以降も周辺地域であり続け、士族を系譜に持つ人々が有力者となった背景には、沖縄本島を中

心とした士族による支配を正当化する政治社会の存在を指摘しうると考えるためである。

　与那国島に関する歴史研究は、石原（2000）と小池（2012）ら社会学者によって、戦後の密貿易を対象に行われてきた。これらの研究は、与那国島の経済社会が国境の支配を超えて形成されていた事実を指摘することで、国境と民衆のせめぎあいを分析するモデルを検討している。これらの研究は本章の対象とする時期から外れるものではあるが、与那国島と台湾の間で、日本帝国期に形成された経済的な関係性と、与那国島の周辺的な状況が明らかにされている。しかし、対外的な関係を重視しているので、戦前における与那国島内部の状況についてはほとんど分析がなされていない。

　琉球処分以前の与那国島の政治社会を理解するための研究として、沖縄国際大学南島文化研究所の人頭税に関する研究がある（沖縄国際大学南島文化研究所 2003）。この成果によれば、琉球王府は八重山に地方役人の拠点である在番を石垣島におき、さらに村へ役人を送り込むことで地方統治を行っていた。そして、村では徴税を行うために農民が役人に協力する組織（以下、「徴税組織」）が作られており、派遣された役人はその組織を通じて人頭税を徴収していたのである。「徴税組織」で形成された政治社会が、近代以降も再編されつつ継続をしていたというのが本章の展望である。

　郵便制度の歴史研究は、「境域」の研究としては行われておらず、沖縄県を対象とした研究もほとんど行われていない。しかし、日本「本土」における三等郵便局の研究に関しては地域との関わりに着目した蓄積が進みつつある。この郵便局は、財政的に厳しい政府が国庫を節約するために、周辺地域における有力者の財力と人望、名誉欲を利用して郵便局の設立と運営を行った制度であった。つまり、三等郵便局は、財力や人材を設置される地域に依存することで、運営が可能になるのである。与那国島における類似の過程を分析することで、郵便局をめぐる有力者と地域の関係性を明らかにすることができると思われる。

　以上のような課題に対し、政治文化論を手がかりに考察を進めてゆく。近藤和彦によれば、「政治文化」とは「政治社会」を対象とし、「そこにどういう意味のシステム＝文化を読むかという解釈・分析を課題とする」（歴史学研究会 2003: 250）。日本ではリン・ハントの「集団的な意図や行動を表現し形づくる価

値観・期待・暗黙のルール」(Hunt 1984〔松浦訳 1989: 32〕)という定義が有名である。政治文化論は、日本史で独自の変化を遂げており、深谷克己によれば、近代移行期における「意識・観念という非定型の領域と可視的な施設や制度、運用される法と刑罰などを総合した政治の質」(深谷 2009: 6)をとらえるものであるとされている。本論では、深谷の用法を参考にしながら、郵便制度をめぐる与那国島の政治社会のあり様を分析する。

本章で使用する史料としては、当時の原史料としての行政史料がないため、与那国からは小学校の記念誌、郵便局の記念誌、与那国町刊行の町史が主となる。また、与那国村の有力者と民衆の関係に内在的に接近するために、小学校、郵便局に掲載された回想文を、他の史料と照合させつつ利用する。これにより、請願を行い、局長を務めた有力者たちがどのような社会的地位にいて、どのような系譜にある人物なのかが明らかになる。さらに与那国以外の地域から、八重山内の石垣市が刊行した新聞集成、竹富町が刊行した新聞集成および官報集を使用した。また、新聞史料に直接あたり、集成に掲載されていない記事も使用している。

1 郵便局請願行動と政治社会

与那国村では、三等郵便局が設置されるまでに請願行動が、確認できるだけでも1914年、1924年、1926年に3度行われている。そのうち本節では、与那国村を請願主体として行われたが、設置には至らなかった1914年と1924年の請願について取り上げる。設置が実現する1926年の請願については、運営主体と関わる問題なので次節で検討する。ここでは、請願運動の代表者の特徴を整理しつつ、郵便局の設置がどのような人々から求められ、どのようなものとして表象されていたのかを分析する。それを通じて、与那国村の政治社会が近代的な制度を求める過程について考察する。

1) 1914年の請願

1914年11月、入波平保久利村議会議員を代表として数名が請願を行った。1923年3月1日付の『八重山新報』によれば、請願は「其の筋」へ行われた

8章　近代琉球の「境域」と政治文化　　205

とあるが、結果として認可を得ることはできなかった。

この年の4月1日に、与那国島は八重山村の一字から、一村一字の与那国村へと分村された（池間 1972）。1908年に島嶼町村制度が施行され、それ以降八重山郡は八重山村として29字に区分されていたが、1914年からは八重山郡は石垣、大浜、竹富、与那国の4カ村に区分されることとなる。分村を要望する動きは以前からあり、1909年に八重山村長上江州由恭が沖縄県知事に村を分離すべきとの意見書を提出していた。この時は時期尚早との理由で却下されたが、5年を経て意見書の要望を反映する行政区分が行われたのである。請願行動が分村と連動する形で行われたのは、村議会の成立により、村同時の要望を提出することが可能になったためであると考えられる。

他方で、与那国村をはじめとする八重山地域には、議会の権限に制限が加えられていた。1920年に普通町村制が施行されるまで、村には島嶼町村制が施行されており、村長は官選によるものと定められていた。一議員が代表者となったことの背景には、制度的な事情があったことにも留意しておかなければならない。

では、なぜ入波平が請願の代表として選ばれたのだろうか。それは、琉球の政治社会における社会的地位がこの時期においても継続していたためであると考えられる。1912年、入波平は八重山村の第1回村議会議員選挙（定数22名）で、字与那国から松田長明とともに選出されていた。松田は与那国島の士族の家系に10代目として生まれた人物である。松田の祖母は入波平那美眞といい、下級士族である宮良筑登之の室で、入波平家の長女であった（与那国町史編纂委員会事務局 1997: 60-61）。彼女の父親は八重山の中心地である石垣で頭職を務めていた。入波平保久利が入波平家の親族だと証明する史料は確認できていないが、松田と社会的地位が近い人物だったと考えられる。松田・入波平は、1914年7月1日に行われた与那国村の村議員選挙（定数10名）でも村議員に当選している（池間 1972: 206）。入波平が請願の代表を務め得たのは、松田のような士族に系譜を持つ人物と渡り合えるような政治力を議会制において持っていたためであると考えられる。

分村直後の与那国村は、社会のあり方が大きく変わろうとしていた。村議会が開催された直後の1914年8月30日に、一部の村民が銅鑼や太鼓を鳴らし、

村議会に対して「騒動」を起こしたことが記録されている（与那国町史編纂委員会事務局 2013: 594）。政治的な意思決定が村単体で行われるようになり、村内の議会をめぐる対立が顕在化するようになった。また、請願が行われた11月には第一次世界大戦で日本が青島を陥落させたことを祝い、日の丸を掲げた行列が、中心地である祖納で行われている（与那国町史編纂委員会事務局 2013: 594）。大戦で勝利したことを祝い、「あな嬉し喜ばしこの勝ち戦」と歌いながら、日の丸の旗を振って村中を行列したという回想もある（与那国小学校百周年記念誌編集委員会 1985: 445）。さらに、翌年の1月21日には帰還兵の祝賀会が在郷軍人会を中心に開催され、日本による国民統合の取り組みが進行している。この時期、政治的、社会的な意思表示のあり方が日本の制度や戦争に向けられ始めていたのである。このことから、請願は与那国村の人々が日本への帰属を意識し始めた時期に行われたことが分かる。

　このように、1914年の郵便局設置へ向けた請願行動は、分村により与那国村独自の要望を伝えられる条件が整い、日本への帰属を意識する行動が村内に現れ始めるなかで行われた。その代表を務めた入波平は、日本の議会制度が導入される以前の、琉球の政治社会における政治的な有力者であったと考えられる。依然として、与那国島では内地の多くの地域に比べて議会の機能に制限が加えられていたが、そのなかでも士族が議会の議員に選出され、また士族と政治的に渡り合える人物が請願の代表者となることで、自らの要望を実現させようとする政治社会が存在したのである。

2) 1923年の請願

　1923年3月1日付の『八重山新報』の「与那国村の現在と将来」という連載記事で、2度目の請願が報じられている。この連載は、与那国村が発展する方法についての論説記事で、1922年の10月ごろから1924年の4月ごろまで、合計15回掲載された。第11回目の掲載であるこの記事は、題名を「郵便局設置」とし、与那国村における郵便局の必要性について、経済生活を向上させる観点から論じたもので、真境名村長と村議会議員が再び請願書を出したことが伝えられている。この請願は、認可を受けることになった。

　この時期になると、社会の発展を目標とした論理で、郵便局の貯金や簡易生

命保険への加入を勧める記事が紙面上に現れるようになる。1921年4月11日付の『八重山新報』では、この時点で八重山郡唯一の郵便局であった八重山郵便局の片野栄一郎が、保険は「共同計算の上に立って同愛の人たちが相互に救済しあふと云う精神に於いて団結」するもので、「西洋のある倫理学者」が「道徳的の義務」としたという記事を掲載している。そして、天皇の現代における「勲業」が「祖宗の威霊」に因るものだと説明したうえで、これに習い「遺徳」として子のために保険に加入すべきだとした。また、1921年4月21日付の記事では、保険が貧困層を救済するための「社会政策」だとし、官営の業務にしたことの意義を説明している。さらに、片野は1922年2月11日付の記事で、沖縄県が他府県と比べて保険加入者が少ないことを「遺憾」であるとした。保険は国家の「政策」や共同体の「義務」としての性格が強調され、沖縄県全体が十分な水準を満たしていないことが批判の対象になるとともに、八重山における普及が目指されていた。

　貯金に関しても同様に、新聞紙面での宣伝が多く見られる。貯金の奨励は保険に比べて私的な利益につながる側面を強調していた。1922年5月21日付の『八重山新報』では、逓信省の貯金局が募集した懸賞作文が掲載され、夫の貯金のおかげで未亡人が助かった話が掲載されている。さらに、同年6月21日付の同紙には、丁稚奉公時代に貧者へ寄付ができたこと、両親の墓を購入できたこと、北海道への移住を成功させたことなどが紹介された。このように、個人的な出費に関する利益が強調されているが、同時に国家のためにもなるとのロジックが使われることもあった。同紙の1921年4月1日付の紙面では、「他府県人に流行して居る貯金奨励の歌」が紹介され、歌詞のなかで個人の貯金が他者、国家、大君の威へと繋がっていくことが示されている。

　このように、郵便局の事業である保険と貯金は、国家や社会の発展と結びつけられていた。保険においては、国民としての「倫理」や「道徳」、「精神」の成熟度と結びつけられている。貯金は私利を比較的強調しているが、個人的な利益が「大君の威」へと繋がる過程が説明される。このように、郵便局は単に行政的な機能を充実させるものとしてではなく、日本における社会の成熟度を測る基準としても機能していた。その成熟度とは、貯金や保険の普及率によって測られる、天皇を頂点とする「倫理」や「道徳」への順応の度合のことを示

している。

　請願の別の背景として、与那国村の経済状況の変化が顕著になりつつあったことも考えられる。『八重山新報』は、与那国村に郵便局が必要とされている理由について、村の貿易額が年々増加しているにもかかわらず、郵送に不便が生じていることを指摘している (1923年3月1日付『八重山新報』)。図8-1のように与那国村の貿易収支は1922年から1926年にかけて上昇している (1930年7月25日付『八重山新報』)。図8-2の与那国小学校の記録では、1924年に赤字を記録するものの、1928年まで一貫して移出超過となった (金子 1935)。

　この増大の要因として、植民地台湾の経済圏に与那国村が入ったことが挙げられる。1923年ごろから沖縄県では植民地や太平洋、東南アジア地域への移民が増加した。与那国村でも、隣接する植民地台湾との経済的関係が活発になり、多くの人が台湾へ職を求めて移動している。また、与那国の西端に久部良集落を形成した寄留の漁民たちも活動を活発化させており、図8-3に示すように鰹節の移出額は1920年〜1928年の全移出額の大半を占めるまでになった (1930年7月25日付『八重山新報』)。このような状況のなかで、郵便局は経済的インフラの整備を実現するものとしても位置付けられていた。

　ところで、この時の請願は1914年と違い、真境名村長と村議員が合同で請

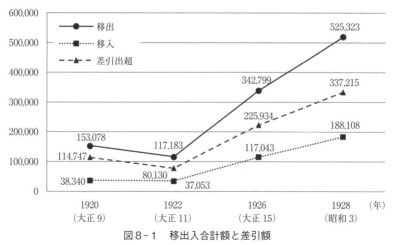

図8-1　移出入合計額と差引額

出典) 1930年7月25日付『八重山新報』

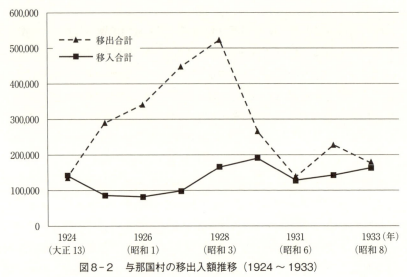

図8-2　与那国村の移出入額推移（1924～1933）
出典）金子（1935）をもとに作成

願を行っていた。請願主体に変化が現れたのは、1920年に普通町村制が施行され、他府県同様の地方統治が行われるようになったことに関連があると思われる。この制度の施行により、村長が民選の議員の多数決によって選ばれることとなった。施行の年に村長に選出された真境名元輔は、初代与那国小学校校長を1902年～1913年に渡って務めて、2代目と4代目の村長に就任する人物である（与那国小学校百周年記念誌編集委員会 1985）。入波平や松田との違いは、彼が首里の出身者だということである。首里は琉球王国時代、行政の中心地で社会的地位の高い役人が居住する地域だった。普通町村制下の与那国村では、首里出身者か首里にいた経験のある人物が就任する場合が多くなる。このような行動主体によって行われた請願は、1923年の『八重山新報』が認可を受けたことを報じており、一応身を結ぶこととなる（石垣市総務部市史編集委員会 1987: 256）。

　このように、1923年の郵便局設置の請願は与那国村の村長を代表とした議員団によって行われていた。1914年との違いは、普通町村制が施行され、村長が議員選出となり、首里出身者が村長に就任して村政を代表する形態が形成されたことである。そして、その請願の背景には、郵便局が社会の成熟度を測

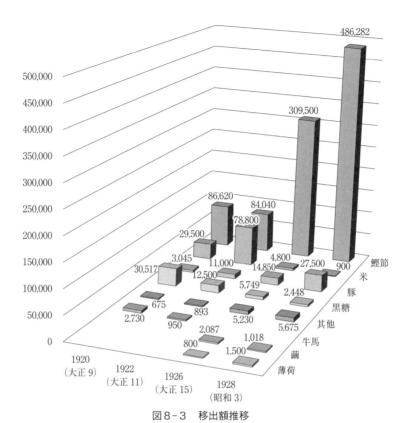

図8-3　移出額推移
出典）1930年7月25日付『八重山新報』

るものとして表象されていたことと、経済活動が活発化するなか取引上必要な機能として求められる状況があった。このように、与那国村における郵便局は、貯金と保険の普及を基準とした社会の成熟度の達成と、経済的インフラの整備という2つの異なる要求を受けて行われていたのである。そして、その請願行動は、首里出身者を村長として行われており、ここにも琉球の政治社会に特有の力関係が作用していた。政治社会の伝統的な力関係を基盤にしながら、与那国村は近代的な制度を迎え入れ、異なる要求に応えるべく請願行動を行っていたのである。

2　郵便局長の社会的地位と文化的素養

　真境名村長ら議員団の請願は認可を受けることになったが、与那国村に郵便局が設置されるのは3年後の1926年だった。認可後、なぜ空白期間が生まれたのかは不明だが、1924年10月から村長に就任した新里和盛が、1926年に個人による請願を行い、村長を辞職することと引き換えに自ら局長に就任することで郵便局の設立が実現した。ここでは、新里和盛がなぜ請願を行い、運営を行ったのかについて考察する。なお、同姓の親族の関係を説明するために、これ以後新里家の人物を名前で表記する。

1）新里和盛村長の請願と無集配三等郵便局・与那国郵便局の誕生

　認可ののち、与那国村の郵便局新設に関して新たな動きが確認できるのは、1925年2月11日付の『八重山新報』による「与那国村に無集配郵便局設置を申請」と題された記事である。記事はまず、郵便局が「国民精神系統」に重要な役割を果たすものであり、とくに交通が不便な八重山郡においては、「文化の進歩」や「福利」をもたらすものだと指摘する。そして、新里和盛を村長とする与那国村議会が請願通信施設規則を利用して、設置の請願を行う決議を行ったことが伝えられている。

　この規則は1915年12月5日に公布されたものである。1915年11月30日に公布された勅令第215号（官報1915年12月1日）によって、請願者による局舎の提供、新設費および維持費の負担により郵便局、無線電信局、公衆電話所の新設あるいは郵便、電信、電話事務の開始が可能になったことで、作られた。

　新設申請の方針が定まりつつあるなか、1925年7月31日に与那国小学校で金城珍達八重山局長が貯金と簡易生命保険に関する講話を行い、村と金城局長の間で新設に向けた具体的な動きが始まった（与那国小学校百周年記念誌編集委員会 1985: 115）。さらに、同年の9月26日に行われた「第4回倹約週間に関する訓話」では、禁酒や余分労働に加えて「郵便貯金をなし簡易保険に加入し、若しくは増額をなすこと」が、項目に入れられている（与那国小学校百周年記念誌編集委員会 1985: 16）。翌年の9月6日の訓話では、「余分労務又は節約による所得

を郵便貯金とし、簡易生命保険に加入すること（与那国小学校百周年記念誌編集委員会 1985: 121)」が言われていた。郵便局設置の動きが具体化するなかで、村内で貯金と保険を普及させる取り組みが始まったと見られる。

　図8-2で示したようにこの時の与那国村の経済は、貿易収支額が増大し続けていた。与那国小学校の回想録によれば、それ以前まで与那国村では物々交換が行われていたが、台湾への出稼ぎが増えたことにより、貨幣が普及したという（与那国小学校百周年記念誌編集委員会 1985: 445）。村内の経済は植民地との関わりを強めることにより変化しており、貯金や保険を普及させうる生活基盤が人々のなかに形成されていたのである。

　以上のような背景のなか、郵便局請願の方法が固まり、「請願通信施設規則」による請願がなされ、翌年には請願が受理されることとなった。1926年5月、新里村長のもとに11日付で通信省熊本通信局から与那国郵便局長内定の電報が届き、現職の村長を辞任するよう要求される。当時、郵便局長は町村会議員および府県会議員の兼職は、局務に差し障りのない限り許可されていたが、首長に関しては兼職を禁じていた。これを受けて、新里村長は7月20日に村長を辞任し、郵便局長に就任する。そして、9月1日に無集配三等郵便局・与那国郵便局が開局することとなった（官報1926年8月26日）。

　このように、3度目となる請願は、新里村長が自ら郵便局長を引き受けることで設置の実現をみることとなった。島内の和盛たちの動きに限ってみれば、社会の成熟度の評価基準となる保険・貯金の機能が重視されており、直接的な経済的利益よりも郵便局によりもたらされる「倹約」の効果が強調されていた。経済の急発展からくる取引上の需要もこれまでと同様にあったはずであるが、局長たちが最初にとった行動は必ずしもそれを重視するものではない。「国民精神系統」とも称される国家的なインフラに参加し、国から示される社会の成熟度の基準に順応することが、局長らの間でまずは優先されていたのである。

2) 琉球士族の末裔から与那国村の名望家へ

　では、与那国村における新里和盛はどのような名望家であり、なぜ郵便局長を引き受けることになったのであろうか。与那国郵便局の局舎内には、「文化交通」と書かれた額縁が飾られてあった。郵便局が新聞上で「文化の進歩」を

もたらすものと位置付けられるように、開局へ至る過程には彼が日本帝国の統治を経験するなかで形成した「文化」についての認識が関わっていると考えられる。和盛の「文化」への認識が郵便局長就任にどのように関わっていたのかについて、彼の生い立ちを整理しながら分析する。

　和盛は 1893 年、与那国島で生まれた。和盛の父親である和保は、琉球処分の後与那国へ渡り、2 人の娘を作っていた和盛の祖父を迎えに行き、首里まで送り届けた後、自らは与那国に戻って住み着くこととなる（池間 1996: 106-107）。和保の琉球における社会的な地位については、琉球士族の居住区であった首里に住んでいたことと、記念誌の回想文で和盛の三女が和保に、士族社会で使われる「祖父（＝タンメー）」（池間 1996: 107）の敬称を使っているので、士族であったと考えられる。

　当時の沖縄県には日本による旧慣温存政策が施行されており、琉球王国の制度の多くの部分が継続していた。和盛が生まれた年に、笹森儀助が与那国に来島しており、島内の状況を『南島探検』に記録している。この時点ですでに与那国尋常小学校や那覇警察署与那国分署などの、日本の諸機関が運営されていたが、琉球王国における役人と島民の力関係が残っていたようである（与那国町史編纂委員会事務局 2013: 284）。このような時代のなかで、和盛は士族の家系に生まれた。

　しかし、和保やその父親が、どのような理由で与那国島に来たのか、また島で島民に対して政治力を発揮していたのかどうかは不明である。彼の移動の背景には、「琉球処分」以降に琉球内部の士族社会の流動性が非常に高まっていたことがあると思われる。「琉球処分」後も、清国と日本による琉球の外交的な地位をめぐる実質的な交渉は 1880 年の分島・増約案の決裂を最後に行われなくなっており、日清戦争が終結するまで、士族社会は琉球の国際的な地位をめぐって紛糾状態にあった。1882 年 10 月 6 日の大阪朝日新聞には、士族が与那国島を経由して清国へ向かったことが伝えられているなど、士族社会が不安定化し、移動が活発になっていたことがわかる。和保の父親がどのような王国の存続をめぐってどのような立場を取っていたのかを確認することはできないが、「琉球処分」後の混乱のなかで王国の中心を離れた一人であった。

　だが、後に和保が迎えにきたように、親族間のつながりは非常に強固であっ

た。和盛も6歳の時に和保に連れられ、本家で教育を受けさせられ、県立第一中学校へ進学する。和盛の子どもたちも、多くは首里の親族の家から本島の中学へ進学しているように、与那国に生まれた和盛は親族を通じて、首里とのつながりを得ていた。首里出身であることが、与那国村における政治力を左右する要因であると先ほど述べたが、与那国島で生まれた和盛の社会的地位は、このような親族とのつながりに支えられていたと考えられる。

　では、このつながりのなかで和盛はどのような教育を受けてきたのだろうか。三女の回想する、和盛から聞いた「思い出話」によれば、本家での教育は「言葉、作法等……、漢文を前にして身体髪膚此レヲ父母ニ受ク敢エテ毀傷セザルハ孝ノ始メナリ……等遊びたい盛りにとても厳しかった」（池間 1996: 107）といい、公的な教育以外に、礼儀作法や儒学の教育を受けていた。和盛は自分の子ども達にも儒学を用いた教育を行っており、士族の家系に伝わる教育を身につけ、受け継いでいたと考えられる。儒教は、近世に琉球王府が認めていた公式の支配イデオロギーである。1732年に王府が発布した「御教条」には、士族がとるべき行動様式が親族関係の孝行を中心とする儒教道徳から説かれており、農民にも家業をまっとうし父母を安心させることを求めていた（安里進他 2004: 170）。和盛は士族としての儒教教育を受け継いでおり、それは与那国村で公職に就いて自らの役割を果たそうとする振る舞いに影響を与えていたと思われる。

　他方で、和盛は日本帝国の公的な教育や文化も積極的に受け入れていた。和盛は中学時代に習った英語を得意としていた。彼は"Twinkle, twinkle, little star（きらきら星）"を子ども達に教え、喧嘩が起こるときょうだい同士の手を握らせ「ハウ　ドゥユゥドゥ　ディアマイフレンド」（池間 1996: 108）と何度も言わせて仲直りをさせるなど、家庭生活の随所に英語を持ち込んでいた。また、当時としては村内ではめずらしく、役場関係者や長老を迎えて新正月を祝っている（池間 1996: 111）。和盛のこうした側面は、近世琉球の行動様式を受け継ぎつつも、日本からもたらされる近代的な文化や教育を、積極的に持ち込んでいた。

　さらに、和盛は村内で知識人との評価を受けており、村から与那国村の歴史をまとめた著書を作るよう依頼されている。この取り組みは和盛の死後、長女苗の夫が資料を引き継ぎ、村の伝承や歌、慣習をまとめた『与那国の歴史』と

して編纂され完成した。和盛は、村内の伝統的な行事にも深く関わっていた。

　このように、和盛は首里の琉球士族に生まれ、日本帝国の内部へと琉球の士族社会が移行する時代に教育を受け、文化的な素養を身につけていった。親族からは儒教を中心とした教育を受け、他方で公教育においては英語を得意とし、また日本の慣習を積極的に取り入れると同時に、村内の伝統的な慣習にも関心を持っていた。ここから琉球の士族の系譜にある者として身につけた「文化」と、日本の教育制度などで身につけた「文化」のふたつの「文化」を読み取ることができる。和盛が公職に就いて自らの役割を果たそうとする傾向は士族の「文化」を基盤としており、その実践は日本の「文化」を取り入れることで実現されている。彼の標語である「文化交通」は、琉球王国の「文化」が息づく与那国島において、それを基盤としながら近代的な文化を取り入れていこうとする矜持の言語化であったと考えられる。また、このような実践は、士族が公職を勤めるという近世琉球の政治社会が与那国島で息づき、和盛がそれに応えたからこそ可能になったと思われる

3）村内における和盛の所属組織

　では、郵便局長以外に、和盛は村内においてどのような組織に所属していたのであろうか。彼の職業や村内での組織的な活動を整理し、どのような有力者だったのかを考察する。

　和盛が首里から与那国に戻ったのがいつごろなのかを正確に確認することはできないが、1913年5月22日に与那国小学校代用教員として雇用され、同年の7月2日に着任の披露式が行われている（与那国小学校百周年記念誌編集委員会 1985: 39）。月給は8円、手当は1円70銭と記録されている。12月25日に支給された賞与は校長15円、訓導7円、準訓導5円、代用教員は和盛が2円50銭で、他の2名が4円だった。和盛の賞与が低いのは、11月に着任した代用教員1名は日が浅いことを理由に貰っていないので、勤務日数を考慮したものと考えられる（与那国小学校百周年記念誌編集委員会 1985: 45）。代用教員のため、待遇は相対的に低かった。

　しかし、着任から1年にも満たない1914年3月20日、和盛に諭旨退職が言い渡されたことが、「大家の倒れんとするや能く一本の支ふべきにあらず、救

済其の効なく遂に監督官より内牒により諭旨退職願を提出せしめたるは、転た断腸の思いあり」（与那国小学校百周年記念誌編集委員会 1985: 46）として記録されている。対象となったのは準訓導2名と和盛だった。和盛について苦渋の諭旨退職であることが示されている。このような決定がなされたのは、前年7月18日の台風により小学校が損壊し（与那国小学校百周年記念誌編集委員会 1985: 40）、多大な損失を被り、給与を払えなくなったためではないかと思われる。しかし、3ヶ月後の6月9日に再び代用教員に任命され、同月22日から小学校での業務を始めた。その後、1917年10月10日に依願退職をしたとの記録が、小学校勤務に関する和盛の最後の記録である（与那国小学校百周年記念誌編集委員会 1985: 69）。

　その後、和盛は村役場に就職する（池間 1996: 7）。与那国村役場の記録を発見できておらず、和盛の具体的な仕事内容などは分からないが、1922年10月21日付の『八重山新報』で、与那国村を訪れた記者の案内役を村の助役として務めていたことが確認される（石垣市総務部市史編集委員会 1987: 213）。

　助役を務めた後、真境名村長の後代の村長として1924年に就任することとなった。和盛は与那国村の民選村長としては、就任以前の公職における地位が比較的低いことが特徴である。前任2代目と和盛辞任の後に4代目村長を務めた真境名は与那国小の初代校長、5代目の具志幸加は7代目校長、6代目村長の新城安延も10代目の校長と、校長経験者が名を連ねている。そのなかで和盛は、学校教育に関わったという共通点はあるものの、地位としては代用教員で、例外的な存在だった。また、このなかでは唯一の与那国出身者である。

　また、村長、局長就任中に与那国農業会長を務めていた。村長在職中の1925年5月19日に当選し、郵便局長就任後の1929年5月18日の任期満了まで務めている（池間 1996: 31）。和盛自身が農業を営んでいた痕跡を確認することはできていないが、与那国村における農業行政の担い手として、職務を行っていた。村における代表的な農家の団体は、琉球王国時代の「徴税組織」を前進とする「同志会」である。この団体はこの時期、村議選などで寄留人に対抗するための在地民を中心とした政治団体としての機能を持つようになっていた。彼は「同志会」の活動に積極的な関わりを持っていたわけではないが、農政の末端の担い手として、利害調整の役割などを任されていたと思われる。

このように、和盛は与那国村で代用教員、役場職員の助役、村長、農会長と郵便局を務めるまでに公的な仕事に携わっていた。この時期の村長を務める人物のなかでは与那国で生まれ、校長を務めていない点に特徴があり、相対的に元職の地位が低かった。しかし、そのキャリアのなかで信頼関係を築き、職務能力を評価されている。また、彼が「徴税組織」を前身とする同志会からの信頼を集めていたことは、村が台湾経済の影響下となるなかでも、伝統的な政治社会が彼の社会的な地位を保障する土台となっていたことを意味していると考えられる。

　本節を振り返るならば、和盛は士族の末裔として与那国に生まれ、親族ネットワークのなかで文化的素養や行政的な能力を身につけていき、与那国村の政治社会に受け入れられ、有力者としての地位を築いていった。彼が郵便局長を務め得た背景には、彼が士族社会の移行期のなかで身につけた伝統的な儒教を中心とする「文化」と、日本から新たに導入された教育制度のなかで身につけた「文化」という、2つの文脈の「文化」が存在した。郵便局が「文化の進歩」をもたらすものと位置付けられ、和盛が「文化交通」を標語としていたことを関連付ければ、彼にとっての「進歩」とは、これら2つの「文化」を「交通」させることで実現されるものであったと思われる。そしてその「交通」を行う立場に和盛がなり得たのは、彼が「徴税組織」を前身とする同志会の信頼を得られる士族としての文化的素養を身につけ、彼もまた郵便局長の職に就くことでその信頼に応えようとしたためであると考えられる。

3　与那国郵便局の運営と「違法」な機能

　では、和盛は実際にどのようにして郵便局を運営し、それは村民にどのようなものとして利用されるものだったのであろうか。与那国郵便局の運営と事業展開を整理しながら、名望家たちが請願し、和盛が運営を引き受けることとなった郵便局が、村社会との関わりのなかでどのように位置付けられていったのかを分析する。

1）与那国郵便局の財政と雇用

　前節で述べた「請願通信施設」は、1915年の施行当時、次のようなものだった。郵便局の設立の初期費用、維持費に関しては請願者本人の負担が求められている。また、同年に公布された「請願通信施設規則」によれば、5条に「維持費額は年額を以って別にこれを指定す」、9条に「請願施設の為設備したる物件は局長新設又は事務開始のときにおいて総て国庫の有に帰す」とあり、年額の維持費を収め、局舎を国家に提供する義務が課せられていた。郵便局を運営するためには、相当の費用を負担する必要があったのである。他方で、国による運営負担は、1907年の「通信官署渡切経費施行規程」に定められる渡切経費として支給されていた。田原啓祐によれば、この規程は2002年に廃止されるまで、細部の改正が行われながらも、基本的な形は維持され継続していたという（藪内・田原 2010: 33）。

　与那国郵便局の設立と運営に必要な費用を、和盛は親族から借りていたようである。規則の定める負担のほか、渡切経費の担保の不足分を親族の固定資産を借りて補っていた（池間 1996: 10）。この借金については、妻のミヨが酒造りや台湾向けの養豚をするなどして返済を行っていたという。その後もミヨが新里家の家計を支えていた。その他、郵便業務自体での収支の実態などの統計情報は確認できていないが、与那国郵便局の運営は、親族や家族の支えを前提に成り立っていたものと考えられる。また、ミヨの収入は、台湾への移出によって成り立つ与那国の経済事情を反映していた。

　人員については、家族と村民を雇うことによって確保していた（池間 1996: 23-28）。特に、1936年9月26日に電信事務が開始（官報1936年9月19日）となるにあたっては、1934年に与那国小学校久部良分校で教員をしていた長男の和彦を辞職させ、無線通信技術取得のため熊本通信教習所を受験させている。さらに、1936年に沖縄県立第一高等女学校に在学していた長女の苗にも、受験させている。苗は退学したくなかったというが、和盛に「一人（和彦）で無線通信は無理と思わないか、与那国に技術者がきてくれると思うか」と言われ、承諾したという。村内における人材の不足は、それだけ説得力のあることであった（池間 1996: 11-12）。1941年ごろからは、熊本逓信講習所那覇支所や台湾逓信講習所を卒業した技術者が辞令を受けて与那国郵便局で勤務をするようにな

る（池間 1996: 75）のだが、それまでは和彦と苗が無線業務の中核を担うこととなる。

　その他の雇員は、ほとんど与那国出身者で占められていた。1939年に為替貯金を担当した雇員の回想によれば、沖縄本島から来た人の言葉が分からず、和盛が通訳をすることで意思の疎通ができたという（池間 1996: 50-51）。このことから、雇員同士の会話は与那国島の言葉で行われていたことが分かり、島外者が業務を行うには困難が生じる可能性があった。また、郵送や保険の巡回などにあたっては与那国島の地理に精通している必要があるため、村で生まれ育つことが雇員の条件であったと考えられる。

　このように郵便局の運営は、血縁や地縁を基盤としながら行われていた。郵便局を設立するにあたり、初期的な費用の負担を和盛の家族および親族が行っている。郵便局の設立と運営は、和盛にとって家族への負担を前提にしており、家族もその職務につきまとう負担を理解していた。血縁によりもたらされる財源や人材を中核にしつつ、郵便局の運営は与那国村の人々にも支えられていた。このような運営基盤は、まず新里家が公的な職務の重要性を理解することで可能となった。そして、前節で説明したように、与那国村における和盛への信頼が、雇員獲得の重要な要素になったと思われる。

2）与那国――台湾貿易と郵便局の「違法」な機能

　与那国郵便局の実際の利用状況を、事業が拡大する過程から整理する。1933年8月1日、無集配局だった与那国郵便局が、集配局に改変される（官報1933年7月17日）。これにより、与那国局が独自に郵便物の収集や配達を行えるようになる。それ以前の郵便局の業務は為替貯金、保険のみであり、郵便については依託集配を行っていた。和盛の長女・池間苗は、それ以前の集配業務が個人宅に広げられた葉の上に手紙が1枚1枚広げられ、それを個々人が取っていくという方法だったと回想している（池間 1996: 11）。また、郵送については個々人が漁業者に依頼し、漁場である台湾の南方蘇のポストに届けてもらっていた（池間 1996: 9）。集配局化にともない、ポストが与那国村西部の久部良、北部の比川に設置され（池間 1996: 11）、集配員を雇用するようになる。

　集配局化による業務の拡大も請願によって行われている。1929年3月15日

付の『八重山新報』(石垣市総務部市史編集委員会 1987: 641) が、集配局化について伝えている。記事によれば、与那国の移出額の9割は台湾関係のものであり、経済規模が拡大している。そして、通信施設の拡張を望む声が強まっていることを伝えている。また、「本村と中央との取引関係も台湾を経由すれば僅か六、七日にして東京へ到達するべきも、石垣島を経る現在の郵便逓送経路に依る時は十五、六日という大なる日数を要し」と、商取引における損失が生じると指摘している。さらに、台湾の教育機関が充実してきたことにより、台湾に進学する学生が増加した現状を指摘し、集配局化して台湾に直接郵便を届けるための条件を整える必要性を訴えている。

　10年の請願を経て設置された与那国郵便局であったが、利用者としては重要な機能を持たない、使い勝手の悪いものであったことが分かる。池間苗も両親が「ユーシューハイ、ユーシューハイ」と言っていたことを回想しているように (池間 1996: 10)、村内も和盛たちも集配局化を望んでいた。しかし、集配局化も請願から4年の月日を要すこととなる。

　集配局化後は、与那国郵便局が寄留人や村と契約の上で「郵便物運送命令書」を出し、郵便物の海運を依頼していた。当時の郵便物は、出航の時は集配員が港の船まで持って行き、入港の時は船員が差し立て簿とともに持ってくるようになっていたという。運送料は1936年時点で与那国－八重山間片道1回につき2円、与那国－基隆間片道1回につき2円50銭となっており、翌年にそれぞれ1円増額されている。1935年以降は郵便物が特に増加し、郵便局員が16名いる時代もあった (池間 1996: 14)。村内の者同士での郵便物のやりとりはほとんどなく、村外から／への集配がほとんどだったという (池間 1996: 56)。与那国郵便局は、経済的なインフラとして利用されていたのである。

　1936年9月26日に電信事務が開始となるが、これも「嘆願に嘆願を重ねた結果」設置される。設置が決定したのは、長男の和彦を熊本逓信講習所に進学させた1934年である。和彦は1936年4月に、講習所を銀時計受賞の成績で卒業し、9月に業務を開始した。長女の苗も翌年卒業し、与那国村で無線業務を始める。

　与那国村は他の沖縄の地域と違い、標準時を台湾に合わせていた。当時は与那国、那覇間で1時間の時差があり、モールス信号で那覇に時間を尋ね、向こ

うが12時であれば、こちらは11時という具合に標準時の調整を行っていたという。台湾と与那国の近さを物語る業務内容である。また、為替局報も行っており、与那国に経済的な情報を提供する機関としても機能していた。

そして、公式な業務ではない機能を郵便局は持つことにもなる。例えば、1937年ごろ和彦を中心として無線で得た情報をもとにしたガリ版刷りの「新聞」が作られるなど（与那国小学校百周年記念誌編集委員会 1985: 934）、村に内外の情報を届ける役割を担っていた。さらに、当時与那国村には台湾銀行券が流通していたが、これを日本円紙幣と為替交換する業務を行っている[1]。台湾の経済圏に入った与那国では、寄留人らを中心として台湾銀行券による取引が行われていた。1936年に収入役を務めていた浦崎昇栄は、村役場に税金として台湾銀行券が収められ、県税や国税を納めるときのみ日本銀行券に換えていたと指摘する（与那国町史編纂委員会事務局 2013: 449）。「違法」との認識はあったようだが、大蔵省は「大目に」見ていたのではないかということである（与那国町史編纂委員会事務局 2013: 452）。与那国郵便局がどのような形で紙幣の交換に関わっていたのかは確認できなかったが、「違法」な業務も行っていたことになる。

このように、台湾の経済圏となった村の実情に合わせて、与那国郵便局は様々な機能を持つようになる。設立が決定した直後は、貯金・保険などの国側が重視する機能が優先されたが、運営が始まってからは経済的な取引を行うために必要な機能が重視され、和盛はその権限の獲得に向けて繰り返し請願を行っていた。また、本来「違法」な台湾紙幣の流通に見るように、村の状況に合わせて本来の職務以外の業務を行っている。与那国村の郵便局は、村民から見れば経済的な取引を行う機能が重要だったのであり、和盛もその要求に合わせて業務を拡大していったのである。

3）国の末端機関としての郵便局

前節で確認したように、郵便行政の当事者が郵便局の機能として最も重視していたのが貯金と簡易生命保険である。また、無集配郵便局は、基本的に貯金

---

[1] これは、筆者が2013年に与那国町で行った、元郵便局員のインタビューで明らかになった。

や保険の業務のみを行うものであった。雇員名簿を見ても集配局となる1933年までは、雇員の役割は局長代理、為替貯金、保険のみである。とはいえ、無集配局時代に貯金や保険をどのように普及させたのかについては、回想録を含め、前述した「倹約週間」以外には確認できない。

普及の試みの一環として確認できるのは、1937年8月10日に設立し、9月13日に平区裁判所八重山出張所に登記された産業組合「保証責任与那国村信用利用組合」の理事の1人に和盛が加わり、活動をしていることである。組合の目的は次のようになっていた。

一、目的
一 組合員に産業に必要なる資金を貸付しおよび貯金の便宜を得せしむること
二 組合員に経済の発達に必要なる資金を貸付し及組合員と同一の家に在る物、公共団体又は営利を目的とせざる法人、若しくは団体の貯金を取扱うこと
三 加入予約者の貯金を取扱うこと
四 組合員の委託を受け其の生産したる物に加工し又加工せずして之を販売すること
五 組合員の産業又は経済に必要なる物を買入れ、之に加工し、若しくは加工せずして又之を生産して組合員に売却すること
六 組合員をして産業又は経済に必要なる設備を利用せしむること

(竹富町史編集委員会町史編集室 2007: 478)

この組合は会費を共有して、設備投資や生産を貸付金によって行うことを目的としているが、半分の条項が貯金と結びつけられていた。経済活動に保険・貯金を結び付け、加入者だけでなく、予約者、加入者の家族や所属団体の貯金も取扱うとしており、効率的な普及を目指していたと考えらえる。

与那国村の郵便局は、村内の経済活動から生まれる要求に応えつつも、貯金を通じて経済活動の組織化に関わっていた。寄留者が多く訪れる与那国村で、この組合がどれだけの影響力を持ったのかは不明であるが、国の末端機関とし

ての役割も継続していたのである。このことから郵便局は、国の方針に従いながらも、他方では与那国村が台湾への中継地点となるなかで、国が求める職務の範囲を超えて、独自の業務を行っていたことが分かる。

おわりに

　本章では与那国村の郵便局の請願運動と、その後の運営の過程について、郵便局を求める人々がそれに何を期待していたのか、また実際に運動や運営の先頭に立った人々がどのような立ち位置にいたのかを分析してきた。ここではさしあたりの結論として、郵便局から見る「境域」における政治社会の再編の特徴についてまとめる。

　与那国村の郵便局は、2つの異なる文脈で村における役割を期待されていた。第1に、「道徳」や「倫理」、「大君の威」、そして「文化の進歩」をもたらす社会政策としての役割である。これらは、公的な郵便局の意義であり、その達成度は貯金・保険の普及率によって示される。郵便局が「国民精神系統」と形容されるように、「道徳」や「倫理」、「文化の進歩」は国民として達成されるべき目標である。そして、子への「遺徳」として保険を積み立てることが歴代の天皇の「威霊」と例えられ、全国の貯金額の増大が「大君の威」につながると説明されるように、その「進歩」は天皇を頂点とする国家への貢献度によって測られるのである。この「進歩」への貢献が、社会の成熟度として示され、普及率の低い沖縄県は、「進歩」から取り残された地域として批判の対象となるのである。貯金・保険は郵便局の重要な収入源のひとつでもあるが、それ以上に国民として「進歩」することの必要性に訴えかけることで、郵便局の重要性を説明した。実際、与那国村の郵便局は貯金・保険を業務の中核に据えていた。

　第2に、取引の効率化を促進する存在としての郵便局である。台湾への中継地点となり、寄留者が村に集住し、与那国村の経済は急速な変化の時を迎えていた。八重山の郵便局長らは重視していなかったが、与那国村に設置された郵便局は基本的にこの側面の需要に応える形で請願を行い、業務を拡大している。さらに、台湾紙幣が村で流通するという与那国村の特殊事情に対し、日本紙幣との為替交換を行うことで、違法な紙幣の流通を助けていた。郵便局のこのよ

うな側面は、社会政策としての役割を逸脱するものである。

　では、どのような人々の期待によって郵便局の異なる表象が生まれ、またどのようにして相反する役割が付与されていったのだろうか。請願運動の主体に注目すれば、そこには近世期につくられた士族と農民の力関係が反映され、ルーツに士族を持つ人物が運動の先頭に立っていた。実際に郵便局の運営を引き受ける和盛も、琉球処分後に首里から渡ってきた士族の末裔である。「文化交通」を掲げた和盛の場合が顕著であるが、彼らの場合はまず「進歩」としての側面を重視したと考えられる。しかし、彼らの背後で村に生活する人々は経済的な機能を求めており、和盛もその要求を受け入れ、郵便局は法を逸脱する機能まで備えるようになった。和盛は、国と村で経済活動を行う人々の要求を同時に応えていたのである。

　郵便局に相反する期待と役割が与えられ、それを近代的な制度として近世期に形成された力関係を基盤にしながら運営されたのは、与那国村が周辺地域でありながら、植民地台湾への中継地点として急速に発展したことに理由があると思われる。与那国島は外地台湾の経済圏に入ることで経済規模が拡大し、内地では許されていない台湾紙幣の流通が横行するなど「境域」特有の問題が生じていたが、この状況に対し国の介入はほとんど行われていなかった。このような周辺性を有するがゆえに、琉球王国時代に形成された士族と農民との関係に基づき、士族に系譜を持つ者やそれに近い社会的地位を有する有力者を代表者として請願を行い公務を行う形態が、近代においても有効な政治的行動となっていた。そしてその形態は、郵便局が村民の要望に応じる形で機能を拡大させていったように、有力者が一方的に村民を支配するのではなく、有力者が村民の要望を聞き入れることで成立するものであった。他方で、周辺地域である与那国村の公的な地位にある有力者は、村民の要望に応えるためにも、八重山郡の中心地である石垣島の郵便局を通して国が示す条件に順応する必要があった。その政治社会を反映したために、与那国村の郵便局は、国の方針に従いながら、同時に違法だが「境域」特有の実情に根ざした運用がなされていたのである。

　今回は士族を系譜に持つ有力者を中心に政治文化論的な観点から分析し、それを通じて「政治社会」の全体像を明らかにすることを試みた。本来、そのた

めには農民や寄留人の姿を明らかにし、有力者との関係性を豊かに描きだすことが求められるが、そのような分析に到達したとは言い難い。この点については今後の課題とする。

【参考文献・資料】

新崎盛暉・岡田充・高原明生・東郷和彦・最上敏樹（2013）『「領土問題」の論じ方　岩波ブックレット861』岩波書店。

安里進・高良倉吉・田名真之・富見山和行・西里喜行・真栄平房昭（2004）『沖縄県の歴史』山川出版社。

深谷克己（2012）『東アジア法文明圏の中の日本史』岩波書店。

深谷克己編（2009）『東アジアの政治文化と近代』有志社。

Hunt, L.（1984）*Politics, and Class in the French Revolution*, California: The Regents of the University of California Press.（松浦義弘訳〔1989〕『フランス革命の政治文化』平凡社）

池間栄三（1972）『与那国の歴史』池間苗（個人出版）。

池間苗（1996）『与那国郵便局と父の生涯』池間苗（個人出版）。

石原昌家（2000）『空白の沖縄社会史　戦果と密貿易の時代』晩聲社。

石原俊（2007）『近代日本と小笠原諸島――移動民の島々と帝国』平凡社。

石原俊（2013）『〈群島〉の歴史社会学――小笠原諸島・硫黄島、日本・アメリカ、そして太平洋世界（現代社会学ライブラリー12）』弘文堂。

岩下明裕（2012）「ボーダースタディーズの胎動」、『国際政治』162号。

小池康仁（2012）『「境界線」の変動と民衆：琉球列島における「密航・密貿易」（1949-1951年）の政治社会学的考察』法政大学大学院2011年度博士学位論文。

又吉盛清（1990）『植民地下の台湾と沖縄』沖縄あき書房。

松田良孝（2004）『八重山の台湾人』南山舎。

松田良孝（2013）『与那国台湾往来記「国境」に暮らす人々』南山舎。

三木健（1980）『八重山近代民衆史』三一書房。

宮良作（2008）『国境の島 与那国島誌―その近代を掘る―』あけぼの出版。

波平恒夫（2014）『近代東アジアの中の琉球併合』岩波書店。

沖縄国際大学南島文化研究所編（2003）『近世琉球の租税制度と人頭税』日本経済評論社。

歴史学研究会編（2003）『現代歴史学の成果と課題 1980-2000年Ⅱ 国家像・社会像の変貌』青木書店。

平良勝保（2011）『近代日本最初の「植民地」沖縄と旧慣調査　1872-1908』藤原書店。

高江洲昌哉（2009）『近代日本の地方統治と「島嶼」』ゆまに書房。

浦崎永二（1994）『与那国島　人とくらし』自費出、八島印刷。

藪内吉彦・田原啓祐（2010）『近代日本郵便史　創設から確立へ』明石書店。
吉川博也（1884）『与那国　島の人類生態学』三省堂。

【行政資料】
石垣市総務部市史編集委員会編（1983）『石垣市史　資料編　近代4　新聞集成Ⅰ』石垣市役所。
石垣市総務部市史編集委員会編（1987）『石垣市史　資料編　近代5　新聞集成Ⅱ』石垣市役所。
石垣市総務部市史編集委員会編（1990）『石垣市史　資料編　近代6　新聞集成Ⅲ』石垣市役所。
竹富町史編集委員会町史編集室編（1993）『竹富町史　第11巻　資料編　新聞集成Ⅰ』竹富町。
竹富町史編集委員会町史編集室編（1994）『竹富町史　第11巻　資料編　新聞集成Ⅱ』竹富町。
竹富町史編集委員会町史編集室編（1996）『竹富町史　第11巻　資料編　新聞集成Ⅲ』竹富町。
竹富町史編集委員会竹富町役場総務課編（2007）『竹富町史　第10巻　資料編　近代4―官報にみる八重山―』竹富町役場。
与那国小学校百周年記念誌編集委員会（1985）『与那国小学校百周年記念誌』与那国小学校百周年事業協賛会。
与那国町史編纂委員会事務局編（1997）『記録写真集 与那国：沈黙の怒涛どぅなんの100年』与那国町役場。
与那国町史編纂委員会事務局編（2013）『黒潮の衝撃波　西の国境　どぅなんの足跡』与那国町役場。

【雑誌等史料】
金子ツル（1935）『天蛇能秘話』与那国尋常高等小学校 金子ツル。
樫谷政鶴（1917）「産業上より観たる與那國島」『台湾水産雑誌』第23号、1-14。

9章 ソーシャルワーク論の地平
——自己修復の優先性と代弁的発話行為

(島田昭仁)

1 ソーシャルワーク論の史的探究

　都市計画は明治以来、海外の制度をモデルとして輸入し制度化してきた経緯がある。たとえばわが国の「都市計画」という言葉はイギリスの"town planning"の訳であると言われている。また戦後できた「地区計画」（都市計画法第12条の5）はドイツの「Bプラン（Bebauungsplan）」を輸入して制度化したものであることは有名である。今でも国内外の模倣の対象となる事例を探してきては紹介するといった研究風土があるといっても過言ではない。しかしながら制度の成立要件にはその国や地区固有の条件があるであろうことから、簡単には模倣し制度化できないということもよく知られてきた。たとえば、神戸市真野地区は国内で初めて公定された「まちづくり協定」を締結した地区であり、まちづくりの実践的研究者にとってもっとも有名な事例の一つである。さらに（すでに1970年代に研究活動をされていた）熟年の研究者ならば、同地区のコンサルタントを長年されてきた宮西悠司や住民のリーダー、故毛利芳蔵を知らない者はいないであろう。しかし、宮西や毛利が稀有な存在であるほど、また当時の市長だった宮崎辰雄が特異な存在であるがために、一般化できないとも言われてきた。そのためか近年、真野地区を知る研究者が少なくなった。ましてや、宮西が現地に入る以前に、社会福祉協議会の専門員たちが毛利とまちづくり実践活動をしていた歴史的事実を知る研究者は今日までほとんど忘れ去られていた。

　他方、2000（平成12）年以降、全国の自治体が真野地区のまちづくり協議会と協定を部分的に模倣して「協議会や協定を公定する制度」が全国に普及する

事態となったが、成果志向的になり形骸化してしまった。たとえば筆者が2009（平成21）年に東京圏の1都3県の全基礎自治体に対して行った調査では、まちづくり協議会を公定する条例を有している自治体のほとんどが、その認定を行政の裁量で決めていた。このことが協議会そのものを成果志向的にしてしまっていることは容易に想像できる（小泉他 2016: 67）。冒頭で述べたように、都市計画やまちづくりの実践研究は先進事例や成功事例を一般化することに注意が注がれるあまり、一般化しにくいような特殊解は好まれない。その意味において、たとえば真野地区の事例であっても、その特殊性を明らかにするようなケースヒストリーは好まれず、仮にモノグラフを描いたとしても、できるだけ一般化できるよう、研究者が主観的に恣意的に外形的特徴を選択するために、部分的な理解のまま世の中に伝わることが多かった。

　本章は、モノグラフに代わる分析手法として、成員の相互行為に着目して観察するグループワーク[1]論を援用するというアイデアについての紹介を試みるものである。同時に、グループワーク論のもととなるソーシャルワーク論と真野地区との歴史的な繋がりについて明らかにしてみたい。

　まずは日本においてソーシャルワークの概念が持ち込まれた経緯を以下簡単に説明したい。

1）社会学会の設立とソーシャルワークとの関係

　日本において社会政策学会は1907（明治40）年に設立され、1924（大正13）年に日本社会学会ができるまでの間、労働政策と社会福祉政策とを論じ、政策へ反映する学問的権威を担った。1924年に日本社会学会ができたのは、1910年代から20（大正9）年にかけての大正期政府の組織改編があったことと深く関連している。とりわけ1920年に「内務省社会局」を設置するにあたり、政府官僚は従来の労働政策・社会福祉政策とは別に、第一次世界大戦後の都市問題対策としてイギリスで行われていた「ソーシャルワーク」（社会事業ないし救貧事業と訳されていた）の必要性を捉えていたからである。その意味において日

[1) 社会事業の概念のうち支援（援助）技術に主眼を置いたソーシャルワークの3つの基礎技法の一つとされた。第3節3）項を参照。

本社会学会は、国のソーシャルワークの必要性とともに生まれた側面があると言ってもよいが、「社会政策」あるいは「社会改良」との違いがまだ理解されていなかった（金子 2010: 50）。

2）ソーシャルワークと社会調査

　日本社会学会設立の背景には2人の巨頭、東京大学の建部遯吾、京都大学の米田庄太郎の尽力がある。現実をありのままに把握する（モノグラフィーや科学的アンケート法など）「社会調査」を前面に出したのが米田であった。建部はもともとコントやスペンサーに見られるような社会の一般法則を追求する社会学の必要性を前面に出し、1910（明治43）年に日本社会学院という学会を設立していたが、1924年に米田と協力して日本社会学会を設立した。日本社会学会の設立と同時期に日本社会政策学会は活動を停止し、戦後（1950〔昭和25〕年）新たに創立されるまでその存在はなかった[2]。日本社会福祉学会も戦後の同時期（1954〔昭和29〕年）の創設である。

　こうした社会学会草創期の中で、社会調査を方法として現実をありのままに観察するアプローチは、前述のように京都大学の米田庄太郎が終戦まで牽引し、ここから都市社会学も生まれていった。とりわけ社会調査をもって社会事業学を研究するグループが米田門下を中心にして関西で開花することになる。米田はタルドやジンメルの学説を紹介するとともに、調査から得られたデータをもとに社会心理学的な分析を行う科学的な社会学を推し進めようとした。このような姿勢に共感した社会学者が米田のもとに集まり、その後地方行政の要職にもついた。

3）米田門下の果たした役割

　なかでも関一（一橋大教授を経て1923〔大正12〕年から1935〔昭和10〕年にかけて大阪市長在任）と山口正（大阪市社会部初代部長）の2人は周知のとおりである。当時、京都大学には社会政策の研究者、戸田海市（法学博士）が東大から赴任していた。

---

[2] したがって1920年代から終戦まで、日本の社会政策、社会事業、社会福祉を担ってきたのは日本社会学会であった。

関は戸田の勧めによって大阪市助役、市長となってから、「大阪市社会部」を設置し、（米田の門下である）山口を部長として実証的な研究を行いつつ「社会事業」政策を実践するという市政を行い、大阪をして社会事業行政の全国首位と言わしめる功績を残した。またその研究は戦後の「大阪社会学研究会」に継承されることとなる。この「大阪市社会部」、「大阪社会学研究会」の功績の中で有名なのが西成区釜ヶ崎（後の「愛隣地区」）の実態調査であり、1939（昭和14）年から1968（昭和43）年まで継続して行われた。大阪市社会部初代部長となった山口正は、1922（大正11）年に「社会調査の方法」を著し、1924年に著した「都市生活の研究」では社会事業（ソーシャルワーク）体系の「コミュニティ・オーガニゼーション」[3]論を紹介している。1925（大正14）年、大阪市社会部長となってから、「労働調査報告」という社会部の機関誌を発行しつつ、密集住宅地区の居住者の労働と生活の調査結果を公表していく。

　日本で、公的なスラム調査が1928（昭和3）年の「不良住宅地区改良法」あるいは1960（昭和35）年の「住宅地区改良法」を受けて始まっているが、昭和3年法制定はその2年前に山口が行っていた大阪市（下寺町、広田町）での調査の影響を受けたであろうし、昭和35年法は、同じくその2年前から旧文部省科研費で行われた「大阪市内における社会的解体地域の総合的研究」の影響を受けたものと考えられる。とくに後者の研究は「大阪社会学研究会」が大阪市から委託されたものだが、メンバーに磯村英一、大橋薫といった東大出身者もおり、全国から社会学者が集まってきたことが窺える。

4) 社会事業学（ソーシャルワーク論）の系譜

　1918（大正7）年から1920年まで内務省衛生局「保健衛生調査会」による「月島調査」が行われ、これが今日に直接つながる実証的な都市調査研究の先駆けと言われている。これを指揮した（東大教授、のちに大原社会問題研究所所長となる）高野岩三郎は、社会政策学会の発起人であり、内務省の諮問機関「社会事業調査会」（1918年「救済事業調査会」から1921〔大正10〕年に改名）の重鎮でも

---

3) グループワークと同様に、社会事業の概念のうち支援技術に主眼を置いたソーシャルワークの3つの基礎技法の一つとされた。第3節3）項を参照。

あった。しかしこの「社会事業調査会」は東京では社会政策学会の内部分裂とあいまってテーマが「〈貧民〉救済策」と「労働問題」へと収斂した。

　他方、1920年代に同会に参加した（先述の）関一は、大阪市で社会調査をもとにした社会事業政策の実践を唱え、大阪市社会部および大阪社会学研究会がその研究母体としての力を付けていくこととなる。関一が社会部に迎えた山口の残した著作を見ると、社会事業を住民自らが主体的に環境の課題に気づき、改変していく能力を身につけることを目的とする（すなわち救貧政策ではなく支援技術に主眼を置く）「コミュニティ・オーガニゼーション」と捉えていたことが分かる。

5) 1965〜1970年代：革新自治体の時代

　先述のように関一市長によって社会事業行政の（国の政策にも大きな影響を与えるほどの）トップランナーとなり、戦後も名を馳せた大阪市であったが、それに追随するかのように、1970年代は多くの自治体で「革新自治体」が生まれ、独自の社会事業ないし都市計画行政を行い、それらは国の政策にも少なからず影響を与えた。なかでも有名な自治体が神戸市（宮崎辰雄市長：神戸都市問題研究所の創設者）と横浜市（飛鳥田一雄市長：全国革新市長会会長）である。大阪市での社会調査が大阪市立大学に独占されていたため、京都大学やその周辺の私立大学、および大阪府立大学の社会学者たちが関西の新たなる革新自治体の誕生を待ち焦がれていたことは想像するに難くない。神戸市の宮崎市長の下には京都大学や大阪府立大学の社会学の研究者らが集まった。この頃になると、日本社会学会から分かれて日本社会福祉学会が設立され、その方法論を体系づける社会的要請から、関西の社会学者たちは旺盛にソーシャルワーク論を公刊する（大阪府立大学[4]の定藤丈弘、関西学院大学から転任した太田義弘は、戦後のソーシャルワーク研究を代表する研究者となる）。

6) 大阪市社会部に対する戦後の評価

　先述のとおり「愛隣地区」の実態調査は、1939（昭和14）年から1965（昭和

---

4) 大阪府立大学社会福祉学部の前身は1950年に設立した大阪社会事業短期大学。

40) 年まで継続して行われた。それは 1925 年〜 35 年まで社会部長を務めた山口正の実証主義的社会学を受け継いだものであったと言える。他方、山口はデュルケームに習い「社会連帯主義」の論者でもあった。社会連帯主義は、個の自由を社会全体の要請と調和させるといった意味で、戦時国家主義にも結び付く考え方であったために、戦後は批判の的にもなった。彼および大阪市社会部の「ソーシャルワーク」ないし「コミュニティ・オーガニゼーション」の考え方は戦後の大阪社会学研究会に受け継がれ、しばらく実践研究も行われたが、以後都市スラム（密集住宅地）研究はコミュニティ研究へと軸足を変えていくとともに、「山口イズム」というべき実践研究の色合いはさめていく。この後、実践研究として脚光を浴びるのは（宮崎市政の）神戸市に移ることとなる。

2　まちづくりの原点

1）わが国の市民によるまちづくり——革新自治体の時代

　まちづくりや都市計画の分野の研究論文の中で「コミュニティ・デザイン」という言葉が、1971（昭和 46）年に刊行された渡辺博史「都市開発とコミュニティ・デザイン」（日本教育科学研究所 1971）に初見される。この論文は、前年 10 月に開催されたシンポジウム「第 22 回日本教育社会学会大会」において問題提起された「新しいコミュニティをつくりあげるための方策」の討議内容について渡辺が意見を寄せたものである。「コミュニティ」の定義はそもそもマッキーバーの定義をもとに、広義には「共同性」と「地域性」を相含むものとして理解されてきた。あるいはわが国では「意思以前的かつ保守的」な「共同体（ムラ社会）」と限定的に用いられることも多かった中で、同シンポジウムでは社会学者の松原治郎により、「〈市民〉としての自主性と主体性と責任とを自覚した住民によって、共通の地域への帰属意識と共通の目標を持って、共通の行動がとられようとする、その〈態度〉の内に見出されるもの」と再定義された。その定義を受けて、社会学者の渡辺はそのような新しいコミュニティをつくりあげていくために、「住民を〈コミュニティ・プランニング〉への計画案に積極的に参画せしめて行くこと」と提言し、さらに「コミュニティ形式を意図的・計画的に設計し、それによってコミュニティに対する住民参加の実質的

効果を高めていこうとするコミュニティ・デザイン」が重視されるべきだと主張した。

さて1970年代当時、「コミュニティ・プランニング」は都市計画分野で使われていた言葉である。1977（昭和52）年に刊行された『都市計画』（共立出版）の中では、「広義には、〈コミュニティ・オーガニゼーション〉のような非物的計画を含むと考えられ、…しかし狭義には、…居住地の部分を対象とする物的な計画」（日笠 2004: 179）とある。前半は明らかに渡辺博史のいうようなソフトの「コミュニティ・デザイン」が包摂されていることが洞察される。しかし日本の都市計画において、「コミュニティ・プランニング」は物的計画に重きを置いていたようである。だが、アメリカでは、もともと郊外団地の設計において「コミュニティ形式を意図的・計画的に設計」することを意味していた。

2）コミュニティ・プランニングからまちづくり運動へ

アメリカでは、「1920年代に入るとプランナーの間でも地域の環境改善を志向するコミュニティ・プランニングが登場してくる」（日笠 2004: 180）。そしてその成果は、古典的な教科書的事例とされるサニーサイド・ガーデンズやラドバーンのような郊外住宅地における開発であった。その後アメリカでは郊外住宅地の人種や階級問題が社会問題化し、1940年代から「コミュニティ・プランニング」は、そうした社会問題に対処するための計画という意味でも用いられていた。

その後アメリカの中で「コミュニティ・プランニング」がどのように用いられているかというと、ニューヨーク市では「コミュニティ・ベースド・プランニング（Community-based planning）」と呼ばれるように、行政の都市計画に対するマイノリティやNPO等を含めた多様な住民のカウンタープランを住民自らで考える運動としても用いられるようになる（Angotti 2008: 4）。トム・アンゴッティ[5]によれば、この運動は伝統的な都市計画に対するジェーン・ジェイコブズ[6]による批判と1960年代からの草の根（グラスルーツ）運動に始まり、

5）Tom Angotti：ニューヨーク市立大学ハンター校教授、同大学コミュニティ企画開発センター長。
6）Jane Jacobs：ノンフィクション作家・ジャーナリスト・運動家。主著は「アメリカ大都

フランスの社会学者アンリ・ルフェーブル（Henri Lefebvre）の「都市への権利」に啓発された運動で、既成市街地の土着住民や移民、性的マイノリティや貧困層らを組織化した（行政への計画提案を主軸とした）住民運動であるとされている（Angotti 2013: 37-39）。さらに、そこにはソウル・アリンスキー[7]のような「コミュニティ・オーガナイザー」の存在が欠かせないものとなっている。

　日本でも70年代から80年代にかけて、大阪市、神戸市、横浜市など反公害や福祉政策、憲法擁護を掲げた日本共産党、旧日本社会党等の革新勢力が公認ないし推薦した首長が革新的政策を行った地方自治体、いわゆる「革新自治体」で、居住環境改善に向けた住民運動を支援した様々なユニークな制度と運用が行われ、（渡辺が提議した）コミュニティ・プランニングは実践段階に移っていった。また、「まちづくり運動に依拠した居住環境の創造」のように、「運動」という活字が京都大学西山夘三研究室の広原盛明の博士論文に1973（昭和48）年に見られるようになる。それによれば、実践的には1960年代末から神戸市丸山地区で「まちづくり運動」[8]への専門家による支援が展開されていることが分かる。

3）この時期のまちづくり運動を象徴する神戸市真野地区

　「革新自治体」と言わしめた宮崎辰雄市長の就任前、神戸市には2つの重度の不良住宅地区があると言われていた。一つは丸山地区であり、もう一つは真野地区である。両者に京都大学の西山卯三研究室（建築学）が関わっていたが、どちらかと言えば西山研究室（広原盛明）は丸山地区に軸足を置いていた。そして真野地区には日本社会福祉大学から神戸市社会福祉協議会を通して専門員（ソーシャルワーカー）として活動していた坂下達男と、大阪府立大学から社会福祉協議会を通して活動していた牧里毎治らがいた。彼らを「ワーカー」とすれば、住民側のリーダーに毛利芳蔵がいた。真野の毛利の活躍は、全国社会福祉

　　市の死と生」（1961）。
7）Saul Alinsky：運動家・作家。米国の1960年代に盛んになった草の根運動（グラスルーツ運動）の基礎を作った。
8）同論文の中で広原は「まちづくり運動とは広義の都市計画を実現していく住民運動と考えたい」と述べている。

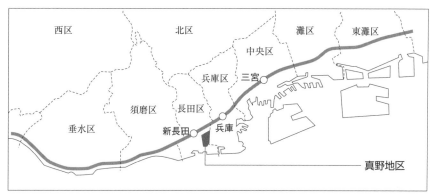

図 9-1　真野地区の位置

出典）宮西他 2005: はじめに

協議会を通して全国に発信され、一躍脚光を浴びることとなる。神戸市は宮崎が選挙にあたって革新勢力の支持を得たことから、1970 年代に台頭した「革新自治体」の一つと言ってもよく、宮崎市長は 1969（昭和 44）年から 5 期 20 年務めたほか、財団法人神戸都市問題研究所の創設にも関わった。すなわち、当時神戸市には、戦後の急激な経済成長の皺寄せを受けて、郊外住宅地が無秩序にスプロール化した丸山地区[9]と、住宅地の大部分が工場を占める住工混在地域となり、環境汚染が著しく進行した真野地区があった。両地区とも住民の環境改善運動が活発であり、宮崎市政は両地区の住民運動を側面から支援した。どちらかといえば住民運動は丸山地区が先行していたが、結局丸山地区は革新的なリーダーと消極的な旧有力者層との間で対立したこと（広原 2002: 49）を受けて、住民運動の連帯は頓挫した。

　他方で、真野地区にはすでに 1965 年から、神戸市社会福祉協議会を通じて日本社会福祉大学から坂下達男、府立大阪社会事業短期大学から牧里毎治が専門員（ソーシャルワーカー）として地域に入り、住民側のリーダーと接触しながら自治会や様々な小集団といかに連帯させていくかといった、コミュニティ・

---

9) 郊外住宅地における住民主体のまちづくり運動の全国的先駆け。1967 年に神戸市から近隣住宅地区計画モデル地区に指定され、82 年には真野に次いで条例による「まちづくり協議会」に認定された。

オーガニゼーション[10]が実践されていた。すなわち、1953（昭和28）年に「東尻池町8・9・10丁目自治会」の会長となった毛利芳蔵は、1965年に自治会を「東尻池町8・9・10丁目福祉会」に改組したと同時に、1964（昭和39）年に会長となっていた「苅藻防犯実践会」を同年、環境衛生部をはじめとする7つの専門部会制に改組し、神戸市から「小地域福祉推進モデル地区」に指定される。このときから専門員（ソーシャルワーカー）として坂下や牧里らが派遣され、毛利の参謀として支援することになる。そして毛利は、1968年に「尻池南部地区自治連合協議会」の会長になると、1970（昭和45）年には公害部をはじめとする4部会制に改組し、「苅藻防犯実践会」の活動もここに移すこととなる。これら専門部会も連合協議会も、役員選出には全員投票が行われるなど民主主義的手続きが徹底された。この「尻池南部地区自治連合協議会」にはさらに「真野自治連合会」からも4ヵ町が参入するなど活動の勢力範囲は広がっていき、地域内から公害源となっている工場を追い出し、その空地に公園を造らせるなど、大きな影響力を有するようになり、毛利の実績は社会福祉協議会の広報媒体を通じて全国に広まり、一躍「時の人」となった（宮西他 2005: 71）。

3　1980年代のまちづくり

　真野地区のまちづくりは、それまでの「（公害と闘う）福祉推進モデル地区」という評価から1980年代に入ると都市計画学会「石川賞」を受賞するなど、「〈市民による〉まちづくり運動」の成功事例として再評価され、ふたたび脚光を浴びることになる。当時の真野地区には、2つの連合自治会とそれらに属さない単独の自治会（東尻池町3丁目自治会）があった。なかでもこの単独自治会は歴史的に最も古い街区にあり、北に接する国道2号ができるまでは小学校区も北側の街区と一緒であったため、南の連合自治会とは一線を画していた。南の連合自治会はもともと1つの自治連合会であったが、あるイシューのもとで分裂して2つに分かれた経緯から、なかなか1つになれない事情があった。そ

10）コミュニティ・オーガニゼーションの定義には、多様な住民組織を連帯させることも含まれる。

の点、倉田によれば、真野小学校周辺は3つの自治会の塊が飛び地に入り混じった状況が20年余り続いていて、連合自治会の統一へのニーズが元来存在したが、それができない中で各自治会長が「真野まちづくり懇談会」（以下「懇談会」と略す）や「真野まちづくり検討会」（以下「検討会」と略す）という、一つの討議の場で共通の問題に協力・競争して取り組んだ過程が以降の住民主体のまちづくりに繋がったと分析しており（倉田1982: 22）、統合ないし連帯に向けた住民運動の発展的な展開過程に目を向けている。

　そこで筆者は、1980年代に開催された「検討会」およびその前身の「懇談会」の会議の録音テープから、討議の場で誰がどのように発言し、自治会の垣根を越えて意見対立を克服し共通の目標や課題に連帯して取り組むようになったのかを分析してみることにした。その結果、その中の一つの小集団のリーダー（毛利）に従前から具体的なまちづくりのビジョンがあったことと、事務局側もそれを尊重しながらも他の2人の自治会長に対しても側面から援助する姿勢があったことが大きな特徴であったことが分かった。つまり、事務局として参加したコンサルタントの宮西や行政職員が、「成果志向的」に事業へ落とし込むのではなく、住民の自立的な解決の発見とそれを可能とするような施策の発見に向けて3人の自治会長の了解を重視して関わっていたことが分かった。すなわち、毛利会長のトータルなビジョンの下に、各会議の繋がりを考えながらテーマを有機的にリードしていくような「卓越したリーダーの存在」（広原2002: 56）があったことは事実だが、背後には分裂した3つの自治会の勢力図があり、それを毛利会長1人が連帯に繋げていったわけではなかった。

　会話からは、むしろ3人の自治会長もそれ以外の委員も、対立を恐れず異議申し立てを行う姿が顕著に見られた。しかしすぐに誰かが修復を試み、それらを通してかえって論点の意味が深まっていくという徹底した民主主義による対話を見ることができた。これは毛利の討議スタイルでもあったが、これを否定することなくむしろ借用・増幅して、意味の深化と共有化を図ろうとする当時の事務局側の進行哲学を見ることができたのである。

　こうした討議のあり方は（会議を一つのコミュニティの縮図と考えた時の）住民と自治会との巧妙な連帯を生み出したミクロレベルでの一側面であると言え、当時のコンサルタントの宮西は、「対立を対立のまま終わらせることなく、とき

ほぐす人の絡み合があり、なごみ、さらなる対立をつくりだす。これが真野地区のまちづくりの原動力」（宮西 2005: 79-93）と記述しているが、会話記録からもそのような相互行為の特徴を見ることができた。またこれは、行政と自治会と住民との相互行為の中での「了解」を重視した重要な一側面であると言え、この点が今日のコンサルタントや行政のスタンスとの大きな違いであると言える。また、このように住民の自立的解決を尊重する専門家（宮西）の姿勢は、1960年代の坂下らソーシャルワーカー（コミュニティ・オーガナイザー）の姿勢と通じるものがあると考えられる。その点について、筆者は当時のコンサルタントである宮西にインタビューを行ったが、たしかに坂下らが1960年代に行っていたように、住民運動を尊重・支援し行政への提言を導くような活動を手本にしたと告白している。

4 まちづくりとソーシャルワーク

1）ハーバーマスのコミュニケーション的行為

　ハーバーマスの「社会的行為」の「行為類型」の中で、〈落とし所を先に定めない〉ようなまちづくりの協議の中で求められるのは、おそらく「了解志向的行為」であって「成果志向的行為」ではないだろう。換言すれば、求められるのは「コミュニケーション的行為」であるということであり[11]、この認識は近年共有されつつあると言ってもよいだろう。彼によれば、討議の場での「コミュニケーション的行為」とは、「正当性要求」と「真理要求」によって「主題化され討議の中で吟味可能な行為」（ハーバーマス 2006:〔中〕79）ということになろう。しかしそれが具体的にどのような討議を示しているのかを彼は明らかにしていない。実際、先述の真野の会話記録において、どのような討議環境をさして「コミュニケーション的行為」と評価できるのかについての知見は、むしろソーシャルワークの「グループワーク論」にあると筆者は考えている。

---

11) ただしコミュニケーション的行為には日常会話も含まれることから、「解釈的に行われる了解の行為とは〔必ずしも〕一致しない」（ハーバーマス 2006:〔上〕152）と述べている点には注意が必要である。

2) まちづくりから見たワークショップ

　前述の真野地区では1980（昭和55）年11月に「真野まちづくり推進会」（以降「推進会」と略す）が設立され、神戸市長田区真野地区における「真野まちづくり協定」を管理運営する母体となっている。同まちづくり協定は、条例によって公定されたしくみを有する初めての事例ということで評価されてきたと同時に、当会を運営する地域住民のガバナンス、とりわけ自治会との巧妙な連帯について注目されてきた。このような着眼点に立つとき、既往研究では、「推進会」の準備会的組織として1978（昭和53）年に設立された「検討会」について、「地域全体に支持されて生まれた団体ではなく、任意団体の性格が強い」（延藤・宮西 1981: 170）にもかかわらず、検討会の準備会的組織にあたる「懇談会」も含めて、地域住民と自治会が連帯して関わることができた要因について、延藤や倉田（1982: 7-25）は、3人の自治会会長が「懇談会」から「検討会」という一つのテーブルについて討議したという経験を共有したことが以降の持続的な住民主体のまちづくりに繋がったと解説している点に筆者は注目した。

　都市計画やまちづくりの分野では、このように参加することで成員の意識を変えるような会議のことを「ワークショップ（work shop）」と呼ぶ。まちづくりで「ワークショップ」といえば、ハルプリン[12]がもたらした用語であると考える者が多いであろう。都市計画や建築の分野で「ワークショップ」という用語が著書の中で初めて登場するのは、1969年に刊行されたハルプリンの著書『資源と譜表と評価と演技のサイクル』*The RSVP Cycles*だと考えられる[13]。

　国内においては、ハルプリンが1971年に来日した際に専門家による研究集会（それを「ワークショップ」と呼んだ）が箱根で5泊6日で開催されたことが初出とも、またハルプリンの著書を1978年に張清嶽が雑誌「プロセス・アーキテクチュア」No.4で紹介したのが初出とも、また1970年代後半にそれを木

---

12) Lawrence Halprin：アメリカの造園・都市計画家。
13) 1974年公刊の『参加—協働的創造性へのワークショップという手法』*Taking part: a workshop approach to collective creativity*をもって初出されると見るのが一般的であるが、1969年に公刊された*The RSVP Cycles*において演劇のワークショップの意味だが、すでにworkshopという用語が用いられ、Taking partの概念が紹介されているので、本論では後者を初出とすることにした。

下勇や林泰義が世田谷区のまちづくり技法として取り入れたことや、藤本信義が1980年ごろにゼミで紹介したのが初めてとも言われている。いずれにしても、ハルプリン自身はその言葉を、演劇の「全体的作品に対する個の参加過程（take part process）」という意味で使用している。しかし、筆者は19世紀後半から連綿と続いてきた「グループワーク」論に深い由来があったと考えている。

3）ソーシャルワークとグループワーク論

ソーシャルワークは、1950年の国際ソーシャルワーク大会でケースワーク、グループワーク、コミュニティ・オーガニゼーションの3つの基礎技法[14]（メソッド）を包括する分野として位置づけられた用語である。

現在日本では、社会福祉の制度的体系に対しての実践的体系であり、「社会保障と社会福祉事業を必要とする人にそれをもたらし真に効果をあらしめる専門技術」（大塚 1972: 20）と定義されているが、時代のニーズによって様々に定義されてきたことも事実である。すなわち、三大基礎技法それぞれの定義に目を移せば、必ずしも昭和20年代に制定された生活保護法、児童福祉法、身体障害者福祉法の福祉三法で定義するような〈狭義の〉社会福祉にはおさまらないことが分かる。たとえば、グループワークの定義についても時代によりいくつかの定義があるが、コノプカは「意図的なグループ経験を通じて、個人の社会的に機能する力を高め、また個人、集団、地域社会の諸問題により効果的に対処しうるよう、人々を援助するものである」（大塚 1986: 15, 136）と定義している。また、コミュニティ・オーガニゼーションについても時代によっていくつかの定義がある中で、ロスの定義では「地域社会が、その欲求あるいは目標を確認し、充足しようとする確信を育て、…（略）…地域社会の中で協同的・協力的な態度と実践を育てる過程」と説明され、さらにワーカーの技術は「住民の組織化を通じて、彼らが協力にふみだす条件をつくり出す技術」（副田 1968: 7-11）と定義されている。コノプカとロスの定義を見る限り、ソーシャルワークの対象とするものが「まちづくり」に近いものであったことが分かる。

14）近年はケースワークとグループワークを直接援助技術、コミュニティ・オーガニゼーションを間接援助技術と整理している。

4）ソーシャルワーク論から見たワークショップ

「グループワーク」は、もともと第1次大戦後の YMCA や後の社会福祉協議会の前身的存在として位置づけられる慈善組織協会 COS（Charity Organization Society）やセツルメント運動（Settlement house movement）の中で実践されてきたもので、（都市問題を含む）諸社会問題による困窮者を救済する目的であったが、前述のとおり「地域社会の諸問題により効果的に対処しうるよう、人々を援助するもの」としても定義される。日本では戦後「ファシリテーター（facilitator）」（という用語を含めグループワークの諸手法を著作に残した）ロジャーズ[15]の研究などが紹介され、80年代には体系的な理論書も刊行されているが、都市計画や建築の分野ではほとんど知られてこなかった。

グループワーク論で「ワークショップ」がはじめて日本に紹介されたのは、実はハルプリンよりはるかに早く1950年代にロジャーズから学んだローガン・フォックス[16]が伝え、1955（昭和30）年に友田不二男[17]が大甕（茨城キリスト教大）で「カウンセリング研究検討会」を始めたのが最初である（そしてそれが10年間行われた）とされている。

ここでいうワークショップとは、それまでケースワークで行っていたマンツーマンのカウンセリングを、マンツーマンでなくグループで行うという世界初の画期的な試みであり、ケースワーク論からグループワーク論への基礎研究の展開と位置付けられるものであった。以降、こうして日本ではグループワーク論はカウンセリングを必要とするような心理療法や教育の分野で発展を遂げていくことになる。

さて、ハルプリンが1960年代末から70年代にかけて（彼の言う）ワークショップ手法を開発した際に、協力した何人かの専門家がいた。その中の一人、心理学者ポール・バウムは、ロジャーズと同じゲシュタルト療法の治療医であった。またジェームズ・バーンズというファシリテーターもいたことからも、

15）Carl Rogers（1902-1987）。
16）シカゴ大学でロジャーズに師事した心理学者。当時茨城キリスト教短期大学学長。
17）フォックスからロジャーズ研究を勧められ、その研究の国内の第一人者となる。1959年に財団法人カウンセリング・センターを創立。

ロジャーズのグループワーク論を知らないわけはなかった、というより間接的にせよ相当に影響されたことが想像される。

また90年代に入って、まちづくりの分野で（ハルプリンのワークショップを「コミュニティ・デザイン」技法の一つと位置付けた）ヘスター[18]が、「デザイナーやソーシャルワーカーが外部から支援し……個人やコミュニティの内部から生まれる解決策を追求し、人間を創るという考え方は、両者の領域に共通している。コミュニティ・デザインのプロセスは、個人やグループ全体を治療することを意図している。…ソーシャルワークの仕事とよく似ている」（ヘスター 1997: 26）と述べており、ワークショップがソーシャルワークと目的を共にし、また活動自体も類似していると告白している。

しかし、2000年初頭の日本に「ワークショップ」技法を通して「ファシリテーション」[19]や「チームビルディング（Team building）」[20]等のグループワーク技法がまちづくり分野に紹介された際には、そこにはもはや相互行為を通じて「個人、集団、地域社会の諸問題に対処しうるよう」といったソーシャルワークの姿勢はなく、意見集約のための経営学的かつゲーム的な技法が紹介されるにとどまった。

昨今のまちづくり分野におけるこの風潮については、ハルプリンのワークショップに影響を受けた一人である木下勇（木下 2007: まえがき3-4、33）もある種の危機感を述べており、ワークショップが本来目的として持っていた（成員の）「意識化（conscientization）」[21]という重要な哲学が忘れられ、あたかも住民参加の免罪符のように扱われるようになったと述べている。

---

18) Randolph. T. Hester：造園・都市計画家。ハルプリンのワークショップより広範なコミュニティ・プランニングにおける市民参加を提唱した。
19) 参加者の発言を促しながら合意形成や相互理解を進めるリーダーの持つ役割の1つ。
20) チームの組織としての能力を向上させるためにデザインされた諸アクティビティ。
21) 教育学者パウロ・フレイレの概念。「意識をもって主体的に取組むようになる変化」。

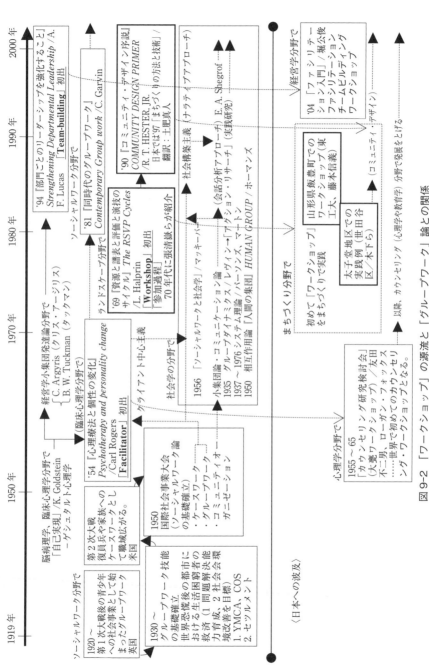

図9-2 「ワークショップ」の源流と「グループワーク」論との関係

9章 ソーシャルワーク論の地平 245

5　グループワークとコミュニティ・オーガニゼーションの再評価

1) ガーヴィンのグループワーク論

　グループワーク論の基礎研究には、心理学や社会学のコミュニケーション論やリーダーシップ論があり、応用研究にはワーカーがどう実践しているかといった実践研究があるが、その中間を結ぶ基礎研究として「評価論」がある。

　すなわちグループワークは、何らかの意図的に計画されたプログラムを通してワーカー（専門家）が実施するものなので、ステークホルダー（利害関係者）やクライアント（依頼者）に対して、また同僚や先輩に対して、そのプログラムが有効に行われたかを説明できるアカウンタビリティ（説明責任）を有するようになってきたことを背景にしながら発達した。

　1950年代以降社会科学者は様々な社会プログラムのアセスメントに関わることになり、1970年代初めには評価研究が社会科学における独立専門分野として出現するようになると、そこではプログラムそのもののアウトカムを評価する「プログラム評価」にやや重心が置かれるようになった。

　しかしながらグループワークにおけるプログラムの位置付けは、あくまでも手段であり、はじめからプログラム自体の目標を固定しない。むしろ、プログラムを通じて個人やグループがどのように変化したかを重視する。

　すなわち、ワーカーはグループの発達段階に応じて行動することから、「初期」、「中期」、「終結期」のように分け、「初期」においてワーカーはグループの様々な「状況把握」に努めなくてはならないし、それをもとに「プログラム計画」を立てなくてはならない。そして何らかの、何度かの修正（modify）を加えながら計画を実行していかなくてはならない。この修正を加えていく段階が「中期」にあたる。そしてグループの「終結期」において、一連のプログラムの効果（effectiveness）について評価（evaluation）を行う。

　ここで、グループワーク論で評価理論について大きく貢献してきたのはガーヴィンであると言われている（大塚 1986: 136）ので少し紹介する。

　ガーヴィンによれば、個人の人格的変化は「グループ環境」の変化と相互に連関していると考えられており、ワーカーは個人の変化とグループの変化の双

方を観察しながら、双方への介入（intervention）を行うので、それらの変化を把握するため次のような各ステージで評価することを重視している。すなわち、ワーカーが「グループ環境」を各ステージで確認するモデルとして、6つのステージを提示している（Garvin 1987: 108-109）。

①グループがその機能の中に問題を同一視する（identify）のを支援する
②グループがその問題の要因になっているグループ環境を把握する（assess）のを支援する
③グループがいくつかのアプローチを用いてその問題を測定する（measure）のを支援する
④グループがグループ環境を修正する方法を選ぶ（choose）のを支援する
⑤グループが選んだ方法の効果をグループが評価する（evaluate）のを支援する
⑥もしアウトカムが十分でなかった場合、別の方法でグループ環境を修正する（modify）のを支援する

以上のように、このモデルによれば、「評価」は様々な意味で使われていることが分かる。たとえばアセス（assess）とは「グループ環境」の〈状態を把握する〉ことを意味している。また、「グループ環境」とは具体的には、主に①「グループ構造（group structure）」、②「グループプロセス（group process）」のことを指しており、それぞれ図9-3のように細分化して整理できる（Garvin 1987: 92, 109-113）。

これらのうち、基本的に重要視されるのが、①グループ構造の「コミュニケーション構造」、②グループプロセスの「摩擦と問題解決の仕方」であり、グループ環境の変化を診断するのに最も注視すべき要素であると言う（Garvin 1987: 204-205）。

ただしここでいう要素は基準（criteria）ではなく、類型化するための項目（カテゴリー）にすぎない。各項目についてどのように解釈するかについては、ガーヴィンは分析的方法（analytical method）の立場に立っている。類型化して整理していく中で説明要因が発見されるであろう、その過程のことを「アセスメント（assessment）」と呼んでいる。すなわち、グループワーク論の中で評価を重視するガーヴィンは、「グループ環境」を把握（assessment）する過程で、「グ

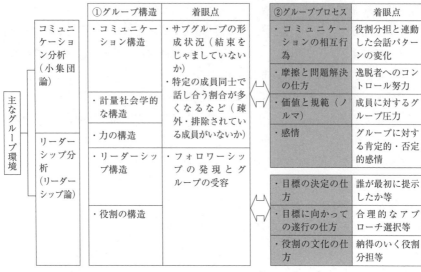

図9-3 グループ環境を構成するグループ構造とグループプロセス
注）この図は筆者が整理して作成したものである。

ループ構造」と「グループプロセス」を類型化・整理しながら解釈する作業を精力的に紹介している。

　そして、それは（グループを目標到達に導くために「グループ環境」の変化を各ステージで把握するために行うものであって）、最初から目標のアウトカム（ないしアウトプット）の評価基準を提示するものではなく、むしろアウトカムはその前段となる問題把握から事後の評価まで〈グループ自体が〉主体的に行う（ようになる）ことを前提としている。すなわち〈専門家は〉グループ成員が相互に了解し合い一定の目的を追求するために目的論的に計画するが、自らの「成果志向的」立場に立って関わることはない[22]。

　前示したようにガーヴィンは、〈グループが〉自らの問題を自らが把握（measurement）するようになるまでに実に3段階も用意している。そして、そ

---

[22] これについては、ハーバーマスの「目的論的構造があらゆる行為概念にとって基本的である。だが、社会的行為の概念は、相互行為に参加するさまざまな目的志向的行為にたいして、どのような調整を行うかによって、区別される」（ハーバーマス 2006: ［上］151-152）を参考にされたい。

の2段目で実施するアセスメント要素としての「グループ構造」と「グループプロセス」は、そうしたステージ変化の説明要因を探す分析過程において有効な手掛かりとなるはずだと、彼は提議しているのである。

2) コミュニティ・オーガニゼーション研究の遅れ

真野事例は、ロスの「コミュニティ・オーガニゼーション」の定義とコノプカの「グループワーク」の定義を一体として確認しうる好事例だと言えるが、近年これに類する事例がなかなか見られないのはなぜだろうか。

コミュニティ・オーガニゼーションの基礎研究は戦中・戦後の数十年の間、ケースワーク論やグループワーク論の諸理論をいわば間借りして行われてきた。また、パーソンズの「構造−機能分析」論やホーマンズの「相互作用論」、マートンの「中範囲理論」につながる、いわゆる機能主義社会学と言われる、現象の記述を演繹的に単純な要素に分類し当てはめ、共通の因果関係を発見していこうとする「分析的方法」が主流となっていた。

これらが一様にして「社会改良的性格」[23]（副田 1968: 27）であるのに対して、「未来構想的な政治的実践へと変革する活動である」（矢守 2010: 13）とも規定される「アクション・リサーチ」は、「記述的方法」であるにもかかわらず、記述に関する特定の技法を確立してこなかった。

たとえば大阪社会学研究会が行ってきたスラム調査の質的分析が「アクション・リサーチ」へ後続しなかった一因には、どのような記述法をとるべきかという問題が棚上げにされてきたことがあると筆者は考える。

〈実証的〉と言われる「アクション・リサーチ」においてさえも、その観察過程の（したがって結論のエビデンスとなる）記述の在り方が確立していない。この、エビデンスがどこまで客観的に担保され得るかという問題は、ケースワーク論やグループワーク論にも共通する問題であって、その解決にあたっては古典的にはロジャーズが、近年は、エスノメソドロジー[24]や社会構築主義[25]（または

---

23) 社会改良主義のこと。これについては関（1980）を参照されたい。
24) ガーフィンケル（Harold Garfinkel）が打ち立てた研究領域。「会話分析」と同義的に使われることもある。これについては好井（2003）を参照されたい。
25) P. L. バーガー（Peter Ludwig Berger）とルックマン（Thomas Luckmann）の共著『現

ナラティブ・アプローチ）の研究者によって、被観察者の会話をエビデンスとしてありのままに記述する技法が提唱されてきている。

しかし、一対一での面接（カウンセリング）や限られた時間内での小人数のグループワークでは可能ではあるものの、人数的にも時間的にもある限度を超えると、会話の記述を全文書き出すことは作業負荷が相当に大きくなる。またそれを解釈・評価する側も作業負荷が相当に大きくなり、労力に見合った効果が見いだせないことから、その研究は長いあいだ足踏み状態であった[26]。

真野の事例研究に関しても、倉田がまさにパーソンズ流の「構造－機能分析」を行っているが、エスノメソドロジー（会話分析）や社会構築主義（ナラティブ・アプローチ）の研究者による研究報告は見られない。

都市計画やまちづくりの研究者において真野の事例を知らないものはいないと思われるが、坂下らワーカーや宮西や行政職員がいかに地道に、かつ民主主義的手続きを徹底して合意形成を実践してきたかは、おそらくエスノメソドロジカルなありのままの記述がなくては充分に伝わらないと筆者は思う。

6　近年のソーシャルワーク研究——エビデンス・ベースド・プラクティス

前述のように1950年代アメリカでは様々な対人・対コミュニティサービスを提供する社会事業（ソーシャルワーク）が盛んに行われ、それに伴って「プログラム評価理論」（以降「評価論」と略す）が生まれた。すなわち社会事業は何らかの意図的に計画されたプログラムを通して実施されるので[27]、サービスの受け手にとって、クライアント（出資者）にとって説明責任を果たすためにプログラムの評価分析過程の客観的な可視化が必要となったからである。

さらに近年、専門家へのニーズが多様化してきていることに伴って、必ずし

実の社会的構成』（1966）で有名になる。社会構成主義とも言う。臨床心理学における「ナラティブ・アプローチ」と同義で使われることもある。これについてはガーゲン（2006）や野口（2005）を参照されたい。
26) 正確に言うと人工知能の分野「多人数インタラクション」において研究されてきた。
27) ただし、プログラムが意図的に計画され実施されるのであって、対人的相互行為を成果志向的に操作または強制するものではないことに注意されたい。

も一人の専門家が全てのニーズに対応できなくなってきたことから、同僚やスーパーバイザーに相談することや、実務家と研究者が共有することも増えてきている。その意味で多様な立場での多様な役割を事後的に吟味することが専門家にとっての技術の向上・伝播のために必要となってきている。

したがって評価分析にあたっては、誰もが客観的に把握できるデータを媒介にすることが要請され、したがって「エビデンス・ベイスト・プラクティス」という理念の下で「プログラム評価理論」はエビデンスとしてどのようなデータを扱うかに注視して発展してきた（安田 2011: 192）。

まちづくりに関わる専門家の場合、先述のように協議会形式が一般化してきた中で、会話記録すなわち会議録がエビデンスとして重要視されるようになってきた。また近年では情報公開を徹底する社会的要請があり、第三者が事後的に振り返り確認できる記録として会議録をなるべくありのままに残すことも多くなってきている。

会議で発話された言葉をありのままに起こして記録していくと一つの会議でも相当な量のテキストデータとなり、数カ月、数年かけて実施された会議になると、読み込むだけで職人芸を要するような膨大な量のテキストデータとなる。またそれを記述しただけでは分析できないので「記述的方法」にもならない。専門家はこの膨大なテキストデータを使って、どのように評価分析すべきなのかについて、筆者はエスノメソドロジカルな方法で記述しグループワーク論のアセスメントを援用して分析する技法を提唱している[28]。

ここでは紙面の都合上技法自体については紹介できないので、小布施町と桐生市の2つの事例研究の結果の一部を次節に紹介することにしたい。

7　近年のまちづくり研究

1）事例選定にあたって

筆者は、2000年代から現在まで長野県小布施町と群馬県桐生市をフィール

---

28) 博士論文（東大工学系研究科、2016）として示しているほか、都市計画学会、地域社会学会、計画行政学会の各誌にも発表している。章末の参考文献を参照されたい。

ドとして参与観察を続けている。

　小布施町は、いまだに合併せず約1万3000人の人口のまま町制を保っている自治体であるとともに、ボランタリーな地元企業ないし住民が全町民的なまちづくり運動を進めている事例として著名である。

　桐生市は、中心部だけで人口10万人を超える規模の都市であったが、基幹産業であった繊維産業が停滞したのに伴い人口が年約15％の勢いで減少し、空洞化が著しい都市として著名である。

　2つのまちは1990年代から古い建物を景観資源として活かしながらも、それぞれ独自のやり方で市民発意のまちづくり運動が行われてきた。

　小布施町についてはそれ以前のまちづくり運動の経緯が長いので、以下少し説明することとする。

　1976（昭和51）年に「北斎館」が建設された後、1982（昭和57）年から周辺の土地の交換分合による修景事業が始まり、1994（平成6）年にはこの事業で建設されたガイドセンターを拠点として、第三セクターのまちづくり会社「株式会社ア・ラ・小布施」（以下、ア・ラ・小布施と略す）が設立された。

　小布施町のまちづくり運動は、このア・ラ・小布施にその実態を見ることができるが、その原点は「北斎館」周辺の修景事業の第1期が終わった1980年代末にさかのぼることができる。

　すなわち、地元企業「小布施堂」の副社長であった市村良三は、修景街区のみならず町全体を活性化するため、若者を集めた任意団体「彩時屋」を結成し、音楽祭や演劇等のイベントを次々に企画して実行していった。やがてその活動が小布施町商工会を動かし、商工会内部に「彩時屋」グループを中核にした35人程度の「地域振興部」を結成することになった。

　この「地域振興部」は商工会内部にありながら、商工会外部の人材も積極的に組み入れ、町に政策提言を行うなど、従来の商工会の規格を超えた活動を行った。やがてその地域振興部の中で、まちづくり会社の設立が提案され、1993（平成5）年1月に設立決定となり、同年9月には町に対して出資を要請し、100万円ながら議会で承認され、第三セクターとして歩み出すこととなった。この事例が後のわが国の旧「中心市街地活性化法」に盛り込まれたTMO（タウンマネージメント・オーガニゼーション）のモデルの一つとなっている。

その「ア・ラ・小布施」の社長であった市村（良）が、2004（平成16）年12月に町長となってから「彩時屋」や「ア・ラ・小布施」で経験したボランタリーな町民と行政との協働方式を、町の施策の新機軸の取り決めや運営にも積極的に応用しようとした。
　「図書館建設運営委員会」（およびその前段の「意見交換会」や「図書館建設全体会議」も含めて）もその一つで、町営図書館を建設するにあたって住民の意見を反映させるため、2007（平成19）年から約2年間十数回にわたる討議を続けた。
　当該図書館は、まちづくり交付金を活用して交流センターとしての機能を有した新たな概念の図書館を建設する構想から生まれた。竣工後の図書館長は公募で選ばれ、設計案もコンペ形式で選ばれた。新しい交流機能を設計に盛り込むにあたっては、旧図書館の利用者や職員と、新たな図書館が想定する利用者層との間で、空間の取り合いをめぐってニーズが対立することが予め予想されていた。
　実際に委員会の公募委員は前者と後者（設計者、公募で選ばれた館長、新たな図書館が想定する新たな利用者である子連れの若いお母さんたちなど）が混在していた。そのような状況下で委員会での利害の対立は、そのまま竣工後の利用者にとっての利害の対立を予見する形で討議の場に現れた。さらに設計者側[29]は基本的に館内を仕切らない方針を掲げたので、空間利用の利害の対立は空間の取り合いとなっていっそう顕著に表面化された。
　にもかかわらず、当該図書館は2009年7月に開館して以降、「最小限の間仕切りにとどめ、それぞれの場所をタイムシェアリングすることで」（古谷他 2012: 126-127）、「利用者相互の自律的な調整が行われている」（氏原 2013: 5-17）と、利用状況は内外から高く評価され、毎年先進的な活動を行っている図書館に対して贈られるライブラリー・オブ・ザ・イヤー2011（Library of the Year 2011）をはじめ、2012（平成24）年に第28回日本図書館協会建築賞、第22回日本建築美術工芸協会賞（ＡＡＣＡ賞）を受賞するなど、ここ数年注目を浴びている。
　そこで筆者は真野地区と同様に「図書館建設運営委員会」の活動した当該2

---

[29] コンペ審査の結果、設計事務所「NASCA」の古谷誠章と八木が設計者となる。また彼らは図書館建設運営員会の専門家としても参加することになった。

年間の会話記録から成員らが実際にどのような討議をしていたのか見てみることにした。

他方、桐生市についての概要を以下に説明する。

本市の中心部は、江戸時代に町立てされた旧「桐生新町」であり、その北端の「本町1丁目」から南端の「本町6丁目」までにおいて、1990年代半ばから歴史資源を保全・活用した様々なまちづくり運動が連鎖的に始まった。しかしながら、それぞれの運動が単発的に行われ継続性が脆弱であると言われてきた。

筆者はこの点に注目し、2001年から諸まちづくり運動の参与観察を続けてきた中で、まちづくり運動が相互になかなか連帯できない桐生市の住民運動に見られる原因が各運動の協議の場における討議環境に現れているのではないかと考え、2007年から「かんのんまちづくりの会」の全会議の音声データを蓄蔵してきた。

当会の発起人である浄運寺の住職は、以前に同じ本町6丁目に葬祭場建設計画が持ち上がった際「葬祭場反対期成同盟」を立ち上げている（2004年に解散）が、商店街と住民と寺が一つのテーブルについたことにより、将来のまちづくりのことを自分たちで考え変えていかなければならないという危機感が共有され、住民主体のまちづくり協議会の必要性が自然に生まれたことを背景に、2007年6月に当会を結成した。

筆者は当会に対しても初期は参与観察者（一人の成員）として参加したが、4年目に住民側からの要請で以降座長兼コーディネーターとして関わることとなる。

当会の結成時は、本町1・2丁目から6丁目まで盛んに行われていたイベントを中心に活動を考える成員がいた一方で、同時に本町1・2丁目で盛んに行われていた古民家再生を活動の中心と考える成員もおり、会の目標を先に決めないというオープンエンドにした経緯もあって、会のテーマは変動的であった。

2007年から最初の2年間はいわば試験走行期間にあたり、3年目が反省の時期、4年目が本格運転開始時期にあたる。その意味で、会の目標をイベント中心とするか古民家再生を中心とするかで意見が対立し、紆余曲折し、やがて古民家再生を中心と決するに至った期間に当たる2009年度から2010年度の会議

録に注視し、討議においてどのように意見が対立し、どのように解消され、一つの共有目標へ了解されるに至ったのかを見てみることとした。

2）小布施町「図書館建設運営委員会」の事例分析

　すなわち会話分析の結果、まず、設計者が（異なる利用主体が利用時間を互いにずらす等の「タイムシェアリング」によって、施設内をなるべく仕切らないというコンセプト）「利用者相互の自律的な調整」を推進しようとしたことが分かった。それに対して、まず旧図書館の利用者である「お話しの会」が条件付きの反対を示していたが、やがてその要望条件となっていた（会の活動場所となる）「多目的室」が設計の中に正式に登場したことによって摩擦が解消されたことが分かった。

　やがて子育て世代の新しい図書館利用者となる女性が設計者のコンセプトに対して積極的に受容している発言が現れる。この「内面的同調」[30] 発現の背景には、第一に〈相手の出方とそれに対する期待から自分の次の行為を起こすような〉発言が連鎖し始めたこと、第二に、それに応じるような設計者の設計変更（修正）があったこと、第三に、それによって成員が設計者の計画に足りないものを補完（差配）しようという自律的な調整意思を獲得し得たこと、の3点があり、これらがいわゆる「グループ圧力」[31] を形成し、「内面的同調」へと導いたと見ることができた。

　次に分かったのは、専門家と町民との独特の相互作用である。すなわち、この会議の中で専門家（設計者）は自分の描いた設計を町民にいかに納得してもらえるかといったスタンスで、「成果志向的」に発言を組み立てる。しかし「了解志向的」に物事を進めたい町民が、これを「トラブル源」と感知して顕現化し、事実確認と論理をもって批判する。それに対して専門家が修正して見せるといった、町民と専門家の独特の相互作用の中から「グループ圧力」が生まれていることを発見した。

30）グループワーク論では、ある成員の言動や意思をグループや他の成員が期待する方向に変化させることを「同調」といい、本人が了解して同調する場合を「内面的同調」または「積極的同調」という。
31）成員を同調させるよう働く力のことを「グループ圧力」という。

このようにして、町民主体の協議会の中で、「少なくとも誰か一人がコミュニケーション的行為の見かけを維持しているだけで本当は成果志向態度で行為している」(ハーバーマス 2006:［中］78) としても、了解志向的に進めたい他の成員による事実確認と論理的批判を通じて、修正と新提案の提示、吟味と納得を含む相互行為の結果として、成員全体に「同調」を働きかけるような「グループ圧力」を生み出し、了解に至らしめることが可能であることが見て取れた。
　ここにおいて、ある意味では反対意見を否定することなく受容しようとする専門家の姿勢を見ることができたが、そこには 1980 年代の真野地区の協議会に見られたような、意見対立をむしろ増幅させるような徹底した民主主義的討議は見られず、結果として「グループ圧力」が生まれ了解に至ったものの、〈住民が自律的に課題を発見し自ら解決を図ることを支援する〉ソーシャルワーカーの専門家の役割とは本質的に異なるように感じられた。

3）かんのんまちづくりの会の事例分析

　そもそも桐生事例は、前述の真野地区や小布施町のように市民によるまちづくり運動が連帯せず、個々の単発な運動で終わってしまう傾向が強く、その原因を把握するために、他の 2 事例同様に協議会の会話記録を比較分析したものである。
　そして分析の結果、争点をめぐる意見対立の際に、トラブル原因者に修復させようとせず、他者（トラブル源を顕現化した者）によって修復を操作して収束させるという行為が見られた。これは、「会話分析」においてはそもそも日常会話ではほとんど見られないと言われる現象で、会議のような場であってもめずらしい。もちろん真野事例や小布施事例には見られない本事例独自の特徴であり、桐生事例の特殊性を説明するものとして提示可能な結果となった。
　また、真野事例や小布施事例では、争点をめぐる意見対立の際に、その当事者のどちらかに対して理解したい（されたい）思いから本人の立場で代弁ないし言い換えるような行為（これを以下「代弁的発話行為」と呼ぶ）が見られたが、桐生事例ではほとんど見られなかった。
　これらが桐生事例の討議環境の特徴であり、言い換えれば「非了解志向的」討議環境であったと言える。

そして、これらの分析結果から、ハーバーマスの言う「コミュニケーション的行為」あるいは「了解志向的行為」が支配的な討議環境とは、争点をめぐる意見対立の際に、トラブル原因者にまず修復を優先させようとする「自己修復の優先性」と、対立の当事者のどちらかに対して理解したい（されたい）思いから本人の立場で代弁ないし言い換えるような「代弁的発話行為」が確認される環境であろうことが考察できた。
　同時に「成果志向的行為」が討議環境において支配的であるような場合には、「自己修復の優先性」や「代弁的発話行為」が乏しい環境を指すと説明できるのではないかという結論に至った。
　そしてまた桐生事例においては、ある会議におけるある争点に対して強い反対を表明していた人物が、何回かの会議を経て賛成意見に転じることがあり、かつそれが会に対する強い目標表現として現れていたことを確認した。
　このことは、「事実確認的発話行為」ないし「規範に規制された行為」においては事実や論理によって意見を変えさせるだけでなく、「成果志向的」から「了解志向的」態度に変えさせることが可能であることを証明したことになったと言える。

おわりに

　冒頭で、まちづくりはもともとソーシャルワーク論的観点から実践が始まったことを説明した。
　1990年代以降、わが国でも中心市街地活性化法にもとづく商店街の協議会による計画づくりや、各自治体のまちづくり条例にもとづくまちづくり協議会による計画づくりの場が一段と増えてきている。
　しかしながら、そこに介入する専門家（コンサルタント、プランナー、行政職員）は前示したような入念なステージ確認を行ってきただろうか。グループ構造やグループプロセスに関係するようなアセスメントを行ってきただろうか。少なくとも、グループ構造の「コミュニケーション構造」、グループプロセスの「摩擦と問題解決の仕方」の変化だけでも把握してきた専門家はどれだけいるであろうか。筆者は、真野事例での宮西を最後に近年はほとんど聞いたことが

ない。

　おそらく、真野事例での坂下らの活動を最後に、どういうわけかソーシャルワーク観点での実践が行われなくなったこと、そして彼らに代わって建築学（ないし都市計画）の専門家が社会学分野の専門家とチームを組まずに実践に関わるようになったこととが関係していると思われる。

　神戸市真野地区で確立された「まちづくり協定」という方式は2000年代初頭の東京圏の自治体において制度化された「まちづくり条例」に多く取り入れられた。それによって市民・住民による多くの「まちづくり協議会」が誕生したものの、小布施の会話記録においても多分に見え隠れしたように、コンサルタントや行政職員による「成果志向的行為」ないし「戦略的行為」があからさまになってきている。

　嘆かわしいのは、「少なくとも当事者の一人が、自分は成果志向的にふるまうが、他の者には、全員がコミュニケーション的行為の前提を満たしていると信じ込ませている」（ハーバーマス 2006:［中］78）場合が非常に多いことである。

　繰り返しになるが、〈落とし所を先に定めない〉ようなまちづくりの協議の中で求められるのは、ハーバーマスの「コミュニケーション的行為」であると言ってもよいだろう。

　そして、徹底した民主主義的討議環境が作用していた真野事例と、筆者が近年参与観察を続けていた小布施町事例と桐生事例の比較から、「コミュニケーション的行為」が支配的な討議環境には「代弁的発話行為」と「自己修復の優先性」が確認できることを明らかにした。さらに「少なくとも当事者の一人が成果志向的に」ふるまっていたとしてもその他の成員による徹底した事実確認と論理的批判によって「了解志向的」討議環境に修正できることを明らかにした。

　そして、これらの知見は、どこで誰がどのような発話を行ったのかというありのままのデータがなければ分かりえなかったものであり、その意味では会議録の全面記録化と分析のために提供できる条件が必要となる[32]。

　実際、コミュニティの討議の場では、もともとテーマの蒸し返しや横道への

---

32) 本論の小布施事例と桐生事例は全会議記録を公開している。

寄り道が多くみられるものであり、〈落とし所を先に定めない〉ような進行を成立させようとするならば、協議過程を任意に振り返ることのできるように会議録を全面記録しておかなければならない。

　近年、裁判における取り調べ資料の全面可視化に向けた世論の高まりを受けて、「エスノメソドロジー（会話分析）的視点」が再評価されるであろうと思われる。

　また今後、地域包括ケア等で「まちづくり（コミュニティ・プランニング）」が福祉領域とふたたび交わる機会も増えてくると思われる。その中で建築学（ないし都市計画）の専門家と社会学（ないし福祉分野）の専門家がチームを作る中で、この機会に改めて「ソーシャルワーク（グループワーク）論」の歴史や諸技法が再注目されることを期待して本論を閉じたい。

【参考文献】

Angotti, T.（2008）*New York for Sale—Community planning Confronts Global Real Estate*, MIT Press.

Angotti, T.（2013）*The new century of the metropolis:urban enclave and orientalism*, New York: Routledge.

延藤安弘・宮西悠司（1981）「内発的まちづくりによる地区再生過程」吉岡健次・崎山耕作編『大都市の衰退と再生』東京大学出版会。

古谷誠章他（2012）「小布施町立図書館：まちとしょテラソ（北陸）」『Selected Architectural Designs 127（630）』。

ガーゲン，ケネス・J. 著（2004）東村知子訳『あなたへの社会構成主義』ナカニシヤ出版。

Garvin, C.（1987）*Contemporary Group Work*, Prentice-Hall Inc.

ハーバーマス，ユルゲン（2006）藤沢他訳『コミュニケイション的行為の理論』［上］・［中］、未來社。

ヘスター，ランドルフ・T.、土肥真人（1997）『まちづくりの方法と技術—コミュニティー・デザイン・プライマー』現代企画室。

日笠端（1977）『都市計画』共立出版。

日笠端（2004）『都市計画　第3版』共立出版。

広原盛明・白石克孝・富野暉一郎（2002）『現代のまちづくりと地域社会の変革』学芸出版社。

金子良事（2010）「日本における『社会政策』の概念について：社会政策研究と社会福祉研究との対話の試み」『社会政策』2（2）。

木下勇（2007）『ワークショップ：住民主体のまちづくりへの方法論』学芸出版社。

小泉秀樹編（2016）『コミュニティデザイン学―その仕組みづくりから考える』東京大学出版会．
倉田和四生（1982）「町づくり運動のダイナミックプロセス」『関西学院大学社会学部紀要』45，7-25頁．
宮西悠司他（2005）『日本最長・真野まちづくり』真野地区まちづくり推進会．
日本教育科学研究所編（1971）『ニュータウンと人間開発』鳳舎．
野口裕二（2005）『ナラティヴの臨床社会学』勁草書房．
太田義弘他（1984）「ソーシャル・ワーク／過程とその展開」『社会福祉入門講座2』海声社．
大塚達雄・井垣章二・沢田健次郎（1972）『社会福祉』ミネルヴァ書房．
大塚達雄・硯川眞旬・黒木保博編著（1986）『グループワーク論』ミネルヴァ書房．
ロッシ，ピーター・H.、リプセイ，マーク・W.、フリーマン，ハワード・E.著（2005）大島巌監訳『プログラム評価の理論と方法：システマティックな対人サービス・政策評価の実践ガイド』日本評論社．
関嘉彦（1980）『ベルンシュタインと修正主義』早稲田大学出版部．
島田昭仁・小泉秀樹（2013）「まちづくり小集団の討議過程の分析手法に関する研究について―桐生市における『かんのんまちづくりの会』の会議録におけるターンの変化に着目して」都市計画論文集，Vol. 48, No. 3, 249-254頁．
島田昭仁・小泉秀樹（2015）「真野地区の討議における連帯の生成に関する研究―『真野地区まちづくり推進会』の前段組織における会議の会話群に着目して―」地域社会学年報第27集，61-75頁．
島田昭仁・小泉秀樹（2016）「小布施町図書館の空間利用に関わる討議過程の研究―利用者相互の意向調整はどのようにしてなされたか―」計画行政39（1），40-48頁．
副田義也（1968）『コミュニティ・オーガニゼーション』誠心書房．
髙橋重宏他（1993）『ソーシャルワークを考える：社会福祉の方法と実践』川島書店．
氏原茂将（2013）「まちとしょテラソで未来の図書館を考えてみた」マガジン航（2013年5月17日取得　http://www.dotbook.jp/magazine-k/2013/05/）．
山口正（1922）「社会調査の方法」『社会政策時報』協調会．
山口正（1924）『都市生活の研究』弘文堂．
山口正（1925）「密住地区居住者の労働と生活」『大阪市社会部労働調査報告第36号』大阪市社会部．
山口正（1934）『社会事業研究』日本評論社．
山口正（1939）『本市における密住地區調査』大阪市社会部．
山口正（1968）『愛隣地区総合実態調査報告』大阪社会学研究会．
矢守克也（2010）『アクション・リサーチ―実践する人間科学』新曜社．
安田節之（2011）『プログラム評価―対人・コミュニティ援助の質を高めるため

に』新曜社。
好井裕明（1999）『批判的エスノメソドロジーの語り』新曜社。

10章 戦後西ドイツにおける自動車中心主義の形成
―― その政治的根拠

(田村伊知朗)

はじめに

　本章の目的は、戦後西ドイツの交通政策における自動車中心主義の問題を、近代政治思想史の観点から考察することにある。交通、公共交通そして路面電車等の個別的交通手段が、この学問領域においてその研究対象になったことは、これまで少なかったであろう。しかし、交通という表象は、そもそも人間の関係性一般と相関し、人間社会において不可避である。そのかぎり、この表象も近代思想史において議論の対象になる。近代思想史研究において古典とみなされている著作によれば、「歴史上のあらゆる衝突は、……生産力と交通形式の間の矛盾に由来している」(Marx u. Engels 1974: 112f.)。ここでは、交通は人間の関係性一般と同義として使用されている。より広義のコンテキストにおいて考察するならば、交通の現代的意義もまた、人間の関係性一般によって規定されている。交通、公共交通そして路面電車等の個別的交通手段も、近代政治思想史の研究対象になろう。

　本章における考察の端緒を公共交通に設定してみよう。近代都市は公共交通によって規定されてきた。「公共的な人員交通は都市の現象である。……万人に開放された機能的に十全な交通手段網なしに、都市を考えることはできない」(Dienel u. Schmucki 1997: 7)。公共交通は、近代都市における不可避的存在として機能してきた。しかし、自動車が1950〜60年代において急速に大衆化した。路面電車の軌道が、多くの都市において自動車中心主義に基づき撤去された。バスによる代替輸送が、地域内の公共的人員交通において一般化した。

　バスは、廃棄された路面電車の輸送量のすべてを代替したわけではなかった。

それは衰退の一途をたどった。ミュンヘン等の大都市を別にして、地方小都市における公共的な交通手段は、もはやその存立すら疑問視されている。本章の目的は、その自動車が発展してきた根拠を近代ドイツ思想史において定位することにある。

この思想が対自されることによって、近代における一元化という思想が社会生活の具体的水準においてどのように現実化されたのかが解明される。自家用車への一元化が1950～60年代の交通政策において生じた根拠の一端が、明らかにされるであろう。

1　第二次世界大戦後の自動車中心主義

第二次世界大戦後、個人所有の自動車が飛躍的に増大した。その結果、競合する他の交通手段とりわけ鉄道が、第一の批判対象になった。「自動車社会が形成され、鉄道交通は前支配的な輸送形式として排除されるであろう」(Dienel u. Schmucki 1997: 14)。地域内の公共的人員交通における鉄道という概念が、前世紀中葉において批判対象になった。次に、路面電車が、1950～60年代において歴史的遺物として批判された。「路面電車は、19世紀において動力化された唯一の道路交通手段であった。鉄道と同様に、路面電車が19世紀の大量輸送手段であったということが、再三再四主張された」(Schmucki 2000: 18)。路面電車の軌道が道路から撤去され、自動車の渋滞なき走行がそれに代わろうとしていた。

自動車とりわけ個人的に所有された自動車の場合、移動における快適性が鉄道、軌道の場合と比較して飛躍的に向上したからである。公共交通とは異なり、自家用車は時間的制限性を除去する。自動車旅行が鉄道旅行と分離する歴史的時間は、高貴な時代と表象されていた。「自動車が歴史的舞台に現れたとき、鉄道旅行と手を切る高貴な世界がすでに始まりつつあった」(Sachs 1984: 112)。公共交通という大量輸送手段に代わって、個人的な輸送手段つまり自家用車が普遍的交通手段になった。

もちろん、すべての路面電車が、地域内の公共的人員交通において自家用車という交通媒体によって代替されたわけではなかった。ミュンヘン等の大都市

において地下鉄が建設され、路面電車の主要駅が地下鉄の駅になった。対照的に、人口10万人から30万人程度の中小都市、そして地下鉄を必要としない大都市の周辺地域において、路面電車はバスによって代替された。人口増加が続く大都市は別として、人口減少が続く衰退する中小都市において、バスは自家用車に対抗できない。バスが走行する道路では、同一空間において自家用車も走行できる。バスも自家用車も区別なく、渋滞に巻き込まれた。公共交通に対して一般的に要求される定時性が、バスにおいて確保できなくなった。時間的制限性の少ない移動手段が、選択肢として挙げられた。大衆化した自動車は、地域内の公共的人員交通の概念自体を破壊する。バスに一元化されることによって、地域内の公共的人員交通が衰退した。

当時の交通政策担当者は、自動車を拡大すべき唯一の交通手段として認識していた。「たいていの場合、交通は自動車交通だけを意味していた。……自動車の大量化は不可避的であり、東ドイツと西ドイツにおける生活水準の向上を表現するものとして望まれていた」(Schmucki 2001: 404f.)。地域内の公共的人員交通に関する自治体の交通政策は、このような事態に対してほとんど対応できなかった。彼らは、自動車の走行を妨げないために、道路を拡幅するという政策しか実施できなかった。これが交通政策担当者の唯一の政策にすぎなかった。道路によって使用される面積が、都市において拡大した。「交通量が同一である場合、路面電車が必要とする平面は、自家用車が必要とする平面の6%にしかすぎない」(Erl u. Bobinger 1994: 5)。この考察に駐車場の面積を加えるならば、都市中心街における自動車の占有率は、膨大になる。都市中心街が、道路と駐車場によって浸食される。

シュムッキーはミュンヘンの中心街、カール広場の一世紀にわたる歴史的光景を考察した。彼女によれば、様々な諸交通手段が、前世紀初頭には競合していた。路面電車だけではなく、自動車、自転車そして歩行者が共存していた。しかし、1950〜60年代において自動車に一元化されることによって、その使用が絶対的な優位を獲得する。他の交通手段はほぼ駆逐された(Schmucki 1997: 81)。自動車は都市中心街において道路と駐車場を占有することによって、それ以外の都市機能を阻害する。

道路と駐車場が拡大されたことによって、歩行者、自転車走行者そして路面

電車の姿が、中心街から消える。都市とりわけ中心街が多様性でなく、一元性によって特徴づけられる。「近代産業社会は、市民社会的本質の特殊な多様性を駆逐した。この社会は、立法的、行政的、司法的そして政治的単一化をしばしば暴力的に貫徹したからである」(Kondylis 1999: 39)。初期近代に保持されていた多様な特殊性は、後期近代における産業社会の進展によって画一化され、そして一元化される。社会のどのような部分であれ、近代産業社会の論理が貫徹される。交通政策も、自動車を中心にした道路交通に一元化される。

　外部化された社会コストが、この一元化によって増大する。交通手段は一元化されるべきではないにもかかわらず、自動車は自己増殖し、他の存在形式を許容しない。「移動率が同一である場合、自動車による移動が上昇することによって、他の形式の移動とりわけ公共交通、そして後には歩行が衰退する」(Knoflacher 1998: 138)。歩行という交通の原初的形態が、最終的に否定される。戦後十数年間にわたる交通政策において、歩行はほとんど顧慮されなかった。本質的に言えば、歩行が都市の多様性の基盤を形成している。「都市を保持するための必然的尺度が、極小移動性つまり歩行移動性と自転車移動性に基づいて要求される。それによって、凝集、多様性そして混合が確保される」(Knoflacher 1993: 60)。歩行は都市機能の結節点であった。にもかかわらず、1950〜60年代には以下のような意見が支配的であった。「歩行者都市は自己矛盾である。……動力化された交通のない都市は、都市として存立不可能である。都市は、その起源から交通の要衝である。……歩行者都市を要求する者は、都市を否定する」(Leibbrand 1957: 23)。歩行という人間の原初的能力が、都市計画における主要な考察対象から排除される。

　また、個人交通の進展は、中心街における居住人口を減少させる。住民の住居の郊外化が促進され、中心街における人口の空洞化が進展する。人間が中心街において居住するという初期近代の原初的風景が、より減少する。「二重の観点、つまり第一に、自動車化それゆえ害悪素材排出の促進として、第二に、地域性の減少の要素として、道路建設が環境に負担を与える」(Klenke 1994: 182)。拡張された道路は、狭義の環境破壊だけではなく、地域社会の存続それ自体に危惧を与える。清浄な空気および静穏性という自然が破壊されることによって、自然的人間は中心街において居住困難になる。人間的生活にとって重

要な歩行のための空間と自然が、道路とその周辺から消滅する。

　地域内の交通を自動車に一元化することは、交通だけではなく、都市機能総体に対して構造的問題を引き起こす。対照的に、路面電車は自動車との共存だけではなく、自然も包括した都市構造全体との調和を前提にしている。この点は、自動車と路面電車の決定的な分岐点になる（田村 2016b: 4）。このような事態を招いた根拠を、近代政治思想史的観点から述べてみよう。

2　西ドイツにおける交通政策の歴史的位相

　交通政策担当者の目的は、自動車を渋滞なく走行させるための前提条件を改善することでしかなかった。交通政策者に共通しているこの暗黙知は、どのように形成されていたのであろうか。その原因の一つは、1950～60年代のアメリカの交通政策が、西欧資本主義国家において到達すべきモデルにされていたことにある。

　路面電車の軌道が、第二次世界大戦後のアメリカにおいて撤去されつつあった。この行為は、市場原理にしたがって合法的に行われた。「アメリカの自動車産業財閥は、子会社を経由して路面電車の路線を買収し、それをバス会社へと転換した」（Braun u. Kaiser 1992: 123）。路面電車企業の株式が、自動車産業の子会社によって株式市場において買い取られた。この行為における違法性は、法律的観点から存在しない。それはまさに、市場原理に準拠した行為にしかすぎない。自動車産業の子会社が、路面電車企業の経営に参画した。新しい経営者は路面電車の軌道を撤去し、軌道線路と客車車両を鉄屑として売却した。その結果、これまで路面電車を利用してきた住民は、新たに自動車を購入するか、バスを利用するしかなかった。この買収を実施した自動車会社だけではなく、自動車産業総体がこの地域において新たな市場を開拓した。個々の自動車会社は、その販売量を拡大し、利潤を増大させた。そして、軌道が撤去されたことにより、自動車が渋滞なく走行可能になった。

　西ドイツの交通政策が、アメリカの交通政策をモデルとして具現化された。「『自動車に適した街』つまり『自動車に適した社会』というアメリカ的な指導形象が、……西ベルリンとミュンヘンの決定に対して強い影響力を行使してい

た」(Ciesla u. Schmucki 1996: 402)。この時代は、パクス・アメリカーナとして世界史的に規定されていた。パクス・アメリカーナは、パクス・ソヴィエティカとの軍事的な対抗軸を形成し、西欧資本主義社会を規定してきた（URL: Pax Americana)。アメリカによる圧倒的な軍事的支配力はそれだけにとどまることなく、社会生活のあらゆる水準において貫徹していた。生産様式と生活様式総体の理想型が、アメリカの標準に基づいていた。この国の政策が、西側資本主義国家そして西ドイツにおいてモデルとされていた。交通政策もその例外ではなかった。西側資本主義国家の交通政策担当者は、この国の交通政策に基づき幹線道路から路面電車の軌道を排除しようとしていた。

　さらに、多くの交通政策担当者と交通政策に影響力を行使しうる政治家が、アメリカを視察先に選んだ。西ドイツは1949年まで戦勝国、すなわちイギリス、フランス、アメリカによって占領されていた。また、この占領状態は、西ベルリンにおいて1990年の東西ドイツの統一まで形式的には継続していた。前二者の国はドイツと同様に戦火を浴びており、視察先としてアメリカしかその対象になりえなかった。たとえば、西ベルリンの交通政策に影響力を行使したシュヴェドラーも、この国をその模範とした。「彼がアメリカにおいて……視察したことによって、西ベルリンも自動車に適合した街にすべきであると結論づけられた」(Wangemann 1984: 132)。アメリカにおいて展開された交通政策モデル、すなわち自動車に適合した街という表象が、西ドイツと西ベルリンにおける交通政策担当者と政治家の交通政策の規範を領導していた。

　たとえば、西ベルリンの中心街における路面電車は、1950〜60年代に徐々に撤去され、1967年以来その姿を消している（URL: Straßenbahn Berlin)。もちろん、かつてベルリンの壁の周辺にあったベルリン中央駅周辺には、今世紀になって路面電車の軌道が新規に敷設された。しかし路面電車は、前世紀中葉以後から現在に至るまで動物園駅、クアフュルステンダム通り等の西ベルリンの伝統的な中心街において走行していない。

　アメリカのこのような交通政策が、1950〜60年代における西ドイツの交通政策の模範になった。西ドイツの交通政策が、この模範から逸脱することは考えられていなかった。パクス・アメリカーナに対して別の選択肢を提示することは、事実上不可能であった。とりわけ、政治家の存立基盤は、社会的意識と

いう不安定なものによって基礎づけられている。彼らが支配的な社会的意識に対して異議申し立てをすることは、自己の存立基盤を破壊する可能性を持っていた。

　この問題は、さらに社会的実体つまりこの意識を具現化する社会的勢力と関連していた。自動車産業の総体的利益を貫徹するために、政治的な圧力団体が様々な社会的領域においてその影響力を行使していた。「自動車に対して反対の立場をとることは、1950年代の政治家にとって死ぬほど危険であった」(Vogel 1972: 69)。自動車産業が、政治家の権力基盤のある部分を支えていた。この圧力団体が集票マシーンとして、政治家に対して影響力を行使していた。自動車に適合した街という理念を実現しようとした団体が、「道路交通、つまり道路建設、道路開放、自動車友好的な環境の強化、公共交通の抑圧」のために活動していた（Wolf 1994: 153）。この団体は、自動車生産産業の総体的利益と関連している。それは、西側資本主義国家においても最も影響力のある団体の一つである。自動車に適合した都市という表象が、交通政策のパラダイムを規定していた。このパラダイムに基づき、路面電車は撤去された。

　さらに、自動車に適した街という表象は、1950～60年代におけるアメリカからの影響だけによって形成されたのではない。戦後西ドイツの交通政策は、1930年代のナチズムによって形成された交通政策によっても影響されていた。

　ナチズムが興隆する直前つまり1920年代において、自動車は贅沢品に属していた。「自動車を購入する場合、価格に贅沢税が支払われるべきであったことが、贅沢現象を強化した。10～15%の変動税は、1926年になって初めて廃止された。この税は非常に明白に、新しい交通手段を毛皮、骨董品、絨毯、絵画等と同じようなカテゴリーに算入していた。これらの物は、特定の階層にだけ役立ち、明らかに生活必需品的な使用対象ではなかった」(Schmucki 2000: 13)。自家用車は、ほぼ1世紀前において社会的地位の高さを象徴する贅沢品であった。

　自家用車は、大衆にとって普遍的な交通手段ではなかった。自動車の所有が社会的地位の高さを表現するためには、大衆がそれを所有していないことが前提であった。自動車の所有の有無というメルクマールによって、この時代における社会階層を区分することも可能であった。大衆は、特権的階層によって所

有されていた自動車に対する憧憬を持っていた。すなわち、公共交通ではなく、個人的に所有された交通手段によって、都市間および都市内を移動するという憧憬である。この憧憬は未だ美意識にまで高められておらず、たんなる幻想にしかすぎなかった。

1930年代に政権を掌握したナチズムは、大衆の憧憬つまり幻想的意識により具体的な美意識、つまり自動車による幸福な生活という表象を埋め込んだ。すなわち、国民車を個人的に所有することと、帝国アウトバーンにおいて国民車を自由に走行させるという表象である。

まず、ナチズムと国民車の個人的所有の関係にふれてみよう。第一次世界大戦において敗北したドイツは、1920年代に破滅的な経済的混乱を経験した。それゆえ、西欧の他の先進国と比べて、1930年代中葉のドイツにおける自動車の所有率は、かなり低かった。「約1％の住民が、1930年代のドイツにおいて動力化された交通手段を保持していた。同時期のフランスにおけるその数は、ドイツの二倍であった。ほぼ三倍の自動車が、イギリスにおいて生産されていた」(Schütz u. Gruber 1996: 142)。この時期ですら、ドイツにおける自動車はいまだに贅沢品に属していた。

ナチズムはこの状況を前提にしつつ、国民にとって到達可能な表象をその意識に埋め込もうとした。ナチズムによる政権掌握直後に開催された自動車展覧会において、ヒットラーは次のように述べた。「自動車は、もはや特権的階層の特別な交通手段にとどまってはならない。むしろそれは、勇敢かつ勤勉かつ有能な数百万同胞の交通手段になるべきだ」(Moes 1938: 3)。このような思想は、この引用元になっているパンフレットだけにおいて表現されていたのではない。それは、絵画、写真、映画等のマス・メディアによって広範に流布され、大衆にとって現実化可能な高次の段階へと揚棄された。ナチズムによって形成された国民車の所有という美意識は、戦後ドイツにおいて世界的に著名な民間自動車会社の名称として国民的意識において継続していた。

次に、ナチズムと帝国アウトバーンの関係についてふれてみよう。ナチズムによって創造された帝国アウトバーンという表象は、ドイツ第三帝国の主要な構成要素として人口に膾炙している。しかし、アウトバーンによるモータリゼーション化は、すでに1920年代から始まっていた。「すべての大都市における

交通政策は、第一次世界大戦以後においてモータリゼーション化された交通の特徴によって強く刻印されていた」(Möller 1949: 53)。したがって、帝国アウトバーンがナチスによって創造されたという俗説は、神話にしかすぎない。「第一の神話は、総統の道路、ヒットラーのアウトバーンという名称である。第二の神話が、この名称つまり創造的神話に付け加えられる。すなわち、アウトバーンが労働供給に寄与し、1933年以後の経済的発展の本質的起動力であったという神話である」(Schütz u. Gruber 1996: 7)。この神話はほとんど現実化しなかったであろう。アウトバーンがドイツ全土に張り巡らされたという事実は、存在しなかった。ナチスの政権掌握期間は10年ほどしかなかった。使用可能な社会的資源の大半は、その後半において戦争遂行に費やされた。

　にもかかわらず、帝国アウトバーンと第三帝国の関連性が、ナチズム時代だけではなく第二次世界大戦以後においてもなお喧伝された。この神話が生成した根拠は、第三帝国がアウトバーンの建設過程を効果的に宣伝したことにある。一般的に言って、ナチズムによる大衆に対する宣伝技術は、現在でもしばしば参照されるほど高かった。この技術は、交通政策の領域にも適用されていた。「アウトバーンは、今日までナチス時代の労働創造と経済発展の成果豊かな政策に対する証明手段として持続的に妥当している。これは、とりわけメディア演出に依存している」(Schütz u. Gruber 1996: 136)。この建設過程が、マス・メディアによって労働市場の新規創設として喧伝された。帝国アウトバーンの建設による幸福な生活の実現という表象が、大衆の意識を規定していった。「美学的─技術的かつ政治的─正当化側面こそが、その作用を頭脳つまり人間の表象界において展開してきた」(Schmucki 2000: 13)。個人的に所有された自動車によって帝国アウトバーンを走行するという美意識が、将来の幸福を求める国民の頭脳において刻印された。

　この美意識は、交通政策担当者において1945年以降も継続した。交通政策を担当していた官僚機構は、戦後においても継続性を保持していたからである。国家的水準における政治的指導者は、西ドイツそして東ドイツ等の敗戦国において表舞台から退いた。しかし、官僚機構はほとんどそのまま温存された。彼らと同水準の専門知識を持っている市民が、官僚機構の外には存在しなかったからである。

1930年代において専門的実務を始めた交通政策担当者が、1950年代以降も同一の部局において残存していた。ナチズムによって専門教育を受けた世代が、戦後ドイツにおいて専門官僚群を形成した。専門知を影響づけた第三帝国時代のパラダイムが、そのまま戦後西ドイツの社会国家に流れ込んだ。しかも、20～30年の時間が経過したことによって、官僚機構における彼らの権限は、戦前と比較して飛躍的に拡大していた。これによって、アウトバーンの走行による幸福な生活という美意識は、より精鋭化される。「アウトバーンが、道路交通体制の『交通路のヒエラルヒー』における至高の位置に配置される」(Knoflacher 1993: 64)。自動車の使用のために独占的に提供される空間が、交通政策担当者の意識構造において至高の位置に配列される。それ以外の交通手段は、ほぼ彼らの意識構造から排除されるか、あるいはこの空間の従属的位置に配属される。

　西ドイツと東ドイツという体制間の差異を超えて、このような事情は共時的に妥当していた。両国は、共に第三帝国とは異なる政治体制を選択した。しかも後者は、資本主義とは異なる社会主義という根本的に異なる体制を選択した。資本主義社会から共産主義社会へと移行する過渡期として、社会主義社会が歴史上初めてドイツにおいて現実化した。資本主義体制下と異なり、公共性そして公共交通の拡大が理念上では至上化されていた。少なくとも、社会主義に固有な交通政策が、東ドイツ建設の初期段階において議論されていた。西側資本主義国家とは異なる交通政策が、理念的に模索されていた。「都市中心街は自動車から考察されるべきではない。むしろ、中心街を横断する人間そして行進から考察されるべきであろう」(Hain 1993: 57)。人間の原初的能力としての歩行、そしてそれを前提にしている公共交通が、社会主義的交通政策の理念になっていた。

　しかし、交通政策の理念を別にして、社会主義社会における実態は西ドイツとほとんど変わらなかった。交通政策という専門家集団は、その人的構成を変えなかった。大学においても同様な事態が生じた。東ドイツは、社会主義的な専門家集団を大学において養成できなかった。交通政策を学ぶ大学のカリキュラムが、社会主義的に、つまり公共交通を中心としたものに再構成されたわけではなかった。また、社会主義的な交通政策に関する理念も、社会主義建設が

進行するにつれて、無関心になっていった。「予想される個人交通の位置が東ドイツにとって正しいか否かという問題は、遅くとも 1970 年代にはもはや定立されなかった」(Ciesla 1997: 225)。もはや、ホーネッカー政権成立以後の後期東ドイツ時代には、西ドイツと東ドイツの交通政策のパラダイムにおける根本的差異を見出すことは困難であった。

個人所有の自動車とアウトバーンを特質とする自動車に適した街という表象が、東ドイツの交通政策担当者の意識構造を支配していた。東ベルリンの交通政策担当者の意識も例外ではなかった。1960 年代において、東ベルリンの路面電車網が破壊されようとしていた。「1967 年版の地域交通計画は、1945 年以前における交通計画の構想的表象と結合していた。この計画によれば、174 km に渡る広大な路面電車路線網は、65 km に切り詰められるはずであった」(Ciesla u. Schmucki 1996: 383)。東ベルリンそして東ドイツにおいてすら、交通計画者の意識のパラダイムは、ナチズムによって埋め込まれた美意識、つまり個人的に所有された自動車に適した街という表象に支配されていた。

3　交通政策と大衆民主主義の連関

交通政策者による自動車への交通政策の一元化は、彼らの職業的な共同性だけではなく、近代社会に特有の基礎的パラダイムによっても規定されていた。自家用車が、自由すなわち個人的自由を実現する象徴として機能していた。この自由は、西ドイツの大衆社会において現実性を持っていた。この意識は、過去の国家社会主義と現存していたマルクス主義的社会主義への対抗関係において形成されていた。西側資本主義国家は、過去と同時代の二つの社会主義を同一性の水準において認識し、欠乏と画一主義によって特徴づけていた。

二つの社会主義は、ともに個人的自由を抑圧していた。自由主義社会が、社会主義社会に対抗して形成された。「国家社会主義的な破滅的過去と同時代的な東側共産主義という集合主義的な集産主義の二つの変形物は、厳しい欠乏と犠牲によって同一化されている」(Klenke 1994: 181)。社会主義、すなわち国家社会主義（＝第三帝国）とマルクス主義的社会主義（＝東ドイツ）は、西側資本主義国家において同一概念として表象されていた。西ドイツそして西側資本主義

国家は、個人主義的自由という概念を集合的同一化に対する対抗概念として使用していた。自動車の個人的所有が、大衆の意識下において抽象的な個人的自由を具体化する契機であった。それが、大衆の日常生活において自由を獲得する手段としてみなされていた。

この自由は未だ獲得されていないが、近い将来獲得されるはずであった。ある思想は形成途上にあるとき、大衆の意識をより強く規定する。その思想の物質的基礎が形成されつつあった。いわゆる高度成長が1950〜60年代に始まり、大量生産と大量消費が一般化した。自家用車が、大量生産かつ大量消費される商品の象徴であった。自家用車の所有と使用が、この象徴において最上級の審級として位置づけられていた。「自家用車が、西側の自由な経済＝幸福的近代の将来ヴィジョン概念になった。この主導像は、第三帝国の民族主義的集合主義のカタストロフィー以降、新しい理想的支柱を約束し、明白にこの支柱の表現を『自家用車の自由な運転』という儀式形式において見出す」(Klenke 1994: 182)。自家用車は、近未来的展望において経済的自由の象徴として最高の地位を占めることになった。

自動車による交通を交通一般の中心に据えること、あるいはその全体と考えることは、交通の主体を個別化することと関連している。主体の個別化が理想とされている。原子論的に分割された自由主義的な個人主義が、交通政策担当者の意識において全面に出てきた。もはや、19世紀来継続してきた共同的自由への欲求は、ここでは問題にならない。自由は、共同性における自由ではない。それは、イギリス経験論哲学によって設定された自然状態における人間の自由、つまり個人的自由に近接している。「自由主義的モデルによれば、個人がその個人的利益にしたがって社会的普遍性にとっての必然的意義を、自己自身と私的なものとして形成する場合に、社会はもっとも発展する」(König 1992: 66)。個人化された交通すなわち自家用車の使用による交通が、社会的発展に対する普遍的意義を持っているとみなされた。それが、地域内の人員交通と同義とみなされ、その展開が都市の発展と同一視されている。他方でそれは、路面電車の存在理由ひいては地域内の公共的人員交通という概念それ自体を破壊する。

この論理機制は、後期近代における大衆民主主義化された社会構造に由来し

ている。「第二次世界大戦後における技術と産業の比類なき発展が、大量生産と大量消費を社会生活の中心に置き、大衆民主主義的革命を導いた。この発展は、経済社会学に新しい刺激と、しかしまた部分的には新しい形態を与えるはずであった」(Kondylis 1999: 31)。大衆民主主義が、1950～60年代の西側資本主義国家そして西ドイツにおいて時代精神になる。この時代精神の変化は、社会総体が伝統的な社会規範から解放されたことに基づいている。身分制的なヒエラルヒー的秩序が、中世そして初期近代において形成されていた。しかし、それが解体される。個人が大衆として全面に出てくる。「今日支配的な大衆民主主義的な社会理論あるいは社会モデルは、原初的に自立的かつ同権的かつ同価値的な個人の現存在を、基礎づけ要求無しに前提にしている」(Kondylis 1999: 5)。すべての国民は、大衆として原子論的に平等である。

　このような表象とそれを支える社会的な現実態は、社会構成員の流動化とその相互交換性の現実化に基づいている。初期近代の社会的位階制が、戦後の西欧資本主義国家そして戦後西ドイツにおいて崩壊したからである。初期近代を規定していた実体的拘束性が、現実態において失われつつあった。「大家族は、核家族によって大部分解体された。実体的拘束性の意義はかなり引き下げられた。個人の前提喪失性が、機会の純粋な平等への前提として宣言された」(Kondylis 1991: 193)。封建的かつ家父長的な位階制的秩序が、大衆民主主義によって解体された。その秩序下にあった市民は、流動的存在として都市へと押し出された。

　個人が自然的な実体的紐帯から解放され、ときどきの個人的欲求に応じて他者と関係する。原子化された個人は流動化し、そのときどきの状況において交換可能になる。その結合様式は条件依存的であり、絶対的でも永遠でもない。「社会の極端な原子化と、社会がその機能様式に基づいて絶対的に必要とする無制限の流動性によって、社会は集合的な大主体を解体した」(Kondylis 1992: 101)。階級のような個人を超越した集合的人格性は、後期近代において設定できなくなった。

　自然的紐帯そして労働現場における階層化された構造に基づく集合的同一性が解体されたことにより、原子化された個人が消費者として現象する。「大衆民主主義において社会的な自己規定の根拠は、もはや生産においてではなく、

むしろ消費への参加の到達したあるいは到達可能な程度にある。すなわち、集合主義的自己規定および個人的自己規定に関して、労働はその効力を喪失した。労働は、ますます消費目的への手段として知覚される」(Lahrem u. Weißbach 2000: 243)。個人は、消費構造への参加の到達程度に応じて階層化される。消費者としての個人が、大衆民主主義的世界像においてその最終審級になる。平等な主体としての市民が、消費者として市場に参加する。個人が社会的紐帯、実体的拘束から解放されたことにより、個人が、その能力と欲求に応じて消費者として行動する。

　労働世界において形成された責任倫理は、消費者としての個人にとって妥当しない。個人の行為規範を規定する態度は、初期近代におけるプロテスタンティズムに由来する倫理ではなく、快楽主義的態度でしかない。「快楽主義的態度が、大衆民主主義的経済に不可欠の大量消費の優位と係わる」(Kondylis 1991: 201)。消費における個人の欲求は、緩やかに位階制化される。自動車の使用と所有が、この位階制の頂点に立っていた。前近代的なヒエラルヒー的秩序は人間を社会的紐帯に拘束することによって、人間の個体的自由を抑制した。この紐帯が崩壊したことによって、個人は移動の自由としての自動車の所有に向かった。自動車が、大量生産された大量消費財の象徴であった。自動車を個人的に所有し、そしてそれを使用することによって、大衆は消費者として緩やかな位階制的秩序へと方向づけられた。個人化された主体が、大衆として無制限の自由を享受しようとする。自動車の無制限の使用が、大衆の無制限の自由を交通政策において実体化しようとした。

　このような社会的意識が現実化されることによって、大衆は無制限の自由を謳歌するかにみえた。しかし自動車車両が、1970年代に西側資本主義国家そして西ドイツの中心街において溢れた。この問題を解決するために、1980〜90年代において公共交通とりわけ路面電車の意義が再確認された。

おわりに

　地域内の公共的人員交通とりわけ路面電車が、自動車の個人的所有の進展によってその社会的役割を終えようとしていた。しかし、全面的でないにしろ、

このパラダイムは 1980〜90 年代において変更される。いわゆる路面電車ルネサンスが、西欧資本主義国家そして西ドイツにおいて生じたからである（田村 2016a: 61-72）。

　このパラダイム転換は、西ドイツのすべての都市において生じたのではない。本章でもすでに指摘したように、西ベルリン等では路面電車ルネサンスは生じなかった。しかし、カールスルーエ、フライブルク等の都市において、1980〜90 年代に自動車中心主義に基づき撤去された路面電車の軌道が再敷設され、新たに路面電車の軌道が敷設された。路面電車が、中心街の地域内の公共的人員交通において主導的役割を担うことになった。中心街の路面電車が郊外鉄道に直接に乗り入れ、鉄道と軌道を中心にした交通体系が都市内交通を規定するという事態が生じた。

　路面電車ルネサンスが後期近代において現象した根拠は多岐にわたり、独立した論稿による詳細な考察を必要としているのであろう。ここでは、本章において考察してきた自動車中心主義と係わるかぎりで、路面電車ルネサンスという事象に触れてみよう。まず、ナチズム時代において専門教育を受け、任官した交通計画担当者が、1970〜80 年代に退官しつつあった。国民車の所有とその使用による個人的自由の実現という美意識に刻印された世代に代わって、いわゆる 1968 年世代が交通政策担当者として任官してきた。この世代は、戦前から継承されてきた美意識から自由であった。また、同時代のパクス・アメリカーナに対しても否定的に対応した。彼らは、自動車中心主義に対する異議申し立てを企図していた。

　さらに、1972 年に東西ドイツ基本条約が締結され、二つのドイツ国家が並立することになった。西ドイツ社会を東ドイツ社会との対抗関係において規定する根拠が、これ以後徐々に希薄化した。東ドイツは数ある近隣諸国家の一つにすぎなくなった。自由を実現する象徴としての自動車の所有という意義が、現存した社会主義国家との対抗関係において形成され難くなった。自動車は、1950〜60 年代に市民社会の消費構造において至高の位置を占めていたが、徐々に大量生産される消耗品的役割を担うようにもなった。

　また、後期近代における市民意識の変容も、このパラダイム転換を促進した。大衆民主主義下において極度に原子化された同権的かつ自立的個人が、新たな

公共性を実現しようとしていた。環境保護という要素が、公共性という抽象的概念において具体的位置を占めるようになった。自動車の所有とその使用による個人的自由の実現ならびに個人的幸福の上昇よりも、それによって引き起こされた公共性の侵害が、市民意識における比重を増大させた。

　自動車を使用することによって生じる騒音、大気汚染等の自然環境破壊、交通事故によって引き起こされた人間的自然の破壊、そして道路と駐車場の面積の拡大によって生じた都市構造の変容、これらが市民意識をより規定するようなった。このような事情が重層化することによって、西ドイツのいくつかの都市において路面電車ルネサンスが生じた。

　最後に、本章の意義をまとめておこう。本研究は、路面電車ルネサンスの前史である1950～60年代の自動車中心主義に関して論述してきた。自動車の個人所有とアウトバーンの建設が、戦後西ドイツにおいて進展した。まず、この社会的現象を特殊西ドイツ的な交通政策におけるパラダイムにおいて討究した。シュムッキー等の先行する研究を媒介にしながら、それをより精緻化した。第二に、このパラダイムを交通という特殊領域においてだけではなく、後期近代の大衆民主主義の進展というより普遍的な思想史的観点から考察した。コンディリス等の研究成果に依拠しながら、この現象に関する近代政治思想史的意義を対自化した。路面電車を媒介にすることによって、戦後西ドイツにおける自動車の個人的所有の意義を政治思想史の研究史において位置づけた。

【参照文献】

Braun, H. J. u. Kaiser, W.（1992）*Energiewirtschaft, Automatisierung, Information seit 1914,* Berlin: Propyläen Verlag.

Ciesla, B.（1997）Die Vision der planbaren Mobilität. Entwürfe des öffentlichen Nahverkehrs in der DDR（1949-1990）. In: Hrsg. v. L. Dienel u. H. Trischler: *Geschichte der Zukunft des Verkehrs. Verkehrskonzepte von der Frühen Neuzeit bis zum 21. Jahrhundert,* Frankfurt a. M. u. New York: Campus Verlag, S. 223-242.

Ciesla, B. u. Schmucki, B.（1996）Stadttechnik und Nahrverkehrspolitik. Entscheidungen um die Straßenbahn in Berlin（West/Ost）, Dresden und München. In: Hrsg. v. J. Bähr u. D. Petzina: *Innovationsverhalten und Entscheidungsstrukturen. Vergleichende Studien zur wirtschaftlichen Entwicklung im geteilten Deutschland 1945-1990,* Berlin: Duncker und Humblot, S. 373-406.

Dienel, H. L. u. Schmucki, B. (1997) Aufstieg und Fall des öffentlichen Personennahverkehrs (ÖPNV) in Deutschland bis heute. In: Hrsg. v. H. L. Dienel u. B. Schmucki: *Mobilität für alle*. Geschichte des öffentlichen Personennahverkehrs in der Stadt zwischen technischen Fortschritt und sozialer Pflicht, Stuttgart: Franz Steiner Verlag, S. 7-28.

Erl, E. u. Bobinger, S. (1994) *Umweltverbund im Nahverkehr. Entlastungspotentiale durch eine integrierte Förderung umweltschonender Verkehrssysteme unter Berücksichtigung der Straßenbahn*, Berlin: Umweltbundesamt.

Hain, S. (1993) Die andere Charta. Städtebau auf dem Prüfstand der Politik. In: Hrsg. v. K. M. Michel: *Städte bauen*, Berlin: Rowohlt, S. 47-64.

Klenke, D. (1994) Bundesdeutsche Verkehrspolitik und Umwelt. Von der Motorisierungseuphorie zur ökologischen Katerstimmung. In: Hrsg. v. W. Abelshauser: *Umweltgeschichte. Umweltverträgliches Wirtschaften in historischer Perspektive*, Göttingen: Vandenhoeck und Ruprecht, S. 163-189.

Knoflacher, H. (1993) *Zur Harmonie von Stadt und Verkehr: Freiheit vom Zwang zum Autofahren*, Wien, Köln u. Weimar: Böhlau Verlag.

Knoflacher, H. (1998) Mobilität versus Auto-Mobilität: Verkehrswissenschaftliche Sackgassen und Vorüberlegungen für eine nachhaltige Verkehrspolitik. In: Hrsg. v. D. Schott u. S. Klein: *Mit dem Tram ins nächste Jahrtausend*, Essen: Klartext Verlag, S. 137-146.

König, H. (1992) *Zivilisation und Leidenschaft. Die Masse im bürgerlichen Zeitalter*, Reinbek b. Hamburg: Rowohlt.

Kondylis, P. (1991) *Der Niedergang der bürgerlichen Denk- und Lebensform: die liberale Moderne und die massendemokratische Postmoderne*, Weinheim: Acta Humaniora.

Kondylis, P. (1992) *Planetarische Politik nach dem Kalten Krieg*, Berlin: Akademie Verlag.

Kondylis, P. (1999) *Das Politische und der Mensch. Grundzüge der Sozialontologie*. Bd. 1., Berlin: Akademie Verlag.

Lahrem, S. u. Weißbach, O. (2000) *Grenzen des Politischen. Philosophische Grundlagen für ein neues politisches Denken*, Stuttgart u. Weimar: Metzler.

Leibbrand, K. (1957) Die Aufgabe der Verkehrsplanung. In: *Internationales Archiv für Verkehrswesen*. Jg. 9, H. 2, Mainz: Schneider Verlag, S. 21-24.

Marx, K. u. Engels, F. (1974) Hrsg. v. W. Hiromatsu: *Die deutsche Ideologie*, Tokio: Kawade Verlag.

Möller, E. (1949) *Großstädtische Verkehrsprobleme*, Hamburg: Hammonia.

Moes, E. (1938) Hrsg. v. Volkswagenwerk: *Dein KdF-Wagen*, Berlin: Verlag der Deutschen Arbeitsfront.

Sachs, W. (1984) *Die Liebe zum Automobil. Ein Rückblick in die Geschichte unserer Wünsche,* Reinbek b. Hamburg: Rowohlt.

Schmucki, B. (1997) Nahverkehrssysteme im Vergleich: Der öffentliche Personenverkehr in München und Dresden 1945-1990. In: Hrsg. v. H. L. Dienel u. B. Schmucki: *Mobilität für alle. Geschichte des öffentlichen Personennahverkehrs in der Stadt zwischen technischen Fortschritt und sozialer Pflicht,* Stuttgart: Franz Steiner Verlag, S. 63-82.

Schmucki, B. (2000) Automobilität ohne Grenzen. Die Entwicklung des motorisierten Straßenverkehrs. In: Hrsg. v. H. J. Koch: *Rechtliche Instrumente einer dauerhaft umweltgerechten Verkehrspolitik,* Baden-Baden: Nomos Verlag, S. 9-38.

Schmucki, B. (2001) *Der Traum vom Verkehrsfluss. Städtische Verkehrsplanung seit 1945 im deutsch-deutschen Vergleich,* Frankfurt a. M. u. New York: Campus Verlag.

Schütz, E. u. Gruber, E. (1996) *Mythos Reichsautobahn. Bau und Inszenierung der „Straßen des Führers", 1933-1941,* Berlin: Ch. Links Verlag.

田村伊知朗（2016a）「後期近代における公共性の存在形式――公共交通における路面電車ルネサンスの政治思想的基礎づけを中心にして」『北海道教育大学紀要（人文科学・社会科学編）』第 66 巻第 2 号、61-72 頁。

田村伊知朗（2016b）「東西ドイツ統一過程における公共交通と公共性に対する市民意識――ハレ市・ハイデ北への路面電車の延伸計画とその挫折過程に関する考察」『北海道教育大学紀要（人文科学・社会科学編）』第 67 巻第 1 号、1-11 頁。

Vogel, H. J. (1972) *Amtskette. Meine 12 Münchner Jahre. Ein Erlebnisbericht,* München: Süddeutscher Verlag.

Wangemann, V. (1984) *Nahverkehrsentwicklung und Nahverkehrsplanung in Berlin (West) seit 1945,* Berlin: Reimer.

Wolf, W. (1994) *Berlin-Weltstadt ohne Auto? Verkehrsgeschichte 1848-2015,* Köln: ISP.

【参照 URL】

Pax Americana. In: https://de.wikipedia.org/wiki/Pax_Americana.［閲覧日：2014 年 9 月 25 日］

Straßenbahn Berlin. Die elektrische Straßenbahn in Berlin (West). In: http://www.berliner-verkehrsseiten.de/strab/Geschichte/StrabHistory_1949-West/strabhistory_1949-west.html.［閲覧日：2014 年 9 月 25 日］

Ⅳ編

社会学からの視点

11章 他者との通路の回復
——自我をめぐる社会思想

(奥谷雄一)

1 他者との通路の回復はいかにして可能か

　かつて安部公房は、NHKのインタビューの中で、「他者との通路を回復しない限り、本当の人間関係は生まれない。その通路の回復が、いかにして成り立ち得るか」、それが自身の小説の一貫したテーマの1つであると語っていた。それは本章の主題でもあり、ひいては社会学一般の根本的な問いであるといってよいであろう。

　言うまでもなく、社会学において「社会」とは、学校や会社、地域共同体や地方自治体、そして国家といった、客観的な名称と明文化された規則を持ち、その成員が固定されているような集団のみを意味する言葉ではない。ゲオルク・ジンメルの定義に従えば、それはむしろ諸個人間の相互作用 Wechselwirkung へと解消され得るものである。

　複数の人間が何らかの目的のために集まり、彼らが互いに影響を及ぼし合うとすれば、そこには社会 Gesellschaft ないし社会化 Vergesellschaftung が成立する。もちろん、その社会化の程度は、かの目的の種類と関係性の継続の長短によって、さまざまである。しかし、目的が性愛的ないし宗教的、あるいは単なる遊戯のためのものであれ、外敵からの防衛ないし自己保存のためのものであれ、「散歩中の束の間の出会い、ホテルの宿泊者同士の交流から、中世ギルドの内的結びつき、国家への共属にいたるまで」、相互作用＝社会が存在している（Simmel 1992: 18）。

　そして、そのような関係性は、必ずしも円満かつ友好的である必要はない。例えば、自転車に乗った者同士が衝突する場合、それ自体は、自然法則にした

がって起きた単なる出来事にすぎない。しかし、彼らが互いに衝突を回避しようとしたのであれば、あるいはまた、衝突後、平和的な話し合いが行われたのであれば、それは社会的行為となる。それどころか、衝突後に生じた、ののしり合いや殴り合いでさえ、それが他者の行動に志向しているという点において「社会的」である（Weber 1956b: 11）。

　さらに言えば、複数の人間による単なる同一行動も、それだけでは社会的と呼ばれることはできない。雨の降り始め、道行く一群の人々が、いっせいに傘を開いたとしても、それは雨に濡れるのを回避したいという欲求から生じた、いわば客観的対象に志向した行動にすぎない。必要なのは、あくまでも他者の存在と他者の行動の予期、そして、それを自らの行動の規準としているか否かなのだ。

　社会学では、周知のように、特にテンニース以来、社会をゲゼルシャフトとゲマインシャフトに区別して考えてきた[1]。マックス・ウェーバーも基本的には、この区別を踏襲している。彼の用語を使えば、人々が、客観的に定められた「規約 Satzung」や「取り決め Vereinbarung」に基づいて結びつくことを「ゲゼルシャフト化 Vergesellschaftung」といい、それに対して、人々が、特に明示されてはいないが、彼らの間に形成された「了解 Einverständnis」に基づいて結びつくことを「ゲマインシャフト化 Vergemeinschaftung」という。

　私が猛暑の中、スーツを着て定時に会社へ行くのは、それが服務規程に明記されているからであり、そうでなければ顔も見たくない上司の訓示にこうべを垂れるのは、それが直接、私の経済上の利益、不利益に関わるからである。他方、私が、私にとって大切な人に誕生日プレゼントを贈り、相手もまた私に贈り物をくれるのは、それは決して法的に定められてはいないが、にもかかわらず、そうすることが私たちの「義務」であり、その不履行は自身の内的な存在意義の喪失につながるからである。それゆえまた、前者において私は「目的合理的に動機づけられた利害調整 zweckrational motivierter Interessenausgleich」を行動の根拠とし、後者においては「主観的に感じられた共属意識 subjektiv gefühlte Zusammengehörigkeit」をその根拠としていると言うことができる

---

1) テンニースのゲゼルシャフト論については、奥谷 2012: 第8章を参照。

(Weber 1956b: 21-22)。

　もちろん、この2つの概念は「理念型」であって、ウェーバー自身、「ほとんどいかなるゲゼルシャフト関係からも、その合理的目的の枠を超えて、了解的行為が生まれる」(Weber 1956a: 136)と述べており、実際に、その成員が相互に内的な義務感情を抱かないような社会は、継続的に維持されることが難しいであろう。

　私の考えでは、ひきこもり、恋人のいない若者たち、キレる大人といった、今日顕在化している、さまざまな社会問題は、そのワイドショー受けする響きから想像される以上に深刻であり、それは冒頭で述べた「他者との通路」が閉ざされているために生じる現代的病理である。そして、その通路の回復は、「規約」や「取り決め」、あるいはそれらの成立に不可欠な知性や理性などと呼ばれるものだけでは達成され得ないと思われる。

　安部公房の小説『密会』の主人公は、ある日突然、呼んだ覚えのない救急車によって、妻を連れ去られた。寝耳に水の出来事ではあったが、救急隊員の持つカードに、彼女の名前から生年月日まで正確に記入されていたため、彼としては成り行きに任せるしかなかった。しかし時間が経つにつれて、ことの重大さに気づき、妻が搬送された病院を探し始める。そこはすぐに見つかり、運び込まれたとき妻は薄い寝間着姿で、電話代すら持ち合わせていなかったということを考えると、彼女が病院内にいるのは十中八九、確かなのであるが、医師や警備員など関係者に事情を聞いてまわっても、その行方はようとして知れない。

　そんな中、彼は「軟骨外科特別病棟」に入院している1人の少女に出会う。その娘は、放っておくと骨が流体化し、身体が変形してしまうという奇病「溶骨症」にかかっており、長期入院を余儀なくされているのだが、彼女はまた、その病院の副院長によって、・ある・種・の・洗・脳を受けていた。病院関係者からの期待された協力が得られず、妻の捜索が行き詰まっていたとき、彼は娘を連れ出すことを決意する……。

　すでに論じられたように、「社会は諸個人間の相互作用に還元され得る」という考えを前提とするならば、社会の最小単位は「二人関係」である。この小説の主人公が、妻の救出という所期の目的とは必ずしも相容れない、それどこ

ろか、洗脳の首謀者である副院長に刃向かうことで、妻との再会が一層難しくなるというのは容易に想像されるにもかかわらず、溶骨症の娘の救出へと突き進んだのは、彼が新たな社会の形成へと足を踏み出したことを意味するのではないだろうか。

しかも、その、「トマトの皮のように中が透けて見える、無邪気でちぐはぐな微笑」をたたえ、「ミルクを焦がしたような匂い」のする娘との逃避行へと彼を駆り立てたのは、いわゆる人道主義や正義心だけではなったということは明らかである。

2 他者との交わりを阻む「死への衝動」

精神分析の立場から、「自我」の本質を初めて体系的に解明したのは、ジークムント・フロイトである。ここで私が彼の自我論を取り上げるのは、それが、他者との通路を切り開こうとする人間の根源的な力を示唆しているからだ。

人間精神の内奥には、おそらくは、その人のその人たるゆえん＝アイデンティティの源となるような部分が存在している。しかし、それは一見いかに個性的と思われようとも、自分以外の他者の存在、または自分を取り囲む外的世界の存在なしには形成され得ない。

私の誕生と同時に、「教育」が始まる。すなわち、私は成長過程の中で、両親や家族、地域や学校など、身のまわりのさまざまな環境の影響を受け、それらの、いわば社会的要請を受け取り、内面化していく。その結果、私の内部には、かの教育者たちに指図されるまでもなく、私自身が私自身を監視し、私に命令を下し、そして処罰を与えるような、1つの心的審級が形成される。それには、両親の個人的な性質や、「現在」の社会状況が反映されているだけでなく、受け継がれてきた「過去」、つまり、諸々の慣習や伝統といったものも、その構成要素となっている。フロイトは、この種の精神部分を「超自我 das Über-Ich」と名づけたのであった（Freud 1956: 9）。

超自我は、主として我々の幼少年期に形成され、成年に達した後にも、その影響力を保ち続けるのであるが、さらに注目すべきは、我々は親元を離れ、教育過程を終えてからも、何か彼らの代わりとなるものを探し求めるということ

だ。例えば、経済的、政治的、宗教的な権威者の中に、あるいは今日で言えば、マス・メディアが提示する社会的リーダーの中に、自らの拠りどころとする「理想的自我像 das Ichideal」を見出そうとする。

社会的に承認され、推奨される人物像が、いまや私の熱望する人物像となり、その姿に近づけば近づくほど、私はますます満足感をおぼえるようになる。すなわち、私が「超自我に反することへの誘惑に首尾よく打ち勝つことができたならば、私は自尊心を感じ、何か非常に価値あるものを手に入れたかのような誇りを感じるであろう」(Freud 1956: 86)。それゆえ反対に、超自我の要請と私の行いとの間に齟齬が生じた場合には、私は「良心の呵責」や「罪の意識」を感じることになる。さきに述べた、「私自身が私自身に処罰を与える」という機能は、このような精神の痛みとして果たされるのである。

さて、人生の比較的早い段階で成立する、この心的審級が、なぜその後何十年にもわたり我々の思考および行動を左右し続けることができるのか。私の思うに、その要因の1つは、我々の内にある1つの衝動、つまり、ひとたび獲得したものは2度と再び手放したくないという衝動の存在ではないだろうか。

フロイト自身も認めているように、この衝動は、のちに論じられる、もう1つの衝動に比べて「人目に立たない geräuschlos」ものであり、彼の精神分析はまだその性質を詳らかにすることができていない。しかし少なくとも、その目的は確認することができ、それは、「生あるものを不活性状態へともたらすこと das organische Lebende in den leblosen Zustand zurückführen」、あるいは「移ろいゆく生を非有機的な状態という安定状態に変えること das unstete Leben in die Stabilität des anorganischen Zustandes überführen」等々である (Freud 1923: 49)。これについては、もう少し説明が必要であろう。

超自我ないし理想的自我像が完全に内面化され、私が進んでそれにコミットメントしようとすれば、私は社会の模範者として称賛されるか、あるいは盲目的な追従者として嘲笑されるであろう。だが、いずれにしても、この場合、超自我と私との関係は「不活性」で「非有機的」なものである。なぜなら、私は社会的要請をいわば無条件反射的に繰り返しているにすぎず、そこに、両者に何らかの改変を促すような契機は生じ得ないから。

さらに、個人間の関係についても考えてみたい。同一の社会の成員同士は、

多かれ少なかれ、同一の超自我を共有しているであろう。にもかかわらず、私は——当然のことながら——他者を自分とは異なる存在者とみなし、できることなら、彼らと交わることなく万物を知りたいと願っている。つまり、物理法則や経済原理といった、より客観的な知識から、他人の心情や人間の幸福条件といった、より深く主観に関わる知識にいたるまで、独断的に手に入れたいという欲求を持っている。ジョルジュ・バタイユが「非連続的 discontinuous」と呼んだのは、我々の、このような日常における存在のあり方のことであった(Bataille 1988: 53)。

　私と他者との出会いは、両者の思考および行動規準の出会いでもある。もし、そこに相違があれば、私は双方の規準を比較考量するであろう。その結果、私の規準が改変されるか、相手の規準が改変されるか、あるいは第三の何かが形成されるかは分からないが、いずれにせよ「比較考量」は、それだけで一定量のエネルギーの消費であり、また浪費のように感じられる。それゆえ、私はそれを回避したいのである。

　しかし、生物学的な視点から言って、人間を含めた生物の個体が、他の個体と一切接触することなく一生を終えるとしたら、その個体は当然、生殖を行うことなく終焉をむかえ、世代継承もそこで途絶えることになる。それでフロイトは、人間の内にある、このような衝動を「死への衝動 Todestriebe」と名づけたのだった。

3　他者との融合の営み「エロティシズム」

　人間精神の根底に存する「死への衝動」と、おそらくはそれに起因する独我論的な願望にもかかわらず、私は結局のところ、孤立状態では何も知り得ないということを感じてはいる。私が他者と交わることを恐れるとすれば、それは、他者という存在が、否応なしに私の無知に気づかせ、私の自己の喪失をもたらすように思われるからだ (Bataille 1988: 53)。私は不可避的に他者を求める。すでに触れたバタイユのエロティシズム論は、ときに露骨な表現を含むが、それゆえまた、我々の潜在的な傾向を明確にえぐり出す。「裸の状態になることは決定的な行為である。裸であること nakedness は、自己を自己所有している

こと、言い換えれば、非連続な存在であることとの対照をなす。融合状態において、自己の境界線を継続的に越え出たいという我々の願望が明らかとなる」(Bataille 1986: 17)。

　私と異なるあなたの存在は神聖なものであり、私たちの間には境界線が引かれている。それを突破し、あなたと1つになることは、タブーの侵犯を意味し、ある種の暴力ではある。それでも依然として、あなたは私にとって聖なるものであり続けるのだが、これまでと違うのは、私の「孤立した自己」が揺らぎ始めているということだ。エロティシズムとは、そのような不安的状態を誘引する、内的な力のことであると考えられる。

　もちろん、この概念は、性的な要素——しかも男性の視点から見た——を多分に含んでいる。「恥じらいは、それが本物であれ見せかけであれ、タブーを受け入れる女性の1つの方法である。タブーは彼女を人間たらしめるものだ。タブーが破られるべき時が来るが、そのとき彼女は、恥じらいを見せることで、タブーは忘れられていないということ、タブーが完全に意識されているにもかかわらず、その侵犯が起きているのだということを示さなければならない」(Bataille 1986: 134)。だが、その適用の範囲を、男女間の性的関係にのみ限定することは、この思想の社会学的な意義を見失わせることになる。なぜなら、「エロティシズムは、単なる生殖行動とは異なり、繁殖という自然の目的とは独立した、心理的な探求」だからである (Bataille 1986: 11)。

　フロイトの自我論もバタイユのエロティシズム論も、「快の原理 das Lustprinzip」を前提としている。つまり、痛みや不快を避け、より大きな快感情を得ようとする、我々の内的傾向のことである。しかし、厳密な意味における快感情は、蓄積された欲求の瞬間的な充足によってのみ成立するように思われ、そのような状態の継続は、もはや我々に新たな満足を引き起こしはしない。「我々は、対照 Kontrast のみを強烈に享受できるように方向づけられている」(Freud 1956: 105)[2]。バタイユもまた、快の継続不可能性から生じる苦しみ

---

[2] このことは、裏を返せば、人間は幸福よりも不幸のほうをより鋭敏に感知するという、ある意味で悲劇的な事実を暗示している。フロイトによれば、我々は3つの側面から苦難を受け取ることになる。1つ目は、衰退と死を運命づけられた自身の身体から、2つ目は、苛烈な力で我々に対して破壊的に作用する外的世界から、そして3つ目は、他者と

を告白している。「私は苦悩する。幸福が明日には取り除かれるかもしれないから。そうなれば、私の内なる生は空虚であるように思われる。私は、この空隙を埋めようとするべきだろうか。別の女性によって？ ヘドが出る考え。労働によって？」(Bataille 1992: 109)

　私が身体的にも精神的にも他者に自己を開き、それに応じて彼女ないし彼も自己を開放してくれたなら、そして、両者が1本の通路で結ばれたなら、それ以上の快はない。確かに、その通路も継続的な満足を与えはしないだろう。しかし、ひとたびそれを経験すれば、私は、本質的に滅びやすいもの、失われやすいものを愛することを、必要不可欠な営みと捉えるようになる。つくられる通路の数が多ければ多いほど、私が快を感じる回数も多くなるであろう。

4　自己充足的な「快」から相互的な「快」へ

　快の原初的形態は個人的なものである。だが、それは人間の成長とともに、相互主観的なものへと変化していく。私の考えでは、フロイトの性の発達理論は、そのようなプロセスを考察したものと捉えることができる。

　快を求める傾向は、すでに乳児の「おしゃぶり」に表れている。すなわち、乳児が母乳を吸うのは、確かに栄養の摂取という目的を持っている。「しかし、我々が気づくのは、乳児は新たな食物［ミルク］を必要としない場合にも、栄養摂取行為［おしゃぶり］を繰り返したがるということだ。それゆえ、その際、彼は食欲という動機の影響下にあるのではない。彼がおしゃぶりをして、再び至福の表情で眠りにつくということが我々に教えるのは、〈おしゃぶり〉という行為は、それ自体で彼に満足を与えているということだ」(Freud 1926: 325-326)。

　性行動は、すでに乳児の頃から始まっており、その動因は「快の獲得 Lustgewinn」である。だが、フロイトの理論は、これで終わりではない。諸個人の、「非連続な存在」から「連続した存在」への移行という観点から、より重要なのは、我々の性的欲求を満足させる仕方が、幼年期と思春期以後とで

の関係からである（Freud 1956: 106)。

は決定的に異なるという点だ。

　幼年期において、我々は欲求を自己充足的に満たす。つまり、詳述は省くが、いわゆる「口唇期」や「肛門期」の段階では、我々は自分自身の身体を用いて欲求を充足させる。フロイトはこれを自体愛的 autoerotisch と呼んだのであった。しかし、思春期の始まりとともに、我々は「性の対象 Sexaulobjekt」ないし「愛の対象 Liebesobjekt」を自分自身の外に見出すようになる。そのような対象を選択すること = Objektwahl は、幼年期には起こらない。さきの「おしゃぶり」の例の箇所で、フロイトは確かに、母親、あるいは母乳のことを「最初の愛の対象」と呼んではいる。「最初の性的満足 Sexualbefriedigung が、まだ栄養摂取に結びついている頃、性衝動 Sexualtrieb は、性の対象を自分自身の身体の外部に、つまり母親の乳房に見出す」（Freud 2009: 122）。だが乳児にとって、母親は、生命維持と欲求充足のために彼が必要とするあらゆるものを無条件に与えてくれる存在であり、言葉の本来の意味で、乳児が母親を「選択する wählen」のではない。思春期に入って初めて、彼ないし彼女は、その「寄る辺なき状態 Hilflosigkeit」を取り除いてくれる対象を見つけ、愛さなければならない。「思春期以降、諸個人は親離れという重要な課題に身をささげなければならない。それによって初めて、彼は子どもであることをやめ、社会共同体の成員となり得る。その課題は、男子にとっては、自らのリビドー的願望を母親から引き離し、真に自分とは別の人格を持つ愛の対象 ein reales fremdes Liebesobjekt へ向けることだ」（Freud 1926: 352、強調筆者）。

　そのようにして「発見」された対象を、私が必ずしも利他主義的に取り扱うとは限らない。だが、おそらく私は、ある程度の情愛 Zärtlichkeit をもって接するであろうし、あるいは少なくとも、彼ないし彼女に対して何らかの「関心」を抱かざるを得ない（「無関心」からは、いかなる社会的紐帯も生じないであろう）。それにもかかわらず、成人となってなお、本来であれば自己の外部の対象に与えられるべき情愛を、自分自身にのみ向けるというのは、一種の倒錯行為であり、「ナルシシズム Narzissmus」と呼ばれる。

　フロイトの理論が教えるのは、人間には本来、他者へのまなざしの傾向、あるいは、もしそう言ってよければ、社会を希求する傾向が内在しているということだ。彼が「エロス der Eros」と名づけたのは、主に性衝動を媒介とした、

自分とは異なる対象を求める遠心力のことであった。そして、特に思春期以降のエロスに関して、小此木啓吾の解釈を踏襲するならば、エロスとは、「個体の側だけから一方交通的に対象に向かう」のではなく、「常に相手に快と満足を与えることが自分自身の快と満足となるような欲求」（小此木 1970: 31-34）のことであり、それゆえ、それは「二面交通的で相互的」なものである。さらに、そのより高次の段階においては、「単なる相互的で感覚的な快感追求ではなく、相手との快と満足の共有そのもの、相手と自分との欲求の一致そのもの」を求めるようになる（小此木 1970: 39、強調ママ）。

　むろん、話したことも会ったこともない人と、「欲求の一致そのもの」を求めるようになるというのは至難の業である。「性愛 sexelle Liebe」が、やはり第一義的には2人の異性間の関係を表すものである以上、自分たち以外の「第三者」は、単に余計なもの、妨げになるものとみなされるかもしれない。「恋愛関係の高みにおいては、周囲の人々、人間への関心は、いささかも存しない。恋人同士は自足的であり、彼らが幸せであるためには、子どもさえ必要ではない」（Freud 1956: 144）。

　しかし、すでに述べた、ひきこもり、恋人のいない若者たち、キレる大人、さらにはクレーマー、モンスターペアレントなどと呼ばれる人たちと、その潜在的罹患者は、身のまわり数メートルの人に対する「まなざし」や「関心」すら放棄しているのではないだろうか。現代社会において、内なるエロスと、そのエネルギーである「リビドー Libido」が、いびつな形で抑制されているというのは事実かもしれず、人間の行動から性的なものを分離し、それを臭気を放つものとして「下水道」に閉じ込めておこうとする傾向は、ますます強まっているのかもしれない（安部 1970: 389f.）。もしそうだとすれば、逆説的ではあるが、本来は無意識的に発現してくるリビドーを、意識的にサルベージする必要があるのではないか。

　リビドーの力が極端に大きい場合、私は超自我に対してことごとく反発し、常にその解体を企てて、社会不適合者の烙印を押されるかもしれない。そこまで行かなくとも、通常、我々は特殊なアイデンティティと社会的要請との間のズレを感じつつ、そのズレが致命的な大きさにまで広がらないよう気を配っている。社会生活を送っている以上、そこから排除されることは容易に自己破壊

へとつながるからである。それゆえ重要なのは、内に向けては、過度な自己主張欲求を押さえ、その欲求が、いつ、どのような場合に現実世界と衝突することなく満たされ得るか、あるいは、そもそも満たされるべきでないのかを的確に判断すること、しかし同時に、それを可能な限り実現させるために、現実世界を合目的的なやり方で利用すること、これである（Freud 1956: 7-8）。

　フロイトが「自我 das Ich」と呼んだのは、このような、自己主張欲求と超自我との、いわば仲介役を担う精神部分なのであるが、この自我の肥大化とリビドーの弱体化が、現代の社会問題をもたらす一因となっていると言えるのではないだろうか。コーヒーや酒を初めて飲むとき、それはおいしさを味わいたいからではなく、そうすることが他者とのコミュニケーションの手段だからである。「苦味」を恐れていては、他者との通路の回復には程遠い。

5　「社会的な糸」から紡ぎ出される自我

　社会的要請の内面化の問題は、ゲオルク・ジンメルの初期の著作『道徳科学序説』においても論じられている。彼によれば、我々の、自分自身の内奥から湧き上がってくるように思われる、いかなる義務感情も、もともとは外的な強制によって内面化されたものである。それが完了すると、「祖国防衛から家族内における義務にいたるまで、儀式上の規則から社会的な礼儀作法にいたるまで」（Simmel 1989: 64）、強制がなくとも、我々は行動するようになる。その意味で、「人間の意志は、初めは具足と鞭によってのみ制御され得るが、最終的にはそのいずれも必要なく、以前は嫌がっていた歩みや仕事をまったく進んで行うようになる家畜の意志と何らかわりはない」（Simmel 1989: 67）。

　このような心理的形態を、ジンメルは「当為 das Sollen」と呼んだ。それは、「自由 Freiheit」と「強制 Gebundenheit」が混合した状態のことであり、「諸個人は、倫理的、社会的要請にまだ完全には順応していないが、しかし、かつて彼の意識を支配していた拘束感は失われている」ような発達段階のことである（Simmel 1989: 68）[3]。

3）それに対して、私の欲求と社会の要求が完全に一致したとすれば、そのときの私の心理

この簡単な考察から、すでに明らかなのは、絶対的な自我、あるいはそれ自体で充足する実体的精神なるものは存在せず、我々の自我は、社会的なものの存在なしには成立し得ないということだ。我々が獲得する知識や関心、衝動や内的傾向といったものは、ほとんどすべて「種の遺産 Erbschaft der Gattung」であり、社会的な糸から紡ぎ出される。「私の幸福は私の家族の幸福、私の名誉は私の階級の名誉、私の精神的高揚は私の教区の高揚、等々」(Simmel 1989: 164)。

　もちろん、これらの議論は、諸個人が単に社会の産物にすぎないということを主張するために行われているのではない。さきに論じられたように、社会は諸個人間の相互作用から成り立つのであるから、我々の関心や内的傾向が「社会的な糸から紡ぎ出される」とはつまり、我々は他者との関わりの中で、自身の行動ないしその動機を、意識的にか無意識的にか、常に改変していくことを意味する。

　私の心の中に、きわめて利己主義的で、ある種の犯罪的な意志があったとしよう。だが、それを社会生活の中で実現させるためには、相応の時間と努力を必要とし、場合によっては他者の利益となるような行動を取らなければならないだろう。ジンメルの自我概念は複雑である[4]。私の自我には、確かに、「種の遺産」、受け継がれてきた社会の諸形式が内面化されているが、同時に、それとは直接関係のない、さまざまな欲求や理想も含まれており、利己主義的な意志は、そのような構成要素の1つにすぎない。それゆえ内的に見ても、利己主義的な精神部分の目的を達成するためには、それ以外の精神部分が犠牲にささげられなければならない。

　　的形態は「意欲 das Wollen」、両者が完全に反発し合うとすれば、それは「必然 das Müssen」と呼ばれる。
[4] 「複雑」というよりはむしろ、彼は自我という概念を完全に形式的なものと捉えており、その中に特定の内容が含まれることを回避しようとしていたと言ったほうが正しいかもしれない。例えば、自我は本来的に善か否かという問題に関して、彼は以下のように考察する。「あるときは、自我は善の原理であり、我々の道徳性を担う部分であるかのように扱われる。不道徳な者は、いわば本来の人格、真の自我を持っていない、と。だが他方、道徳的要請というものは、自我の本来の内容に対置しているように思われ、立法者として君臨し、我々の〈わがまま Eigenwille〉はどんなことがあってもそれに屈しなければならないかのように感じられる」(Simmel 1989: 136)。

「仮借なき欲張りも、多くの場合、むき出しのエゴイズムを越えた、家族への配慮を含んでおり、資本家の途方もなき、部分的には犯罪的な利己心や貪欲さも、数百万の人々に、有益な仕事と富の条件を与える」(Simmel 1989: 167)。このような見方は、やや楽観的と言えるかもしれないが、しかし私たちが他者と相互作用の関係にある限り、双方の利害関心が、少なくとも部分的に重なり合うというのは事実であるように思われ、したがって私たちの行動が——心的態度から言っても、外的現象から言っても——利己主義的であるか、利他主義的であるかを決めることはできず、また、それは意味のないことであろう。

6　自我の拡大と境界線の曖昧化

　私が孤立した状態にあるとき、本来の意味での自我は確立し得ないのであるが、それでも私の内部には、内的な首尾一貫性を担う部分がある。確かに意志は、外的な刺激や誘惑に応じて、瞬間ごとに変化し、ときとして「気まぐれ」によって支配されることがあるが、経験的に想定されるのは、そのような中でも、私という存在にある程度の統一性を担保してくれる部分があるということだ。この場合、私の自我は「1つの点 ein Punkt」として表される。だが、ジンメルによれば、自我とは「1つの圏 ein Kreis」として捉えられるべきものである。これはどういうことか。
　我々は外的な事物を所有していくと、それに対して愛着を感じ、ある種の一体感を抱くようになる。「私の馴れ親しんだ物が傷つくと、私はしばしば自分の身体が傷つくよりも痛ましく感じ、私の所有物への攻撃はまた、私自身への暴力でもある。愛する人が持っていた物は、私にとっては〈彼の一部〉であり、彼の巻き髪の一本も、彼そのものなのだから、彼が使用し、〈結びついていた〉物と何ら変わりはない」(Simmel 1991: 232)。これほどまでの「一体感」が生まれるということは、私と外的事物は、客観的に見れば、それぞれ弁別可能なものとして存在しながらも、主観的には、かつて両者を隔てていた境界線がぼやけてきたことを意味する。自我とは、精神活動の源となるような、いわばア・プリオリな形式ではなく、むしろ経験的な内容から成長していくものである。ジンメルは、このようなプロセスのことを「自我の拡大 die Erweiterung

des Ich」と呼んだのであった (Simmel 1991: 234)。

　自我の構成要素となるのは、客観的な物体だけでなく、宗教上の信念や政治的思想といったものも含まれ、そしてもちろん、他者の存在も含まれる。諸個人は、まず初め、「生まれという偶然」が彼を配置した共同体（例えば家族）の中に身を置き、そこで「種の遺産」を受け継ぐ。その結果、彼の関心と全体の関心は、概して一致したものとなり、それらのズレから生じる葛藤を感じることはない。だが、その後、彼は自身の共同体とは別の共同体に属する他者に出会うだろう。彼らは、彼が受け継いだ内的傾向や関心とは異なるものを持った人たちである。継続的な相互関係の中で、そこには新たな社会圏が形成され、自分自身の感覚感情 Empfindung と彼らの感覚感情との間の区別があいまいになる。つまり、「共感 Mitempfindung」が生まれる。

　いまや、私と私の仲間たちとは、一体感を感じられるまでになっているのだから、私が彼らや、この新たな社会圏のためになすべき義務は、私自身に対する義務でもある。実際には、ジンメル『道徳科学序説』の中の記述は、次のようになっている。「我々が、ますます普遍 Allgemeinheit を我々の表象に取り入れ、それと一体感を持って結びついていると感じれば感じるほど、（中略）外的な要素による義務づけは必要なくなり、社会集団 soziale Gruppe は我々の意識の中の前景に立ち、我々は、社会集団が課する義務を、我々自身がその遂行を義務づけられているように感じるようになる。外的な報奨や処罰を越えて、それらは自身の内面に移されるのであり、（中略）義務の不履行は我々自身に対する罪のように思われる」(Simmel 1989: 174)。私は、ここでの議論のために、この「普遍」と「社会集団」の部分を、「他者」ないし「社会圏」と言い換えたい。

　さきに、エゴイズムの問題について少し触れたが、一見すると利己主義的と思われる行動や動機が、そのじつ、利他主義的な要素を含んでいるということは、その逆もあり得るということだ。

　何人も、自らが不可避的に進んで行うことを命じることはできない。義務ないし命法といったものがあるとすれば、それは自身の幸福に関するものではあり得ない。というのは、自身の幸福には、それが義務として課せられるまでもなく、いかなる者も気を配るから。

これはカントの有名な定式であるが、彼の道徳論は、21世紀の今日においても、なお教示的である。彼によれば、ある行為が道徳的かどうかを決めるのは、外的な行動ではなく、その動機である。なぜなら、同一の行為が、きわめて利己主義的な幸福欲求からも、道徳的な義務感情からも生じ得るから。それゆえ、我々が、その行為が後者から行われたと確実に言えるのは、利己主義的な衝動がそれに抵抗する場合のみである。ジンメルの「道徳科学」も、基本的にはこのような考え方を踏襲していると思われる。

　私と他者との融合が進むと、私たちにとっての幸福も部分的に重なり合うだろう。そうすると、私が他者の幸福増大のために行った行為が、私の幸福増大にもつながることになり、その行動の動機が純粋に利他主義的なもの、道徳的なものとは言えなくなる。同じことは私と社会との関係、また、社会と社会との関係についても言えるであろう。「私が献身的なやり方で、私の家族を養うために、第三者に損害を与えるような手段を用いたとしたら、その行動様式は、私の立場からすれば利他主義的であるが、より高次の社会圏から見れば利己主義的である」(Simmel 1989: 162)。

　とりわけ近代における個人は、血縁的、地縁的な結びつきを越えて、自らの資質と関心に基づき、さまざまな他者と交わり、社会圏を築いていく。我々の自我は、その過程の中で絶え間なく生成されていくものだ。「諸個人における、この多様な社会圏の交差が、彼に個性そのものを与える。彼がただ1つの社会圏に属している場合、彼は他のどの同胞とも区別されない。彼の立ち位置は、彼がますます多くの、互いに独立した社会圏の交点に立つに応じて、より特徴的で個性的になっていく。(中略) たとえ、個々の社会化そのものは、彼から唯一無二性や個別性を奪うように見えたとしても、彼がより多くの社会の成員となることで、それを再び取り戻す」(Simmel 1991: 381)。

　私はA町出身で、B高校を卒業し、CとDという友人を持っている。平日にはE会社で働き、休日はFサークルで活動している。このアルファベットを可能な限り増やしていけば、私と同じ経歴を持つ人はますますいなくなり、私の個性は一層際立つようになるだろうし、私が「共感」できる他者の数も増えていくに違いない。

　だが、社会圏の交差と個性の拡大という、この図式も、バラ色の未来を念頭

に置いて立てられたものではなく、むしろ現代人のペシミスティックな傾向をその根拠としているように思われる。

　人間は快を継続的に知覚することができないということは、すでに論じられた。これと同様の考察をジンメルもまた行っている。我々が快感情ないし幸福感を抱くのは、以前の状態との「差異」が知覚されたときのみ、また、我々が獲得しようと欲するのは、そのために苦難や障害を乗り越えなければならないような対象に限られる。それゆえ我々は、「平穏状態を目指し、不動の確実性を最終目標としていたいかなる仕事にも、その実現の後には失望を感じ、それを追い求めていた苦労の時代を真に価値のある、享受に値するものであったと振り返る」のであり、また、「悪と誘惑に対する道徳上の戦いも、その途上においては、神聖さと、あらゆる不道徳な衝動の除去が理想とされるのであるが、精神の真の功績と深みは、かの格闘の中にのみあり、最終的に達せられた冷静な清廉さの中にはない」と思うようになる（Simmel 1989: 323-324）。

　他者との新しい社会圏がつくられるとき、私は心地よさを感じ、幸福感も芽生えるであろう。だが、それは長続きしない。もし、さらなる幸福を得たいのであれば、また別の社会圏を構築するしかない。そのときに感じる幸福は、完全に利己主義的なものではないだろう。

おわりに——遠心力への信頼

　安部公房の小説『燃えつきた地図』の主人公は興信所の社員である。ある日、彼のもとに、失踪した夫を探してほしいという依頼が入る。我々の周囲には、私と他者とを分かつ柵が張り巡らされている。日常的なあり方として、それを越えることはタブーである。興信所の人間は、調査に関わること以外の、依頼人の素性について、土足で立ち入ってはならない。彼は言う。「たしかに、依頼人に指定され、許可を与えられた区域だけが、ぼくらの猟場なのである」。

　だが気にかかるのは、レモン色の似合う、しかしまた黒のよく似合う、依頼人の女。「柵など無視して、入ってくるように、手招きされているような気がしてならない」のだが、「黒と黄色は、〈危険注意〉の標識でもある…」。

　ジンメルは、他者ないし社会を希求する力がエロスであるとは述べていない。

だが、彼の社会思想においても、人間精神における、何らかの力、自己の外へと向かう遠心的な力の存在が前提されているというのは認められてよいであろう。その１つが、快、あるいは幸福を求める衝動であったと思われる。

『密会』の主人公も『燃えつきた地図』の主人公も、自己と他者との境界線を突破したことによって、必ずしもよい結末を迎えられなかったかもしれない。しかし、本章で論じられてきたのは、他者との通路を回復するためには、「恐怖」や「失望」が必然的に伴うということであった。これらの小説の主人公になり損ねた男、現代の社会的病理の潜在的罹患者とは、実は、この論文の執筆者本人のことであった。私自身に向けられた、この処方箋が、私と同じ症状に悩む人々にも役立てば幸いである。

【参考文献】

安部公房（1970）『砂漠の思想』講談社。
安部公房（2002［1967］）『燃えつきた地図』新潮文庫。
安部公房（2008［1977］）『密会』新潮文庫。
Bataille, G.（1986）*Erotism,* City Lights, San Francisco.
Bataille, G.（1988）*Inner experience,* State University of New York Press, Albany.
Bataille, G.（1992）*On Nietzsche,* Athlone Press, London.
Freud, S.（1923）*Das Ich und das Es,* Internationaler Psychoanalytischer Verlag, Wien.
Freud, S.（1926）*Vorlesungen zur Einführung in die Psychoanalyse,* Internationaler Psychoanalytischer Verlag, Wien.
Freud, S.（1956）*Abriß der Psychoanalyse. Das Unbehagen in der Kultur,* Fischer Bücherei, Frankfurt/M.
Freud, S.（2009）*Drei Abhandlungen zur Sexualtheorie,* Fischer Taschenbuch Verlag, Frankfurt/M.
小此木啓吾（1970）『エロス的人間論』講談社現代新書。
奥谷雄一（2012）「硬直化する規範とその再流動化」舩橋晴俊・壽福眞美編著『規範理論の探究と公共圏の可能性』第８章、法政大学出版局。
Simmel, G.（1989）*Einleitung in die Moralwissenschaft,* Erster Band, Suhrkamp, Frankfurt/M.
Simmel, G.（1991）*Einleitung in die Moralwissenschaft,* Zweiter Band, Suhrkamp, Frankfurt/M.
Simmel, G.（1992）*Soziologie,* Suhrkamp, Frankfurt/M.
Weber, M.（1956a）*Soziologie, Weltgeschichtliche Analysen, Politik,* Alfred Kröner

Verlag, Stuttgart.
Weber, M.（1956b）*Wirtschaft und Gesellschaft*, J. C. B. Mohr, Tübingen.

12章 「言語法廷」あるいは「言語ゲーム」?
——「世界言語」構築の試み

(戸原正法)

はじめに

　グローバリゼーションという言葉が流布するようになって久しい。サスキア・サッセンが『グローバリゼーションの時代』(サッセン 1999)で述べているように、それは、個別資本が国際競争力を高めるために安価な労働力を求め国境を越え多国籍化し、それとともに資本の移動が世界規模で可能になったここ数十年の間に顕著に見られる事態を表している。この経済のグローバル化は、経済分野にとどまらず、他の様々な分野をも巻き込む包括的な世界システム化運動であるために、それがもたらす負の現象を解決する取り組みはもはや個別の国家や社会では不可能である。したがって、国際的な取り組みを必然とし、またその重要性が今日ますます増している。

　資本・物・労働力のグローバル化がもたらす大きな問題には、南北問題や環境問題があるが、それに加えて英語が国際共通語としての役割を担い、またその地位を獲得するにつれて生じた問題がある。「言語帝国主義」の問題である。とりわけ冷戦終結後の世界におけるアメリカの「超」超大国化に伴い、国際間のコミュニケーション・ツールとして英語は確固たる地位を築き、「リンガ・フランカ (国際共通語)」の中の「リンガ・フランカ (国際共通語)」として振る舞っている。

　この状況に対して、2つの態度が存在する。堀部秀雄は『英語観を問う』(堀部 2002)で、この2つの態度を「シンデレラ」と「ゴジラ」にたとえているが、前者は、こうした英語のグローバル化を、自覚的であれ無自覚的であれ、是とする態度である。積極的に英語のグローバル化を推進する国や団体、あるいは

英語が国際的なコミュニケーション手段であることをそのまま受け入れている大多数の人々は前者にあたる。「ブリティッシュ・カウンシル (British Council)」に代表される団体が英語の世界的普及にどれほど貢献したかは今日明らかであるし、特に超国家企業を中心とした企業の言語教育のほとんどが英語である点、さらに、世界の多くの国が英語を第二外国語として採用し、その教育を行っている現実も、英語の無自覚的受容という事実を証明している。日本において、それはさらに顕著であるかもしれない。テレビをはじめとしてその大量の宣伝を考えれば、英会話学校が日本においてどれほど繁栄しているかが分かるが、それは逆に日本人が英語をどれほど重要視しているかを示している。最近では、電車の車内放送は日本語に続き英語で行われるが、それは日本語を母語としない人はみな英語が理解できると言わんばかりである[1]。つまり、それは英語が国際コミュニケーション手段であることを暗黙の前提として認めているのである。

　それとは反対の、堀部が「ゴジラ」にたとえた後者の態度は、この事態を「言語の帝国主義化」と見なし非難する。「そして、『英語はゴジラである』という比喩は、英語の広がりにおける影の部分、すなわち、大英帝国の植民地政策とともに、その強大な軍事力を後ろ盾として世界に広がっていった英語の侵略性を表わすと共に、現在唯一の超大国であるアメリカ合衆国の政治、経済、軍事の圧倒的な力を背景にしたアメリカ英語をその文化による他の言語、文化への抑圧を含意する。さらにそれは、世界的に進行する情報技術革命の主要言語である英語がもたらす精神的圧迫感も表しているとも言えよう」（堀部 2002: 6）。ロバート・フィリプソンは、その著書『言語帝国主義』(Phillipson 1992〔平田雅博ほか訳 2013〕) で、英語を母語とする国々、つまりイギリスやアメリカが、自らの言語である英語の世界化を国家戦略の一環とみなし、様々な手段を駆使して普及に努めてきたことを詳述している。「ブリティッシュ・カウンシルは、全世界への英語教育の普及を目指して設立された機関であり、（中略）。この組織は、英語普及の中核に位置しており、政府、学界、商業の諸利害を結びつけている」（フィリプソン 2013: 150）。

---

1) だが最近は、駅の表示等は中国語や韓国語でも表すようになった。

英語の一極集中という事態を批判する人々の議論はおおむねこうなる。英語のグローバル化は、世界の弱小言語の「ジェノサイド（言語抹殺）」をもたらすがゆえに、「すべての言語は平等である」という権利、つまり、「言語権」[2] を確立し、消え行く言語を人類共通の知的財産として保護していかなければならない。この批判についても2つの立場を確認することができる。前者はアラスティア・ペニークック、ロバート・フィリプソン、トーヴェ・スクトナブ＝カンガスに代表されるグローバルな見地から、言語支配の危険性を指摘しつつ、言語の保護を訴える立場であり、後者は大石、津田、中村に代表されるように侵略を受ける言語を母語とする人々の立場である。しかしながら、前者は英語を話し、英語で論文を書きながら、他方でその保護の重要性を訴えるという皮肉な態度を取り、後者は他言語の侵略から母語を守れという保守主義となる。

　本章では、英語のグローバル化を言語帝国主義として批判する立場に賛同しつつも、同時に彼らの議論に欠けている点を指摘し、言語の支配を乗り越えていく実践的運動の枠組みを提案する。交通手段の発達、そして情報化時代をむかえ、24時間リアルタイムで出来事が世界を駆け巡る今日、人類は共通のコミュニケーション手段を必要としている。これは厳然たる事実である。英語のグローバル化を非難する人々は、果たしてこの事実にきちんと向き合うことができるだろうか。批判は現実をきちんと受け止めそれと対峙したときにはじめて創造的批判となる。彼らの議論がそうであるか否かを検証したい。

1　言語帝国主義批判の意義と限界

　結論から言えば、英語のグローバル化に異を唱える人々の議論は、この流れを変えることはできない。しかしながら、彼らの主張する「言語権」という理念には大きな意義がある。なぜならそれは「言語の民主化」の半歩前進を意味するからである。それゆえ、この節ではまず、彼らの英語帝国主義批判が何ゆえ「言語の民主化」の「前進」となるかを確認し、そののち、しかしながら他

---

2) ここでは詳細は省くが、「言語権」の定義や意義に関しては以下の本に詳しい。言語権研究会（2004）、渋谷・小嶋（2007）。

方で、何ゆえその前進が「半歩」にしか過ぎないのかを考察する。

「暴力的なハードパワー」を用いるのであれ、「文化侵略的なソフトパワー」を駆使するのであれ、英語が現状の「野放しのまま」で世界言語として普遍化することを、言語帝国主義として批判する人々の理由をまとめるとこうなる。まずは、英語が世界共通語として振る舞う根拠はどこにあるのかという点である。言いかえると、英語という言語それ自体が、これまで地球上に登場したあらゆる言語のなかで最も優れた言語であるがゆえに世界共通語たりえるのかという問題である。それにたいする解答は、英語を母語とする人々を含めて、ノーであることに異論はないだろう。もし合理的かつ効率的であることを条件とするならば、「エスペラント語」が世界共通語の地位にふさわしいかもしれないし、あるいは、14世紀の後半に文盲の農民に読み書きできるように、李氏朝鮮の建国者である李成桂が命じて作らせた「ハングル語」がそれにふさわしいかもしれない。また、ジャン＝ポール・ネリエールが提唱する「グロービッシュ（Globish）」[3] が最もコンパクトで学びやすい言語であるかもしれない。言語を話す人の数の点でも英語が世界で最も多いというわけではない。では何ゆえ英語が現在の地位を獲得したかと言えば、それは歴史的偶然に他ならない。近代におけるヘゲモニー国家、イギリスやアメリカがたまたま英語を母語とする国であったという偶然的な事実に英語の世界言語化は依拠しているのである。つまり、政治的・経済的・軍事的な優越性が言語の覇権を外在的に規定しているのである。「ある言語が世界言語になる理由は、それを話す人の数とはほとんど関係ない。誰がその言語を話すのかと大いに関係がある。（中略）政治、軍事、あるいは経済であれ、強い権力基盤がなければ、国際的なコミュニケーション手段へと進むことができる言語はない」（Crystal 2003: 7）。

これらの外在的な理由による英語の世界言語化は、政治的、経済的、文化的なレベルでさまざまな差別を助長する。英語を話せるかどうかにより、国際間

3）「グロービッシュ（Globish）」は「グローバル（Global）」と「イングリッシュ（English）」を合わせた造語である。「グロービッシュとは、英語の非ネイティブ・スピーカーのために開発された新しいコミュニケーション・ツールである。本書の著者の一人、フランス人のジャン＝ポール・ネリエールが提唱したもので、よく使われる英単語1500語と標準化された文法が規定され、グローバル・ビジネスにも充分適応できる」（ネリエール・ホン 2011: 訳者まえがき）。要するに簡易英語である。

だけではなく国内においてもヒエラルキーを作り出す。とりわけ第三世界の国々では、英語の使用と経済的な富とが結びつき、母語を駆逐する事態が進行している。世界規模で言語のジェノサイド（抹殺）が起きている[4]。ロバート・フィリプソンをはじめとする言語帝国主義論者の多くが危惧し、また異議を唱えるのは、こうした「言語の弱肉強食状態」、ホッブズの言葉を借りれば、「すべての言語のすべての言語にたいする闘争」という「言語の自然状態」である。それゆえ、彼らはこうした状態から脱して「言語の社会状態」へ移行することを、つまり、すべての言語が平等であり、またそれが基本的人権の一部に含まれることを主張する。また、こうした「言語権」の確立を促す運動は、同時に、反民主的な現在の言語世界を是正する言語の民主化運動であり、「ヨーロッパ地方言語・少数言語憲章」を発展させて、あらゆる言語を人類の知的財産と認め、それを保護することを謳う「世界言語憲章」の作成に論理的には向かうであろう。

　グローバル化に伴う言語の権力関係が世界規模で起きている現状を考慮すれば、こうした言語の民主化運動は差別の撤廃という点で非常に大きな意味をもっている。だが半面、この議論では「グローバル化に伴う世界コミュニケーション・ツールをどうするか」という問いに十分に答えることはできない。良かれ悪しかれ、グローバル化の流れは必然的に世界共通のコミュニケーション・ツールを要請する。そして、今英語がその役割を引き受け、言語によるヒエラルキーを形成している。たとえすべての言語が権利として平等であると理念的に規定しても、この「英語による全体主義的状況」に対抗できない。上述したような、それを保証する国際的な協約ができたとしても、英語がそのまま世界共通のコミュニケーション・ツールであるという事態は変わらない。また、仮に英語の世界言語化を否定したまま世界が1つになったとしたら、1つになった世界における人々の会話はどうなるだろうか。アトミズム的な言語状況における人々のコミュニケーションは、あらゆる言語の翻訳を瞬時に可能にする自動翻訳機に依拠せざるを得ない事態をもたらすだろう（コンピューターの発達のス

---

[4] 「言語抹殺」の状況に関する著作は多いが、日本語で読めるものとしては以下を参照。三浦・糟谷（2000）、Phillipson（1992）、Kontra et al.（1999）に加え、Crystal（2000）を参照。

ピードを考えると近い将来これが可能になるかもしれない）。それゆえ、言語帝国主義を批判する人々の議論は現状の真の変革をもたらさないし、未来の世界にたいする新たな展望を示すこともできない。

　次に、英語を母語としない人々が英語の侵略を批判するさいの問題点、つまり、言語の保守派の議論について考察する。「『英語公用語化』から『日本語』を守るのはいわば『国防』の問題である」（中公新書ラクレ編集部＋鈴木 2002: 109）において、中村は明治政府の日本語の標準語化政策にたいしてこのような矛盾する発言をしている。「明治政府が、標準語化政策を進め、方言撲滅運動を行ったのは、一方では大きな問題を抱えているが、言語の均質性がもつ強みを、よく認識していたからに違いない」（中公新書ラクレ編集部＋鈴木 2002: 115）と言い、江戸時代には様々な方言が存在し、地域によりバラエティに富む日本語を話していたのに、明治政府が日本語を統一し、その「均質性を高めた」ことを「近代化と、戦後の経済復興に、見えない大きな力となったのである」（中公新書ラクレ編集部＋鈴木 2002: 115）と一方で積極的に評価し、他方で「明治政府の標準語化政策は、たしかに生産性を高めたが、その一方で、地域の独自文化を失わせ、日本文化をのっぺらぼうにしてしまっている。いま、方言や地域文化を見直す声が上がる中で、方言どころか日本語そのものを危機にさらしかねない『英語公用語化』など、時代に逆行した無為な愚策でしかないであろう」（中公新書ラクレ編集部＋鈴木 2002: 116）と述べ、「英語公用語」論者を批判している。さらに続けてこうも述べている。「英語を母語とする者が、生まれながらに『国際語』の力をもつという不平等な世界秩序は、インターネットの普及によって、ますます強まりつつある。そんな『英語一極集中状況』（英語帝国主義）の中で、日本人が民族のアイデンティティを保持するには、日本語を守り抜くことで『対抗』し、一方で、日本文化を発信できる英語名人を育てることで、英語帝国主義を『空洞化』することしかない」（中公新書ラクレ編集部＋鈴木 2002: 116）。また、「「『英語第二公用語化「『三つの落とし穴』」』が待っている』」（中公新書ラクレ編集部＋鈴木 2002: 117-122）において、津田はこう述べている。「ことばは文化の根幹であるから、その根幹に強大な国際語を持ってくると、その影響は計り知れないものがある。そのことは、ヨーロッパ諸国によって植民地支配を受けた世界中の民族が身をもって証明している。……まさに、大量の『言

語の死滅』という状況が現出したのである。『言語の死滅』は、その民族の精神の死滅をも意味する重大な損失だ。独立後、これらの民族の魂の復活のために大変な努力が払われていることはいうまでもない。一度破壊された言語と文化というものは、そう簡単に復興できないのである」(中公新書ラクレ編集部＋鈴木 2002: 119)。

　彼らの議論は事柄の本質を突いている。言語侵略がもたらす負の側面を的確に暴き出している。とりわけ、「英語を崇めたてまつる」日本の危機的状況を考慮すれば、彼らの異議申し立ての重要性は決して小さくない。しかしながら、彼らの「日本語擁護論」にたいして、どうしても以下の疑問が浮かぶのである。それほど胸を張って「日本語」の擁護を訴えられるのだろうか？「歴史はくりかえす」ではないが、「標準語と呼ばれる日本語」は過去に「英語」と同じことをしてきたのではないだろうか？　英語という侵略言語から日本語を守れというが、実はその今ある「日本語」自体過去に侵略言語だったのではないだろうか。問題は、彼らの議論が内と外を使い分けるダブル・スタンダードになっている点にある。中村は「明治政府が、標準語化政策を進め、方言撲滅運動を行ったのは、一方では大きな問題を抱えている」(中公新書ラクレ編集部＋鈴木 2002: 115) と認めている。韓国併合後に日本語を強制した事実もある。こうした状況をどう説明するのだろうか。津田は別の箇所で言語差別の公然化を主張している。「『公用語』という制度によって、特定のことばが権威化され、他のことばが排除され言語の階層構造が出来上がり、その結果差別を生ずるという問題である。……ことばによる差別が公然と行われてしまうのである」(中公新書ラクレ編集部＋鈴木 2002: 120)。この発言は英語と日本語との関係だけではなく、標準語と方言との関係にも当てはまるのではないだろうか。彼らの議論はかつての加害者が被害者になったとたん、これまでの自分の行いをきれいさっぱり忘れ被害者の権利を主張しているように思われる。

　また、彼らはさかんに「日本語」、「民族のアイデンティティ」、「民族の精神」、「民族の魂」と言うが、それが実際に何なのかはっきりと具体的に定義してはいない。例えば、「日本語」とは「いつ」の「どんな」「日本語」を指すのだろうか。「最近の若者の言葉は目に余る」などとよく言われるが、若者の話す言葉は彼らの指す日本語に含まれるのだろうか。要するに、彼らは内なる漠

然とした事実を固定的かつ絶対視して、それを外の脅威に対置しているにすぎない。津田は英語の国際化を「英語ナショナリズム」(中公新書ラクレ編集部＋鈴木 2002: 121)と規定しているが、中村を含め彼自身「あいまいな日本語ナショナリズム」に陥っている。日本に生まれたこと、日本人であること、日本語を母語とすること、これらはみな偶然的な出来事である。彼らはその偶然性を絶対化している。しかしながら、そもそもある言語の習得が偶然的な事柄に依拠している以上、自らの意志に拠らない言語習得は根源的に暴力的である。したがって、第一言語であろうと第二言語であろうと、程度の差はあれ、言語のもつ暴力性は決して消え去ることはない。

ここで言いたいのは、彼らが守ろうとする日本語もかつては英語と同じ立場であった事実を認め反省する視点をもつべきではないか、ということである。実際、彼ら自身もまた自らの主張が言語の保護主義になる危険性を示唆している。「自閉的な言語ナショナリズムにつながらないか」(津田 2003: 191)、「国家(国家語)主義や自民族優先主義に陥」(中村 2004: 70)らないか、危惧している。だとすれば、現在「日本語」と呼ばれているものが「標準語」「国家語」になる過程を反省をこめてさらに詳しく検証することで、英語の侵略に抗するよりよい戦略が生まれるのではないだろうか。

また、彼らは理念的な主張だけでは現実に与える影響が不十分だと考えていた。「この理論の(実際上の)弱点は、『英語化』と『グローバル化』が極端に推し進められてしまった今日の状況にあって、しばしば現実から遊離した空論ととらえられがちなところにある」(中村 2004: 67)。そこで彼らは対抗理論・戦略を打ち出す。中村は『なぜ、「英語」が問題なのか？』で「目の前の英語一極集中状況が産み出している問題を解決するには、結局ときに英語を突き放し(対抗理論)、ときに英語と深く付き合いつつ(空洞化理論)、英語(帝国主義／一極集中状況)を飼い慣らしてしまう以外に方法はない」(中村 2004: 70)という「空洞化」理論・戦略を唱える。大石は『「英語」イデオロギーを問う』『英語帝国主義に抗する理念』で、ジェイムズ・ジョイスを引き合いに出し「世界－なき－世界性、故郷－としての－故郷喪失」つまり、「言語ユートピアニズム」を主張する。「"英語の倨傲"を、英語の本拠地＝英国の裏庭アイルランド出身のジョイスの"ごちゃまぜ語"(「多重言語」「夢言語」「根源言語」)による反撃で、打

ち負かし、人類言語の平等観による"平和"へ、と、止揚していく」（大石 2005: 308）。また、津田は『英語支配への異論』『英語支配とは何か』で「コミュニケーション権」を唱える。「『コミュニケーション権』は、『言語権』『文化権』『情報権』を包括する概念で、言語、情報、文化の『選択』『自由』『平等』の原理を追求するものである」（津田 2003: 191）。さらに『言語・情報・文化の英語支配』において、「英語の絶対視をやめ、英語を相対化する」（津田 2005: 93）ために、「ことばのエコロジー」という包括概念を提唱し、「1. 言語権の確立、2. 言語とコミュニケーションの平等、3. 多言語・多文化の共生」（津田 2005: 158）を追求することを宣言する。

確かに彼らの主張により、英語の一極集中という絶対的状況を打破し相対化する理論的枠組みはある意味確立されたと言える。しかしながら、どうすれば具体的に「英語を突き放し」「英語を飼い慣らす」ことができるのか、"ごちゃまぜ語"による英語の解体で国際的なコミュニケーションは具体的にどうなるのか、また、「ことばのエコロジー」を具体化するためにはどうすればいいのか、が明示されていない。つまり、彼らの理論にはそれに依拠した実践的運動の方法論が示されていないのである。

今回取り上げた彼らの本は、2000年から2005年にかけて出版されたが、長谷川が言うところの「実用英語派」の英語政策を押しとどめるには至っていない。2013年に自民党の教育再生実行本部や政府の教育再生実行会議によって、「大学入試や卒業認定における TOEFL 等の外部検定試験の活用」、「小学校英語の教科化」、「中学校の英語授業を英語で行う」といった方針が示された[5]。彼らによる理論の精緻化がなされるのに反比例して、現実には英語推進派がその勢いを増し、世界言語としての英語を自国の言語政策へとますます反映させるという皮肉な状況になっている。

この節では英語の帝国主義化にたいする批判を考察してきた。結局のところ、彼らの議論は、英語のホーリズム的状況にたいして個々の言語の権利を守るアトミズム的態度と相対主義に陥り、現実の英語の世界言語化という事態を内在

---

5) 自民党の教育再生実行本部や政府の教育再生実行会議によるいわゆる「提言」と、それにたいする批判に関しては、大津他（2013）を参照。

的に変える力をもたない。守り一辺倒で、攻めの論理が存在しない。英語が「野放し」のまま世界言語となってしまえば、英語を母語としない人々は英語に関して「表現の自由」をもたなくなる。というのも、表現や文法などの正・不正、適・不適を最終的に決定するのは英語を知っている人々、とりわけ英語を母語とする人々だからである。したがって、今のままの英語の世界化は英語を母語とする人々に「言語の生殺与奪の権」を与えることになる。だから、この事態を変えることが、そのための理論と実践の方向性を示すことが、真の意味での言語の帝国主義批判となる。そのためには、言語を外在的に批判するだけではなく、言語そのものの内側から改革する権利が必要となる。それは「言語権」を「言語保護権」と「言語創造権（言語改正権）」に分けることで可能になる。言語帝国主義を批判する人々のこれまでの努力により、言語を保護する権利、つまり「言語保護権」は理念的には普遍化された。だから、次に求められるのは、「言語の生殺与奪の権」を英語を母語としない人々にも与える権利、「英語を世界言語へと昇華させる」運動に参加する権利、つまり、「言語創造権（言語改正権）」を普遍的理念として確定し[6]、「言語法廷」を開くこと、あるいは、「英語の言語ゲーム」を始めること、つまり、英語という難攻不落の城の外堀は十分に埋まったので、あとは内堀を埋めて本丸に突入することだけなのだ。

---

6) この「言語創造権」という考えは、そういう言葉で直接表現していないが、クリスタルの著書 *The Language Revolution* の中にその萌芽を見出すことができる。「英語を使用する人はみな、英語の将来にたいして何がしかのものを共有している。言語は非常に民主化された制度である。ある言語を学んだということは、すぐさまその言語にたいして権利をもつことを意味する。思い通りに、その言語に何かを加え、修正し、遊び、創造し、無視する。英語の将来の道が、英語を母語として話す人々と同様に、第二外国語として話す人々によっても影響を受けるであろう。他の分野と同じように言語においても、流行が極めて重要な役割を果たす。そして、流行は数の関数である。だから、言語の流行が、ある言語を学習する人たちの集団つまり非標準英語を話す人々の集団から始まり、次にその言語が母語とする人たちの間に広まるという可能性は大いにありえる。ラップはその適例と言えるであろう」(Crystal 2004: 23)。だが、彼の議論では、それが「流行」つまり「自然発生的」に生じるものと考えている点が問題であり、英語を母語とするがゆえに英語そのものを変えるという発想が生まれない点が限界である。

2 「Let's open a language court.（さあ言語法廷を開こう）」or 「Let's play an English game.（さあ英語の言語ゲームを始めよう）」——オールタナティブな対抗戦略

　前節で、現状にたいするフィリプソン、津田、中村らの批判の意義と限界を確認した。英語を頂点とした垂直的な言語のヒエラルキーを水平的関係にすべく「言語権」を唱える彼らの主張は、「言語の民主化」の大いなる前進を意味することを見た。英語の世界言語化という荒れ狂う暴風雨にたいして、雨をしのぐ傘を、雨宿りをする軒や家を提供することに理論的に成功した。しかしながら、最大の問題は暴風雨それ自体の勢いが一向に衰えないこと、つまり、英語が手つかずのまま残されていることだ。そこで、この節ではその勢力を弱め、英語という猫の首にどうやって鈴をつけるか、その方法を提示する。これは、「英語問題をめぐる言説は、無条件の『親英語』論と英語に批判的なスタンスをとる『反英語』論に分極化され、二つの議論が止揚されないままになっている。二つの議論を止揚して新しい議論の地平を拓くことが緊急の課題である」（中村 2004: 276）という中村の問いかけに応えることにもなる。その中身は英語を改革する実践方法となるが、その前に「言語創造権」と英語の改革運動の意義をいくつか確認しておきたい。

　言語の習得が言語だけではなく、その文化的背景をも習得するよう強制するものである以上、言語の習得とは、ある意味で、その言語を話す人々が長い間育んできたさまざまなものの「受肉化」を認めることを意味する。だから、母語としてすでに英語を受肉化した人々が一方にいて、他方で母語以外に第二外国語として英語をこれから受肉化しなければならない圧倒的に多数の人が存在する現状は、公平な状況とは言い難い。論理的にいえば、この事態を解決する方法は、言語とそれを母語とする人々の結びつきを弱めてしまうことだ。つまり、世界中のすべての人々に参加の権利を保証する言語改革運動を実践することで、その鎖を断ち切ることができる。そうすれば、英語という特殊な言語ではなく、普遍的な世界言語への万人による受肉化が可能となる。改革された英語を漸次世界言語として認めることで、英語を母語とする人々もそれへのキャ

ッチアップが必要になる[7]。

　文法、発音、表現その他いろいろな面で崩されていくであろう英語にたいして、母語が踏みにじられているという感情をもつ人々が多数現れるであろうし、英語という母語を守ろうと運動を起こす人も出てくるであろう。一方で、英語という侵略言語にたいして母語を守ろうとする人々がいて、他方で、英語が世界言語になることで、英語を守ろうとする人々がいる。立場が異なるが、ともに自国の言葉の保護を訴える点で共通だ。好むと好まざるとにかかわらず、母語を守り、世界言語にキャッチアップする、そのような公平な状況になる。

　英語の非能率的な部分に異議を申し立てるとき、その多くは母語との対比からなされるであろう。抽象的であるが、それは英語という言語に他の言語の論理が組み込まれることを意味する。英語の世界言語への昇華は、英語の変更とともに他の多くの言語の論理を世界言語としての英語に組み込み保存する側面も含まれる。ある意味で、それはLinux（リナックス）と同じ発想にたっている。より合理的なシステムを築くため、あらゆる人がアクセス可能なコンピューター・ソフトがそれである。英語の改革運動も似ている。より使いやすくするために、より学習しやすくするために、すべての人に開かれる。

　「エスペラント語」や「グロービッシュ」が「英語」の代わりをするのではダメなのだろうか、そう問う人がいるかもしれない。たとえそれがどれほど簡略化され学びやすい言葉であろうと、個人や一部の人が作り出した「人工言語」を「英語」の代わりに世界共通のコミュニケーション手段として使うことは、英語を母語としない人々、文字体系や言語体験が西欧のそれと全く異なる人々にとって、英語を使用する場合と同様に「強制」や「暴力」を意味する。さらに、彼らの簡略化された言語は「閉じられた系」である。他の言語、その言語を話す人の思考様式、その言語の文化的背景などとの交流が一切ない。しかしながら、「言語創造権」に基づく「言語法廷」あるいは「言語ゲーム」は「開かれた系」である。他の言語、他の人々の考え方と交流し、たえず発展する余地がある。

---

[7] 英語の改革運動の成果である修正された英語は世界言語であって、国際的な場でその使用が公式の英語の一種として認められるということである。したがって、英語を母語とする人々が国内で今ある英語を自由に使うことに何の問題もない。

「言語法廷」あるいは「言語ゲーム」を通じて形成される世界言語は、いわゆる「合成言語（Mixed Languages）」、つまり、「ピジン語」「クレオール語」「中間言語」「World Englishes（世界諸英語）」[8]とは異なるベクトルをもつ。後者は英語の世界言語化に伴い自然発生的に生じた言語であり、非標準英語、英語の変種である。その行き着く先は、クリスタルが指摘するように、こうなる。「これらの様々な諸傾向を考慮に入れると、このまま放置されると、1000年前の俗ラテン語・口語ラテン語と同じように、英語は細分化され相互に意思の疎通ができなくなる、そう結論づけることを避けることができるだろうか」（Crystal 2004: 31）。つまり、英語の無秩序な拡散は将来的には世界的なコミュニケーション不全状態に陥る危険性をもつ。他方、「英語の世界言語への昇華」運動は、現存する英語の改革を通じて、世界中の人々がより学びやすく理解しやすい英語の創出を目指している。その運動は誰もが使える英語を皆が参加して作りあげることを第一の目的としている。前者を特殊化の運動とすれば、後者は普遍化の運動とみなすことができる。

　この英語の改革運動は、一方で「言語法廷」として「厳粛に」行われるが、他方で、ヴィトゲンシュタインの言葉を借用し「言語ゲーム」として行われるべきである。言語の問題は、これまで述べてきたように言語にとどまらず文化やその他さまざまな要素が付随するがゆえに、乗り越え不可能な感情的な対立が生まれかねないからだ。しかしながら、「ゲーム」とすることで、つまり、ルールがあり、役割を与えられたプレーヤーがいて、ルールに則りプレーを行うことで、その危険性が減ることを期待できる。そこで暫定的なものとして、ゲームのルールとその運営方法を提示したい。言うまでもないが、これは絶対的なものではなく、あとに続く幾多の議論の単なるスタート地点にすぎない。

　ルールは簡単である。「言語の経済性」から見て、その提案が合理的かどうかによる。「言語の経済性」とは、「英語学習者がより能率的に学習できる」ということ、要するに、以前よりも「省エネ学習ができる」ということにある。したがって、改正案は主に、「英語を母語としない人々」により担われる。つ

---

8) 例えば、「Taglish（Tagalog-English）（タガログ語＋英語）」「Japlish（日本語＋英語）」「Spanglish（スペイン語＋英語）」「Chinglish（中国語＋英語）」「Denglish（ドイツ語＋英語）」などがある（Crystal 2003）。

まり、彼らには現状の英語にたいする異議申し立ての権利がある。それにたいして提案された改革案を採用した場合、果たして英語として意味が通るかどうかを考慮するという役割があるが、それは主に「英語を母語とする人々」により担われる。たとえて言えば、前者を「原告」、後者を「被告」、そしてこの一連のやり取りは「法廷」とみなすことができよう。

　そのさいに注意すべきことは、たとえそれが奇妙な英語に思われたとしても、コミュニケーションに支障がなければ、その変更は認められるということだ。したがって、英語を母語とする人々が改正案を拒否するさいには、それが「省エネ」にならないことを証明するか、あるいは、それが英語におけるコミュニケーションに重大な支障をもたらす事例を世界に向けて提示するか、そのいずれかの場合に限る。こうして漸次蓄積され改革された英語は数十年後、あるいは数世代後に、人類共通の言語として発展するであろう。これこそまさに、「言語創造権」である。

　これまでは主に前者の立場にたって後者を糾弾するという立場で論述してきた。英語は「リンガ・フランカ（国際共通語）」として振る舞い、弱小言語や英語を母語としない人々に多大な被害を与えてきたがゆえに、「英語の世界言語への昇華」というこの英語の改革運動は、一方で弱者が強者を訴える「言語法廷」という「ディープ（重厚な）」な側面をもっている。だが、言語はそれを話す人々と一体であり、それを話す民族のエートスでもある。また上述したように、英語を母語とする人々もまたある意味被害者としての側面をもっている。それゆえ、「言語法廷」という「ディープ」な側面を強調しすぎることは、「英語」という言語を巡る「英語を母語とする人々」と「英語を母語としない人々」との「英語戦争」「言語戦争」を意味することになる。他方で、英語の改革や変更が仮に認められたとしても、法の執行のように、それまでのルールの使用が不可能になることはない。両者の共存は当然であり可能である。この意味で、イメージとしては「実定法」というよりも「慣習法」に近い。現に存在する英語をベースにして、暫時その上に「判例」よろしく新たなルールが積み重ねられる。また重要なのは、この英語改革の議論はインターネット上で行われるということである。インターネット上にサイトを作り、そこで皆で議論する。実体的な場所などなくバーチャルな空間で行われる。だから、他方で、

それは一種の、ある意味「シャロー（気軽な）」なゲームとみなすこともできる。つまり、「言語ゲーム」である。世界の人々が参加可能なこの議論の場において、ともすれば熱くなりがちな正当性を求める論争を、一方で「言語法廷」という厳粛な形式を取りながら、他方であくまで「言語ゲーム」というゲーム感覚で参加することで、持続可能なものになる。この運動には終わりはない。さしずめ「言語の永続民主主義革命」といったところであろうか。また、「言語創造権」の確立は、「言語権（言語保護権・言語選択権）」と同様に、たとえ今後どんな言語がリンガ・フランカ（国際共通語）になろうとも、適用できる普遍的な原理である。

　以下が、現在の英語にたいする「異議申し立て」である。これらは、長年第二外国語として英語を学び、また教壇に立ち英語を教えてきた私の経験に基づいて得られたものである。日本語を媒介にして英語を論理的、体系的に理解しまた教えるさいに気づいた問題点でもある。表意文字や表音文字の違い、主語のあとの語順の違い、修飾語句の位置の違い、発音の違いなど、日本語は多くの点で英語と異なっている。それゆえ、多くの日本人にとって英語学習はとても大変な作業である。しかしながら逆に言えば、その分だけ日本人は英語という言語のもつ矛盾や問題点に気づきやすい。これまではそれらに目をつぶり、英語をそのまま受け入れてきた。だがこれからは、その問題点を世界に向けて発信し、同じような問題を共有する人々と連携し、英語を変えていくことができる。言語としての特徴が異なれば異なるほど、「英語の世界言語への昇華」において日本人が果たす役割はますます大きくなる。ここで示された改革案はほんの一例にすぎない、機会があればもっと提示したい。では、「言語法廷」を開こう、「英語の言語ゲーム」を始めよう。

1）基本的な項目について

　「三単現のS」は必要だろうか。その際「study」→「studies」のように「y」を「i」に変えて「es」にするなどの不規則なルールは必要だろうか。また、一般動詞の疑問文や否定文に「do (don't)、does (doesn't)、did (didn't)」を用いるが、be動詞や助動詞と同じように、一般動詞を文頭にもってきて疑問文に、一般動詞に「not」をつけて否定文にすることは可能だろうか[9]。「冠詞」につ

いて、書き言葉で「a」と「an」を区別して表現する必要はあるだろうか。これらの規則を変更または廃止しても、コミュニケーション上重大な支障をきたすことにはならないと思う。それゆえ、この改正案を提出したい。

2）比較について

　比較級や最上級を以下のように表現できるよう提案する。形容詞や副詞の種類にかかわらず比較級はすべて「more」＋「than」、最上級はすべて「the most」で表現してもよい。それが認められれば、「y」を「i」に変えて「er」「est」にして表現する必要はなくなり、英語学習者の負担が軽減できる[10]。そもそも1人の人や1つの物の2つの性格・性質を比べるときは、現在でも、「more」＋「than」で表現している[11]。だから、このルールが認められても支障はないと思われる。

3）「自動詞」と「他動詞」について

　例えば、「go」や「come」、そして「approach」や「visit」はいずれも後ろに場所を表す語句がくるが、前者は自動詞なので前置詞を伴い、後者は他動詞なので前置詞を必要としない[12]。しかしながら、その違いを合理的に説明することはできるだろうか。ほとんどの場合、場所を表す語句の前には「to」「at」「in」などがくる。だとすれば、「approach」「visit」「attend」「reach」「enter」のあとにそれらの前置詞をつけ自動詞として表現することも許されるのではないだろうか。

　日本語では「場所」のあとに助詞の「へ」や「に」をつけ「場所へ」や「場所に」と表現する。そしてそれを英語に直す場合、日本人の多くは「to」をつけると感覚的に思っている。したがって、上述した5つの他動詞は、単語の意

9）例えば、「He study English every day.」「Study he English every day?」「He study not English every day.」など。
10）例えば、「Tom is more tall than Jim.」「Tom is the most tall in his class.」など。
11）例えば、「These shoes are more pretty than comfortable.」
12）例えば、「He went to school.」「He has visited Kyoto three times.」など。

味に加えて、例外的に「to」をつけない動詞として二重に暗記しなければならない。もし自動詞としての用法も認められれば、英語と日本語との変換もスムーズに行うことができ、学習者の負担も軽減できる。同じような例として「marry」「accompany」「resemble」「discuss」「mention」[13]があるが、たとえば「discuss about はナイジェリア、シンガポール、マレーシアでは容認されている」（堀部 2002: 101）。だとすれば、他動詞を自動詞的に用いるルール変更を認めるのはそれほど難しいことではない。

4）不定詞の名詞的用法と動名詞について

　不定詞の名詞的用法と動名詞が他動詞の目的語にくるとき、動詞の種類により書きかえ可能であったり、そうでなかったりする[14]。不定詞と動名詞の間には本質的には違いがあるのだろうが、両方とも名詞句であり、主語や補語で使用される場合には一般的には書きかえが可能であると言われているので、論理的に言えば、他動詞の目的語であろうとも書きかえられるはずである。英語が着床言語でない者は、それを感覚的に区別できない。それゆえ、英語学習者はその意味を覚えるのに加え、目的語に不定詞の名詞的用法をとるか動名詞をとるかという追加情報も含めて暗記しなければならない。もし両者を区別せずに使用してよいということになれば、英語学習者の負担はかなり軽減できる。ただし、「remember」「forget」「regret」「need」「try」などは、不定詞の名詞的用法も動名詞も目的語にとれるが、その意味内容が異なるので、英語学習者も区別して覚える必要がある。

---

13)「marry」「accompany」「resemble」「discuss」「mention」は日本語に訳すと「人と結婚する」、以下同「人と一緒に行く」「人とそっくり、似ている」「物事について議論する」「物事について述べる」となるので、多くの日本人はその日本語につられて「marry with」「accompany with」「resemble with」「discuss about」「mention about」と前置詞をつけて表現してしまう。

14) 例えば、不定詞の名詞的用法だけを目的語にとる動詞には、「afford」「attempt」「decide」「demand」「expect」「fail」「hope」「wish」「manage」「offer」「pretend」「promise」「refuse」「hesitate」「tend」などがあり、動名詞だけを目的語にとる動詞には、「admit」「avoid」「consider」「deny」「enjoy」「escape」「finish」「give up」「mind」「miss」「postpone」「put off」「recommend」「suggest」などがある。

5）関係詞について

　関係詞にはさまざまな種類があるが、いずれも場合も「that」で表現してよいという形にルールを変更することを提案する。

　英語は名詞を修飾する句や節、つまり形容詞句や形容詞節を後置するが、日本語は、たとえそれがどれほど長くでも名詞の前に置く。つまり、思考や表現の順番が真逆なのだ。この違いは、とりわけ会話において大きな意味をもつ。というのも、会話において関係詞節を用いてある名詞を修飾しようとする場合、英語を母語とする人々はどの関係詞を用いるかを無意識に判断することができるが、日本人は、関係詞が主格の「who」なのか、目的格の「whom」なのか、所有格の「whose」なのか、あるいはその名詞が場所を表す場合「where」になるか「which」になるのか、時を表す場合「when」になるのか「which」になるのか、理由を表す場合「why」になるのか「which」になるのかを無意識に決めることはできないからだ。英語を母語とする人々の発想は、「名詞→（形容詞節）＝名詞→（〈関係詞〉(S') V' ～)」であり、他方で日本人のそれは「（形容詞節）→名詞＝((S') V' ～)→名詞」である。つまり、日本人は名詞を修飾する場合、関係詞をたてる必要はない。逆に言うと、英語で関係詞節を表現する場合、修飾する内容をまず考え、それを踏まえて関係詞が何になるかを決めなければならない。会話においてこのタイムラグは大きい。英語を母語とする人々の思考様式にならない限り、このぎこちなさを抱えていかなければならない。しかしながら、関係詞は「that」で表現してよいということになれば、そのぎこちなさや負担は大いに軽減できる[15]。関係代名詞としての「that」は非制限用法（継続用法）や前置詞をつけて用いることができないという制約はあるが、すでに「主格」や「目的格」、そして関係副詞の代わりで用いられている。だとすれば、英語を母語としない人々が関係詞の「that」を多用しても大きな支障はないはずだ。

---

15) 日本の受験生にとっても負担が軽減される。現在このような問題が出題され、受験生はその対応に迫られている。「This is a house (　　) he lived.」「This is a house (　　) he lived in.」「This is a house (　　) I wanted to visit.」。もし関係詞が「that」でよいことになれば、このような瑣末な問題はなくなるであろう。補論でも言及するが、現在の入試問題は、単純暗記と重箱の隅をつつくような問題が多く、生徒の本来の能力を十分に測れるものになっていない。

6) 仮定法に関して

　結論から言おう。事実に反対のことを述べる場合、仮定法というルールに基づいて表現する代わりに、反実仮想の助動詞を新たに作り、それを用いて表現するということを提案したい。

　英語では事実に反対のことを述べるとき、仮定法というルールで表現する。現在の事実に反対であれば仮定法過去、過去の事実に反対であれば仮定法過去完了となる。現在形は現在のこと、過去形は過去のことを述べるときに使われる時制だと学ぶ私たち日本人は、それゆえ、現在のことを述べているのに過去形で、過去のことを述べるのに過去完了形で表現することに違和感を覚える。実は、現在形は「現在」の、しかも「事実」を述べるときに使われる時制である（それゆえ「現実形」と表現したほうが良いかもしれない）。また、過去形は「現在の事実ではないこと」を述べるときに、つまり「現在の事実から離れた」場合に使われる時制である。つまり、英語の時制は単に「時間」だけではなく、「事実かどうか」も合わせて表現することができる。「現在－過去」の関係は、「時間軸上の現在－過去」と「現在の事実－現在の反事実」に二重化される。ここが問題だ。英語を母語としない私たちには非常に分かりづらい。推量を表す助動詞の例で、この点を考えてみよう。推量の意味における「might」は、形の上では「may」の過去形であるが、その表現は現在となる。つまり、「might」はその文の内容が、「現在の事実ではない（と思われる）」ことを前提に推測しているのである。例えば、「He may be clever.」と「He might be clever.」を比べてみると、英文の訳はともに「彼は頭がよいかもしれない」となる。後者の意味は「彼は頭がよいかもしれなかった」にはならない。「may」を用いた場合、「He is clever.」を「事実」であることを前提に推測し、「might」を用いた場合、「He is clever.」を「反事実」として、つまり、「そうではないということを前提にしつつ」推測することになる。だからしばしば後者の場合、「彼はひょっとしたら頭がよいかもしれない」と訳す。もう一つ例を挙げてみよう。相手に頼みごとをする場合、「Will you ～?」は失礼で「Would you ～?」が丁寧な表現だと言われている。なぜか。「Will you help me?」と表現した場合、「Will」という現在形を用いると「you help me」が事

実となることを前提にしてしまうからである。つまり、「私を助けてください——あなたが私を助けるのは事実ですが」と相手に言っていることになり、大変失礼な表現になる。他方で、「Would you help me?」と表現すれば、「Would」という過去形を用いることで、「you help me」が事実であると、話し手が確信していないことを表している。だから、「私を助けてください——それが事実になるかどうかは私ではなくあなたがお決めになることですが」という意味となり丁寧な表現となる。

　このように英語の「現在－過去」は、多くの日本人を含む英語を母語としない人々にとって理解するのが難しくかつ非常に使いづらい。それをマスターするのは大変である。そこで上述したような提案になる。仮定法で表現する代わりに、「反実仮想」の助動詞を作り、それを用いて表現することで、英語学習者の負担はかなり軽減される。日本語の古典に「反実仮想」を表す助動詞「ましかば～まし」がある。そこで一案だが「mashika（ましか）」あるいは「mashi」をそれにするのはどうであろうか[16]。他の言語でもっとよい「反実仮想」の表現や語句があれば、是非提示してもらいたい。議論してどちらの方がよいか決しようではないか。そして、そちらの方が優れていることになれば、その語句を用いて仮定法を表現しよう。

　ここに挙げたのは一例である。「被告」である英語を母語とする人々からは、このようなルールを認めた場合の問題点を是非指摘してほしい。また、「ゲームの参加者」からはもっとよいルール変更があれば是非問題提起あるいはさらなる異議申し立てをしてほしい。堅苦しく考える必要はない。英語にかかわりをもつ地球上の全ての人に、今後もつであろう全ての人に、この演壇・プラットフォームは解放されている。

---

16) 例えば、「彼の住所を知っていれば、手紙を書くのだが」という日本語を英語に訳すさい、現状では「If I knew his address, I could write a letter to him.」と表現するが、ルール変更後は「If I know his address, I mashika write a letter to him.」となる。また、同僚に日本語のよくできるイギリス人がいるが、彼にこの話をしたら興味と理解を示してくれた。彼によれば、「mashi」や「mashikaba」よりも「mashika」の方がよいと言っていた。

おわりに──現在の悲劇を乗り越えるために

　英語を変革しそれを世界言語へと昇華させるという意見と修正された英語を、英語を母語とする人々が今の時点で聞けば、彼らはそれを一種の「コメディ（喜劇）」として受け取るであろう。またそれを承認し、国際的なレベルで使用する努力を課せば、彼らにとって、それは「トラジェディ（悲劇）」となるであろう。しかしながら、英語へのキャッチアップをますます要求される、英語を母語としない人々は、すでに現時点で「悲劇」的な状況にある。この片務的状況は、英語を母語とする人もそうでない人も同じく「悲劇」の一部を共有することを要求する。もしそうでなければ、人類は、とりわけ英語を母語とする人々は、好むと好まざるとにかかわらず、言語の「原罪」を背負うことになるからだ。世界が緩やかに一つになり、共通のコミュニケーション・ツールを手にしたとき、そのツールは他の多くの文化を侵略し、他の多くのコミュニケーション・ツールを破滅させ、そうした犠牲の上に成り立ったものとなる。当然その過程で、こうした不公平、不条理は英語を母語としない人々による、英語を母語とする人々へのルサンチマンとなる。他方、本章で述べたように、すでに英語は多様化し相互にコミュニケーションができない状況へとアトム化されつつある。この意味で、英語を母語とする人々にとって現状はすでに「悲劇」的だと言えるかもしれない。現在における、そして未来永劫続くであろう両者の「悲劇」を克服するために、英語の世界言語への昇華が必要なのである。

　発音や文法体系を含め多くの点で英語と異なる言語体系を母語とする日本人は、英語を身体に深く着床する言語として、体感する言語として会得することは非常に難しい。つまり、よほど訓練をつまない限り、日本人にとって英語は単なる記号にしか過ぎない。だが逆に言えば、それは英語を「覚めた目で」見て、英語の非能率的な部分を指摘する可能性が我々にあることを意味する。車であれ家電製品であれ、それを高性能なものに仕上げるのに長けた我々日本人は、言語の分野でもその能力を十分に発揮し、世界に貢献できる可能性を、またその資格ももっているはずである。

　時代が江戸から明治に変わり、文明開化に邁進し始めた頃、森有礼はホイッ

トニーに宛てた書簡で、英語の改革を訴えた。その趣旨はもっぱら自国の利益のためであり、またホイットニーにたいして伺いを立てるという形になっていた（中公新書ラクレ編集部＋鈴木 2002: 331）。今回の提案の半分には、その精神が反映されているかもしれない。というのも、この改革は日本人の英語学習を、とりわけ不必要な文法事項に煩わされる現状の変革を要求するからである。しかしながら、この主張はそれだけにとどまらない。というのも、繰り返すことになるが、視点はあくまで世界史における言語の弁証法・言語の脱構築、つまり、世界言語創出への、すべての地球人に開かれた言語の改革運動だからである。コンピューターやインターネットなどの発展により、今や、世界中の人がその改革運動に参加できる可能性が開けている。だからこう宣言したい——「Let's start playing an English game now（さあ今こそ英語の言語ゲームを始めよう）」。また、こう言いたい——「ここがロドスだ、ここで跳べ」（ヘーゲル 1967: 171）。

補論　英語の入試問題改革と真の読解力養成

　ここでは英語教育の現状を把握し、バランスがとれ、かつ本当の実力が身につく英語教育のあり方について若干のコメントをしたい。コミュニケーション重視の「アクティブ・ラーニング」を中心とする英語教育と、「受験英語」に代表される従来の英語教育、両者の抱える問題点を指摘する。前者においてはその目標達成の可否について、後者については真の読解力養成のための英語の入試問題の改革案を提示する。

　第1節で述べたように、世界言語となった英語の日本における受容に関して2つの態度が存在する。一方は政府、官僚、経済界が中心の積極的推進派である。彼らは、ネイティブ並みに英語ができないとグローバル化する国際社会で日本が孤立すると主張し、国民の不安をあおる。そのために英語の教育内容もこれまでの文法や読解中心から実用的な英語への転換をはかろうとする。他方で、英語の世界言語化に異を唱える人々は、安易な英語の受容を厳しく批判する。つまり、「リスニング」と「スピーキング」に偏った会話重視の英語教育に異を唱える。長谷川はその著書『英語戦争』において、この対立を「アメリカ主導型の英語」と「日本主導型の英語」との対立、また英語教育のあり方に

おける対立を「実用英語」と「受験英語」と呼んだ（長谷川 2007: 100）。長谷川が指摘するように、政府や文部科学省が主導し、マスコミや英会話産業が煽り、一般大衆がファッションとしてそれを消費する現在、前者の勢力が圧倒的に優勢だ。「『受験英語』という言葉はタブー視されている」（長谷川 2007: 122）状況ですらある。

　確かに、これまで「英文法」、「構文把握」、「訳読中心の長文読解」が日本の英語教育において大きな比重を占めてきた。「英作文」も日本語を英語に直す作業がメインで、いわゆる「受動型」の学習に偏っていた。だがグローバル化の時代をむかえ、コミュニケーション能力の重要性が増す中で状況は一変し、もはや受験に合格するために必要な英語＝「受験英語」教育がその正当性を失い、「コミュニケーション重視の英語」教育が大義名分を得てこの世の春を謳歌する。つまり、英語教育における振り子の針が一気に逆方向にふれた、それが現状である。

　要はバランスの問題である。外国語の習得に必要な要素が「話す」「聞く」「読む」「書く」である以上、これらの要素をバランスよく学習できる教育内容が望ましいのは当然であり、それゆえ、「受験英語」あるいは「コミュニケーション重視の英語」の「いずれか」ではなく、「いずれも」きちんとしたカリキュラムに基づき教育されることが重要である。

　果たして現状はどうであろうか。「話すこと」「聞くこと」つまり「コミュニケーション重視」の英語教育の現状から見てみよう。言うまでもなく、その目標は世界言語である英語で他者とコミュニケーションができることである。21世紀に入ったころから、大学入試の英語の問題にも徐々に変化が見られるようになった。自分の考えや意見を述べる「自由英作文」が出題されるようになり、センター試験や東京大学をはじめとする国立大学の2次試験では、「リスニング」が必修となった。つまり、「発信型」の「実用英語」が入試の問題でも多く取り入れられるようになり、教育現場でも、それに対応しようと努力している。そして、現在、英語の授業は日本語を話さずできるだけ英語で行うよう指示され、また英語学習開始の年齢も早められ、小学校低学年から英語教育を受けることになった。

　確かに「話す」と「聞く」は、「習うより慣れろ」的な要素が強いので、低

学年からなるべく多く英語に触れる機会を作ることは悪くはない。だが、週に数時間の授業時間で果たしてその目的を達成することができるのだろうか？簡単な会話のやりとりは可能になるかもしれないが、英語の授業以外のほぼ全ての時間、日本語に囲まれて生活する現状では、それ以上は無理であろう。また、ALT（Assistant Language Teacher　外国語指導助手）が補助するとはいえ、日本人教師が行う授業で、本当に国際的に通用する英語が身につくだろうか？「きちんとした」英語の発音に耳を慣れさせるためには、英語を母語とする人々、あるいは第二外国語として英語を話すことのできる人々を英語の教員として採用し、彼らにも教壇に立ってもらう必要があろう。だがそのさい、教員免許はどうすべきか？　また、単に英語を話すことができればよいというわけではない。日本人に合った英語習得プロセスに基づき教育できるよう、そのようなプロセスの研究とその成果を外国人教員に学習してもらわなければならない。このように解決すべき課題は山済みであり、もっとドラスティックな改革が必要だ。果たして学校教育だけを通じて、生徒が英語を流暢に話し、自分の考えを論理的に伝えることができる日はいつになるのだろうか。

　長谷川は、「アメリカ主導型」の「実用英語」を「日本語と切れた英語」、「日本主導型」の「受験英語」を「日本語とつながった英語」と呼んだ（長谷川 2007: 64）。前者は英語という言語をそのまま受け入れることを目的としており、それゆえ、その言語の背後に潜む思考様式、文化的背景などをも受け入れることを意味する。第1節でも述べたが、これこそまさに津田や大石が強調する「英語支配」である。だから、「アメリカ主導型」の「実用英語」の行き着く先は、「英語に日本語が介入しないことを前提としている。日本語の存在そのものを認めない。日本を植民地として扱い、英語によって席巻する」（長谷川 2007: 66）事態になる。だから、英語の教育にさいしては、このイデオロギー的側面に常に注意を払う必要がある。問題は、日本人の英語教員の無批判的な英語の受容が「イデオロギー支配」や「文化の侵略行為」にほかならないということに無批判的なことなのだ。

　この対立において長谷川は後者の立場にたつ。「『日本語とつながった英語教育』は、日本語と英語の構造の違いを十分に認識した上で、日本語と英語の間で格闘するという過程を経て、最終的には、英語という構造体を日本語と独立

させた状態で駆使できる状態に達するまで訓練するというものである」（長谷川 2007: 68）。また、この教育において、「受験英語」が大きな役割を果たしてきたと主張する。「受験英語は、日本語と英語をつなぐことによって、日本人が効率良く英語を学ぶための方法である。それと同時に、英語の統語構造を日本語に投影することによって、日本語を論理的に鍛え直すものでもある」（長谷川 2007: 148）。「結局、受験英語とは日本人が英語を学ぶための骨（文法の型、勘所）を教えてくれるものである。この骨を知らないと大変な回り道をしてしまうことになる」（長谷川 2007: 148）。つまり、長谷川は英語習得にさいして、「文法」「構文把握」を中心とした従来の英語教育が、地に足をつけた効率のよい方法だと考える。とくに「英文を読む」ことに関しては、長谷川の主張は正しいと思う。生まれてからずっと日本語に囲まれて生きている日本人が英文を読めるようになるには、日本語を一切媒介しない学習法よりも、日本語とリンクさせて学習する方が理にかなっている。

　長谷川の目的が「アメリカ主導型英語」にたいする「日本主導型英語」の擁護である以上、「読む」という要素にたいして後者がどれほど成功しているかを問うていないのは当然だ。そこで、ここからはその点をさらに進んで考察したい[17]。

　「読む」という行為の目的は、「筆者の考えを理解すること」である。従来の「日本語とつながった英語教育」を受けた学習者が論文の中身を正しく理解しているかどうか、筆者の主張を正確に把握できるかどうかを確認するには、大学入試の英語の長文読解問題を見ればよい。そこで出題されている設問を見ればよい[18]。

（例1）2005年　福島大学　一般入試・英語問題
A gesture is any action that sends a visual signal to an onlooker. To

---

17) ここでは「読む」対象を「小説」「物語」ではなく、「論文」に限定する。私たちが学校や仕事場で文章を書くときには、基本的には「論文」の形式で書き、大学入試で出題される英文の多くが「論文」であることなどがその理由である。
18) 英語の長文読解の出題形式には、「内容一致型」「空所補充型（脱文挿入型）」そして「記述型」がある。前二者の出題形式は、そもそも論文における筆者の主張やその根拠を問う問題ではないので、ここで対象外とする。

become a gesture, an act has to be seen by someone else and has to communicate some piece of information to them. It can do this either because the gesturer deliberately sets out to send a signal — as when he waves his hand — or it can do it only incidentally — as when he sneezes. The hand-wave is a Primary Gesture, because it has no other existence or function. It is a piece of communication from start to finish. The sneeze, by contrast, is a secondary, or Incidental Gesture. Its primary function is mechanical and is concerned with the sneezer's personal breathing problem. (a) <u>In its secondary role, however, it cannot help but transmit a message to his companions, warning them that he may have caught a cold.</u>

Most people tend to limit their use of the term 'gesture' to the primary form — the hand-wave type — but this misses an important point. (b) <u>What matters with gesturing is not what signals we think we are sending out, but what signals are being received.</u> The observers of our acts will make no distinction between our intentional Primary Gestures and our unintentional, incidental ones. In some ways, our Incidental Gestures are the more illuminating of the two, if only for the very fact that we do not think of them as gestures, and therefore do not censor and manipulate them so strictly. This is why it is preferable to use the term 'gesture' in its wider meaning as an 'observed action'.

A convenient way to distinguish between Incidental and Primary Gestures is to ask the question: Would I do it if I were completely alone? If the answer is No, then it is a Primary Gesture. We do not wave, wink, or point when we are by ourselves; not, that is, unless we have reached the unusual condition of talking animatedly to ourselves (Morris 2002: 21).

[注] onlooker：見物人、傍観者　　　　sneeze：くしゃみをする
　　　illuminating：啓発的な，啓蒙的な　　censor：検閲する
　　　manipulate：操作する　　　　　　　animatedly：活気に満ちた

[設問]
(1) ある行為が身振りと解釈されるために必要なことを2つ挙げなさい。
(2) ① 一次的な身振りとはどのような身振りであるか、例を挙げて説明しなさい。
　　② それが「一次的」と言われる理由を述べなさい。
(3) 下線部 (a)、(b) を訳しなさい。
(4) 一次的な身振りと二次的な身振りを区別する方法を述べなさい。

典型的な記述型の問題であるが、この設問では受験生がこの論文をきちんと読めたかどうか判断できない。なぜなら設問でそれを問うていないからである。この設問にたいする答えの該当箇所を示すと、こうなる ——(1)「To become a gesture, an act has to be seen by someone else and has to communicate some piece of information to them.」、(2)「The hand-wave is a Primary Gesture, because it has no other existence or function.」、(3)「A convenient way to distinguish between Incidental and Primary Gestures is to ask the question: Would I do it if I were completely alone? If the answer is No, then it is a Primary Gesture.」。もしこの論文を正確に読めているかどうか確認したければ、設問はこうなる ——「筆者の主張は何か」また「その根拠を述べなさい」。その場合の答えの該当箇所はこうなる ——「but this misses an important point.」「In some ways, our Incidental Gestures are the more illuminating of the two, if only for the very fact that we do not think of them as gestures, and therefore do not censor and manipulate them so strictly.」——ジェスチャーを、見ている人に情報を伝える行為と定義すると、手を振る一次的ジェスチャーよりも、くしゃみをする二次的ジェスチャーの方が重要だ。後者の場合、行為者がそれをジェスチャーと認識していないがゆえに、操作したり偽ったりしないからであり、それゆえ見ている側により真実が伝わるからである。

この例からも分かるように、出題された英文で最も重要な部分と、設問がまったく噛み合っていない入試問題が現在圧倒的に多い。なぜ本質的な問を受験生に向けて発しないのだろうか。それは、そのような問題を出しても、受験生が答えられないと思っているから、つまり、受験生が論文をきちんと読めない

と思っているからである。これが何を意味するかは明らかだ。従来の教育法がその目指す目標に到達していないのである。

　入試問題が変われば、教育現場もそれに対応して変わる。受験校や塾・予備校は、新傾向の問題が出題されれば、それに対応できるよう生徒を指導する。だから、英語の入試問題も読めていることを確認できるような問題にすればよい。2006年京都大学（後期日程）で出題された英文を用いて、その例を示したい[19]。

（例2）2006年　京都大学　一般入試（後期日程）・英語問題

(1) <u>When a language becomes a world language, what happens to it,</u> and what happens to other languages as a consequence? There are no precedents, because no language has ever been spoken by so many people in so many countries before. But several major trends can already be seen, and each of them is going to play a significant role in forming the new linguistic climate of the twenty-first century.

However, before considering the case of English in greater detail, we should ask: is English going to continue in its present position, or is its global status likely to be challenged by other languages? History teaches us one thing: there are never grounds for complacency in considering a language's position. A thousand years ago, the position of Latin would have seemed unassailable. Who knows what the position of any language will be in a thousand years' time? Language status is intimately bound up with political, military, economic and cultural power, and as these variables alter, so languages rise and fall. Futurologists do not find it difficult to envisage scenarios in which, for example, Arabic, Chinese or Spanish becomes the next world language. Spanish is in fact the world's fastest-growing mother-tongue at present. But for the foreseeable future, it is unlikely that another language is going to replace English in its global role. The factors which

---

[19] 京都大学の長文読解の問題は、基本的には英作文と和訳である。

brought English to its present position are still very largely in place. English has achieved a presence and momentum which will be extremely difficult to dislodge. People continue to learn English in increasing numbers all over the world. Whatever the attitude towards cultures of people who use it may be, the value of the language as a functional tool is widely accepted. Even those who are most opposed to it find themselves having to use it to achieve a broad audience for their opposition. There is no real sign of this position weakening within the first decade of the new millennium.

English may be relatively stable in its world status, but it is certainly not stable in its linguistic character. Indeed, the language is currently changing more rapidly than at any time since the Renaissance. Several factors are involved, but the chief one is undoubtedly the change in the language's centre of gravity. It is a point often forgotten, especially by native speakers, that a language which has come to be spoken by so many people has ceased to be owned by any of its constituent communities. The total number of mother-tongue speakers in the world, some 400 million, is actually falling, as a proportion of world English users, because of the differential in population growth between first-language countries and those where English is a second or foreign language. Three out of four English speakers are now non-native.

All these users have a share in the future of English. Language is an immensely democratizing institution. To have learned a language is immediately to have rights in it. You may add to it, modify it, play with it, create in it, ignore bits of it, as you will. And it is just as likely that the future course of English is going to be influenced by those who speak it as a second or foreign language as by those who speak it as a mother-tongue. Fashions count, in language, as anywhere else; and fashions are a function of numbers. It is perfectly possible for a linguistic fashion to be started by a group of language learners, or by those who speak a nonstandard variety, which then catches on among mother-tongue speakers. Rapping is a recent case in point (Crystal 2004: 21).

問1　下線部 (1) について、筆者の考えをもっとも具体的にかつ簡潔に述べなさい。
問2　第2段落で筆者は何を言おうとしたのですか。説明しなさい。
問3　第4段落のあとにはどのような内容が続くと思われるか。考えられることをすべて述べなさい。

問1は、「問題提起」、「筆者の主張」と「その説明・具体例」を問う問題。
(答えは、「ある言語が世界言語になると、その言語は民主化される」。第4段落参照)
問2は、文章全体において、各段落が果たす役割を問う問題。
(答えは、「ある言語が世界言語になるときに生じる変化を述べる前に、変化しないことを述べた─予想可能な将来において、英語の地位が他の言語にとって代わられることはない」)
問3は、英文を論理的に読むことができれば、次の内容もある程度特定できる。
(答えは、世界言語になる言語に起きることの具体例の1つ目は「民主化」だった。①次の段落でも民主化の追加説明をする。②民主化以外の具体例を述べる。③その他の言語に起きる変化を具体的に述べる)

2014年度からセンター試験の大問4 (A) の問4は、最後の段落を読み次の段落に書かれている内容を推測する問題が出されている。2016年度の東大の第2問の (B) は、第1段落と第2段落の英文の内容をふまえ、その論理的帰結を自ら考えて英語で書く問題が出された。上述した問題を合わせて、今後本当の意味での「読解問題」が多く出題されることを願う。

英語を嫌いになる生徒が多い理由の一つが「暗記」である。学校のテストや受験問題で高得点を取るためには、「単語」「熟語」「文法」「構文」「英作文のための暗唱例文」など膨大な量の暗記が必要となる。おそらく暗記するのが好きな人は、そうでない人よりも圧倒的に少ないはずだ。だとすればその暗記をこれでもかと課すのは、一種の暴力だと思う。これまで生徒は学校の勉強や受

験勉強でいくら覚えても覚えきれない、まるで底なし沼のような暗記を要求されてきた。長文読解もまずボキャブラリーが分からなければお手上げで、文章も読めなければ問題も解けない。本来ならば生徒の真の読解力をはかるための入試読解問題が、単語や構文の暗記の有無で左右されるという状況がずっと続いている。現在行われている試験で、もし試験で辞書の使用が可能になれば、生徒はずっと容易に答えることができるだろう。だが、設問が上述したような問題に変わったらどうだろうか。たとえ単語の意味が分かり文章を日本語に訳せたとしても、それだけで正解を導き出すことはできない。なぜなら、その設問はそこから先の本当の意味での読解力の有無を要求するからである。他の言語を学ぶのだから、語彙を増やす努力はある一定程度必要であるが、現在生徒に課している量は度を超していて、生徒はそのことに非常に多くの時間を割かざるを得ない。設問をその本質を問う問題に変えれば、慶應義塾大学文学部で行われているように、辞書を持ち込むことが可能になる。そうなれば、生徒は必要以上の語彙を暗記する必要はなくなり、より生産的な学習が可能になる。

これまで見てきたように、「コミュニケーション重視」の「実用英語」と従来の「受験英語」、どちらもその目標とするところに達していない。こうした状況で被害を受けるのは生徒である。だから、より良い環境で学習できるようその教育環境や教育内容を改善することが望ましい。特に後者の目標とする「筆者の主張を正しく把握し、論文をきちんと読む」方法を、どうすれば生徒が身につけられるかに関しては、別の機会に詳しく述べたい。

【引用・参考文献】

中公新書ラクレ編集部＋鈴木義里編（2002）『論争・英語が公用語になる日』中公新書．
Crystal, D. (2000) *Language Death*, UK: Cambridge University Press.
Crystal, D. (2003) *English as a Global Language* (second edition), UK: Cambridge University Press.
Crystal, D. (2004) *The Language Revolution*, UK: Polity Press.
言語権研究会編（2004）『ことばへの権利　言語権とは何か』三元社．
長谷川恵洋（2007）『英語戦争』文理閣．
ヘーゲル，G. W. F.（1967）岩崎武雄責任編集『世界の名著35　ヘーゲル』中央公論社．

堀部秀雄（2002）『英語観を問う』渓水社.
伊豫谷登士翁（2002）『グリーバリゼーションとは何か』平凡社新書.
Kontra, M., Phillipson, R. Skutnabb-Kangas, T. and Varady, T. (1999) *Language: A Right and a Resource: Approaching Linguistic Human Rights*, Hungary, USA: Central European University Press.
三浦信孝・糟谷啓介編（2000）『言語帝国主義とは何か』藤原書店.
Morris, D. (2002) *PEOPLEWATCHING*, London: Vintage Books.
中村敬（2004）『なぜ、「英語」が問題なのか？』三元社.
ネリエール，ジャン＝ポール・ホン，ディビッド（2011）一般財団法人 グローバル人材開発訳『世界のグロービッシュ』東洋経済新報社.
大石俊一（1990）『「英語」イデオロギーを問う』開文社出版.
大石俊一（2005）『英語帝国主義に抗する理念』明石書店.
大津由紀雄・江利川春雄・斎藤兆史・鳥飼玖美子（2013）『英語教育、迫り来る破綻』ひつじ書房.
Phillipson, R. (1992) *Linguistic Imperialism*, London: Oxford University Press.（平田雅博ほか訳〔2013〕『言語帝国主義：英語支配と英語教育』三元社）
Pennycook, A. (1998) *English and the discourses of Colonialism*, London and New York: Routledge.
Pennycook, A. (2001) *critical applied linguistics*, Mahwah, New Jersey: Laurence Erlbaum Associates, Publishers.
サッセン，サスキア（1999）伊豫谷登士翁訳『グローバリゼーションの時代』平凡社.
渋谷健次郎・小嶋勇編著（2007）『言語権の理論と実践』三元社.
津田幸男編（1993）『英語支配への異論』第三書館.
津田幸男（2003）『英語支配とは何か』明石書店.
津田幸男（2005）『言語・情報・文化の英語支配』明石書店.

13章 社会学的想像力
——私的体験から見える社会学の世界

(千葉直美)

はじめに

　この章では社会学の基礎的な視点を紹介していく。社会学の研究範囲はとても広いが、中心となる題目は社会と人の関係や意味にまつわるものである。社会学では社会思想や人々の行為の意味や社会現象など考察するものや、社会の中における人の心理などを分析するものなどがある。どの研究も社会と人の関係を視野に入れ、社会の意味や人の行為の意味を考え、自己と現実のよりよい理解を促すものである。例えば、個人の生活、考え方、生活様式、心の持ち方がどのように社会と結びつき、社会の影響を受けながら人生の選択をするのか、というようなことを説明するのが社会学である。

　さらに社会学を勉強するということは、いかに社会が心と考え方、さらに人生の選択までも左右するかを知ることだ。社会との結びつきを知り、そのつながりの中で個人の生活を考え、自らの人生や社会を理解する。そのため社会学を学ぶことは、この世を生きていく知恵と思考手段を学ぶことに等しい。

　この章では、社会学的想像力を中心に私的体験から見える社会学の世界と題して、社会学を通して見えてくる社会について述べていく。この章の前半は、社会と個人の関係について社会学の基本的な理論を紹介しながら進める。そして後半は筆者がアメリカで非常勤講師として社会学と日本の文化について教えた経験を述べる。アメリカと一言で言ってもとても広い国であり、地域によって人々の考え方や習慣がかなり違う。この章では、その中の3つの州についての経験と筆者が行った授業の要約を記した。

　最後に、この章の目的は社会学を勉強したことがない人でも「社会学」とい

う学問を理解してもらえるように書いている。その理由は2つある。まず、21世紀の長引く不況の中、大学の教育費は高価なものとなり、多くの若者が経済的な理由から大学進学を諦めているという現実がある。そのような状況に鑑み、大学進学を断念した人たちとも多くの大学で学ばれている社会学の知識を分かち合いたい。そしてすでに大学に行く機会をとうの昔に失った人たちにもこの章を読んでいただきたい、という想いから書いている。この理由の多くは筆者の個人的なものである。私の父は経済的な理由から大学進学を諦めた。父は常に知的好奇心が強く独学でなんでも学ぶ人だったが、大学で教えられている社会学に触れる機会を持つことがなかった。このように学ぶ機会を失った人々にも社会学の魅力をこの章を通して分かち合いたい。なぜならば、社会学理論は身近にある見えない文化や社会規制の糸を説明してくれるメガネのようなものであり、日常生活の中で応用できるような役立つ考え方を示しているからだ。

1　目に見えないものを見る力：社会学的想像力

1）社会学的想像力（Sociological Imagination）

　社会学的想像力（Sociological Imagination）は20世紀のアメリカ社会学者C. ライト・ミルズが社会と個人との関係がいかに密接に結びついているか、ということを説明するために提案したものだ。ミルズは個人の生活や人生の歩みを知るためには、社会状況、歴史状況を考慮に入れなければ理解できないと考えた。つまり、個人の人生の選択は、時代の流れや社会政策など、つまり自分ではコントロールできないものに絶えず影響されているからだ。自分の身の回りのことを考えても多くの例が見つかるに違いない。例えば、就職難などはその一つである。労働市場は個人の力ではコントロールできない。しかし、就職できないという事実は個人の人生を左右する結果をもたらす。ここでは個人の人生の歩みを例にして話を進める。

　まず、社会学的想像力は歴史的背景を考慮に入れ物事を想像する力である。想像力というと、現実ではない架空のものを考え出すという印象を与えるかもしれないが、ここでいう想像力はそうではない。想像力は物事を理解する際にとても役立つ。なぜならば、想像することによって小さな個人の生活を大きな

社会の枠組みの中に位置づけることができるからだ。このように想像力を使うことによって、自分の人生の選択や歩んできた道を大きな社会というものの中に置いてみる。そうすることによって、自分の人生が大きな歯車の一つに組み込まれ、その中でできることをしてきたことに気づくのである。このように個人の生活を理解するには、社会の歴史を考慮に入れて現在の状況を考えなくてはならない。過去に鑑みることによって現在の個人の問題や社会問題が明らかになってくる。別の言い方をすると、過去を考察せずに現在を理解しようとしても正しい理解は得られない。現在の出来事は常に、過去からの蓄積された出来事の上に現れるからだ。

　ミルズは、1940年代から50年代のアメリカの社会状況を考察し『社会学的想像力』(1959)を出版した。その冒頭に、「多くの人たちは何か騙されているような気がして暮らしている。何か変だと、思いながら暮らしている」と、アメリカの社会の中で生きる人々の目に見えない不安と焦燥感を書いている(Mills 2000: 3 千葉訳)。何かおかしいがそれが何なのかは分からない。このような状態に陥っている人々を彼は「社会の罠」にはまっている人々と呼ぶ。さらに彼は社会のあり方、つまり社会政策によって個人の生活や職業がやむなく変化していくことに言及する。例えば、20世紀の社会変化の一つは戦争だ。「戦争が起こると、保険外交員がロケットを打ち上げ、店員がレーダーマンになる。妻は孤独に暮らし、子供は父親を知らずに育つ」(Mills 2000: 3 千葉訳)。このように個人の生活と社会政策としての戦争は密接に繋がっていて、戦争という社会政策が家庭生活と個人生活に多大な影響を与える。個人の人生を理解するには、その個人の生活のみならず社会政策とその歴史も考慮しなければならない。つまり社会学的想像力を働かせることによって、なぜ保険外交員がロケットランチャーになるのか、そして、妻が離れて暮らす夫を想い孤独に暮らし、その子供が父親を知らないで育つという環境になるのか。これは、戦争という社会政策の副産物である、ということができる。つまり、社会学的想像力は、小さな個人と大きな社会を歴史的な背景の中で想像することによって、社会の力で個人の生活がやむをえず変化してしまうことを理解しようとするものである。

　さらに、ミルズは続ける。「この世の人たちは、……社会に騙されているのだ」(Mills 2000: 3 千葉訳)と。世の中の不平等は自然に発生しているのではなく、

社会制度の中で生み出される。例えば、貧富の差を理解するには、税率の不平等なあり方を考察することで、貧富の差の一つの側面が見えてくる。ロックフェラーなどアメリカの富裕層は、中流階級や労働者階級（階級は所得によって決まる）より低い税率を課される。この制度によって組織的に富裕層が優位になる社会的状況が作られる。当然のことだが、個人は課税率など自分で決められない。課税率を決め、それを個人に課すのが社会制度だ。この社会制度のために、社会不平等は維持され正当化される。このように社会制度と社会不平等、そして個人の生活は、社会が作り出すものなのである。そして、それを理解するには、社会学的想像力が必要である。

2）自殺という個人的なことは実は公的なもの

　先ほど、個人的な行為も実は社会の産物である、と述べた。自殺はきわめて個人的な行為だ、と多くの人は思うだろう。しかし、社会学的想像力を使って、個人の出来事や決断を社会制度や歴史文化の中で考えると、自殺も実は社会の産物なのだ、ということが分かる。社会学は目に見えない社会文化の糸を、社会制度や文化を分析することによって可視化することができる。

　これを主張したのはフランスの社会学者エミール・デュルケーム（1858-1917）だった。100年以上前のこの研究は、今でも私たちに新鮮な驚きと新たな視点を与えてくれる。この研究の中で重要な点は、主に3点ある。第一に、価値観や常識は社会の中で共有されているものである。その価値観は常識としてコミュニティや社会で共有されている。そして、社会化を通して内面へと埋め込まれる。その常識は、個人の考え、感じ方、そして行動を左右する。彼は自殺という個人的な行為と思われているものを研究し、自殺とは実は社会に潜んでいる価値観や常識が人々に課している行為の結果の一つである、と考えた。しかし、価値観や常識は常に目に見えるわけではない。ほとんどの場合目に見えない。その見えないが確かにある価値観や常識を研究するために、彼はヨーロッパの様々な宗教に注目し、それを社会で共有されている価値観であるとし、自殺者の傾向を宗教別に分析した。

　第二に、教義が信者間のつながりを促進する宗教（例えばカソリック）と、神と個人との繋がりに重きをおく宗派（プロテスタント）があることを指摘した。

教義は信者の考え方に影響を及ぼし、さらにその教義は内面化され信者個人の物事の理解や行動を形作る。なぜならば、その教義は信者間では常識的な考え方となるからだ。例えば、祈りの仕方、賛美歌の歌い方、聖書の意味などは信者の行為を制限し、好ましい行為を示す。このことから、デュルケームは宗教を調べることによって自殺を明らかにできると考えた。どちらの宗教も自殺を禁止する教義を含むが、自殺者数は違う。他者との交流や助け合いを促す教義を持つ宗教であるカソリック信者の自殺は、プロテスタント信者より少ない。この結論として、他者との交流の密度によって自殺者の差異が生じることを明らかにした。つまり、信者間の横のつながりを密に持つ教義（カソリック）は、お互いにいろいろなものを分け合ったり助け合ったりする機会があり、自殺に至る前にいろいろなサポートグループとの関わりがあるため、たとえ自殺を考えたとしても自殺行為から遠ざかる機会が様々な形である。その反対に、プロテスタントは信者と神が一対一で向き合うことに重きをおく教義のため、信者間の横の深いつながりを促す教義ではない。そのため、信者個人は神との対話の中で自分の信仰を支えることになる。このような一対一の関係のため社会や他者から疎外されやすく、それが原因で自殺へ走る傾向が高まる、とデュルケームは考えた。教義を通して内面化された思想は目に見えないが、個人の行動を左右する。彼は自殺は、その思想の一つの表れである、と結論づけた。

　社会学では、自殺を社会現象と捉え、このように考える。社会学を学ぶことで個人の問題だと思われていたものの多くが、実はそうではなく社会の影響を受けた結果の一つであることが分かる。多くの場合、個人の問題は、公の問題であることが多い。このように社会学は広く新しい視野を私たちに与え、どのように社会が個人の内面生活に影響を及ぼすのか、そして社会政策がどのように個人の人生を左右するのかを理解しようとする。さらに、社会思想を学ぶともっと社会を批判的な目で見ることが可能になる。批判的と言うのは文句や苦情を申し立てるということではない。物事をより良いものにするために考えを補い、思考することを指す。例えば、ある問題が起こったら、それがなぜ、どのような条件のもとに起こったのかを調べ、その原因を突き止める。さらにその調査をもとに評価し、改善点を考える。この一連の考え方を批判的思考（クリティカル・シンキング）という。そして、社会学者は常にこの批判的思考で社

会と個人の生活の関わり方を観察する。

3）社会は心の中にある：社会的事実 Social Facts

　社会は大きくて目に見えない。しかし、存在する。私たちの心の中に存在するのだ。社会は暗黙のうちに人々を拘束する力を持ち、それに従おうとしない者には心理的な圧力をかける。この大きな目に見えない力はどんな個人にも還元できない力で、社会のみが持ちうる力だ（Durkheim 1912）。社会にはそのように個人を抑圧し規定する力がある。デュルケームは、そのような力を持つ存在を「社会的事実」と呼んだ。「社会的事実」は私たちの身の回りにある。例えば、教育機関、メディア、宗教、文化、警察、軍隊などだ。このような「社会的事実」は、それぞれ特定の目的と意味を持ち、私たちの生活に影響を及ぼし、個人をある一定の枠の中に閉じ込めようとする。このような力を持つものが「社会的事実」なのだ。

　さらに「社会的事実」は体の外側にあるものだが、私たちは社会化の過程で「社会的事実」を内面化する。例えば私たちは学校にはいかなくてはいけない、警察には従わなくてはいけない、ということを十分知っているし、それに従う。このような社会の様々な常識は「社会的事実」が生み出したものである。この内面化された価値観は私たちの行動行為や感じ方を規制し、個々の活動範囲や決断に影響を及ぼす。社会の中で生きていく以上、私たちはこれらの外的な価値観と折り合いをつけなくてはならない。さもなくば、他の人から変人扱いされてしまう。

　例えば、学校は一つの「社会的事実」である。学校自体が教育するという特定の意味を持ち、一定の価値観を提供する。みんなが学校に行く。そして、学校に行くことやよい成績をとることが好ましいことである、と皆信じている。学校を通じて社会化が行われ、社会共通の価値観が共有され培われる。そして、学校が規定するものは事実上学生個人を拘束し、そして、個人の能力は学校が規定する成績表によって評価される。そして成績表は一定の基準を示す物差しとなり、個人の進路を決める。このようなことは、誰でも知っているし、私たちはその規定や規則の中で生活をする。そしてそれを「従わなくてはいけないもの」として考える。しかし、なぜ従わなくてはいけないのか。社会学はこの

ような当たり前と思われることを考察し、人々の行動の意味を考察する。理由は大まかに2点あるだろう。まず、規則を守るということは社会の秩序を守ることだからだ。守ることで学校から罰を受けない。自分の社会的なメンツは保たれる。2つ目に、社会的な期待を実現することができるからだ。規則を守っていれば、褒められる。誰でも褒められたい、そして他者からの期待を裏切りたくないと思うのは当然の心理だ。この心理に拍車をかけて、規則を守ったり、良い成績を取ろうとして頑張る。まとめると、学校は社会共通の価値観を生み出し、私たちの好ましい行為を規定する力を持つ。この力は私生活の外側にあるものだが、そこでの価値観や規則は私たちの心の中に内面化され、私たちの行動や様々な社会活動において「どのように行動すべきか、考えるべきか」というような心理に影響し、行動を促す。そして、この力は、まさに目に見えない社会の糸の役割を果たしているのである。

4）当たり前と思うものを改めて見直す社会学：言霊

　ここまで、常識という価値観を通して人の考えは社会と密接につながっていることを述べてきた。このような研究は、たくさんある。社会学では迷信やことわざも社会科学的に考える。例えば、日本には言霊信仰というものがある。これは、言葉には魂がこもっているので、良いことを言えば良いことが起こり、悪いことを言えば悪いことが起こる、という考え方である。「不吉なことを言うな」とは、この信仰のためであろう。さらに社会学ではこの言習わしは、社会の中で培われた考え方と行為の表れだと考え探究する。当たり前と思うものを改めて見直し、新しい考えを提案するのが社会学なのである。

　さらに、社会学的追求とは、漠然とした社会を改めて考えるために、当たり前と思われるものを考察することである。そしてそれをするには、思想の転換が必要だ。これからどのように思想の転換をして、日常に潜んでいる見えないものを理解していくのか、細かく見ていきたい。

5）現実の定義 The Definition of The Situation

　「こんなはずではなかったのに、どうして？」と、日常生活には思いがけないことが起こることがある。それは本当に「思いがけないこと」なのだろうか。

社会学者ロバート・K・マートンは、「思いがけないこと」は実は自分の思い描いていたことが表面化し、実現したことなのだ、と主張した。まずそれを考えるために、現実が、どのように作られているのかを考えてみよう。社会学者W・I・トーマスは、「現実は、こうだ！」と定義すると、あたかも、定義したような現実になる、と主張した (Merton 1948: 193)。魔法ではない。他者との交流の中における事実とはそういうものなのだ、というのがトーマスの考え方だ。例えば、「私は強い」とその場で主張しよう。そうした途端に、自分は「強い自分を」演じ、その自ら定義した現実を作り出す。この繰り返しが、日々の生活を作る。つまり、考え方はこうだ。私たちは自分の考えをもとに行動する。その考えは頭の中や心の中にあるものであり目に見えないが、行動、行為や言葉を通して目に見える形になる。この形になったものが他者からの反応を呼び起こし、相互行為をしている中で一つの現実となる。その現実を作るのは、まさに「これが現実だ」と断言する自分なのだ。そして、現実はこうであるべきだ、とかこうなるべきだ、というように定義し、さらにその状況にふさわしくなるように行動する。その一連の行為の結果、善かれ悪しかれ自分の定義した状況が実現することになる。

　この理論によると現実を自分にふさわしい状況に作り上げることは可能だ。それには、どのような現実が自分にとって好ましいのか、それをまず定義する必要がある。例えば、私たちは想定したことを自ら実現するように一生懸命努力をする。この行為は「現実の定義」を知らず知らずのうちに実行していることだ。社会学では、このように身近な事象を取り上げる。

　広い意味で、私たちの思考と行動と社会現象は密接に結びついていて、私たちの考え方が行動を起こし、その結果その行動が社会現象になっていくことさえ珍しくない。私たちが何を信じ、何に意味を見出すかによって社会のあり方が変わってくる。ここからは、そのようなことを社会学の視点を交えて話していこう。

6）予言の自己実現（自己成就）Self-fulfil Prophecy

　アメリカの社会学者ロバート・K・マートンはトーマスの「現実の定義」をもとに、1948年に予言の自己実現という考えを提案した (Merton 1948: 193)。こ

こでいう予言とは、口から出た言葉を指す。神の言葉ではない。マートンは一般の人が言った言葉が予言となり、それが他の人に伝わり、その予言通りに事が進んでしまう、ということを研究した。彼の論文の中では、銀行を例にとってどのように予言が言葉となり、その言葉が他の人に伝わり、その結果人々がある一定の行動を起こし、最終的にそれが社会現象になっていくか、ということを説明している。話はこうだ。経営状態に全く問題ない銀行が倒産した。ある顧客が銀行へ行き、次のような印象を受けた。「この銀行は近いうちに倒産するかもしれない。」このような疑念を顧客が抱いたため、この顧客は他の人へこの不安を伝えた。それが世間に広まり、その結果、健全な営業をしていたにもかかわらず、多数の顧客が倒産危機の不安からその銀行の預金を引き出したため、本当に倒産してしまった。この例が伝えるものは、一人の顧客の予言（近いうちに倒産するのではないか）が他者に伝わり、多数の顧客の行動に影響をもたらし、最後に思いもよらない現実を起こした、というものである。

　さらに、このような「予言の自己実現」は、私たちの日常の様々な事柄に当てはまる。身近な例でいうと、スピーチテストで緊張してしまう学生が、「自分はスピーチが苦手なんだ」とつい友人に言ってしまう。これは自分の行動を「予言」していることになり、後で自己暗示のように彼にとって心理的圧力になる。そのため、本当にスピーチを失敗してしまう。これは、自分の行動を予言したため、そのような現実が起きてしまった「予言の自己実現」の例である。

　まとめると、ここでマートンが説明しているのは、個人の思いは目に見えないが、言葉や態度を通して相手に伝わり、時として「予言」となり、社会現象を形作り、思わぬ方向へ事態を導く。迷信のように思われている「悪いことを言うと悪いことが起こる」というのは、実は個人と社会を結ぶ見えない糸の関係を言っているのだろう。そして、この言い習わしはまさに人間の本質を観察した結果であろう。

2　アメリカの生活

1）様々なアメリカ

　ここからは社会学の視点を交えて筆者が今までに暮らしたアメリカの生活と

大学について述べていく。筆者は今までミズーリ州、ニューヨーク州、メイン州、マサチューセッツ州、そしてアラバマ州に暮らした。それぞれ違う特徴を持つアメリカを少し紹介したい。まず、最初に社会学を勉強したのは、カンザス空港から2時間ほど車で行ったミズーリ州カークスビルという小さな町だった。

　実はミズーリ州はバイブルベルトと呼ばれる土地で、キリスト教の信者人口が圧倒的に多い。ここでは宗教活動を通していろいろな人に会い、アメリカを知ることになる。私の知り会ったアメリカ人の大学生の多くは信者だった。大学内でも日曜日の朝8時からミサが行われ、ほとんどの大学生はそのミサに行く。そして休日は教会の催すバーベキューパーティやクラブ活動をする。さらに、平日の火曜日や水曜日はバイブルスタディと称して、4～5人の学生が小さな寮の部屋に集まって聖書を勉強する。バイブルスタディでは、それぞれに指定された聖書の箇所を自分たちで決め、それを自宅で読み、集まった際に自分の感想や解釈を話し合う、というものだった。メンバーの中には朝5時に起きて聖書を読み、バイブルスタディへ来る女子学生もいた。その小さなグループの絆はとても強く、グループのメンバーは特別な感情を共有しているようだった。グループメンバー同士はとても仲良しで、カフェテリアでも図書館でも一緒、いつも行動を共にしていた。優しいキリスト信者の学生は、私を何度かバイブルスタディに誘ってくれた。なぜ彼女が宗教に熱心なのか興味があったため、私は何度か参加した、なぜならばそこへ誘われるというのは、社会的な「仲間としての認知」を得たようなものであると思ったからだった。

　しかし、私にはなぜみんながそれほど宗教に熱心なのか、社会学的な視点なしに考えることはできなかった。先に述べたように、宗教は「社会的事実」の一つである。宗教はある一定の価値観を生み出し、信者の考えを制限し、善悪の行為を規定する。このように個人のコントロールできる範囲を超えた力を持つものが宗教である。

　社会学では宗教については様々な考え方がある。カール・マルクスは19世紀のイギリスの社会状況を分析し、宗教は労働者階級の困窮を慰めるための麻薬だと定義した。デュルケームは、宗教は人々に様々な機会を与え、教会は人々が集う場を与える役割を果たすと考えた。アメリカは個人主義に重きを置

く国だが、同じ宗教の人と集える機会があることは、彼らにとって共通の価値を分かち合い、安心感を得るために必要なことに違いない。その安心できる快適な場をつくってくれるのが、教会と宗教なのだ。さらに、宗教は人生の意味を与えてくれると考えたのはドイツの社会学者ウェーバーだ。人々は日々の生活や行為に対して意味づけをしながら暮らしていると彼は考えた。例えば、なぜ私たちはこの世に生まれ苦労しながら生きていくのか。このような深遠な疑問に対する答えは一つではない。人それぞれに苦労の意味を見出し、意味づけをしながら暮らしていく。宗教はそれに見合う様々な答えを与えてくれるのである。

　ミズーリ州で会ったキリスト教徒の大学生は、時間を惜しまず留学生の送迎や催し物をしてくれるとても親切な人だった。彼らを見ていると、彼らの親切行為は宗教に影響された行為だと言える。彼らの住んでいる社会と信仰が彼らの考え方の基本となり彼らは行為する。さらに言えるのは、彼らには宗教という外的な影響力がすでに意識の中に染み込んでいるため、授業以外で聖書の勉強をしたり、休日の早朝に教会のミサに参加したりするのだということである。人の行為とは、ただ単に個人の気質のみならず、宗教のような「社会的事実」によって形作られている。実に様々に入り組んだ複雑な外的要因と内的心理とが結びついた結果の表れなのだ。

2) ニューヨーク：ネオリベラリズムな生活

　筆者が再び日本を発ったのは2005年だった。その頃の日本は小泉政権で、郵政の民営化をするかどうかが議論されている時代だった。民営化になると信書が過疎地域に届かなくなるのではないか、郵便貯金資源が海外へ流失してしまうのではないかという不安をよそに、民営化は採択された。

　この郵政民営化はアメリカですでに始まっていたネオリベラリズムの動きである。ネオリベラリズムは日本語に訳すと「新しい自由主義」である。新しい自由主義は経済中心の考え方で、規制緩和を促進し、ビジネスがしやすい社会体制になるように制度や法律を整えていく方針のことである。このように言うとビジネスがしやすくなり仕事が増えるようで聞こえはいいが、ネオリベラリズムのせいで多くの人が不利益を被った。例えば、リストラ（雇用整理）だ。

労働法の規制緩和が行われた。規制緩和をすることによって、雇用主は従来正規職員で行われていた仕事を臨時職員で賄うことができるようになった。そのため、雇用主は正規職員に支払っていた健康保険や年金の負担金を払わなくて済むことになり、経営上の負担が減ると共に、雇用主の利益が増加する。この規制緩和は雇用主にはいいことであるが、労働者にとっては大きな損失である。リストラはネオリベラリズム体制の一つの動きであり、日本では1990年のバブル経済崩壊から企業ではリストラや合併が頻繁に行われている。

　アメリカ社会では、1970年代からネオリベラリズムによって、それまで築き上げてきた着実な経済の発展とそれを支えてきた雇用体系（社会保障、健康保険制度や年金制度）が徐々に分解し消滅しつつある。雇用主は健康保険や福利厚生を与えないで済む臨時雇用者を雇うのが主流になっている。このため企業は人件費を大幅に削減することができ、大きな利益を得ることができた。

　この社会制度はアメリカの政府、司法制度、議会が良しとしていることであり、すでに40年以上もこの体制が推し進められている。例えば、年金制度は多くの企業で廃止され、401Kと呼ばれる株式市場と連動したシステムが導入された。401Kは単純化して言うと、給料の一部が投資に使われ、これが将来年金のように受け取れるというものだ。もちろん働いた年数も多少受取金額に影響するが、一番大きい要因は経済市場である。これにより、2つのことが言える。まず、401Kにより一般労働者の給料の一部が株式市場に流れ込むシステムが確立する。ウォールストリートは大喜びだ。2つ目にコツコツと働いて給与の一部を貯蓄して定年後に受け取る、という従来の確実な年金という概念が消え、一般労働者も株の取引で一攫千金とまでいかなくても、短期間に大金を手にするチャンスが出てきた。運が良ければ急成長の企業に投資し、定年を待たずに短期間に大金を手にするかもしれない。他方、これはリスクも大きい。もちろん投資よりも最終的に受け取る額が減り大損をすることもある。このように人生を年齢と共に積み上げるという考え方ではなく、労働者の人生まるごとギャンブルになる可能性がある。

　これらの例に見るように、個人の生活そして人生の選択は、社会のシステムとは切っても切れないものであることが分かる。401Kはネオリベラリズムの時代が生み出したもので、従来の年金とはおもむきが違うが、多くの労働者に

はこのタイプの年金しか用意されていない。否応無しに401Kに参加するしかないのだ。個人の人生がまさに社会制度に組み込まれ、ビジネス主体の制度に翻弄されるように見える。「社会学的想像力」を使うと、大きな社会と自分の将来は繋がっている、ということが分かる。

　ここで少しネオリベラリズムが私たちの生活に及ぼした影響をまとめる。まずネオリベラリズムは、社会制度を庶民のより良い生活を作るための社会民主中心の制度からビジネス主体の制度へ変えた。そのため労働者の豊かな生活よりも利益追求のため、労働者の解雇を伴うリストラが行われた。リストラの意味は再構成・再構築である。例えば、企業内では従来あった部署をなくしたり、他の部署と合併して人員削減を行うことで、人件費を減らす一方利益を増すことが主な再構成の仕方である。これはビジネス中心で利益追求を第一に考えた経済活動である。このような再構築によって、雇用主が多くの利益を得ることができる社会が出来上がっている。ネオリベラリズムは、他方で被雇用者の福利厚生が減少し貧富の差が広がる社会の構造を作り上げた（Havery 2007）。ネオリベラリズムはビジネス中心のため、真面目にコツコツ働く労働者には不利なことが多い。世の中が一般労働者の努力よりも、一攫千金ビジネスや富裕層を中心に回るようになる。このネオリベラリズムという社会システムは、富豪を大富豪にすることができ、貧しい者はさらに貧しくなる、という特徴を強く持つ社会の仕組みなのだ。そしてアメリカの大富豪が自分の富を膨大なものにできるのはこのシステムのおかげなのだ。

　このネオリベラリズムの例として、アメリカの郵便事業を見てみよう。郵政事情はネオリベラリズムの一例である。1970年にニクソン政権のもと郵便事業の改革が行われた（The Postal Reorganization Act of 1970）。この改革までは郵政省はアメリカ内務省の一つだったが、この改革によって内務省から分離され、それに伴い政府からの助成金が削減され、郵政事業は自らの売り上げによって事業を賄わなければならなくなった。そのため切手料金の値上げが頻繁に行われている。そして、配達地域の限定なども行われ、配達されない地域の人は最寄りの郵便局まで自分に届いた郵便を取りに行かなければならない。さらに政府が助成金を削減し郵政を支えないのであれば、そこで働く労働者にもしわ寄せがいく。かつての国家公務員としての安定した年金、健康保険などの福利厚

生を受けられる雇用者はほんの一部であり、多くの労働者は福利厚生なしで働く臨時雇用に雇用形態が変わってきている。

ネオリベラリズムが始まって40年経過した。このような雇用形態の変化は「新しい自由主義」の結果である。そして、ネオリベラリズムは市井にリザーブ・アーミー（就職待機者）が溢れる時代を作り出した。仕事を探してさまよう人々は、社会保障がなくとも生活を支えるために自分の労働力を提供する。このような仕事に就かざるをえない人は固定給を得るのが難しく、そのため不安定な生活をし、将来の見込みを立てることができない。ネオリベラリズムはこのような人々を生み出し、不安定な社会を作り出した。21世紀は、ネオリベラリズムの時代である。読者の皆さんはこのような社会構造をどう考えるだろうか。

3）メイン州：海外で社会学と日本文化について教えるということ

2007年の秋学期からはメイン州立大学で「社会学入門」という授業の非常勤講師を務めた。メイン州はアメリカ最北東、大西洋とカナダの国境に面し、州の面積の70％が深い森に覆われたところだ。深い森というのは人が出入りしない、または人の出入りが不可能な森の地域を指す。ここでは人間の住む地域より森の面積が多い。そして、自然保護を重視する地域のため、広告塔を道路沿いに設置することが州の条例で禁止されている。アルカディア国立自然公園やムースヘッド・レイクなど、アウトドアの好きな人には楽しめる場所がたくさんある。

メイン州立大学は海沿いのポートランド市にある。人口53万2000の港町で、州内で一番人口密度の高い街だ。海岸沿いは岩場が多く、青い海と白い波のコントラストがとても美しい。街は古い煉瓦造りの建物や灰色の石畳の街並みで、まさにニューイングランド地方の小さな可愛らしい街である。

社会学入門の授業の様子を述べよう。授業は1週間に2時間半の授業で学生30人という構成だった。教科書は、マショニス著の『社会：基礎』*Society: The Basics* を指定した。この教科書は社会学の基本やリサーチ方法、そして社会学理論が分かりやすくテーマごとに書かれている。例えば、第1章「社会学とは」という章では、社会学という学問を作った歴史的人物について紹介し

ている。ハーバード・スペンサー、カール・マルクス、エミール・デュルケーム、マックス・ウェーバー、そしてW・E・デュボイスの功績が書かれている。そして、基礎的な理論、例えばミルズの『社会学的想像力』やピーター・バーガーとトーマス・ルックマンの『現実の社会的構成』で社会学の視点、考え方を紹介する。

　この教科書の全体を通して使われている社会学的視点は3つだ。まず最初の視点は、カール・マルクスを筆頭に社会の格差や不平等に注目して社会を考察するもの。2つ目の視点は、社会の中でどのように人々が個々の役割を全うし「社会」を成り立たせているのか、という視点から社会を考察するものである。最後の視点は、他人との行為を通じてどのように「社会」が作られているか、行為を考察するものである。この視点は、「社会」というものは人々が作るものであり、人々の行為の結果が「社会」である、と考える。この3つの視点を柱として、文化、逸脱、宗教、グローバリゼーションなどの勉強を進めていく。

　例えば、グローバリゼーションの章では、世界経済がどのような役割を果たして、どのように国家間の格差を広げているのかを社会学的に考察する。授業では15世紀からグローバリゼーションは始まっていたと定義してから、当時のイギリス帝国、スペイン帝国、ポルトガル帝国の植民地支配の歴史から話を始めて、一つの国の経済が他の国との貿易により成り立っていることを説明する。そして、今なぜ富める国と貧しい国があるのかという原点を、植民地支配の歴史から考え始める。さらに世界的な社会格差をイマニュエル・ウォーラーステインの世界システム論を使って説明し、最近のニュースや中国やバングラデシュのスエットショップなどに触れ、グローバリゼーションが私たちの身近な社会問題であることを確認する。さらに、世界にはなぜ富める国と貧困に苦しむ国があるのかということを理解するため、ラウル・プレビッシュの従属論も紹介する。従属論は、富める国は貧しい国の安い労働力と安い自然資源に依存して暮らしているという説である。この依存は植民地支配の時代にまで遡って考える必要がある。様々な国の植民地時代には、植民地と植民地支配国の間に不平等な貿易パターンがあった。その不平等は今でも世界貿易経済の交易パターンとして残っており、富裕国（かつての植民地支配国）が常に利益を得るような状況が多々あるため、低所得国（かつての植民地国、東南アジアなど）は常

に不利益を被るという形で存在する。言い換えれば、富裕国の豊かな生活は元植民地国の安い労働力と資源に依存しているために成り立っている。

　この授業の最後に、学生にグローバリゼーションについて２〜３頁のエッセイを書いてもらう。エッセイでは、多くの学生が富める国G7が経済的に弱い国々の低賃金に依存し、搾取していることを理解した様子がうかがえる。さらに、なぜアメリカの仕事がアウトソーシングされ国内失業率が高いのか、なぜ商品が安く買えるのかということもこれらの勉強を通して学んでいることが分かる。

　さらに、授業は章ごとに進められ、様々なテーマを社会学的視点から学んでいく。例えば「逸脱」の章では、逸脱がどのように定義されるのかということを、アメリカ社会学者ハワード・ベッカーの理論をもとにして始める。彼の説く「逸脱」は、社会にある共通の価値観、つまり常識の範囲を超えた時に「逸脱」と定義される。その逸脱に対しての善悪の価値基準は社会それぞれであり、時代と共にその価値基準も変化する、というものだ（Macionis 2015）。例えば、日本人の目から見てメイン州で逸脱として挙げられるものの中には、バイクの路上走行に際しヘルメット着用の義務がないことが挙げられるだろう。ヘルメットなしの路上走行は交通違反取り締まりの基準にならないし、逸脱とはみなされない。これは日本の常識と全く正反対であり、社会が違うと逸脱の定義も違うことを明確にしている。さらに、ジーンズを履くことやロックを聴くことは、1960年代には逸脱と見られていたが、今ではみんなが普通に着たり聴いたりするものであり、もはや逸脱とは見られていない現実を理解する。このように、時代と共に逸脱の定義が変わることを紹介すると共に、身近な例を取り上げて、逸脱が実は恣意的に決められていること、そしてその時代時代によって違うことを授業では確認する。

　翌年から「日本映画と社会」と題した授業も担当した。この授業の目的は、日本の文化と戦後社会の考察を、映画分析を通して行うことである。私の考え方はこうだ。映画は、社会や大衆の考え方を反映して出来上がった大衆文化の一つだ。大衆の考え方や思いという目に見えないものが映像を通して映画の中で伝えられている。この考えに基づいて映画を見ると、映画に映し出されているその当時の人々の生きた社会や習慣、考え方や文化を垣間見ることができる。

つまり、映画は日常生活では目に見えないものを理解する機会を与えてくれる大変有意義な教材である。映画評論家ロジャー・エバートの言葉を借りれば、映画は、架空といえどもこの世の中の一つの真実を描いている。その真実とは映画監督の観察力と洞察力で作り上げられたものである。そのため映画は社会の様々な側面を表すことができる。例えば、戦後時代の官僚主義は黒澤明の映画のテーマに度々使われている。単に映画鑑賞するのではなく、社会政策を考慮して映画を見ることで、その時代を生きた人々がどのような考え方や想いを持っていたのかを知ることができる。さらに、登場人物に注目すると、その当時の人々の行為や感覚がどのように「社会的事実」に影響されているのかを見て取ることもできる。このように映画に描かれているものの意味を知るには、社会の歴史の流れを知ること、つまり社会学的想像力が必要だ。

　映画を社会学的な視点で教える際に、映画が作られた社会背景を考慮に入れて映画分析をさせることがとても大切である。私の教えた多くの学生は日本のことに興味を持っているが、まだ行ったことがない学生たちだ。彼らが知っている日本はメディアで目にするものか、日本からの留学生たちを通して得る知識だろう。授業では日本の戦後社会、政治、文化について講義をする。以下に、その一部を紹介したい。

　この授業では、世界的に有名な日本映画監督の作品を紹介すると共に日本の文化にも触れて、比較文化的な考え方と視点を紹介した。私が選んだ映画監督は、成瀬巳喜男、溝口健二、小津安二郎、黒澤明、高畑勲、宮﨑駿である。この中の5人について以下に記す。

　まず、成瀬巳喜男は職業を持つ女性の葛藤を描いた。授業では「女が階段を上る時」（1960、東宝配給）を取り上げた。この映画は戦後の銀座の職業女性の話だ。高峰秀子演じる主人公矢代圭子は銀座のバーの雇われママ。事業主から売り上げを上げろと催促されるが、一生懸命やっているのに上がらない。映画は、彼女の銀座の商売事情の独白を交えてドキュメンタリータッチに描かれる。そのため戦後当時の女性の焦りと不安を上手く表している。さらに、戦後日本の物質消費デモクラシーが皮肉な結果をもたらすことを描いている。ものを得ることで自分のステイタス（社会的地位）や価値を上げることが、「デモクラシー」と「平等」という価値観と結びつき、大量消費社会へと向かう日本社会の

様子が垣間見られる。例えば、車や高価な着物を買うことで得られる「平等」がある。物質を得ることが人々に平等感を与える。金銭を費やし、ものを買って得られるものは物質のみではなく、デモクラシーもそうなのだ。そして、物質を得ることで社会的ステイタスも一緒に得ることが可能になる。「女が階段を上る時」では、そのような社会、つまりたとえ実際は経済的に貧しい者でも、消費することがステイタスにつながる消費デモクラシーの様子が描かれている。

銀座で仕事をする女性たちにとって購買力は必要不可欠だ。綺麗な宝石やマンションは彼女たちの必需品だ。映画の中では、淡路恵子演じるバーのマダム、ユリがこの物質主義のステレオタイプを演じる。ユリは圭子の元を離れて銀座に新しく自分の店を構える。当時まだ一般人には手が届かない高級車を銀座で乗り回し、高価な宝石と洋服を身にまとい、かつて圭子の店に出入りしていた有力企業の得意客を自分の店に呼び込む。しかし、華やかに見えたユリは、実はあちこちに借金をして首が回らない状態だった。そして、結局借金を苦に自殺してしまう。

この自殺してしまうストーリー展開は、成瀬の物質主義に対する批判的な考え方の表れなのだろう。この映画は物質主義を人を狂わせるもの、つまり、善悪や慈悲の心を蝕み、人間としての資質を欠如させてしまうものとして描いている。戦後日本の資本主義の暗い部分を描いた映画であるが、女性たちの心の強さと生きることへの前向きさ、そして戦後の大変な時代を乗り越えていこうとする意欲がみなぎっていて素晴らしい。

次に溝口健二の映画では「山椒大夫」(1954、大映配給) を取り上げた。森鷗外の小説が原作である。1954年の第15回ベネチア映画祭で、銀獅子賞を黒澤明の「七人の侍」と共に獲得した。「山椒大夫」は物語もさることながら、映像が美しい映画だ。撮影は宮川一夫。彼の取る白黒映画は大変美しいシルバーグレイのグラデーションで、世界でも非常に高く評価されている。さらに、この映画の溝口の特徴は、演技を長い時間カットなしで撮るロングテイクと呼ばれる手法だ。ロングテイクをすると、役者の自然な演技を流れるように見ることができる。宮川の映像の美しさと共に、この手法も海外の映画監督から絶賛された。アメリカの監督であり俳優のオーソン・ウェルズは、「山椒大夫」のロングテイクを見て、自身の映画「黒い罠：タッチ・オブ・イーブル」のオー

プニングのアイデアに取り入れたという（Le Fanu 2005）。

「山椒大夫」は、身分差別と人身売買と児童労働が行われる非情な世界を描いた映画だ。この映画は時代劇（平安時代末期）ではあるが、取り扱っているテーマは普遍的である。今でも世界規模で人身売買は行われ、劣悪な労働状況に苦しむ人々がいる。そのような状況を考えると、「山椒大夫」は現代社会にふさわしいテーマだ。児童労働も違法であるにもかかわらず、多くの国で行われている。アメリカはその国の一つだ。農業は児童労働の温床となっており、ブルーベリーやトマトの収穫現場は児童（多くは不法移民）の働く場となっている。

この映画の主なメッセージは人類愛だ。映画の中で「人は人の上に人を造らず」という文句がなんども現れる。一度目は父親が幼い息子へ別れの挨拶の際に言う。そして、その息子が成人し、亡き父の言葉として「人は人の上に人を造らず」と言い、父の崇高な志を思い起こす。物語は一家離散してしまった高貴な家族の悲劇だ。父は身分差別に反対し、お上の言うことを拒否したために、筑紫国（現在の福岡県）へ左遷させられる。当時、筑紫国への左遷は、死刑の宣告に等しい罰であった。残された妻（田中絹代）と安寿（香川京子）と厨子王（花柳喜章）は、今まで暮らしていた土地を追われ、母親の実家、越後へと旅に出る。その途中、親切にしてくれた巫女に一晩世話になり、すっかり信用したところで騙され、母親と子供たちは離れ離れになってしまう。母親は佐渡へ娼婦として売られ、子供たちは山椒大夫の元へ売られる。映画は主にこの子供たちの厳しい労働と、その環境の中で生じる人間模様を描いている。領主山椒大夫は人々を奴隷同様に檻に閉じ込めて過酷な労働を強いている。そこでは厨子王は若松と名前を変えられ、安寿は忍と名前を変える。新しく労働者としてのアイデンティティを得て、若松は自らの高貴な志を忘れ非道行為を行うようになる。例えば、生きている人間の額に焼印を押すことなんとも思わなくなる。他方、忍は優しい心を忘れず、常に兄を慕い、山椒大夫の労働地獄から逃すため、身代わりになり池で入水自殺をしてしまう。

この映画は、環境によってどのように人間が変質し人間らしさを失い非道な行為を行うようになるかということを描くと共に、家族の絆も描いている。時代劇であるが、このようなテーマは決して古びたりしない。逆の言い方をすると、時代劇だからこそ描ける、人間の失ってはいけない感情、つまり思いやり

や人への慈悲が映える。この映画のように、クラシックとは時を経ても決して色あせない人間愛を含んでいる。

　3人目の監督は小津安二郎。小津は「最も日本らしい映画監督」として西洋で評価され、様々な分析がされている（Richie 1977）。「最も日本らしい」とは禅の要素と間（ま）の要素が巧妙に物語映画に組み込まれ、観客のペーソスを誘うから、という意味らしい。授業で取り上げた映画は、「東京物語」(1953、松竹配給) と「早春」(1956、松竹配給) だ。私は戦後日本の復興とそこに生きた人々に興味があるため、この戦後の小津作品を選んだ。

　「東京物語」は、戦後の日本の家族の過渡期を老夫婦の視点で描いた映画だ。この作品では、伝統的な家族から核家族へ移行し始める様子が描かれている。映画に登場する平山周吉（笠智衆）と平山とみ（東野千榮子）の老夫婦は、成人した子供たちの変化に戸惑い、そして落胆する。この映画の素晴らしいところは、この老夫婦がその思いもよらなかった子供たちの変化に戸惑いながらも、人生の一部としてあるがままに受け止めようとする姿だ。

　映画は尾道での老夫婦の旅支度から始まる。東京では、長男平山幸一（山村聰）が郊外で開業医を営んでいる。長女しげ（杉村春子）も結婚し、夫と共に美容院を経営している。彼らは仕事中心の忙しい毎日を送っている。立派に成人し東京で成功していると思っていた子供たちは、実は日々の生活にあくせくしていた。遠方から親がはるばる訪ねてきたにもかかわらず、彼らは一緒に東京観光に連れていく余裕がない。挙げ句の果てには、親を都合よく熱海へ厄介払いしてしまう。

　子供はいつまでも子供ではなく、彼らには支えなくてはならない家族がいる。彼らは自分たちのことで精一杯だ。そして、日本中が一丸となって働いていた日本の経済復興の時代、家族の都合で仕事を休むことができない。それが一般的な考え方だった。家族との時間を犠牲にして多くの労働者は仕事中心の生活をした。そして、そうするものだという考え方が主流だった。架空の平山家という一つの家族を描くことによって、このような一般大衆の考え方や生活の様式を、また戦後の家族の変遷を見ることができる。「東京物語」はドキュメンタリーではないが、様々な点で当時の社会と人々の心理を見ることができる。

　この映画は、日本人でも観るのが大変かもしれない。白黒映画で、ほとんど

のシーンが固定カメラで撮られているため、ダイナミックな動きがない。そして、たくさんの登場人物がいて家族構成が複雑だ。その上、アメリカ人の学生は字幕を読まないといけないので、かなり大変な作業だと思う。しかし、多くの学生は「東京物語」を気に入ってくれた。特に、忙しい東京の生活の中でも優しい心遣いを見せる義理の娘、平山典子役の原節子に心を惹かれる学生が多い。典子は平山家に嫁いだが、夫は戦死してしまい、今は未亡人として一間の安アパートで一人暮らしをしている。彼女は自分の仕事を休み、尾道からはるばる東京に来た義理の親を東京見物に連れていく。そしてこの老夫婦を自分のアパートに招待し、貧しいながらも精一杯もてなす。この典子の優しさは、国や文化を超えて伝わる家族愛だと私は思う。そして、映画を見て典子の優しさに感動し、原節子ファンが生まれるのは当然だろう。私はこの映画を見るたびに、彼女のような優しい気持ちを忘れないようにと肝に命ずる。

　授業では映画を見せる前に登場人物とあらすじを紹介する。「東京物語」の場合は、普遍的な家族愛のテーマを中心に考察する。ここでいう普遍的とは、どこの国でもどの時代に生まれ落ちても「家族」というものはある、という普遍性のことだ。愛の形や表現は国や文化によって違うだろうが、「家族」は普遍的に存在する。この理解のもとで、授業を進める。「東京物語」の物語自体は、どこの国でもある家族の話であり、社会が変わるにつれて、人々の考え方も変わり家族の形も変わる、という視点で紹介する。つまり、この映画の場合、戦争で夫を失った典子と、経済の発達に伴い経済中心の生活を送る実の娘しげと幸一の姿を描いている。物語は、社会の変化に伴う家族のあり方と変化をテーマにしている。つまり、このような現象はこの映画に描かれている日本だけではなく、むしろどの社会にも起こり得る家族の変遷であるという点を強調し、この映画の持つ普遍性に結びつける。これを裏づけるのがこの映画は実はレオ・マッケリーの「明日は来らず」のリメイクであるということだ。「東京物語」は、日本的な映画だと思われるが、私は、学生たちにそのように単純に思ってほしくない。役者が日本人で、場所が日本だというだけであって、物語自体はどこの社会でも起こり得ることなんだということを学んでほしいと思いながら授業をする。

　次は黒澤明の映画だ。黒澤は海外で大変人気がある。黒澤の作品は「悪い奴

ほどよく眠る」(1960、東宝配給)と「天国と地獄」(1963、東宝配給)を取り上げた。両方とも社会派映画というべきだろう。急激に裕福になった日本社会の暗い部分を描いた作品だ。

「悪い奴ほどよく眠る」は政府の汚職、隠蔽、隠滅を描いた黒澤プロダクションの第1作目だ。三船敏郎が主人公西を演じ、香川京子が妻役佳子を演じる。佳子は土地開発公団の有力者岩淵の娘、西は戦争孤児という設定で話は始まるが、実は西の出生には秘密があった。西は5年前の土地をめぐる汚職事件の濡れ衣を着せられ自殺に追い込まれた公団職員古谷の隠し子だった。この汚職事件の中心人物は岩淵だった。西は復讐のため佳子と結婚し、岩淵への復讐の機会を狙っていた。

この映画は、戦争孤児とお金持ちの娘という不釣り合いな恋愛を描いたので、『ロミオとジュリエット』の日本版という評価を得た(Richie 1984)。しかし、黒澤が描きたかったのは戦後の社会正義の虚しさだったのだろう。そして、この映画は土地公団の汚職事件についてなので、戦後の農地改革を思い起こさせる。農地改革はGHQの指示で行われた戦後の社会制度改革の一つだ。大地主、皇族、華族、財閥から土地を取り上げ、その土地を切り売りし、元の大地主から経済的な力を奪う。この農地改革は財閥解体と共に行われ、経済的有力者の政治への介入と金銭的独占を防ぐものだった。このような目的で行われたにもかかわらず、やはり元財閥や華族は戦後でも華やかな生活をしていた。

映画の中では、岩淵がステンドグラスのある大きな家に家政婦付きで暮らし、そのような戦後の富裕層を演じている。そして、金も権力も持つ岩淵は、汚職をしても決して逮捕されたりしない。自分が傷つく前に、自分の汚職を知っている西を都合よく自分の手下に殺させる。そして、映画の最後においても岩淵は海外赴任を政府から命じられ、彼のキャリアは安泰だ。つまり、彼は悪い奴でよく眠る側の人間なのだ。この映画では、戦後の汚職、ブラックマーケット、憲法改正、デモクラシーがすべていっしょくたに混ざって世の中にあった、混沌とした時代を黒澤は描いたのだろう。

2つ目の黒澤映画は「天国と地獄」だ。この映画は誘拐事件を通して戦後の社会階級の格差を描いた。そして、命の重さとヘロインの普及で腐敗した社会をテーマに描いている。主人公権藤金吾(三船敏郎)は、製靴会社ナショナル・

シューズの常務。16歳で靴作りの工場で働き始め、たたき上げた成功者で、やっとビジネスチャンスを得て取締役になろうと画策しているところだった。そこへ彼の子供を誘拐したと電話が入る。身代金を払って子供を救うかその金を自分のビジネスの成功のために使うか葛藤したあげく、権藤は身代金を払って子供を救う決断をする。誘拐犯は近くの街に住む竹内銀次郎（山崎努）という貧しい研修医だった。竹内は丘の上に建つ権藤の家を見上げ、彼の成功を妬んでいた。

　一つの街の中の丘の上と下という立地関係はとても意味深い。丘の上は裕福な人が住む処、そして、そこから見下ろす下界は貧しいものが住む処と、映画ははっきりと社会階級格差を視覚化している。1960年代はそのような社会階級格差が徐々に出来上がってきた時代なのかもしれない。権藤は学歴よりも技術で成功した人間だ。ビジネスの厳しさも知っているし、人の情も知っている。他方、竹内は医学を勉強し、人の命を救う仕事をしていながら、彼は正反対の行動に出る。病院からヘロインを盗み、それを外部のヘロイン中毒者に試し殺してしまう。彼の誘拐目的は単なる妬みと興味本位の犯行だった。

　映画の最後では、竹内に死刑が宣告される。執行前に加害者竹内は権藤に会いたいと言う。被害者の権藤は身代金を払ったため、目の前にあった大きなビジネスチャンスを逃し、家も抵当になりすべてを失う。しかし、権藤はわざわざ刑務所へ面会に行く。そして、竹内が面会中に発狂し、面会が中断、そして映画も終わる。ショッキングな終わり方だ。これを見て、私の授業の学生たちはジーンと重い気持ちになり、言葉を失う。

　東宝配給の「天国と地獄」の予告編は、このように言っている。事件は終わったが、被害者の権藤には「何か割り切れぬ薄寒い気持ちだけが残った。なぜ、こんな事件が起こったのだろう。こんな憎悪がどこから生まれたのか……。何もかも異常だ。何もかも狂っている」（「天国と地獄」予告編、東宝配給）。戦後日本のデモクラシーは消費資本主義。消費することを良しとするデモクラシーでは、お金があれば誰にも商品が手に入る。お金があれば社会的な地位が得られる。この消費デモクラシーで国民は、戦中の圧迫された天皇を中心とした文化から自由になった。しかし、急激な社会変化で、竹内のように歪んだ感覚が生まれたと黒澤は言いたいようだ。

黒澤は時代劇でも現代劇でも、ダイナミックな動きと派手な映画音楽と効果音を使う。それは20世紀前半のハリウッド映画の手法であり、黒澤はこれを効果的に取り入れ、物語のヤマ場をつくる。「天国と地獄」では特に緊迫した身代金の引き渡しシーンである。権藤が新幹線こだまの中から身代金を投げる映像と、外からのクローズアップで鉄橋を渡る電車の車輪の部分の動きを、騒々しい音と共に交互に映しだす。鉄橋を渡る音はまるで権藤の心臓の音のように聞こえ、効果音とシーン構成によって臨場感溢れる忘れられない場面となっている。私の授業では、多くの学生がこのシーンが一番記憶に残るようだ。彼らのエッセイにはこのシーンと、三船敏郎演じる権藤の演技を絶賛するコメントがよく書かれる。

　最後に宮﨑駿作品「千と千尋の神隠し」（2001、東宝・スタジオジブリ配給）は大変よく知られているので出演者などは割愛する。私の授業で取り上げる話題は、主人公の力強い精神力と迷いながらも自分で自分の行く道を切り開き、決めていくことの大切さだ。実際、主人公千尋は、同僚のリンやカマジが告げた噂には耳を貸さず、すべて自分でハク（遠い昔に自分を助けてくれた河の神）がどういう人か確かめる。千となった千尋は自分の考えで行動し、自分にとって何が必要で何が要らないものなのかを見極め、大切なものを見つけていく。私の授業では、千の姿を通して、人に惑わされず自分の意見と生きる道を見つける勇気について話し合う。

　社会学的想像力を使ってこの映画を分析してみると、興味深いことに社会の様々な側面が見えてくる。例えば、物語に出てくるカオナシだ。カオナシは橋のたもとに何も言わず佇み、どんな表情をしているのかわからない。最初は不可解な存在としか思えないが、実はカオナシは人間（特に現代人）の実態を描いたものだ、ということがだんだん分かってくる。まず、カオナシは言葉を発さないし、意思表示もしない。物語の中では何も言わず千の後をついていく。それが、世間一般にいるコミュニケーションが苦手な人々、特に何も言わない若者だという解釈を与えると、途端に学生たちは、アニメの中に潜んでいる社会批判に注意を向け始める。そして、カオナシの行動が、恥ずかしがり屋で自分の意見を持たずに佇んでいる人々の比喩だとか、ただ人の後について歩いて自主性のない人々の象徴だなどと、映画で使われている表現を市井の人々の行動

様式に当てはめ理解し始める。こうすることによって、物語に隠れている社会批判を分析していく。

　さらにカオナシが、人間の欲の本性を表す場面がある。カオナシが一旦高価なものである金を出したら、カオナシの周りの人が突然ちやほやし始める。人間の「現金さ」も一般に良くある話である。やがて拝金主義の中で、カオナシは自分の欲に溺れて身を滅ぼす姿をさらしている。そんな中多くの人と違い、千だけはカオナシに興味を示さなかった。千はハクと両親を助けたいという気持ちが強く、金銭で救えるものではないと考えていた。千はお金よりも大切なものがあると信じて行動し、他人のために精一杯頑張る心の強さを表している。この映画のメッセージは、まっすぐに自分を信じて進む心の力だろう。そして、その心の力が今の日本社会全体に必要だと監督は言いたいのだろう。

　ここで紹介した映画分析は社会、そして人々の行動や心の動きを理解するための一つの方法である。映画を単なる娯楽物として観るのではなく、社会の反射板のようなものとして観る。映画分析をすることにより、どのような考え方を社会という大きな力のある組織から受けているのかを知ることができる。そして、それに反発したり、問題点を指摘したりしながら民衆の心や行動を映し出す映画。それを理解するためには社会学的想像力が常に必要である。

おわりに

　この章では、どのように私たちは社会と人生を結びつけて考えることができるのか、そしてどのように理解していくのかということを社会学的視点から考察してきた。社会学は社会事象を多面的に、そして多角的に考える学問である。この章の中心は、社会学理論を学び、知りえたことを使ってどのように社会と関わりを持ち、理解していくかということであった。この思考過程には、想像力がとても大切だ。社会学的想像力を使って世の中に起こっていることを知る。さらにその想像力を使って映画を見ると、社会や人の営みが見えてくる。

　物事に対する理解は様々だ。現代、私たちの社会環境は膨大な情報に溢れているため、様々な知識や考え方に触れることができる。しかし、このような社会環境のため、情報の錯乱も多々発生する。そのようなことに対応するには、

個人に蓄積された知識を礎としながら膨大な情報から重要なものを選択し、適切に判断しなければならない。単に情報を鵜呑みにするのではなく、自ら疑問を持つことが大切だ。そこで、最後に社会学的視点の基本になる批判的思考をまとめたい。

　批判的思考は、創造的な考えを生み出す。批判的思考は思考の転換なのだ。先に説明したようにこれが社会学の原点である。まず、当たり前と思うことをそのまま受け止めず、立ち止まって考える。そして、常識として知られている事柄や他者の意見が何に基づいて言われ、その知識がどこから来たのか歴史的背景に鑑みることによって理解し新たな考えを提案していく。例えば、「何を知っているか」だけではなく、知っていることを使ってどのように社会と関わり、自分の暮らす世界を理解し、より良い人生を送るかということを考えることである。これが社会的視点に基づいた批判的思考である。

　さらに、私たちはその学び得たことを重要な判断材料として物事を理解し、私たちの住む社会を作っていくのである。そして深い理解に至るためには、きちんと物事を見極め、多様な情報の中から重要な課題を見つけ、自ら問う必要がある。それには、様々なものに触れることが大切だ。この際に留意すべきことは、私たちが常日頃接するメディアは、常に一定の見方を提供しているということである。換言すれば、ある事柄に対して別の見方は除かれているということだ。実際世の中で起こる物事は多面的であり、実に様々な視点で理解が可能なのである。自分が見たり読んだりしたメディアの意見を鵜呑みにするのではなく、他の視点があるのではないか、と一旦立ち止まり考えてみることは、とても大切だ。イデオロギーやプロパガンダにふりまわされないよう気をつけないと、根拠のない情報やあやふやな考え方に翻弄されてしまうだろう。社会全体がそのようになってしまったら、大変なことになる。そうならないために、蓄積した知識を礎としながら、膨大な情報の中で何が重要かを判断し、その知識を応用し社会に貢献していくこと、さらにどのように違う意見を理解し、違うものと関わりあい、協働しながら新しい価値観を生み出していく努力をする必要がある。それには、自分の確かな視点を持ち、物事を深く考察し評価する力、つまり社会学的想像力に基づいた批判的思考が必要になる。最後に、これからは政府が組織するから大丈夫だとか、有名な大企業が作る製品だから安心

だと言える世の中ではなくなるだろう。個人の判断や個人の意識の持ち方が大きく人生の意味のみならず、社会全体も決めていく時代になると思う。そのような世の中だから、「社会学的想像力」を使って過去の積み重ねの中で現在を理解し将来を描く力を身につける必要がある。社会の歴史の流れを知ることで、今起こっている社会現象の原点が理解できるようになるだろう。「社会学的想像力」は私たちの生活の様々な場面で応用できる力なのである。

【参考文献】

Ebert, R.（2003）*The Great Movies*. New York: Random House Inc.

Durkheim, E.（1912 original: 2008）*The Elementary Forms of the Religious Life*. New York: Oxford University Press.

Harvey, D.（2007）*A Brief History of Neoliberalism*. New York: Oxford University Press.

黒澤明（1960）「天国と地獄」東宝。

Le Fanu, M.（2005）*Mizoguchi and Japan*. London, UK: British Film Institute.

Macionis, J.（2015）*Society: The Basics*. 13th ed. New York: Pearson Education.

Merton, R. K.（1948）"The Self-Fulfilling Prophecy" *The Antioch Review*, Vol. 8, No. 2, pp. 193-210.

Mills, C. W.（2000）*The Sociological Imagination*. Oxford University Press, New York.

宮﨑駿（2001）「千と千尋の神隠し」東宝・スタジオジブリ。

溝口健二（1954）「山椒太夫」大映。

成瀬巳喜男（1960）「女が階段を上る時」東宝。

小津安二郎（1954）「東京物語」松竹。

Richie, D.（1977）*Ozu: His Life and Films*. L.A.: University of California Press.

Richie, D.（1984）*The Films Of Akira Kurosawa*. L.A.: University of California Press.

著者紹介

【監修者】 履歴・研究歴ほか
壽福眞美（じゅふく　まさみ）

I　履　歴
1947 年 1 月 20 日　　鹿児島県生まれ

〈学　歴〉
1965 年 3 月 31 日　　鹿児島県立鶴丸高等学校卒業
1965 年 4 月 1 日　　一橋大学法学部入学
1971 年 3 月 31 日　　一橋大学法学部卒業
1971 年 4 月 1 日　　一橋大学大学院社会学研究科修士課程入学
1976 年 3 月 31 日　　一橋大学大学院社会学研究科博士課程満期退学

〈職　歴〉
1976 年 4 月 1 日　　法政大学助手（社会学部）
1977 年 4 月 1 日　　社会学部専任講師
1979 年 4 月 1 日　　助教授
1984 年 4 月 1 日　　教授会副主任（〜 1986 年 3 月）
1986 年 4 月 1 日　　教授
1987 年 4 月 1 日　　大学院社会科学研究科社会学専攻副主任（〜 1989 年 3 月）
1989 年 4 月 1 日　　多摩学生部部長（〜 1991 年 3 月）
1993 年 4 月 1 日　　多摩学生部部長（〜 1994 年 3 月）
2000 年 4 月 1 日　　教授会主任（〜 2001 年 1 月）
2006 年 4 月 1 日　　学部長（〜 2008 年 3 月）
2010 年 4 月 1 日　　多摩図書館館長（〜 2011 年 3 月）
2014 年 9 月　　　　サスティナビリティ研究所副所長（〜 2016 年 9 月）

II　研　究　歴
1980 年 3 月　　在外研修　エアランゲン大学哲学部（マンフレート・リーデル）、ロイトリンゲン（ヘルムート・ハージス）（〜 1981 年 9 月）
1983 年 4 月　　在外研修　ドイツ科学アカデミー / フンボルト大学（イングリット / ハインツ・ペッパーレ）、ドイツ科学アカデミー（ハインリッヒ・シェール）、ブダペスト経済大学（モーツァール〔姓〕・ヨージェフ）、ハンガリー科学アカデミー歴史研究所（ベンダ〔姓〕・カールマーン）（〜 1983 年 9 月）

1985年7月	ハンガリー科学アカデミー歴史研究所（ベンダ・カールマーン）（〜1985年8月）
1990年4月	ハンガリー科学アカデミー歴史研究所（ベンダ・カールマーン）（〜1990年8月）
1994年4月	国内研究（〜1995年3月）
2002年4月	国内研究（〜2003年3月）

〈著　書〉

1　『批判的理性の社会哲学—カント左派とヘーゲル左派』法政大学出版局、1996年
2　『規範理論の探究と公共圏の可能性』（舩橋晴俊と共編）、法政大学出版局、2012年
3　『公共圏と熟議民主主義—現代社会の問題解決』（舩橋晴俊と共編）、法政大学出版局、2013年
4　『持続可能なエネルギー社会へ—ドイツの現在、未来の日本』（舩橋晴俊と共編）、法政大学出版局、2016年
5　『知の史的探究—社会思想史の世界』（監修）、八千代出版、2017年
6　『ドイツ「エネルギー転換」への道—資料で見る脱石油・脱核エネルギー政策の歩み　1973年〜2016年』新評論（2017年予定）
7　『相互承認と物象化—初期ヘーゲルの社会哲学』新評論（予定）
8　*Energy Transition in Japan and Germany,* Tokyo; Hosei University Press（仮題、近刊予定）
9　『日本エネルギー計画2050』（仮題）、法政大学出版局（近刊予定）

〈主要論文（研究ノート、研究エッセイを含む）〉

1　『ヘーゲル国法論批判』のマルクス国家論、卒業論文、1971年（Ⅱ-著1所収）
2　政治的人間主義の理論—アーノルト・ルーゲ、修士論文、1973年（Ⅱ-著1所収）
3　ヘーゲルと《実践の哲学》—ルーゲの『法哲学批判』、『一橋研究』第28号、1974年、104-119頁（Ⅱ-著1所収）
4　ヘーゲルにおける市民的ゲマインヴェーゼンの論理、『思想』第632号、岩波書店、1977年、207-223頁（Ⅱ-著1所収）
5　ヘーゲルの自由概念と全体的人間の思想、『社會勞働研究』第23巻第2号、1977年、1-18頁
6　フィヒテにおける市民社会と国家（一）—所有概念の構造転換、『社會勞働研究』第25巻第1号、1978年、31-58頁（Ⅱ-著1所収）
7　フィヒテにおける市民社会と国家（二）—歴史哲学の構造転換、『社會勞働研究』第26巻第1号、1979年、117-137頁（Ⅱ-著1所収）
8　相互承認と物象化（一）—初期ヘーゲルの社会理論、『社會勞働研究』第28巻第

3・4 号、1982 年、91-138 頁
9 相互承認と物象化（二）—初期ヘーゲルの社会理論、『社會労働研究』第 29 巻第 1・2 号、1982 年、1-108 頁
10 相互承認と物象化（三）—初期ヘーゲルの社会理論、『社會労働研究』第 30 巻第 1・2 号、1983 年、69-99 頁
11 ドイツ・ジャコバン派エアハルトの理論と実践—カント左派試論、ワイマル友の会『研究報告 8』1983 年、63-70 頁（Ⅱ - 著 1 所収）
12 西欧マルクス主義、山中隆次・他編『社会思想史講義』新評論、1985 年、273-286 頁（第一二章第二節）
13 相互承認と物象化（四）—初期ヘーゲルの社会理論、『社會労働研究』第 32 巻第 1 号、1985 年、1-26 頁
14 革命的道徳性の弁証法—1794〜96 年のニュルンベルク民衆運動とジャコバン派エアハルト、『社會労働研究』第 34 巻第 2 号、1988 年、147-193 頁（Ⅱ - 著 1 所収）
15 現代社会の思想：マックス・ウエーバーと合理化の問題・大衆民主主義とファシズム・「ケインズ革命」と現代福祉国家、城塚登編著『社会思想史の構図』（第七章第Ⅰ〜Ⅲ節）、八千代出版、1989 年、233-259 頁
16 相互承認と物象化（五）—初期ヘーゲルの社会理論、『社會労働研究』第 41 巻第 4 号、1995 年、1-40 頁
17 近代社会における労働・相互承認・言語—ヘーゲル『人倫の体系』分析（2）、中央大学商学部『商学論纂』第 38 巻第 5 号、1997 年、101-125 頁（16 の改訂稿）
18 ドイツ—異端派たちが現代知のあり方を問う、アエラムック（編）『マルクスがわかる』朝日新聞社、1999 年、132-135 頁
19 高島・市民制社会論の再審—『時代に挑む社会科学』をめぐるエッセイ、渡辺雅男編『高島善哉　その学問的世界』こぶし書房、2000 年、155-165 頁
20 歴史的自然法としてのプロイセン国家一般ラント法（研究ノート）、『社会志林』第 54 巻第 1 号、2007 年、103-116 頁
21 3・11 後の責任倫理を問う、環境思想・教育研究会『環境思想・教育』第 5 号、2011 年、101-103 頁
22 規範理論、討議民主主義的政治、アソシエーション、2012 年、67-104 頁（Ⅱ - 著 2 所収）
23 社会運動、討議民主主義、社会・政治的「合意」—ドイツ核エネルギー政策の形成過程（1980 年〜 2011 年）、2013 年、239-271 頁（Ⅱ - 著 3 所収）
24 専門知、社会的公開対話、政治的決定、『大原社会問題研究所雑誌』第 661 号、2013 年、20-35 頁
25 専門家委員会、市民対話、政策決定—エネルギー政策決定過程の日独比較、法政

大学大学院社会学専攻「サステイナビリティ入門 (2013 年 10 月 30 日)」(講義録)、2013 年、10 頁

26 Social Movement, Deliberative Democracy, and Socio-Political "Agreement" – The Formation Process of German Nuclear Energy Policy (1980 〜 2012), The Faculty of Social Sciences, Hosei University: Social Sciences at Hosei, 2014, pp. 131-156 (23 の改訂稿).

27 Expert Knowledge, Social, Open Dialogue, and Political Decisions: The "Consensus" Building Process in Germany's Energy Transition, The Faculty of Social Sciences, Hosei University: Social Sciences at Hosei, 2014, pp. 157-173 (24 の改訂稿).

28 福島原発震災・四事故調調査報告対照時分単位年表 (学部ゼミ生と共著)、原子力総合年表編集委員会編『原子力総合年表 福島原発震災に至る道』すいれん舎、2014 年、11-35 頁

29 Normative Theory, Deliberative Democratic Politics, and Associations,『社会志林』第 62 巻第 2 号、2015 年、51-85 頁 (22 の改訂稿).

30 Risk of Nuclear Technology and Ethical Responsibility - A Brief Note, 2015, 10 p., Memorandum for Carnegie Council Workshop "Global Ethics: Nuclear Energy, Technology, and Risk" of June 12, 2015, Tokyo, Hosei University, 13 p.

31 Expert Discourse, Citizen Participation, and Political Will-Making – In 1979, the Beginning of Setbacks in German Nuclear Energy Policy,『社会志林』第 62 巻第 4 号、2016 年、209-262 頁

32 Advisory Committees, Civil Dialogue and Policy Making: A Japan-Germany Comparison of the Energy Policy-Making Process, 2015 年 (25 の改訂稿)

33 専門家討議、市民参加、政治的意思形成—1979 年、ドイツ核エネルギー政策の破綻の始まり、2016 年、67-104 頁 (30 の改訂稿。Ⅱ - 著 4 所収)

34 人類は生き延びていいか—社会思想史から R Σ 7E の問いかけ、壽福 (監修)『知の史的探究—社会思想史の世界』八千代出版、2017 年 (第 1 章)

35「エネルギー転換」の現在と課題、壽福『ドイツ「エネルギー転換」への道』(仮題)、新評論、2017 年 (予)

36 Introduction of "To A Sustainable Energy Society. Germany Today, Japan in the Future", (Revised Edition of Ⅱ Literature 6), 22p.

〈書評・学会報告等〉

1 書評:ヘーゲルの近代国家論—媒介の社会的・政治的構造と反ナショナリズム、S. アヴィネリ (高柳良治訳)『ヘーゲルの近代国家論』未来社、1978 年、『國學院経済学』第 26 巻第 4 号、1978 年、345-354 頁 (Ⅱ - 著 1 所収)

2 The Crisis in Higher Education in Japan, World Federation of Scientific

Workers "Higher Education in the Contemporary World", Berlin, March 3～7, 1980, in: Scientific World, Vol. IV, London, 1981, pp. 13-15.
3　マインツ革命の歴史的位置：ジャコバン・クラブと農民運動、経済学史学会第51回全国大会（関西大学）、『経済学史学会年報』第26号、1988年、84-85頁
4　解説：高島・市民制国家論の課題と特質、高島善哉『現代国家論の原点』、渡辺雅男責任編集「高島善哉著作集」第8巻、こぶし書房、1997年、333-347頁

〈所属学会〉
社会思想史学会（1976年〜）、経済学史学会（1973年〜）、歴史学研究会（1973年〜2001年）、環境社会学会（1983年〜）、国際18世紀学会（Voltaire Foundations 1983年〜）

Ⅲ　翻　訳

1　アーノルト・ルーゲ「ヘーゲル法哲学と現代政治」、ブルーノ・バウアー「キリスト教国家と現代」、モーゼス・ヘス「ドイツにおける社会主義運動」、良知力編『ドイツ初期社会主義——義人同盟とヘーゲル左派』平凡社、1974年、196-217頁、228-253頁、350-375頁
2　ロルフ・ホッチェヴァール『ヘーゲルとプロイセン国家』法政大学出版局、1982年
3　クラウス・オッフェ『後期資本制社会システム——資本制的民主制の諸制度』法政大学出版局、1988年
4　ヘルムート・ハージス『共和主義の地下水脈——ドイツ・ジャコバン派1789〜1849年』新評論、1990年
5　メアリ・メラー『境界線を破る！　エコ・フェミ社会主義に向かって』（後藤浩子と共訳）、新評論、1993年
6　クラウス・エーダー『自然の社会化——エコロジー的理性批判』法政大学出版局、1999年
7　ブライドッチ/他『グローバル・フェミニズム——女性・環境・持続可能な開発』（監訳）、青木書店、1999年
8　アンドリュー・カトロッフェロ『暁のフクロウ——続ヘーゲル精神の現象学』法政大学出版局、1999年
9　エックハルト・マインベルク『エコロジー人間学——ホモ・エコロギクス－共・生の人間像を描く』（後藤浩子と共訳）、新評論、2001年
10　ノルベルト・ボルツ/アンドレアス・ミュンケル編『人間とは何か——その誕生からネット化社会まで』法政大学出版局、2009年
11　ルツィアン・ヘルシャー『公共性の概念史』法政大学社会学部科研費プロジェクト「公共圏と規範理論」（研究代表者　舩橋晴俊）、2010年

12 倫理委員会・ドイツのエネルギー転換―未来のための共同作業、『社会志林』第58巻第4号、2012年、163-200頁
13 核炉安全委員会・見解：福島第一（日本）の事故を考慮したドイツ核発電所施設毎の安全性の検証、『社会志林』第59巻第1号、2012年、109-139頁
14 グリーンピース（ドイツ）・2011年5月16日の核炉安全委員会によるドイツ核発電所施設毎の安全性検証の評価、グリーンピース（ドイツ）・倫理委員会最終報告「安全なエネルギー供給」の評価、『社会志林』第59巻第2号、2012年、83-115頁
15 ドイツ連邦議会専門家調査委員会の報告・未来の核エネルギー政策―基準・可能性・勧告、『社会志林』第59巻第3号、2012年、71-107頁
16 連邦環境・自然保護・核炉安全省・連邦政府エネルギー計画2010とエネルギー転換2011、『社会志林』第59巻第4号、2013年、149-177頁
17 2000年6月14日の連邦政府とエネルギー供給企業の合意、『社会志林』第60巻第1号、2013年、59-68頁
18 統一ドイツのエネルギー政策（1991年）、『社会志林』第63巻第4号、2017年
19 ペーター・ヘニッケ／パウル・J. J. ヴェルフェンス『福島核電事故以後の「エネルギー転換」―ドイツの特殊な道か、それとも世界の模範か』新評論、2017年

Ⅳ 教科書・事典

1 山本信（2003年〜鷲田清一）監修『倫理』（高校公民科用）、教育出版、1995年〜2017年（執筆章節項：第2章第2節第3項：自然や科学技術と人間とのかかわり、第4項：社会参加とボランティア、第3章第3節：世界のなかの日本人の課題―第1項：アジアのなかの日本、第2項：国際平和の確立、第3項：人類の福祉、第4項：地球と人類社会）
2 高島善哉監修『社会科学小事典』春秋社、1980年（執筆項目：小ブルジョワ社会主義、真正社会主義、『政治経済学の国民的体系』、世界精神、『法の哲学』、ミネルヴァの梟、民族精神、『唯一者とその所有』、リスト、類的存在、ルカーチ）
3 見田宗介・栗原彬・田中義久（編）『社会学事典』弘文堂、1988年（執筆項目：基本的人権、客観主義／主観主義、啓蒙思想、個人主義、自然主義、絶対主義）
＊若手研究者運動の反省と展望、日本科学者会議『日本の科学者』第12巻第5号、1977年、213-216頁

Ⅴ 私家本

1 追悼文集『私のなかに生きる二美子』2001年4月4日、非売品
2 壽福（川北）二美子『生きたい―がん日記・書簡他』新評論（編集協力）、2002年

3　壽福（川北）二美子『がん日記（1993 年〜 2001 年）—生と死の間（はざま）で生きる』文芸社、2004 年

＊本稿Ⅱ・Ⅲの作成には、法政大学社会学部資料室職員、大司尚子さんと野々村洋さん、Ⅳ-2・3 の作成には法政大学大学院学生、柳啓明君の協力を得た。記して感謝する。

【編著者】

柳　啓明（やなぎ　ひろあき）　1989 年福岡県生まれ。法政大学大学院社会学研究科社会学専攻博士後期課程、沖縄文化研究所奨励研究員
〔研究歴・専門領域〕　歴史学、歴史社会学、境界地域研究
〔論　文〕「越境的自治意識の創造基盤：『外地』台湾と『内地』の中継地点・与那国島における境界線の相克」法政大学大学院社会学研究科修士学位論文、2014 年。
〔学会発表等〕「内地の西端地域・与那国村における民衆間対立―1924 年～1933 年の『自治』に着目して―」アジア民衆史研究会・歴史問題研究所（韓国）・茨城大学大学院人文学研究科主催　第 15 回「近代移行期における東アジアの民衆のあり方を比較し、関連を考えるための国際的ネットワーク」構築のためのワークショップ、2016 年。

千葉直美（ちば　なおみ）　メイン州立大学非常勤講師
〔研究歴・専門領域〕　イデオロギー、メディア、コミュニケーション社会学。社会学修士（ニューヨーク市立大学院）
〔著書論文〕　"Neo-Nationalism Seeks Strength from the Gods: Yasukuni Shrine, Collective Memory and the Japanese Press" Co-author, Matthew A. Killmeier. *Journal of Media, War and Conflict.* 3（3）: 334-354, 2010.; "A Trajectory of War Memory in the Japanese Anime Series The Big O." in *Essay on Memory in Popular Culture.* Editor Heather Urbanski. Jefferson, NC: McFarland. Forthcoming 2017.「The Erasure of Collective Memory about War in The Big O: A Case of the Fictional Paradigm City」『社会志林』第 63 巻第 4 号、2016 年、191-199 頁。

奥谷雄一（おくたに　ゆういち）　1979 年広島県生まれ。法政大学大学院社会学研究科社会学専攻博士後期課程満期退学
〔研究歴・専門領域〕　ライプツィヒ大学文化科学研究所ドクトラント（2008 年 4 月～2010 年 9 月、クラウス・クリスチアン・ケーンケ教授）、社会思想
〔著書論文〕「カント〈永遠平和論〉とその再構築をめぐる問題について」『法政大学大学院紀要』第 59 号、2007 年、91-100 頁。「硬直化する規範とその流動化」舩橋晴俊・壽福眞美編著『規範理論の探究と公共圏の可能性』法政大学出版局、2012 年。"Wiederverflüssigung des Verdinglichten bei Tönnies, Simmel und Habermas" *Der Begriff der Kultur*, hrsg. von Jörn Bohr, Transcript Verlag, 2013.

島田昭仁（しまだ　あきひと）　1965年鹿児島県生まれ。法政大学社会学部兼任講師、東京大学先端科学技術研究センター共同研究員、工学博士（東京大学）
〔研究歴・専門領域〕　都市計画、まちづくり、コミュニティ、会話分析
〔著書論文〕「まちづくり運動における共同態の発見とその応用可能性について」『都市計画論文集』No. 42-3、2007年、319-324頁。「市民による公共的意見形成過程─まちづくりの会話分析をとおして」舩橋晴俊・壽福眞美編著『規範理論の探究と公共圏の可能性』法政大学出版局、2012年、217-239頁。「真野地区の討議における連帯の生成に関する研究」（小泉秀樹と共著）『地域社会学年報』第27集、2015年、61-75頁。「首都圏における計画提案関連制度の導入・運用の状況」小泉秀樹編『コミュニティデザイン学─その仕組みづくりから考える』東京大学出版会、2016年、64-74頁。

【執筆者】
石川伊織（いしかわ　いおり）　1956年東京都生まれ。新潟県立大学国際地域学部教授
〔研究歴・専門領域〕　哲学（ヘーゲル哲学）、倫理学、美学、ジェンダー論
〔著書論文〕「個体性と自己─ヘーゲル『精神現象学』の課題と「自己」概念の形成について」『倫理学年報』第41集、1992年、53-68頁。「芸術は終焉するか？─1820/21年の美学講義を検証する」加藤尚武編『ヘーゲル哲学への新視角』創文社、1999年。『倫理の危機？─「個人」を超えた価値の再構築へ』廣済堂、2002年。「旅の日のヘーゲル─美学体系と音楽体験：1824年9月　ヴィーン」『県立新潟女子短期大学研究紀要』第45集、2008年、223-241頁。「鉄道と文学と『裏日本』」『「裏日本」文化ルネッサンス』（共編）、社会評論社、2011年。

伊藤　守（いとう　まもる）　1954年山形県生まれ。早稲田大学教育・総合科学学術院教授
〔研究歴・専門領域〕　社会学、メディア研究、人文社会情報学
〔著書論文〕『記憶・暴力・システム』法政大学出版局、2005年。『ドキュメント　テレビは原発事故をどう伝えたか』平凡社新書、2012年。『情動の権力─メディアと共振する身体』せりか書房、2013年（韓国語版、Gal-Mu-Li出版社、2016年）。『アフターテレビジョン・スタディーズ』（共編）、せりか書房、2014年。"Die Aufgaben des japanischen Mediensystems und der japanischen Gesellschaft nach dem 11.03." Harald MEYER, Takahiro NISHIYAMA, Reinhard ZÖLLNER (Hrsg.), *Media-Contents und Katastrophen: Beiträge zur medialen Verarbeitung der Großen Ostjapanischen Erdbebenkatastrophe,* IUDICIUM Verlag, GmbH München 2016.

後藤浩子（ごとう　ひろこ）　1960年山形県生まれ。法政大学経済学部教授
〔研究歴・専門領域〕　18世紀アイルランド・ブリテン思想史。Ph.D. in Modern Irish History（Trinity College Dublin）
〔著書論文〕『アイルランドの経験—植民・ナショナリズム・国際統合』（共著）、法政大学出版局、2009年。『〈フェミニン〉の哲学』青土社、2006年。"Political Economy in Late Eighteenth-Century British Radicalism: A Re-Examination of the Analytical Categories", *The Kyoto Economic Review,* Vol. 80, No. 1（2011）, pp. 41-69.「商業論の登場と政治観の変容」『経済論叢』（京都大学経済学会）186巻3号、2013年、49-60頁。「ペイン的ラディカリズム対バーク、マルサス—市民社会における有用性と野蛮」田中秀夫編『野蛮と啓蒙：経済思想史からの接近』京都大学学術出版会、2014年、551-591頁。

高橋　良（たかはし　りょう）　1957年北海道生まれ（〜 2015年）。緑の党グリーンジャパン、杜の市民力、仙台市民議会ウォッチャーなどの市民運動グループで中心的役割を果たす
〔研究歴・専門領域〕　フランクフルト大学社会研究所に留学（アクセル・ホーネット）、1991年、法政大学社会学研究科社会学専攻博士後期課程満期退学。ヘーゲルの社会哲学、フランクフルト学派
〔著訳書〕「若きヘーゲルの承認理論における労働と言語」『法政大学大学院紀要』16、1986年、157-172頁。

滝口清榮（たきぐち・きよえい）　1952年栃木県生まれ。法政大学リベラルアーツ非常勤講師。博士（文学）（東北大学）
〔研究歴・専門領域〕　哲学。ドイツ社会思想史、環境倫理
〔著訳書〕『ヘーゲル『法（権利）の哲学』形成と展開』御茶の水書房、2007年。『マックス・シュティルナーとヘーゲル左派』理想社、2009年。『環境と共生のリテラシー』DTP出版、2015年。『ヘーゲル哲学入門』社会評論社、2016年。ヘーゲル『自然法と国家学講義　ハイデルベルク大学1817・18年』（共訳）法政大学出版局、2007年。ヘーゲル『イェーナ体系構想』（共訳）、法政大学出版局、1999年。

田村伊知朗（たむら　いちろう）　1958年香川県生まれ。北海道教育大学教育学部国際地域学科教授、博士（社会学）（法政大学）
〔研究歴・専門領域〕　ベルリン大学哲学部客員研究員、日本学術振興会特別研究員。近代政治思想史（ヘーゲル左派の政治思想、ドイツ福祉国家論等）、公共政策論（ドイツ都市交通政策等）
〔著書論文〕「後期近代の公共交通に関する政治思想的考察―ハレ新市における路面電車路線網の延伸過程を媒介にして」『北海道教育大学紀要（人文科学・社会科学編）』第66巻第1号、213-223頁、2015年。*Die Aufhebung des modernen Staates. Politische Philosophie des jungen Edgar Bauer im deutschen Vormärz.* Berlin: Logos Verlag 2005.『近代の揚棄と社会国家―初期カール・シュミットと初期カール・ナウヴェルクの政治思想』萌文社、2005年。『近代ドイツの国家と民衆―初期エトガー・バウアー研究（1842-1849年）』新評論、1994年。

戸原正法（とはら　まさのり）　神奈川県生まれ。法政大学大学院社会学研究科社会学専攻博士後期課程満期退学。ロヨラ大学シカゴ校哲学科（2000年4月～2003年2月、アンドリュー・カトロッフェロ教授）。暁星国際学園英語科講師。
〔研究歴・専門領域〕　ヘーゲル哲学、言語論・言語帝国主義論
〔著訳書〕　ブライドッチほか『グローバル・フェミニズム―女性・環境・持続可能な開発』（共訳）、青木書店、1999年。『相互承認による支配克服の理論をめざして―アイザック・バルビュス「マルクス主義と支配」を手がかりに』法政大学大学院社会学研究科修士学位論文。

知の史的探究
―社会思想史の世界―

2017年3月24日　第1版1刷発行

監修者 ── 壽福眞美
編著者 ── 柳　啓明・千葉直美
　　　　　奥谷雄一・島田昭仁
発行者 ── 森口恵美子
印刷所 ── 新灯印刷（株）
製本所 ── 渡邉製本（株）
発行所 ── 八千代出版株式会社
　　　〒101-0061 東京都千代田区三崎町2-2-13
　　　TEL　03-3262-0420
　　　FAX　03-3237-0723
　　＊定価はカバーに表示してあります。
　　＊落丁・乱丁本はお取替えいたします。

ISBN 978-4-8429-1699-6　　©2017 M. Jufuku et al.